Christina Stoddard

La trace du Serpent

Par Inquire Within

OMNIA VERITAS.

Christina Stoddard
(Inquire Within)

Depuis quelques années, un chef du temple-mère de Stella Matutina et
R.R. et A.C. de la Stella Matutina et R.R. et A.C.

Auteur de *Les porteurs de lumière des ténèbres*

Trail of the Serpent
Publié pour la première fois par Boswell Publishing Co. Ltd.
10 Essex Street, Londres, W.C.2 – 1936

La trace du Serpent

Traduit en français et publié par Omnia Veritas Limited

© Omnia Veritas Ltd - 2024

ℰMNIA VERITAS.

www.omnia-veritas.com

« Ce qui est en haut est comme ce qui est en bas, et ce qui est en bas est comme ce qui est en haut pour l'accomplissement des merveilles d'une seule chose.

Son père est le soleil, sa mère est la lune ; le vent le porte dans son ventre, la terre est sa nourrice ;

C'est le Principe Universel, le Thélème du Monde ».

La tablette d'émeraude d'Hermès.

« Le Serpent, inspirateur de la désobéissance, de l'insubordination et de la révolte, était maudit par les anciens théocrates, bien qu'il fût honoré par les initiés…

Devenir semblable à la Divinité, tel était le but des anciens mystères… Aujourd'hui, le programme d'initiation n'a pas changé ».

OSWALD WIRTH — Le *Livre du compagnon.*

AVANT-PROPOS

Il y a cinq ans, nous avons publié *Light Bearers of Darkness (Porteurs de lumière des ténèbres)*,[1] largement basé sur des articles parus dans le *Patriot* entre 1925 et 1930, résultat de nos propres expériences et enquêtes sur diverses sociétés secrètes individuelles, leurs affiliations, leurs pratiques occultes, leurs activités pseudo-religieuses et politiques.

Aujourd'hui, dans *The Trail of the Serpent*, nous publions une nouvelle partie de ces recherches, élaborées presque entièrement à partir des contributions au *Patriot de* 1930 à 1935. Remontant aux temps patriarcaux, nous tentons de retracer, étape par étape, l'adoration de l'ancien Serpent, le Principe Créateur, le Dieu de tous les initiés, depuis les premiers Cabiri, en passant par le Paganisme jusqu'au pseudo-christianisme des Gnostiques et des Cabalistes, ces derniers émanant largement de l'influence des Juifs hellénisés d'Alexandrie.

Nous nous sommes efforcés de prouver que le but, dans les grades supérieurs de ces divers mystères et cultes, est d'éveiller ce serpent, la force sexuelle ou « Dieu à l'intérieur » de l'homme, de l'élever par des procédés et des méthodes yogiques, de l'unir au Principe Créatif Universel sans développer les sens latents ou, pour ainsi dire, déifier l'adepte, mais seulement pour qu'il puisse être asservi par un esprit ou un groupe d'esprits astucieux, extérieurs et plus forts, qui, semble-t-il, cherchent à gouverner les nations par l'intermédiaire d'adeptes contrôlés par l'hypnose.

---

[1] *Light Bearers of Darkness*, par Inquire Within, traduit en français, *Les porteurs de lumière des ténèbres*, publié par Omnia Veritas Ltd, www.omnia-veritas.com.

En effet, tous ces mystères modernes sont dominés et gouvernés par une hiérarchie inconnue, tout comme dans les anciens mystères, les grands prêtres égyptiens étaient les maîtres de l'Ancien Monde grâce à leur connaissance et à leur pouvoir de manipuler ces forces invisibles du serpent, les forces magnétiques de toute la nature, au moyen desquelles ils liaient et dominaient les mystes et même les époptes et à travers eux, les masses.

Ces mystères révolutionnaires apparaissent d'abord comme des pseudo-religions, jusqu'à ce que, par le biais d'une sorte d'élévation apparemment religieuse, le lien nécessaire avec le maître-esprit soit formé. Ils deviennent alors ouvertement politiques et révolutionnaires, subvertissant tous les aspects de la vie de la nation, cherchant par l'internationalisme et l'universalisme à unifier tous les peuples, socialement, économiquement, politiquement, dans les arts et la religion, préparant ainsi une nouvelle ère, un nouveau ciel et une nouvelle terre.

Nous avons enfin cherché à matérialiser ces maîtres invisibles et, laissant parler les cabalistes, nous arrivons au Juif révolutionnaire et cabalistique, le plus cosmopolite des peuples, qui attend l'avènement de son ère messianique. Pour certains d'entre eux, le Messie est leur race et leur race est leur Dieu, le Tétragramme, le Principe Créateur, cette Puissance du Serpent, liant et unifiant, conduisant à l'espoir de fusionner toutes les races, toutes les croyances sous la Loi de cette Unité de Race, créant ainsi le « Grand Judaïsme » dont parle le *Monde Juif des* 9 et 16 février 1883.

CHAPITRE I

SABÉISME ÉLEUSIS ET MITHRA

E N 1871, le général Albert Pike, Grand Maître du Rite écossais, Juridiction du Sud des États-Unis, a écrit dans *Morals and Dogmas* :

« Parmi les Premières Nations, un enthousiasme sauvage et une idolâtrie sensuelle de la nature ont rapidement supplanté le simple culte du Dieu tout-puissant... Les grandes puissances et les éléments de la nature, le principe vital de la production et de la procréation à travers toutes les générations, puis les esprits célestes ou l'armée céleste, les armées lumineuses des étoiles, le grand Soleil et la Lune mystérieuse et changeante (que le monde antique tout entier considérait non pas comme de simples globes de lumière ou des corps de feu, mais comme des substances vivantes animées, puissantes sur le sort et les destinées de l'homme), puis les génies et les esprits tutélaires, et même les âmes des morts, recevaient un culte divin.... les cieux, la terre et les opérations de la nature étaient personnifiés ; les principes bons et mauvais personnifiés devenaient aussi des objets de culte. »

De plus, à New York, le 15 août 1876, lors du Conseil Suprême du degré 33, il a déclaré :

« Nos adversaires, nombreux et redoutables, diront et auront le droit de dire que notre *Principe Créateur* est identique au *Principe Générateur* des Indiens et des Égyptiens, et qu'il peut être symbolisé comme il l'était autrefois par le lingam... Accepter cela à la place d'un Dieu personnel, c'est abandonner le christianisme et le culte de Jéhovah et retourner se vautrer dans les oripeaux du paganisme ».

Dans son livre *Dieu et les Dieux*, 1854, le Chevalier Gougenot des Mousseaux donne un compte rendu exhaustif de ces nombreuses formes panthéistes, païennes et phalliques de l'ancien culte. Il nous apprend que le sabéisme a plongé ses racines au cœur des traditions patriarcales, pervertissant les premières révélations. Ce sabéisme, qui tirait son nom non pas du pays de Saba, mais de *Tzaba,* une troupe armée, faisait fléchir le genou des hommes devant l'armée étoilée du firmament ; il était stellaire avant de devenir solaire et adorait l'étoile Polaire, connue en Chaldée sous le nom d'I.A.O., le principe créateur. Un peu plus tard, il s'est mêlé au culte plus corrompu de la Nature-Sabéisme, ou culte des Étoiles et du Naturalisme. Pour suivre la corruption progressive des premières traditions patriarcales, la Pierre est l'un des guides les plus sûrs, car à l'époque de sa splendeur, elle était adorée depuis l'Empire de Chine jusqu'aux confins de l'Occident. D'abord bloc grossier détaché du rocher, elle devint colonne, bride, piédestal surmonté d'abord d'une, puis de deux têtes humaines (dieu hermaphrodite), et fut finalement façonnée selon les lignes magiques d'Apollon et de Vénus.

La religion des Juifs est fondée sur la révélation : leurs écrits et leurs traditions disent que Dieu est apparu en divers lieux aux patriarches et leur a parlé ; là, les Juifs ont élevé des autels, prenant la forme de pierres grossières, généralement appelées Beth-el — la Maison de Dieu. Mais bientôt on imagina que Dieu résidait dans ces pierres ; c'est ainsi qu'il devint le Beth-aven — la Maison de la Fausseté — entièrement matériel. Le Beth-el abondait en Chaldée, en Asie, en Égypte, en Afrique, en Grèce, et même dans les parties les plus reculées de l'Europe, chez les Druides, les Gaulois et les Celto-Scythes, ainsi que dans le Nouveau Monde, au Nord comme au Sud. L'imagination sensuelle de l'homme lui permet bientôt « de ramasser ses dieux dans la poussière et de les façonner à sa guise ». Les païens imitèrent le Beth-el de Jacob et les consacrèrent avec de l'huile et du sang, faisant d'eux des dieux, les appelant Betyles ou Both-al-Jupiter, Cybèle, Vénus, Mithra. La plupart des Betyles naturels étaient des météorites noires ou des boules de feu tombées du ciel et considérées par les Sabéens comme des divinités célestes. Ces météorites étaient les Cabiri, et les Pelasgi — hommes errants ou dispersés — étaient leurs adorateurs les plus connus. De plus, dans ces Cabiri, tout comme dans le Sabéisme, nous reconnaissons le culte des étoiles. Le sabéisme est né du principe d'unité transféré du Dieu Invisible au Dieu de la Nature, le Dieu-

Soleil, puis de la dualité, homme-femme, Soleil-Lune, Dieu-Déesse de la Nature. Il s'ensuivit la multiplication des dieux par le nombre d'étoiles, puis le retour à l'unité. Car « bientôt tous les astres réunis ne furent plus que le Dieu de la Lumière, le Dieu de la Nature, le Dieu des Phénomènes... tout était émanation, chaque chose était *Dieu-partie-de-Dieu* — le *panthéisme* était créé ! » M. Creuzer soutenait l'idée que les Cabires d'Égypte et de Phénicie, ainsi que les Cabires grecs pélasgiques (japhétiques), sont les grandes divinités planétaires : c'est-à-dire les dieux du ciel, les dieux universels, les nombreux dieux en un seul qui dominent l'air, la terre et les flots, et qui se mêlent à ceux des Béthyles. Il s'agit toujours des sept planètes — Saturne, Jupiter, Mars, Soleil, Vénus, Mercure et Lune — qui, avec la Terre, forment les huit dieux cabiriques.

Ayant fait du Créateur le Dieu de la Matière, le Dieu de la Nature, sa fonction principale était de produire ; les organes de génération devinrent donc le symbole de la divinité. La pierre a pris la forme du Phallus et le Cteis, le Lingam-Yoni de l'Inde. Ainsi, le Naturalisme s'unissant à la Pierre des Patriarches devint pour les savants de l'idolâtrie le *Principe Générateur* de toutes choses. Comme l'a écrit le savant converti Rabbi Drach :

> « Nos pères, fils de *Sem, ont* conservé dans le sanctuaire du temple de Jérusalem la pierre de Jacob, Beth-el, et c'est dans cette pierre qu'ils ont adoré le Messie. Ce culte fut imité par nos voisins de Phénicie, fils de *Cham*, qui avaient une langue commune avec nous. De là se répandit le culte des Pierres appelées Betyles ou Beth-el, que la race de *Japhet* appelait aussi *lapides Divi*, pierres divines ou vivantes, et ces Betyles étaient semblables aux pierres animées du Temple de Diane à Laodicée, mentionnées par Lampridius. »

Entre la pierre, l'arbre, la source ou le puits, une alliance singulière et étroite n'a jamais cessé d'exister ; c'est pourquoi, après avoir enfermé leurs dieux dans des bétyles de pierre, ils les ont ensuite enfermés dans des bétyles d'arbre, comme l'ancien chêne, avec sa source, vénéré au temple de Dodone, représentant I.A.O. — le principe créateur — et qui avait ses oracles et ses sacrifices sanglants. Nous retrouvons le Bétyle sous la forme la plus ancienne, celle de l'œuf, germe universel de toute chose, et souvent avec lui le serpent des forces duales de la vie. Le résultat combiné de toutes ces formes était le panthéisme. L'homme a alors cherché à manipuler cette divinité, ces forces duales, et par la magie, les incantations et les évocations, le peuple a été séduit et égaré. En outre, les Cabiri, Cybèle et Atys, Vénus et Adonis, Isis et Osiris, Cérès et Iacchus, étaient représentés en tous lieux par le Phallus Betyle, et comme les bases de tous leurs mythes sont si étroitement liées, on ne peut manquer de voir sous la diversité des noms la même personnification de la Nature, céleste et terrestre — l'Univers — donc le dieu matériel.

Le plus ancien de ces Dieux-Titans ou Cabiri était *Axieros-Unité*, le Démiurge, le Principe Créateur ; de lui procédait *Ariokersos-Axiokersa dualité* des principes générateurs, le Ciel et la Terre : de cette dualité sortait *Cadmillus,* Éros ou Hermès, complétant ainsi la Trinité Cabirique dans l'Unité. Dans les formes les plus dégradées, c'était le culte du lingam et la déification des désirs sensuels et érotiques. De plus, dans leurs fêtes, les passions du peuple étaient souvent enflammées pour s'éteindre dans des orgies et des bacchanales impossibles à décrire.

Dans les cérémonies, dit des Mousseaux, les prêtres cabiriques s'unissaient si étroitement à leurs dieux qu'ils prenaient leurs noms, leurs nombres et leurs attributions et, dans les occasions solennelles, renonçaient même à leur propre personnalité ; en outre, si le culte l'exigeait, ils les imitaient dans une exacte momerie mystique. En outre, le général Albert Pike écrit à propos de ces Cabiri :

> « La petite île de Samothrace a longtemps été le dépositaire de certains Mystères augustes… On dit qu'elle a été colonisée par les anciens Pélasges, premiers colons asiatiques en Grèce, les Dieux adorés dans les Mystères de cette île étaient appelés Cabiri, appelés par Varro, "dieux puissants-Ciel et Terre", symboles des Principes Actifs et Passifs de la génération universelle… Dans les cérémonies était représentée la mort du plus jeune des Cabiri, tué par ses frères, qui s'enfuirent en Étrurie, emportant avec eux l'arche qui contenait ses organes génitaux ; et là, le Phallus et l'arche sacrée étaient adorés. »

Tous ces Mystères, écrit Clemens d'Alexandrie, montrant des meurtres et des tombes, avaient pour base la mort et la résurrection fictives du Soleil, principe de vie.

Aujourd'hui, ce sabéisme se retrouve dans tous les Mystères modernes, occultes et illuminés. Prenons, par exemple, la Stella Matutina, un ordre rosicrucien et martiniste, et son grade 3 = 8, attribué à l'eau et dans lequel *Elohim Tzabaoth* est invoqué et adoré. Les trois chefs et le candidat représentent ensemble la Trinité cabirique Samothrace dans l'unité ; dans le rituel, nous lisons : *Hiérophante — Ainsi* parla Axieros, le premier Cabir : « Je suis le sommet du Triangle de la Flamme ; je suis le Feu Solaire déversant ses rayons sur le monde inférieur. Je donne la vie, je produis la lumière » (Zeus et Osiris). Hiereus-Axiokersos, le second Cabir : « Je suis l'angle basal gauche du Triangle de la Flamme ; je suis le Feu, volcanique et terrestre, clignotant, flamboyant à travers les abîmes de la terre ; pénétrant le feu, déchirant les rideaux de la matière ; contraint par le feu, tourmentant le feu, se déchaînant et tourbillonnant dans une tempête éclatante » (Pluton et Typhon). Hégémon-Axiokersa, le troisième Cabir : « Je suis l'angle basal droit du Triangle de la Flamme ; je suis le Feu, astral et fluide, serpentant et coruscant à travers le firmament. Je suis la vie des êtres, la chaleur vitale de l'existence » (Proserpine et Isis). Ils représentent le Feu ou le principe générateur, agissant dans la terre, l'eau et l'air. Le candidat est Casmillos ou Cadmillus (Horus), et reçoit le nom mystique de « Monokeros de Astris », la « Licorne des étoiles ». En outre, les formes divines cabiriques, construites selon les instructions de leur mystérieux maître en Mésopotamie, étaient assumées astralement par ces officiers en chef lors de la cérémonie et, pour le moment, ils devenaient en pensée ces dieux ou les forces de la nature et, comme ces prêtres cabiriques, ils pratiquaient la théurgie et la guérison par le magnétisme.

Il est donc intéressant de voir Dollinger, dans *Paganisme et Judaïsme*, écrire à propos des astrologues chaldéens-sabéistes que ces hommes trouvaient un appui dans la philosophie stoïcienne qui, identifiant Dieu à la nature, en était venue à considérer les étoiles comme éminemment divines et à placer le gouvernement du monde dans le cours immuable des corps célestes. Ces hommes enseignaient qu'une force secrète descendait sans interruption sur la terre, qu'une étroite sympathie existait entre les planètes, les corps célestes et la terre, ainsi qu'avec les êtres qui y vivaient. En outre, ils pensaient que l'homme avait le pouvoir d'accroître la bonne influence ou d'éviter le mal au moyen d'invocations et de cérémonies magiques. Dans leurs cérémonies magiques et leurs conjurations, tous les ordres occultes secrets modernes sont censés éveiller et réveiller des pouvoirs en invoquant des esprits et des influences planétaires, zodiacales et élémentaires, en utilisant toujours les noms puissants, divins ou « barbares » requis.

LES DACTYLES, LES CORYBANTES ET LES TELCHINES

Dans *Psychologie des sentiments*, M. Ribot parle de ces sectes plus ou moins primitives :

> « L'histoire, à toutes les époques, abonde en procédés physiologiques, employés pour produire une extase artificielle… c'est-à-dire pour avoir la divinité en soi. Il y a des formes inférieures, l'ivresse mécanique produite par la danse, la musique rythmique des primitifs, qui les excite et les met dans un état propice à l'inspiration. L'ivresse par les drogues, le soma, le vin, les Dionysies, les orgies de Ménades ; l'effusion de sang si répandue dans les cultes d'Asie Mineure : Atys, les Corybantes, les Gaulois qui se mutilent et se tranchent avec des épées ; au Moyen-Âge les Flagellants, et de nos jours les fakirs et les derviches ».

On les retrouve également dans les danses frénétiques des Khlysty et d'autres sectes gnostiques primitives, et même dans l'eurythmie moderne des disciples du Dr Steiner, qui visent toutes à la déification. Dans *Les Mystères du Paganisme*, révisé et édité par Silvestre de Sacy en 1817, Sainte-Croix nous donne de précieuses informations sur ces premiers Mystères. Comme il le dit, « Il n'y a rien de plus intrigant dans l'antiquité que ce qui concerne les Cabiri, les Dactyles, les Curetes, les Corybantes et les Telchines. Désignés sous des noms divers, étaient-ils des dieux, des génies, des législateurs ou des prêtres ? … On les a souvent pris l'un pour l'autre ». Sans doute était-ce le cas des prêtres qui assumaient le nom et les attributions de leurs dieux, car le prêtre druidique dit : « Je suis un druide : "Je suis un druide, je suis un architecte, je suis un prophète, je suis un serpent", le serpent étant un pouvoir puissant dans son culte. Selon Strabon :

« Certains supposent que les Curetes sont les mêmes que les Corybantes, les Dactyles du Mont Ida et les Telchines. D'autres affirment qu'ils sont de la même famille, avec quelques différences. En général, ils se ressemblent tous en ce qui concerne l'extase, la frénésie bacchique, le tumulte, le bruit qu'ils font avec leurs armes, leurs tambours, leurs flûtes, et leurs cris extraordinaires pendant leurs fêtes sacrées… tout cela avait trait à la religion et n'était pas étranger à la philosophie. »

Selon Sainte-Croix, les cérémonies cabiriques se déroulaient la nuit, souvent dans une grotte, et toute connaissance les concernant et concernant les dieux était comme un secret inviolable caché aux profanes. Les Dactyles d'Asie, parfois confondus avec les Cabires, étaient à l'origine des Enfants du Ciel et de la Terre, et par des sortilèges, des illusions et des envoûtements, utilisés également dans leurs mystères, ils gagnèrent les peuples de Phrygie et de Samothrace, se rendant indispensables en pratiquant la médecine et en leur apprenant à travailler les métaux. Cependant, on dit que les Phrygiens durent leur première civilisation aux jongleurs et devins corybantes, qui cultivaient aussi ardemment la musique et la danse, au point que leur nom en vint à signifier une sorte de passion violente pour ces exercices qui, selon de Sacy, « signifiait vraiment l'idée d'une agitation surnaturelle, d'une frénésie divine, réelle ou simulée, qui fait sortir l'homme de lui-même et ne le laisse plus maître de ses actions et de ses mouvements. Il exprimait une sorte de folie ou d'extase, d'origine divine, qui semble produire des effets tels que ceux d'un esprit réellement déséquilibré ». Jusqu'à la fin du paganisme, les mystères des Corybantes ont perduré.

Comme les Cabiri, les Dactyles et les Corybantes avec lesquels ils avaient tant de liens d'habitude et d'occupation, les Telchines furent d'abord de simples devins, puis des prêtres pélasgiques. Pour accroître leur nombre et leur puissance, ils utilisèrent les arts de l'illusion et de la sorcellerie, accompagnés de menaces de châtiments futurs, attirant ainsi les populations de leurs montagnes et de leurs forêts, les amenant à cultiver la terre et à adopter une nouvelle religion, abandonnant leur ancien culte de Saturne. Avec le temps, le nom de Telchine est devenu synonyme de charlatan, de sorcier, d'empoisonneur et même d'esprit maléfique.

LES MYSTÈRES D'ÉLEUSIS

Dans le même livre, Sainte-Croix fait un long exposé sur les Mystères d'Éleusis qui remonteraient à 1423 avant J.-C. ; ils étaient d'origine égyptienne, bien que modifiés et déguisés par les Grecs pour dissimuler la source de leurs emprunts. Comme ceux des Égyptiens, les Mystères d'Éleusis étaient divisés en deux groupes, le Petit et le Grand, les Mystes et les Époptes, avec des épreuves d'environ cinq ans entre les deux. Eusèbe donne les noms des officiers : *Hiérophante,* Père de la génération, ou Demiourgos ; *Dadoukos,* porteur d'encens, représentant le Soleil ; *Epibomos,* porteur d'autel, représentant la Lune ; *Hieroceryx,* Héraut sacré portant le Caducée - les serpents jumeaux de la génération - représentant Mercure. Toutes les cérémonies se déroulaient dans un temple souterrain secret, interdit aux profanes. De nombreuses cérémonies étaient pratiquées, l'une des principales étant l'élévation du phallus, un rite étrange d'origine égyptienne souvent évoqué par Clément d'Alexandrie, Tertullien et d'autres. Selon Diodore Sicule, ce rite était célébré en mémoire des parties viriles d'Osiris jetées dans le Nil par Typhon, et dont Isis avait souhaité qu'elles reçoivent les honneurs divins dans les sacrifices et les mystères. Il était représenté dans les Grands Mystères par la figure de l'ancien Mercure fécondant — considéré comme le Logos, à la fois interprète et fabricant des choses qui ont été, qui sont et qui seront ; l'esprit de la semence, selon les Nasseni, est la cause de toutes les choses existantes et constitue le mystère secret et inconnu de l'univers dissimulé par les Égyptiens dans leurs rites et leurs orgies.

Les femmes avaient leurs propres Mystères, connus sous le nom de *Thesmophories,* dont tous les hommes, dit-on, étaient exclus. Les membres devaient être des vierges ou des femmes légalement mariées, toutes nées légitimement. À Athènes, les *Thesmophories* étaient célébrées la nuit, au mois d'octobre, et duraient environ cinq jours. Au lieu du Phallus, les femmes vénéraient le Ctéis ou organe sexuel féminin, et pendant les cérémonies, il y avait une danse gaie, semblable à celles de Perse, où toutes se prenaient la main, formant un cercle, et dansaient en rythme au son d'une flûte. Peu de détails sur ces Mystères sont connus, mais tous reposent sur le mythe de Cérès et Proserpine.

Les aventures de Cérès et de Proserpine étaient identiques à celles d'Osiris et d'Isis. Nous avons donc Isis, la bouche ou la mère du monde, et Cérès, Déméter, la mère de la terre, toutes deux signifiant la fécondité de la terre. Proserpine était la fille de Cérès et de Jupiter, et nous savons comment le mythe décrit son enlèvement aux enfers par Pluton, son séjour obligatoire de six mois dans l'année, suivi de six mois en haut avec sa mère. Elle était symboliquement appelée « la graine cachée dans la terre ». En outre, les plus érudits des prêtres égyptiens, selon les philosophes, considéraient Osiris comme la substance spermatique, et plusieurs affirment que la sépulture du dieu était emblématique de la semence cachée dans le sein de la terre. Il était également considéré comme la force solaire, principe de fécondité en relation avec la Lune — également Cérès et Isis — qui régit la génération.

Selon la philosophie subtile des néo-platoniciens sur l'origine des âmes humaines et leur émanation de l'âme du monde ou principe de vie universel, l'enlèvement de Proserpine par Pluton représentait la descente de l'âme, quittant les régions supérieures, se précipitant dans la matière, s'unissant à un corps. Iacchus et Bacchus mis en pièces par les Titans représentaient l'esprit universel divisé et dispersé par la génération dans une multitude d'êtres (panthéisme), et Platon enseignait que le but des Mystères était de ramener les âmes à la région supérieure et à leur état primitif de perfection d'où elles étaient descendues à l'origine. Il ne fait aucun doute que la connaissance secrète des prêtres, transmise à un petit nombre, était le pouvoir hermétique, personnifié par Mercure et son caducée, d'agir sur la force sexuelle de l'homme, de l'élever et de l'unir à la force vitale universelle, leur divinité, produisant ainsi une forme de soi-disant illumination.

Le christianisme s'étant répandu en Grèce, les prêtres étaient obligés d'être plus prudents dans le choix des époptes, au cas où ils admettraient des hommes, enclins à quitter le paganisme et à devenir chrétiens, qui pourraient révéler les secrets de l'initiation. C'est pourquoi, à l'ouverture de la cérémonie, un avertissement est donné : « Si quelque athée, chrétien ou épicurien est présent, témoin de ces Mystères, qu'il sorte et qu'il permette à ceux qui croient en Dieu d'être initiés sous d'heureux auspices. »

LES MYSTÈRES DE L'ÉGYPTE

Dans *Les Sectes et Sociétés Secrètes* —politiques et religieuses - Le Couteulx de Canteleu, 1863, remarque que le but des sociétés secrètes

> « Toutes les sociétés secrètes ont des initiations presque analogues, des Égyptiens aux Illuminati, et la plupart d'entre elles forment une chaîne et en engendrent d'autres. »

Parmi les Illuminati modernes, « The Brotherhood of Light », Los Angeles, Californie, professe être

> « Une Fraternité occidentale d'étudiants hermétiques qui, réalisant la vérité de la Fraternité universelle, consacrent leurs énergies à l'élévation physique, mentale et spirituelle de l'humanité. Ils étudient tous les domaines de la nature afin de découvrir les forces latentes et actives et de les soumettre à la volonté impériale de l'homme.

Leur enseignement est destiné à

> « le but précis de faire revivre la *religion des étoiles*, qui est une religion de la loi naturelle, telle qu'elle a été comprise et enseignée par les initiés hermétiques de l'Égypte ancienne et de la Chaldée ».

Le grand maçon Albert Pike déclare "Les sept grandes nations primitives, dont toutes les autres descendent, les Perses, les Chaldéens, les Grecs, les Égyptiens, les Turcs, les Indiens et les Chinois, étaient toutes sabéistes à l'origine et adoraient les étoiles. Les Chaldéens considéraient la nature comme la grande divinité qui exerçait ses pouvoirs par l'action de ses parties, le soleil, la lune, les planètes et les étoiles fixes, la révolution des saisons et l'action combinée du ciel et de la terre, c'est-à-dire les forces cosmiques et les forces magnétiques de la terre. Hérodote, Plutarque et toute l'Antiquité considèrent unanimement l'Égypte comme l'origine des Mystères. Dans ce livre anonyme qu'est le *Canon*, on nous dit que les prêtres égyptiens étaient pratiquement les maîtres de l'Ancien Monde, que tout et tous étaient soumis à leur juridiction, et les vieux historiens grecs affirment avec insistance que les doctrines essentielles de la religion grecque venaient d'Égypte. Les secrets mystiques des anciens prêtres étaient transmis de génération en génération par les initiés et les mystiques, et ce mysticisme était synonyme de gnosticisme et était commun à l'égyptien, au grec et à l'hébreu.

Selon Le Couteulx de Canteleu, ces prêtres égyptiens formaient une Confédération de philosophes réunis pour étudier l'art de gouverner les hommes et se concentrer sur ce qu'ils concevaient comme la vérité. Elle se composait de trois classes : (1) celle des prêtres qui seuls pouvaient entrer en contact avec les dieux, utilisant l'illusion et les oracles pour les imposer au peuple ; (2) celle des Grands initiés, choisis, comme les prêtres, parmi les Égyptiens et auxquels il n'y avait rien à cacher ; (3) celle des Petits initiés, pour la plupart étrangers, auxquels était confié ce que les Souverains Pontifes jugeaient convenable de leur dire. Les Mystères étaient dirigés par un Conseil Suprême composé de cinq ministres, dont le chef était appelé Roi, Hiérophante ou Orateur Sacré. Ils étaient divisés en Grands Mystères, les Epoptes, et en Petits Mystères, les Mystes ; la célébration des Grands Mystères était l'initiation de ceux qui avaient été reçus dans les Petits Mystères, après avoir été soumis aux épreuves nécessaires. Selon Faber, dans son ouvrage *Pagan Idolatry*, « les époptes étaient censés avoir connu une certaine régénération… et étaient réputés avoir acquis un grand accroissement de lumière et de connaissance » — c'est-à-dire l'illumination ou la déification. Dès que les prêtres entendaient parler d'un homme dont le génie, les talents et la valeur avaient gagné la considération des peuples, la Confédération utilisait tous les moyens possibles pour l'attirer et l'initier, et tous étaient amenés à agir selon son système et ses vues. Les connaissances des prêtres égyptiens étaient immenses. Ils étaient les pères de l'astronomie et de la géométrie et l'étude de la nature leur était familière ; ils avaient des salles de botanique, d'histoire naturelle et de chimie, ainsi que d'immenses bibliothèques où se trouvaient des livres de science et d'histoire et même des livres sacrés qui n'étaient communiqués qu'aux initiés. L'Égypte était le *rendez-vous de* tous les hommes célèbres qui cherchaient à s'instruire.

Tous ces Mystères semblent provenir de la même source, ayant une cosmogonie complète et une explication de la nature primitive et de l'origine de l'homme. Partout apparaissaient les génies impurs du paganisme, car tous leurs mythes avaient leur côté obscène aussi bien que cosmogonique, et ces fêtes nocturnes étaient pleines de chants et de cérémonies impurs. L'initié était d'abord soumis à d'horribles épreuves par l'obscurité, le feu et l'eau, de longs jeûnes, des visions, etc., et s'il les surmontait et restait sain d'esprit, ce que beaucoup ne faisaient pas, il était reçu parmi les prêtres. L'hallucination était l'une des grandes méthodes de la théurgie égyptienne ; l'opium brûlé, le datura, la jusquiame, le hasheesh, la cannelle et le laurier formaient ces vapeurs qui provoquaient la frénésie de la pythonisse ou de l'initié.

« Les idées de mystère, de magie, d'invocation des morts et des esprits étaient si puissantes à cette époque que l'esprit des plus sages ne pouvait y résister, les plus grands génies et les grands philosophes venaient s'y initier. Mais la négation épicurienne et le panthéisme stoïcien mêlés aux Mystères de Cérès… la poésie de la religion qu'ils invoquaient disparut peu à peu, leurs beaux rêves devinrent un panthéisme sinistre, les éléments furent les seuls vrais dieux, et les visions poétiques de la nuit d'initiation s'évanouirent peu à peu, conduisant l'initié au scepticisme. »

Comme le poursuit Le Couteulx de Canteleu, la génération est la base de tous les Mystères. Dans l'univers entier, naître, mourir et reproduire son espèce, telle est la loi imposée à tout ce qui existe. C'est une rotation perpétuelle de création, de destruction et de régénération, et c'est la base et l'origine de toutes les mythologies et religions anciennes. Les Égyptiens, dit Diodorus Siculus, reconnaissent deux grands dieux, le Soleil et la Lune, ou Osiris et Isis ; c'est par eux que s'effectue la génération des êtres. Toute la nature est maintenue par eux en combinaison avec leurs cinq qualités — l'éther, le feu, l'air, l'eau et la terre. Ou, comme l'explique Le Couteulx de Canteleu, cinq principes distincts s'unissent dans la génération des êtres :

(1) *La Cause* —le père, le principe actif, le mâle, le créateur ; représenté chez les anciens par le Soleil, le feu, Osiris, le père de la lumière ; symbolisé par Ptah des Égyptiens, le triangle et la pyramide.

(2) *Le Sujet* —la mère, la matière, la nature féminine et passive, représentée par l'eau. C'est la Nature adorée chez tous les peuples sous de nombreuses formes : la Lune, Cybèle, Vénus, Cérès, Isis des Égyptiens.

(3) *L'intermédiaire* —la semence, l'éther, le fluide vital, l'instrument de reproduction ; représenté par le Phallus ou l'air, l'esprit de vie, le fluide magnétique du Soleil, Éros, Bacchus, Hercule, Hermès et Thot des Égyptiens.

(4) *L'Effet* - fertilisation, produisant fermentation, putréfaction, désintégration, d'où naît la vie ; il est représenté par la Terre, mère de tous les corps, et dans laquelle se développent les végétaux et les minéraux.

(5) *Le Résultat* —la création d'une nouvelle vie destinée à se reproduire ; c'est l'éther, le cinquième élément, l'Horus des anciens, l'Étoile flamboyante des francs-maçons, le pentagramme, l'adepte déifié.

L'initiation, l'illumination ou la déification signifie la fixation de l'éther ou de la lumière astrale dans une base matérielle, par dissolution, sublimation et fixation, l'œuvre étant accomplie conformément à son principe reproduisant ledit principe. Ainsi, chez les subversifs, ces principes de génération ou de régénération sont appliqués à la vie religieuse, politique, sociale, morale et mentale. Comme le dit le cabaliste : « La formule doit d'abord se déformer pour pouvoir se reformuler dans de nouvelles conditions » (mort et désintégration) ; ou comme le dit le révolutionnaire : « Tout doit être détruit puisque tout doit être détruit » : « Tout doit être détruit puisque tout doit être renouvelé ». Dans l'Illuminisme, la personnalité de l'adepte doit être tuée et un nouvel être doit être formé — l'outil contrôlé par la fixation de la lumière astrale, le lien éthérique !

M. H. P. Cooke, dans son étude sur *Osiris, parle* d'Amen ou d'Amoun en ces termes : 'Le mot ou la racine *Amen* signifie certainement « ce qui est caché »… et fait référence à quelque chose de plus que le "soleil qui a disparu sous l'horizon" ; l'un des attributs qui lui sont appliqués est celui d'*éternel. Il* ressemble beaucoup à la source de toute vie'.

Or Albert Pike nous dit qu'Amùn ou Amoun, le Dieu de la Basse-Égypte, était « le Seigneur céleste qui éclaire les choses cachées ». « Il était la source de cette vie divine dont le *crux ansata* est le symbole, la source de tout pouvoir... Il était la Lumière, le Dieu-Soleil ». La crux ansata était le symbole égyptien de la vie, des forces duales de génération en toutes choses.

Pour mieux comprendre ces Mystères égyptiens, tournons-nous vers l'Ordre Rosicrucien moderne de la Stella Matutina et son Ordre Intérieur des R.R. et A.C. Dans la cérémonie d'initiation de la S.M., le Hiérophante sur le Dais, à l'Est, représente Osiris ; son pouvoir, représenté par les couleurs de son lamen — rouge et vert — est « comme la lumière flamboyante du feu du Soleil qui fait naître la végétation verte de la terre autrement stérile ». De même, par son symbole, la croix du calvaire avec la rose au centre, « il représente le pouvoir d'abnégation que doit atteindre celui qui veut être initié aux Mystères sacrés ». Il est l'Osiris de l'Autre Monde. De même, Hiereus en Occident est Horus, le vengeur des Dieux ; il est le gardien des Mystères contre ceux qui habitent dans les ténèbres. Les quatre éléments, les « créatures vivantes » de la vision d'Ézéchiel, le lion, le taureau, l'homme et l'aigle, représentent le Sphinx. Leurs vice-gérants sont les enfants d'Horus : Amset, au sud ; Hapi, au nord ; Taumutef, à l'est ; Qebhsennuf, à l'ouest. En outre, le Repas mystique S.M. représente la communion dans le corps d'Osiris et, lorsqu'il renverse la coupe à la fin, le Kerux — Anubis, le Veilleur des Dieux — s'écrie à haute voix : « C'est fini » : 'La régénération par le sacrifice de soi est accomplie. Enfin, lors de l'initiation intérieure, après s'être levé du tombeau, le chef des adeptes s'écrie : « Je suis le soleil à son lever : « Je suis le Soleil à son lever. J'ai traversé l'heure des nuages et de la nuit. Je suis Amoun, celui qui est caché, celui qui ouvre le jour. Je suis Osiris On-nopheris, le Justifié. Je suis le Seigneur de la vie qui triomphe de la mort. Il n'y a aucune partie de moi qui ne soit pas des dieux ». Le « caché », ou le « dieu caché » à l'intérieur de l'homme, est la kundalini, et par son union avec la force vitale universelle, l'adepte est censé ne faire qu'un avec les dieux. Comme l'a dit Lepsius : « Lorsque tu seras libéré du corps, tu monteras dans l'éther libre, tu seras un Dieu immortel échappant à la mort. »

Or, le rituel R.R. et A.C. nous dit que les dieux représentent une certaine action matérielle symbolique des forces de la nature, et que toutes les cérémonies magiques ont pour but d'attirer les forces solaires et la lumière de la nature, de les utiliser dans un but donné, dans le cas de l'initiation, de libérer le dieu ensorcelé ou « caché » qui se trouve dans l'homme. Elle est entièrement panthéiste et, comme nous le savons, les anciens mages considéraient le soleil comme le grand puits magnétique de l'univers. Grâce à leur connaissance profonde et secrète de ces forces, les prêtres d'Égypte pouvaient devenir les maîtres de l'Ancien Monde, de même qu'aujourd'hui, une mystérieuse hiérarchie travaillant derrière et à travers tous les mystères modernes cherche à unir et à dominer l'humanité au moyen de la même connaissance secrète.

Dans *Morals and Dogma*, Albert Pike nous dit qu'Apulée représente Lucius, toujours sous la forme d'un âne, adressant ses invocations à Isis, qui est Cérès, Vénus, Diane et Proserpine, substituant, comme la Lune, sa lumière frémissante aux rayons brillants du Soleil. S'adressant à Lucius, Isis dit :

‘La mère de la nature universelle répond à ton appel. La maîtresse des éléments, l'initiative des générations… Elle gouverne de son signe de tête les hauteurs lumineuses du firmament, les brises salubres de l'océan, les silencieuses et déplorables profondeurs des ombres d'en bas ; une Divinité unique sous de nombreuses formes, adorée par les différentes nations de la Terre sous de nombreux titres, et avec des rites religieux variés.

Décrivant l'initiation aux mystères d'Isis, Apulée poursuit :

"Je me suis approché de la demeure de la mort, j'ai pressé du pied le seuil du palais de Proserpine. J'ai été transporté à travers les éléments et ramené en arrière. À minuit, j'ai vu briller la lumière du soleil. Je me suis trouvé en présence des dieux, des dieux du ciel et des dieux de l'ombre ; je me suis approché et j'ai adoré.

Il appelle Osiris

« le Grand Dieu, Parent Suprême de tous les autres Dieux, l'invincible Osiris… »

Dans le grade 6 = 5 du R.R. et A.C., l'adepte est enterré cérémonieusement dans le tombeau, entre en transe avec ses inévitables visions, est réveillé par la Shekinah, voilée, avec le croissant de lune sur le front, qui, tenant une lampe allumée, dit : « Lève-toi, brille, car ta lumière est venue et la Gloire de ton Seigneur est sur toi ». C'est l'Illumination ou l'Initiation, un pouvoir à utiliser, non pas pour l'adepte lui-même, mais pour le mettre au service de son Seigneur et Maître inconnu.

MITHRAÏSME

Après la montée du zoroastrisme — parfois appelé foi d'Ormuzd ou mazdéisme — Mithra, un dieu perse de la lumière, a pris place entre Ormuzd et Ahriman ou Pluton des Perses — la Lumière éternelle et les Ténèbres éternelles — pour aider, dit-on, à la destruction du mal et à l'administration du monde. Il était le dieu de la végétation, le dieu de la génération et de l'accroissement, et était accepté dans la religion officielle de la Perse. Il était également considéré comme le médiateur entre l'humanité et le Dieu inconnaissable qui régnait dans l'éther. Son culte se répandit, avec l'Empire perse, dans toute l'Asie Mineure, et Babylone en fut un centre important ; il se renforça à la suite des conquêtes d'Alexandre. Le début de sa chute se situe vers 275 après J.-C., mais il survit encore au Ve siècle. Elle fut modifiée en Asie par le contact avec les Chaldéens adorateurs des étoiles, qui identifiaient Mithra à Shamash, dieu du Soleil, et par les Grecs d'Asie, qui le considéraient comme Hélios. Ce n'est qu'à la fin du premier siècle qu'elle gagne du terrain à Rome, où sa politique et sa philosophie contribuent à son succès. Hadrien interdit cependant ces Mystères à Rome en raison des sacrifices humains cruels qui accompagnaient certains de leurs rites, lorsque les événements futurs étaient devinés dans les entrailles. Ils réapparurent néanmoins sous Commode et se répandirent même en Grande-Bretagne.

La légende, la théologie et la symbologie mithriaques ont été reconstituées par Franz Cumont dans ses *Textes et monuments figures relatifs aux mystères de Mithra*, 1896. La légende, telle qu'elle apparaît sur ces célèbres reliefs mithriaques, également décrits par Sainte-Croix, est brève : Né d'un rocher, Mithra mangea du fruit d'un figuier et se vêtit de ses feuilles. Le relief montre les aventures de Mithra avec le taureau sacré, créé par Ormuzd ; il saisit l'animal par les cornes, se laisse entraîner jusqu'à ce que, le maîtrisant, il le traîne enfin dans une caverne et, sur l'ordre du dieu-soleil, le sacrifie. Le relief central représente Mithra, vêtu de vêtements flottants et coiffé du bonnet phrygien, tuant le taureau sacré, sacrifié pour donner naissance à la vie terrestre. Le scorpion qui attaque ses parties génitales est envoyé par Ahriman depuis le monde inférieur pour détruire le pouvoir génératif et empêcher ainsi la fertilité ; le chien qui s'élance vers la blessure du taureau est vénéré par les Perses comme le compagnon de Mithra ; le serpent est le symbole de la terre rendue fertile en buvant le sang du taureau sacrifié. Le corbeau qui dirige Mithra est le héraut du dieu-soleil qui a ordonné le sacrifice ; diverses plantes près du taureau et des épis de blé symbolisent le résultat fructueux. Les porteurs de torches représentent l'un des trois aspects suivants : le soleil aux équinoxes de printemps et d'automne et au solstice d'été, le renouvellement de la nature et sa fécondité. Les mystères mithriaques étaient célébrés au solstice d'hiver — « le jour de la Nativité de l'Invincible ».

La caverne ou grotte artificielle utilisée lors de leurs initiations représentait l'Univers, c'est-à-dire les sept planètes, les douze signes du Zodiaque, les quatre éléments, etc., car la science des Mystères était intimement liée à l'astrologie et à la physique ; en outre, l'œuf symbolique mystique représentait leur dualisme de la Lumière et des Ténèbres, du Bien et du Mal, de la Nuit et du Jour, du négatif et du positif. Un texte de saint Jérôme et des inscriptions conservent la connaissance des sept degrés d'initiation. L'échelle de sept planètes représente, dit-on, les sept étapes par lesquelles l'homme est descendu dans la matière et par lesquelles il doit revenir à l'éther et à l'illumination. Selon Celse, l'ordre de retour est le suivant : Saturne, Vénus, Jupiter, Mercure, Mars, Lune, Soleil, ce qui diffère du système cabalistique, qui va de la Terre à la Lune, en passant par Mercure, Vénus, Soleil, Mars, Jupiter et Saturne. Les degrés mithriaques étaient :

(1) *Corbeau, le* serviteur du Soleil ;

(2) *Occulte* ou voilé ;

(3) *Soldat,* la guerre contre le mal au service de Mithra ;

(4) *Lion, l'*élément du feu ;

(5) *Persan, vêtu* d'une robe asiatique ;

(6) *Heliodromus,* coursier du Soleil. *Pater* ou *père - Patres Sacrorum,* directeurs du culte.

Dans les trois premiers degrés, ils n'étaient que des serviteurs.

Au premier degré, un serment de secret était prêté, précédé d'une purification et de jeûnes. Dans le degré Soldat, selon Tertullien, le myste était marqué au front d'un Tau. Dans les degrés Lion et Perse, on appliquait du miel sur les mains et la langue. Il y avait aussi une communion mystique de pain et d'eau consacrés ; plus tard, le vin a peut-être remplacé le soma utilisé dans des rites similaires du mazdéisme. Dans les degrés supérieurs, parmi les participants, les effets de la consommation du vin sacré, la manipulation de la lumière dans la crypte, l'administration du serment et la répétition de formules sacrées contribuaient à induire un état d'exaltation extatique. Springett, dans son ouvrage *Secret Sects of Syria,* parle de lustrations avec du feu, de l'eau et du miel et, après de nombreuses épreuves, d'un jeûne de cinquante jours, passé dans un silence et une solitude perpétuels. 'Si le candidat échappait à la folie partielle ou complète, phénomène très fréquent, et surmontait les épreuves de sa force d'âme, il pouvait accéder aux degrés supérieurs. Yarker, dans ses *Arcane Schools,* nous dit que sur certains monuments mithriaques, Mithra apparaît avec une torche dans chaque main, tandis qu'une épée enflammée sort de sa bouche ; sur d'autres, il a un homme de chaque côté, l'un tenant une torche enflammée vers le haut, l'autre la tenant à l'envers. L'épée flamboyante est également un symbole dans les sectes rosicruciennes et cabalistiques modernes où, sur l'arbre de vie cabalistique, Adam Kadmon, le Logos, est représenté avec l'épée flamboyante sortant de sa bouche ; c'est la lumière astrale, qui peut tuer ou rendre vivant, mise en mouvement par une volonté puissante et un adepte entraîné qui la contrôle.

Dans ces Mystères, nous voyons donc à nouveau le culte de la nature et de la génération appliqué à la soi-disant régénération de l'homme, à l'illumination mentale par l'action de la lumière astrale, ce qui dans de nombreux cas conduit à l'illusion, au fanatisme et parfois même à la folie.

CHAPITRE II

CABALISTES, GNOSTIQUES, ET LES SECTES SECRÈTES SYRIENNES

Une précieuse série d'articles sur les mouvements subversifs à travers les siècles, *The Anatomy of Revolution*, par G. G., mieux connu sous le nom de « Dargon », auteur de *The Nameless Order*, a été publiée par le *Patriot, en* octobre 1922. Dans l'un de ces articles, il écrit

"Pendant des siècles, il a existé certaines écoles ésotériques de philosophie mystique qui trouvaient apparemment leur origine dans plusieurs courants de pensée orientaux se rencontrant au Levant, en Égypte et dans l'Orient proche. Nous trouvons dans ces écoles des éléments du bouddhisme, du zoroastrisme et de l'occultisme égyptien mêlés aux mystères grecs, au kabalisme juif et à des fragments d'anciens cultes syriens. De ce mélange de philosophie, de magie et de mythologie orientales sont nées, dans les premiers siècles de l'ère chrétienne, de nombreuses sectes gnostiques et, après la montée du mahométisme, plusieurs sectes hérétiques parmi les adeptes de l'islam — telles que les Ismaélites, les Druzes et les Assassins — qui ont trouvé leur inspiration dans la Maison de la Sagesse du Caire. C'est aux mêmes sources que l'on doit les idées qui ont inspiré les mouvements politico-religieux du Moyen-Âge tels que les Illuminati, les Albigeois, les Cathares, les Vaudois, les Troubadours, les Anabaptistes et les Lollards. C'est à ces mêmes inspirations qu'il faut attribuer l'apparition des premières sociétés secrètes. Les Templiers auraient été initiés par les Assassins à des mystères anti-chrétiens et subversifs, et nous trouvons des traces similaires d'une origine ancienne et occulte chez les Alchimistes, les Rosicruciens et les cultes mystiques ultérieurs dont les Swedenborgiens sont un exemple familier".

De plus, Albert G. Mackay, secrétaire général du Conseil suprême 33° pour la juridiction du Sud, États-Unis, écrit dans son *Lexique de la franc-maçonnerie* :

> Les Kassidéens ou Assidéens... sont apparus soit pendant la Captivité, soit peu après la restauration... Les Esséniens étaient cependant indubitablement liés au Temple (de Salomon), puisque leur origine est dérivée par le savant Scaliger, avec toute apparence de vérité, des Kassidéens, une fraternité de dévots juifs qui, dans le langage de Laurie, s'étaient associés en tant que "Chevaliers du Temple de Jérusalem". C'est des Esséniens que Pythagore a tiré une grande partie, sinon la totalité, des connaissances et des cérémonies dont il a revêtu l'école ésotérique de sa philosophie'.

Il dit aussi que Pythagore a rencontré les Juifs à Babylone, où il s'est rendu pendant la captivité, et, dit Oliver, « a été initié au système juif de la franc-maçonnerie ». Au sujet de la Cabale, Mackay écrit :

> « La Cabale est de deux *sortes* — *théorique* et *pratique* — *et* nous n'avons rien à voir avec la Cabale pratique, qui s'occupe de la construction de talismans et d'amulettes. La théorique se divise en littérale et dogmatique. La dogmatique n'est rien d'autre que le résumé de la doctrine métaphysique enseignée par les docteurs cabalistes. C'est, en d'autres termes, le système de la philosophie juive ».

Au sujet du *Sepher Yetzirah,* qui est plus ancien que le *Zohar,* Adolphe Franck, dans son livre *La Kabbale (*1843), dit ceci

> « Les nuages dont l'imagination des commentateurs l'a entouré se dissiperont d'eux-mêmes si, au lieu d'y chercher, comme ils l'ont fait, des mystères d'une sagesse ineffable, nous n'y voyons qu'un effort de la raison, au moment de l'éveil, pour percevoir le plan de l'univers et le lien qui rattache tous les éléments à un principe commun, dont elle nous offre l'assemblage. »

Il représente et explique les trente-deux chemins de l'Arbre de vie cabalistique — les dix Sephiroth ou centres de lumière, unis par les vingt-deux chemins auxquels sont attribuées les lettres hébraïques, considérées comme des forces puissantes. Ces lettres sont divisées en trois *lettres mères* - *shin, le* feu ; *mem, l'*eau ; *aleph, l'*air ; sept lettres *doubles,* attribuées aux planètes ; douze lettres *simples,* attribuées aux signes du zodiaque. L'esprit ou l'éther se trouve au-dessus, à l'unisson de tous. Certains prétendent qu'il dépeint la descente de l'âme dans la matière, son retour et son union avec la force vitale universelle, produisant l'illumination, l'extase, la déification et d'autres états similaires. Quant au Dieu cabalistique, il est d'abord Ain-négatif, puis *Ain Soph*— espace illimité — et enfin *Ain Soph Aur* — lumière illimitée. Le Dieu négatif a été éveillé, il est devenu actif. De même, Jéhovah, le Tétragramme juif, si largement utilisé dans les opérations cabalistiques et magiques, est Yod, He, Vau, He, le Principe créateur dans l'unité — le père, la mère, le fils et la fille ou la base matérielle, parfois appelée l'épouse. Comme il est dit : l'Être absolu et la Nature n'ont qu'un seul nom, qui signifie Dieu ; il représente toutes les forces de la nature. Dans la création, disent-ils, il n'y avait d'abord qu'une émanation, comme les étincelles qui jaillissent d'une enclume, mais comme elles étaient déséquilibrées, elles disparurent toutes, comme les rois édomites ; alors les deux sexes apparurent comme des forces séparées, et avec eux vint la création équilibrée.

Franck soutient que le Zohar ou Livre de la Lumière, la genèse de la lumière de la nature, commence là où le Sepher Yetzirah s'est arrêté. Du point de vue cabalistique, l'Absolu est appelé la *Tête Blanche,* car toutes les couleurs se mélangent dans sa lumière. Il est l'Ancien des Jours ou la première Séphire de l'Arbre de Vie Cabalistique, il est la Tête Suprême, la source de toute lumière, le principe de toute sagesse — l'unité. De cette unité découlent deux principes parallèles mais apparemment opposés, bien qu'en réalité inséparables ; l'un, mâle, actif, appelé Sagesse, l'autre, passif, femelle, l'Entendement, car « tout ce qui existe, tout ce qui a été formé par l'Ancien des Jours ne peut exister que par l'intermédiaire d'un mâle et d'une femelle ». L'Ancien des Jours, comparé par Franck à Ormuzd des Perses, est le père engendrant toutes choses par les voies merveilleuses, par lesquelles la force se répand dans l'univers, imposant une forme et des limites à tout ce qui existe. L'entendement est la mère, qui reçoit et se reproduit. De leur union mystérieuse et éternelle naît un fils, qui a les traits du père et de la mère, témoignant ainsi de l'un et de l'autre. Ce fils est la connaissance et la science. Ces trois personnes renferment et unissent tout ce qui est et sont à leur tour unies dans la Tête Blanche. Elles sont parfois représentées comme trois têtes n'en formant qu'une, parfois comparées au cerveau qui, sans perdre son unité, est divisé en trois parties et, par le biais de trente-deux paires de nerfs, agit dans tout le corps, le *microcosme, de* même qu'aidé par les trente-deux chemins de la sagesse, la divinité se diffuse dans tout l'univers, le *macrocosme.* Il représente également trois phases successives et absolument nécessaires de la génération universelle.

Citant Corduero, Franck poursuit : Les trois premières Sephiroth — Couronne, Kether ; Sagesse, Chokmah ; Compréhension, Binah — devraient être considérées comme les Trois en Un, car elles sont le Père, le Fils et le Saint-Esprit ou la mère. Les sept autres Sephiroth de la construction se développent également en trinités, dans chacune desquelles deux extrêmes sont unis par un troisième. La deuxième trinité est la suivante : Miséricorde, Chesed, mâle ; Sévérité, Geburah, femelle, c'est-à-dire l'expansion et la concentration de la volonté. Elles sont unies par la Beauté, Tiphareth, ou le Soleil, la trinité représentant la force morale. La troisième trinité est purement dynamique, montrant la divinité comme la force universelle, le *Principe Générateur* de tous les êtres ; c'est la Victoire, Netzach, femelle ; la Splendeur, Hod, mâle ; signifiant l'extension et la multiplication de toutes les forces dans l'univers. Celles-ci sont à nouveau unies par Fondation, Yesod, la Lune, et sont représentées par les organes de la génération, racine de tout ce qui est. La dixième Sephira est Malkuth, le Royaume ou la base matérielle, dans laquelle se trouve l'action permanente et immanente des Sephiroth unies, la présence réelle de Dieu au milieu de la création telle qu'elle est exprimée par la Shekinah. Le travail du Soleil et de la Lune est de répandre et de perpétuer par leur union l'œuvre de la création. La troisième trinité est la kundalini ou le caducée ; par le mysticisme et le yoga, elle est éveillée et s'élève à travers les Sephiroth jusqu'à la Couronne, source de toute lumière, en s'unissant au Principe créateur universel. Ainsi, selon la Cabale, toute forme d'existence, de la matière à la sagesse éternelle, est une manifestation de ce pouvoir infini. Il ne suffit pas que toutes les choses viennent de Dieu pour qu'elles aient une réalité et une continuité ; il faut aussi que Dieu soit toujours présent au milieu d'elles, qu'il vive, se développe et se reproduise éternellement à l'infini sous ces formes. La Cabale est donc entièrement panthéiste.

Franck écrit à propos de son origine : « Lorsqu'on examine le *Zohar, à* la recherche d'une lumière sur son origine, on ne tarde pas à s'apercevoir, dans l'inégalité du style, le manque d'unité dans l'exposition, la méthode et l'application des principes généraux, et enfin dans le détail de la pensée, qu'il est tout à fait impossible de l'attribuer à une seule personne ». Il s'élève à de grandes hauteurs, mais sombre à nouveau dans les grandes pauvretés, l'ignorance et la superstition. « Nous sommes donc obligés de conclure qu'elle s'est formée successivement pendant plusieurs siècles et par le travail de plusieurs générations de cabalistes. » Il signale trois fragments formant à eux seuls, contrairement aux autres, un ensemble coordonné : (I) le *Livre des Mystères,* considéré comme le plus ancien ; (2) la *Grande Assemblée, les* discours de Rabbi Simon ben Jochai, vers l'an 160, au milieu de ses dix disciples ; (3) la *Petite Assemblée,* où Simon, sur son lit de mort, donnait des instructions à ses disciples, maintenant réduits par la mort à sept. On y trouve, tantôt dans un langage allégorique, tantôt dans un langage métaphysique, une description des attributs divins et de leurs diverses manifestations, de l'origine du monde et des relations de Dieu avec l'homme.

Certains déclarent que la Cabale n'a été développée que vers la fin du treizième siècle, mais Adolphe Franck soutient que, selon les preuves qu'il donne, elle a dû naître pendant les soixante-dix ans de captivité juive à Babylone, et qu'elle doit donc beaucoup aux anciennes religions de Chaldée et de Perse. Là, sous l'autorité civile et religieuse, les chefs de la captivité construisirent la synagogue de Babylone, qui s'unit à celle de Palestine, et de nombreuses écoles religieuses furent fondées, dans lesquelles fut finalement produit le Talmud de Babylone, dernière et complète expression du judaïsme. Tous les chronologistes, juifs et chrétiens, s'accordent à dire que la première délivrance d'Israël, captif en Chaldée depuis l'époque de Nabuchodonosor, eut lieu, sous la conduite de Zorobabel, au cours des premières années du règne de Cyrus sur Babylone, vers 536-530 avant J.-C. Zoroastre avait déjà commencé sa mission religieuse, enseignant la doctrine du dualisme Lumière et Ténèbres, Bien et Mal, en 549 avant J.-C., quatorze ans avant le premier retour des Israélites captifs dans leur pays, et il ne fait aucun doute qu'ils ont emporté avec eux l'empreinte de cet enseignement. Apparemment, aucune autre nation n'a exercé une influence aussi étroite sur les Juifs que la Perse et le système religieux de Zoroastre, avec ses longues traditions.

La Cabale pratique ou magique, avec ses combinaisons et ses correspondances, était la base astrologique, magique et magnétique utilisée par les alchimistes et les magiciens du Moyen-Âge pour réaliser leurs transmutations et leurs conjurations. Elle était imprégnée de la « magie fluidique » dérivée de cultes très anciens et encore pratiquée à l'époque de la Captivité chez les Perses et les Chaldéens. Aujourd'hui, tous les Rose-Croix et toutes les sectes cabalistiques utilisent cette Cabale magique pour leurs travaux de divination, de clairvoyance, de guérison hypnotique et magnétique, de fabrication de talismans et de contact avec leurs mystérieux maîtres. Comme l'a dit l'écrivain juif Bernard Lazare :

> « Les sociétés secrètes représentaient les deux faces de l'esprit juif, le rationalisme pratique et le panthéisme, ce panthéisme qui, reflet métaphysique de la croyance en un Dieu unique, aboutissait parfois à une théurgie cabalistique. »

CABALISTES ET GNOSTIQUES

Albert Pike, dans *Morals and Dogmas,* nous dit qu'après le brassage des différentes nations, résultant des guerres d'Alexandre, les doctrines de la Grèce, de l'Égypte, de la Perse et de l'Inde se sont rencontrées et mélangées partout. La gnose, dit-il, est la science des mystères transmis de génération en génération dans les traditions ésotériques.

> « Les gnostiques tirèrent leurs principales doctrines et idées de Platon et de Philon, du Zendavesta, de la Kabale et des livres sacrés de l'Inde et de l'Égypte ; ils introduisirent ainsi dans le giron du christianisme les spéculations cosmologiques et théosophiques qui avaient formé la plus grande partie des anciennes religions de l'Orient, jointes aux doctrines égyptiennes, grecques et juives que les néo-platoniciens avaient également adoptées en Occident... Il

est admis que le berceau du gnosticisme est probablement à rechercher en Syrie et même en Palestine. La plupart de ses exposants écrivaient dans cette forme corrompue du grec utilisée par les Juifs hellénistiques… et il y avait une analogie frappante entre leurs doctrines et celles du judéo-égyptien Philon d'Alexandrie, lui-même siège de trois écoles à la fois philosophiques et religieuses, la grecque, l'égyptienne et la juive. Pythagore et Platon, le plus mystique des philosophes grecs (le plus grand héritier des doctrines du premier), qui avaient voyagé, le second en Égypte, le premier en Phénicie, en Inde et en Perse, enseignaient également la doctrine ésotérique… Les doctrines dominantes du platonisme se retrouvent dans le gnosticisme…

« L'école judéo-grecque d'Alexandrie n'est connue que par deux de ses chefs, Aristobule et Philon, tous deux juifs d'Alexandrie en Égypte. Appartenant à l'Asie par son origine, à l'Égypte par sa résidence, à la Grèce par sa langue et ses études, elle s'efforçait de démontrer que toutes les vérités contenues dans les philosophies des autres pays avaient été transplantées de Palestine. Aristobule déclarait que tous les faits et détails des Écritures juives étaient autant d'allégories cachant les sens les plus profonds, et que Platon leur avait emprunté toutes ses plus belles idées. Philon, qui vécut un siècle après lui, suivant la même théorie, s'efforça de montrer que les écrits hébreux, par leur système d'allégories, étaient la véritable source de toutes les religions et de toutes les doctrines philosophiques. Selon lui, le sens littéral ne s'adresse qu'au vulgaire.

… Les Juifs de Syrie et de Judée ont été les précurseurs directs du gnosticisme, et leurs doctrines comportaient d'amples éléments orientaux. Ces Juifs avaient eu avec l'Orient, à deux époques différentes, des relations intimes qui les avaient familiarisés avec les doctrines de l'Asie et surtout de la Chaldée et de la Perse… Ayant vécu près des deux tiers d'un siècle, et beaucoup d'entre eux longtemps après, en Mésopotamie, berceau de leur race ; parlant la même langue, et leurs enfants ayant été élevés avec ceux des Chaldéens, des Assyriens, des Mèdes et des Perses, ils adoptèrent nécessairement beaucoup des doctrines de leurs conquérants… et ces additions à l'ancienne doctrine furent bientôt répandues par les rapports constants du commerce en Syrie et en Palestine…

« C'est à l'Égypte ou à la Perse que les nouveaux platoniciens empruntèrent l'idée, que les gnostiques reçurent d'eux, que l'homme, dans sa carrière terrestre, est successivement sous l'influence de la Lune, de Mercure, de Vénus, du Soleil, de Mars, de Jupiter et de Saturne, jusqu'à ce qu'il atteigne finalement les champs élyséens. »

Ce dernier enseignement, sous une forme ou une autre, se retrouve dans toutes les sectes gnostiques et cabalistiques modernes. Ainsi, dans les Ordres Extérieur et Intérieur de Stella Matutina, les grades sont placés sur l'Arbre de Vie Cabalistique, et l'on dit que le candidat passe successivement sous l'influence de ces planètes dans la séquence ci-dessus, jusqu'à ce qu'à I0 = I, le grade le plus élevé, il devienne illuminé et ne soit plus son propre maître. Ces influences représentent dans leurs couleurs le spectre de ce que l'on appelle la « Divine Brillance Blanche » — fluide électro-magnétique — des Rose-Croix, que l'on apprend aux adeptes à attirer sur eux et à projeter à des fins magiques. Comme le dit Albert Pike :

> « Les sources de notre connaissance des doctrines kabbalistiques sont les livres de Yetzirah et de Zohar, le premier rédigé au deuxième siècle, et le second un peu plus tard ; mais ils contiennent des matériaux beaucoup plus anciens qu'eux-mêmes… Dans ces livres, comme dans les enseignements de Zoroastre, tout ce qui existe émane d'une source de Lumière infinie. »

ÉCOLE JUIVE D'ALEXANDRIE

La « Fraternité de la Lumière » de Californie, dont nous avons déjà parlé, affirme que « ce vénérable Ordre a donné à *l'apprentissage à Alexandrie l'élan* qui a rendu cette ville si justement célèbre ». Et encore : « C'est la Confrérie de la Lumière qui a préservé le flambeau de l'érudition de l'extinction complète pendant l'âge des ténèbres ». Il est donc intéressant de constater que Dion Fortune, chef de la « Fraternité de la lumière intérieure », écrit ce qui suit à propos de l'hermétisme :

> « Les systèmes égyptien et cabalistique ont connu leur plus grand développement et se sont mêlés à la pensée chrétienne dans les écoles des néo-platoniciens et des gnostiques… Ses études n'ont été maintenues en vie pendant l'âge des ténèbres que chez les Juifs qui étaient les principaux représentants de son aspect cabalistique… et elles sont encore vivantes aujourd'hui. »

Or le franc-maçon Springett nous dit dans son livre, *Secret Sects of Syria*, que

"Plus tard, la gnose a été le nom donné à ce que Porphyre appelle la philosophie antique et orientale pour la distinguer des systèmes grecs. Mais le terme a d'abord été utilisé (selon Matter) dans son sens ultime de connaissance *supérieure* et *céleste* (cosmique) par les philosophes juifs de la célèbre école d'Alexandrie. Une production très caractéristique de cette gnose juive est parvenue jusqu'à nous dans le *Livre d'Hénoch, dont l'*objet principal est de faire connaître la description des corps célestes et leurs noms exacts sont révélés au patriarche par l'ange Uriel. Cette profession trahit d'elle-même la source mage de l'inspiration".

Dans *Le Problème Juif,* Georges Batault écrit de ces philosophes juifs alexandrins qu'ils étaient d'ardents propagandistes, désireux de faire des prosélytes, et qu'ils s'efforçaient pour cela d'adapter le judaïsme à l'hellénisme, persuadés que sans la Loi et sans Israël pour la pratiquer, le monde cesserait d'être, le monde ne serait heureux que soumis à cette Loi universelle, c'est-à-dire à l'empire du Juif. Comme l'avoue l'écrivain juif Bernard Lazare dans *L'Antisémitisme :*

« Depuis Ptolémée Philadelphe jusqu'au milieu du IIIe siècle, les Juifs d'Alexandrie, dans le but de maintenir et de renforcer leur propagande, se sont livrés à un extraordinaire travail de falsification de textes réels pour soutenir leur cause. Les vers d'Eschyle, de Sophocle, d'Euripide, des prétendus Oracles d'Orphée, conservés dans Aristobule et les Stromates de Clément d'Alexandrie, célébraient ainsi le Dieu unique et le sabbat. On falsifiait les historiens, plus encore on leur attribuait des ouvrages entiers, et c'est ainsi qu'on plaça une Histoire des Juifs sous le nom d'Hécatée d'Abdère. La plus importante de ces inventions fut celle des Oracles sibyllins, entièrement fabriqués par les Juifs d'Alexandrie, qui annonçaient l'ère future où s'accomplirait le règne d'un Dieu unique. Les Juifs ont même tenté de s'attribuer la littérature et la philosophie grecques. Dans un commentaire du Pentateuque qu'Eusèbe nous a conservé, Aristobule s'est efforcé de montrer comment Platon et Aristote avaient trouvé leurs idées métaphysiques et éthiques dans une ancienne traduction grecque du Pentateuque ».

Georges Batault poursuit :

"L'exégèse qui consiste à déformer les textes pour en tirer ce qu'ils désirent est la seule « science » que l'on puisse faire remonter aux Juifs. Elle est devenue, entre les mains des judéo-alexandrins, un bras redoutable qui, par la force perfide de leurs mensonges voilés, a enrôlé l'hellénisme, malgré lui, *au* service de l'exclusivisme et du prosélytisme religieux des Israélites. La tentative de "judaïser" l'hellénisme, qui nous apparaît aujourd'hui si parfaitement absurde et désastreuse, a pourtant eu pour résultat d'obscurcir l'intelligence de l'humanité pendant des centaines d'années".

Le maçon italien Reghellini de Schio, qui écrivait en 1833, dit ceci

« Alexandrie, nouvellement construite, fut colonisée par les Juifs, qui vinrent en foule peupler la nouvelle ville. Il en résulta un mélange d'hommes de nations et de religions différentes, qui donnèrent naissance à plusieurs associations philosophiques et religieuses. Le platonisme, enseigné publiquement par les Grecs d'Alexandrie, fut accueilli avec empressement par les Juifs alexandrins, qui le communiquèrent aux Juifs de Judée et de Palestine... En Égypte et en Judée, avant le début du christianisme, la philosophie de Pythagore et de Platon s'était profondément enracinée parmi les Juifs, ce qui donna naissance aux dogmes des Esséniens, des Thérapeutes, des Sadducéens, des Carpocratiens, des Cabalistiques-Gnostiques, des Basilidiens et des Manichéens ; tous ces dogmatiques adaptèrent une partie de la doctrine des Mages et des Prêtres égyptiens à la philosophie susmentionnée. Ils se sont répandus avec le temps en Asie, en Afrique et en Europe. Ces différents judéo-chrétiens ont préservé les mystères du Temple de Salomon avec l'allégorie du Grand Architecte, qui était le Messie juif, une idée encore préservée par les juifs de nos jours ».

Comme le note des Mousseaux, les gnostiques et les manichéens ont conservé la cabale de cette maçonnerie primitive, dont une branche s'est profondément enracinée chez les Druzes, et lorsque les croisés ont inondé l'Asie, ils en ont infecté les ancêtres de notre franc-maçonnerie — les Templiers, les Rose-Croix et les organes de l'occultisme occidental.

MANICHÉENS

Les manichéens enseignaient à la fois le panthéisme et le dualisme — le bien et le mal, la lumière et les ténèbres ; l'immanence dans tous les êtres vivants de leur Dieu, le Principe créateur avec ses aspects négatifs et positifs. Selon Matter, les Carpocratiens étaient les communistes les plus universels ; leur théorie était la suivante : « La nature révèle les deux Grands Principes, la communauté et l'unité de toutes choses. Les lois humaines contraires aux lois naturelles sont des violations coupables de l'ordre légitime et divin ; il faut donc, pour rétablir cet ordre, instituer la communauté des terres, des biens et des femmes ». En outre, Manès désavoue la guerre, même lorsqu'elle est menée pour de justes motifs, et ses disciples condamnent les magistrats politiques et civils comme ayant été créés et établis par le Dieu mauvais. Manès condamnait également toute possession de maisons, de terres ou d'argent. Enfin, les gnostiques et les manichéens étaient connus pour leurs mœurs désordonnées. Manès proscrivait le mariage tout en autorisant ses plaisirs, certains s'en excusaient en disant que « pour les purs, tout est pur ». Selon Baronius, les manichéens séduisaient les hommes par des paroles sublimes et de grandes promesses, et prenaient leurs malheureuses victimes dans des filets si puissants qu'il était presque impossible de s'en libérer une fois qu'elles étaient prises. Les disciples s'engageaient par le serment le plus inviolable à garder les secrets de la secte. Il leur était permis de jurer et de se parjurer, mais jamais de révéler les secrets, selon leur célèbre maxime : *Jura, perjura secretum prodere noli.*

L'une des conséquences du mithraïsme est le manichéisme, qui tire son nom de Manès, dont certains disent qu'il s'agit de Cubricus, un esclave et érudit perse, tandis que d'autres soutiennent qu'il a été éduqué par son père à Ctésiphon, qu'il a été élevé dans la religion des « baptistes » du sud de la Babylonie, qui étaient liés aux mandéens, et qu'il a ensuite voyagé beaucoup et loin, y compris en Chine et en Inde, pour répandre ses croyances. Opposé aux prêtres mages dominants, il fut finalement crucifié. Le manichéisme était un système intransigeant de dualisme sous la forme d'une fantastique philosophie de la nature entièrement matérialiste. Il s'agit d'un conflit entre la Lumière et les Ténèbres, le Bien et le Mal, le mâle et la femelle ; les Ténèbres cherchaient à lier les hommes par la sensualité, la Lumière essayait de les sauver par la connaissance de la Nature et de ses forces. Manès n'avait pas de « rédempteur », mais seulement un processus physique et gnostique de rédemption, libérant l'étincelle de lumière des ténèbres ou de la matière, c'est-à-dire de l'intérieur du corps de l'homme, pour la ramener à la lumière universelle. C'est en cela que réside toute la base des sectes cabalistiques et gnostiques modernes.

M. de Beausobre, dans son *Histoire critique de Manichee et du Manichéisme*, 1734, résume ainsi ce système : Manès revendiquait l'autorité d'apôtre et de prophète de Jésus-Christ directement éclairé par le « Paraclet », afin de réformer toutes les religions et de révéler *au* monde les vérités qui avaient été cachées aux premiers disciples. Il a rejeté l'Ancien Testament et réformé le Nouveau. Niant l'inspiration des prophètes hébreux, il leur opposa les livres de Seth, d'Hénoch et d'autres patriarches, censés être des vérités reçues des bons anges. Cette prétendue sagesse existe encore dans les livres et les écoles de philosophie orientale. Manès considérait la Divinité comme une Lumière vivante, un Père de toutes les Lumières, immatériel, éternel, résidant dans un Ciel suprême lumineux, lui aussi éternel, car rien ne peut être fait à partir de rien, et toujours accompagné d'Éons, émanations de cette essence divine mais inférieures. Dieu était une Cause en action perpétuelle et éternelle (Principe créateur). De l'essence du Père émanaient le Fils et le Saint-Esprit, co-substantiels mais subordonnés *au* Père. Depuis la création du monde et jusqu'à la consommation, le Fils réside dans le Soleil en tant que puissance et dans la Lune en tant que sagesse réfléchie de la Mère de la Vie ; le Saint-Esprit réside dans l'air, tous deux exécutant les ordres du Père. Il s'agit apparemment d'une variante de la tablette d'émeraude d'Hermès.

M. de Beausobre explique ensuite les Ténèbres. Dans un coin du vaste espace se trouve une puissance maligne, également éternelle, appelée philosophiquement matière, mystiquement Ténèbres, et par le vulgaire le Diable. La Lumière et les Ténèbres étaient divisées en cinq éléments : l'eau, la terre, le feu, l'air, et la Lumière ou les Ténèbres, autrement dit l'éther, c'est-à-dire les quatre propriétés de dissoudre, de coaguler, de chauffer et de refroidir. La Lumière connaissait les Ténèbres, mais les Ténèbres ne prirent conscience de la Lumière que lorsqu'une révolte se produisit au sein de ce Royaume (Lucifer), au cours de laquelle les Ténèbres envahirent la Lumière, et bien que l'Homme primordial (le Christ), assisté de l'Esprit vivant, composé de cinq éléments, s'opposa à cette révolte et la maîtrisa, une partie de la Lumière fut dérobée et les Ténèbres et la Lumière se mélangèrent. L'Esprit vivant sépara alors la substance lumineuse qui n'avait pas été saisie par la matière, et la forma en Soleil et Lune, et autres planètes, ainsi que notre ciel inférieur ; le reste alla former notre monde sublunaire, avec la matière et la lumière mélangées. Voulant conserver l'étincelle de lumière, le prince des ténèbres ou de la matière forma deux corps sur le modèle de l'homme primitif, mais avec des sexes différents, et enferma ces étincelles ou âmes, en les charmant avec les émotions des sens, et à mesure que la génération se produisait, de plus en plus de personnes étaient ainsi piégées et buvaient à la coupe de l'oubli. Ensuite, selon Manès, de bons anges, des sages et des prophètes apparurent pour enseigner les vérités oubliées, et enfin vint le Sauveur « fantôme ». Il défendait la croyance docétique selon laquelle la matière étant mauvaise, le corps du Christ n'était qu'un fantôme, et que ses actes et ses souffrances, y compris la crucifixion, la résurrection et l'ascension, n'étaient qu'apparents et ne constituaient en réalité que des enseignements mystiques. Il a également nié l'incarnation. Pour les élus, il désapprouvait le mariage, inventé par les Ténèbres pour retarder le retour à la Lumière (la force sexuelle inutilisée est nécessaire à ce retour !) ; les austérités, l'absence de viande et de vin, étaient préconisées pour affaiblir la chair et libérer l'étincelle intérieure. Les élus devaient embrasser la pauvreté, et les seuls plaisirs autorisés étaient la musique et les parfums, tous deux libérant l'étincelle ou l'âme des chaînes de la matière. Lorsqu'elle était suffisamment purifiée, cette âme passait dans la lune, où elle recevait une illumination de surface, et de là était déchargée dans le soleil, où elle devenait lumineuse, et était finalement renvoyée dans le « pilier de gloire », libérée de toute matière. La transmigration était admise, car une seule vie ne suffisait pas à libérer l'étincelle de la souillure de la matière.

La consommation finale aura lieu lorsque toute cette substance lumineuse aura été séparée de la matière ; le feu maléfique sera alors libéré des cavernes ; l'ange soutenant la terre la laissera tomber dans les flammes, et toute la masse sera reléguée dans les Ténèbres extérieures. Ceux qui n'auront pas réussi à se libérer à temps deviendront les gardiens des démons, les empêchant d'introduire à nouveau de la matière dans le royaume de la lumière. Telle est la merveilleuse fable sous laquelle se cache le culte de la nature du magisme ancien et moderne, connu aujourd'hui sous le nom d'illuminisme, souvent appelé chrétien ! — comme par exemple l'Anthroposophie ou le Steinerisme, avec ses deux forces opposées Lucifer et Ahriman, lumière et matière, et son Christ solaire et illuminateur. Chez eux, la rédemption consiste en un processus physique et gnostique consistant à libérer, au moyen de la force sexuelle inutilisée, l'élément de lumière de la matière ou du corps, et à l'unir à l'agent magnétique universel à l'extérieur, voire à relier un esprit à un autre dans une chaîne magnétique, le plus faible étant dominé par le plus puissant, ce qui produit une inondation mondiale de communications émanant de soi-disant « Sages et Prophètes », destructives à la fois pour le christianisme et la civilisation occidentale.

Yarker, dans *Arcane Schools*, donne les grades manichéens comme suit : Disciples, auditeurs ou mystiques, et les parfaits ou élus, les prêtres : Les disciples, les auditeurs ou mystiques, et les parfaits ou élus, les prêtres ; de ces derniers était formé le Magistri ou Conseil des Douze et un treizième comme président, comme dans le système chaldéen. En outre, ils avaient des formes secrètes de reconnaissance : la parole, la poigne et la poitrine. Enfin, on dit que le corps étant considéré comme mauvais, il devait être souillé ou humilié, d'où les pratiques érotiques et sexuelles que l'on trouve chez les Manichéens et autres sectes gnostiques, plus de dix après leurs danses frénétiques ; toutes ces pratiques étaient censées libérer l'étincelle et hâter la déification.

Comme l'a déclaré Gibbon, le grand système manichéen a prospéré à l'époque byzantine, de la Perse à l'Espagne, malgré les persécutions des empereurs ariens et orthodoxes. Et Springett nous dit, dans les *Sectes secrètes de Syrie* :

> « Les doctrines manichéennes étaient donc diffusées à l'époque où les Templiers étaient au sommet de leur prospérité et de leur puissance, et King consacre plusieurs pages de son ouvrage à l'examen de l'étroite ressemblance entre ces Ordres.

Le gnosticisme, souligne-t-il, sous une forme ou une autre, survivait encore au siège même de l'Ordre, parmi leurs plus proches alliés ou ennemis, les montagnards de Syrie ».

ISMAILIS

Selon von Hammer, dans son *Histoire de l'Ordre des Assassins*, 1835, le fondateur de la secte ismaélienne, Abdallah, fils de Maimoun, profondément instruit dans toutes les sciences et formé par les révoltes sanglantes de son époque, a réalisé le danger de déclarer une guerre ouverte contre la religion et les dynasties régnantes, plus particulièrement lorsqu'elles sont soutenues par le peuple et une armée puissante. Il a donc élaboré un plan soigneusement étudié pour saper secrètement ce qu'il ne pouvait pas attaquer ouvertement. Sa doctrine, subversive pour le khalifat, devait être voilée de mystère et n'être révélée que lorsque le pouvoir aurait été capturé par des intrigues secrètes. Enfin, il rêvait de détruire, non seulement ce qu'il appelait les erreurs du dogme et de la religion positive, mais encore la base de toute religion et de toute morale. Il divisa sa doctrine en sept degrés, s'emparant ainsi peu à peu de l'esprit de ses disciples et le subvertissant. De cette doctrine est née la secte des Karmathites, plus ouverte et plus violente dans sa révolte contre le Khalifat, tant sur le plan politique que sur le plan moral. Pendant un siècle, les doctrines effrayantes des Karmathites se maintinrent jusqu'à ce que la secte soit finalement éteinte dans son propre sang. Enfin, l'un de leurs plus zélés Dais, Abdallah, qui prétendait être un descendant de Mohammed, fils d'Ismaïl, s'échappa de prison et s'assit sur le trône, fondant la dynastie des Fatimites à Kairwan vers l'an 910, sous le nom d'Obeid-allah.

MAISON DE LA SAGESSE

Nos autorités sur les neuf degrés d'initiation, tels qu'ils ont été donnés par les Ismaéliens dans la Grande Loge ou Maison de la Sagesse, au Caire, sont von Hammer et *Expose de la Religion des Druzes*, par Silvestre de Sacy, 1838 ; tous deux citent Macrisi et Nowairi. Comme l'écrit van Hammer :

« Les détails que Macrisi nous a transmis sur l'origine de cette doctrine et les différents degrés d'initiation, qui s'étendaient de sept à neuf, sont les plus précieux et les plus anciens que nous ayons sur l'histoire des sociétés secrètes de l'Orient, dans les pas desquelles celles de l'Occident ont ensuite marché. L'étroite concordance entre cette doctrine et celle des Assassins mérite d'être soulignée. »

Cette doctrine d'Abd'allah, fils de Maimoun, a dominé dès la fondation de l'empire fatimide la cour et le gouvernement, d'abord à Mahadia, puis au Caire. Le chef du *Darol-Hikmet*, ou Maison de la Sagesse, était connu sous le nom de *Daial-Doat*, ou Grand Prieur de la Loge. Il soutenait Ismaïl comme fondateur de la « Voie » et admettait des hommes et des femmes. C'est là, sous la direction d'El Hakem, le sixième khalife fatimite, véritable monstre de cruauté et de crime, aujourd'hui vénéré par les Druzes comme un homme fait par Dieu, que la doctrine secrète fut enseignée et que les neuf degrés furent conférés.

En résumé, selon de Sacy, qui cite à la fois Macrisi et Nowairi, qui ont apparemment tiré leurs informations d'une seule et même source, il s'agit des éléments suivants :

(1)   Le Dai, ou missionnaire, feignait la dévotion pour séduire son prosélyte ; avec les lettrés, il applaudissait et se ralliait à leurs opinions, attentif à ce que ses desseins et son secret ne fussent pas trahis. Aux simples d'esprit, facilement séduits, il explique que la religion est une science cachée et abstruse, dont le sens profond n'est connu que des seuls Imams. Par des questions sur les contradictions de la religion positive et de la raison, sur les obscurités et les absurdités du Coran, il suscitait des doutes et des perplexités ainsi qu'une violente curiosité. Refusant de satisfaire cette curiosité, le Dai exigeait, avant de poursuivre son enseignement, un serment inviolable par lequel le prosélyte jurait de ne pas trahir le secret, de ne pas mentir à la Loge et de ne pas se liguer contre elle. S'il y consentait, il devait s'engager à verser une somme d'argent, dont le montant était déterminé par le Dai. S'il refusait de prêter serment ou de verser l'argent, il était laissé à ses propres perplexités et on ne lui disait plus rien.

(2)   Il fut alors persuadé que la doctrine ne pouvait être reçue que par l'intermédiaire d'imams divinement désignés.

(3)   De plus, le nombre de ces Imams « révélés » des Ismaéliens était de sept, contrairement aux douze Imams des Imamias, discréditant ainsi l'Imamat et son chef Mousa.

(4)   On expliquait au prosélyte que, depuis le début du monde, il y avait eu sept législateurs divins ou prophètes parlants — Adam, Noé, Abraham, Moïse, Jésus, Mohammed (Mahomet) et Ismaïl, fils de Djafar — qui pouvaient, par ordre divin, abroger la religion précédente et lui en substituer une nouvelle. À chacun de ces « orateurs » était attaché un autre, qui recevait sa doctrine et lui succédait après sa mort ; sept de ces *muets, qui perpétuaient la* religion existante, succédaient sans interruption à chaque législateur, jusqu'à ce qu'enfin le septième de ces législateurs abroge toutes les religions précédentes. Selon les Ismaéliens, ce dernier fut Mohammed, fils d'Ismaïl, qui institua et révéla la nouvelle science de la signification intérieure et mystique de toutes les choses extérieures. Lui seul était le maître, et tout le monde devait le suivre et lui obéir. En acceptant cela, le prosélyte renonçait à la loi du prophète Mahomet et devenait donc un apostat.

(5)   On lui enseigne la vertu des nombres et quelques principes de géométrie, et on lui dit que chaque Imam a douze ministres — les douze signes du Zodiaque. Le Dai prépare ensuite le prosélyte à abandonner toutes les religions établies par les prophètes, en le conduisant vers les doctrines des philosophes.

(6)   Sûr de son silence et ayant réorienté ses croyances, le Dai commença à saper sa foi, allégorisant les préceptes de la prière, de la dîme, des pèlerinages et autres observances religieuses, les faisant apparaître comme de simples moyens de dominer les masses. Le Dai loue alors les principes de philosophes tels que Platon, Aristote, etc., parlant en revanche avec légèreté de ceux qui ont institué ces pratiques religieuses, critiquant et traitant les Imams avec mépris. Privé de toutes ses croyances, le prosélyte était une proie facile.

(7)   Il est passé de la philosophie au mysticisme, le mysticisme panthéiste oriental des Sufees. Il est passé de l'unité de Dieu au dualisme et au matérialisme.

(8)   Le Dai a ensuite exposé la mission du vrai prophète qui, selon lui, était d'établir certaines institutions politiques formant un gouvernement bien constitué, un système philosophique et des doctrines spirituelles appliquées allégoriquement aux choses intellectuelles, et enfin un système religieux sur la base de l'autorité de ce prophète. Les enseignements du Coran sont expliqués comme ne signifiant rien d'autre « que la révolution périodique des astres et de l'univers, la production et la destruction de toutes choses, selon la disposition et la combinaison des éléments, conformément à la doctrine des philosophes » (Forces cosmiques et génération universelle).

(9)   Arrivés là, certains adoptèrent les enseignements de Manès, des Mages ou des philosophes, ou les mélangèrent, et finirent par abandonner toutes les religions révélées. Pour s'adapter à la nouvelle doctrine, les Dai, par des interprétations allégoriques, déformèrent les paroles de la religion professée par le prosélyte, toujours en faveur du prophète Mahomet, fils d'Ismaïl, comme seul prophète inspiré par Dieu. À propos de ce prophète, ils dirent d'abord qu'il reviendrait dans le monde, puis, modifiant cette affirmation, qu'« on pouvait le contacter spirituellement par la méditation des doctrines mystiques ; quant à sa manifestation, elle consistait en la prédication de ses doctrines, communiquées aux hommes par les langues de ses fidèles serviteurs ».

Comme l'a écrit van Hammer :

> « Dès que le prosélyte arrivait au neuvième degré, il était mûr pour servir d'instrument aveugle à toutes les passions, et surtout à une ambition illimitée de domination. Toute cette philosophie pourrait se résumer en deux mots : *ne rien croire et tout oser.* Ces principes détruisaient de fond en comble toute religion, toute morale, et n'avaient d'autre but que de réaliser de sinistres projets exécutés par des ministres habiles, pour qui rien n'était sacré. Nous voyons ainsi ceux qui auraient dû être les protecteurs de l'humanité abandonnés à une ambition insatiable, ensevelis sous les ruines des trônes et des autels au milieu des horreurs de l'anarchie, après avoir porté le malheur sur les nations, et mérité la malédiction de l'humanité. »

Enfin, ce curieux ordre fut donné au Dai par ceux qui étaient au-dessus de lui : « Tu dois t'exercer et acquérir de grands tours de main pour fasciner les yeux (illusion hypnotique) afin d'accomplir les miracles que l'on attend de toi ». Comme nous l'avons déjà montré, chez les Dactyles, les Corybantes et dans les Grands Mystères, les illusions, la jonglerie et les évocations étaient les moyens utilisés pour tromper non seulement les époptes et les mystes, mais aussi le peuple ignorant.

Aujourd'hui, dans ces nombreuses sectes, cabalistiques et illuminati, on utilise à peu près les mêmes méthodes que chez les Ismaéliens, et on enseigne la même doctrine. Il s'agit toujours d'une réorientation progressive, d'abord d'une tentative d'adapter ces doctrines des Mages, des Manès et des philosophes au christianisme, en détruisant l'essence même de cette doctrine. Manes et des philosophes au christianisme, détruisant l'essence même des croyances chrétiennes, conduisant au panthéisme, au dualisme et au matérialisme, et aboutissant souvent à un mysticisme panthéiste. Par la méditation mystique et le yoga, ils parviennent à une union magnétique mais contrôlée avec leurs sinistres maîtres, dont ils reçoivent les enseignements universels nécessaires au « Grand Œuvre » de leur maître, à l'unification et au contrôle du monde - religieux, politique et intellectuel.

En parlant de la Maison de la Sagesse, Springett cite le livre d'Ameer Ali, *A Short History of the Saracens*, dans lequel il dit :

> « Le récit de Makrisi sur les différents degrés d'initiation adoptés dans la Loge constitue un témoignage inestimable sur la franc-maçonnerie. En effet, la Loge du Caire est devenue le modèle de toutes les Loges créées par la suite dans la chrétienté ».

ASSASSINS ET TEMPLIERS

Comme nous le montrerons, les idées subversives modernes ont leur origine dans l'Orient proche et se sont répandues en grande partie par l'intermédiaire des sectes cabalistiques primitives et de leurs emprunts plus anciens. Dans son livre *Le Juif, le Judaïsme et la Judaïsation des Peuples Chrétiens,* I869, Gougenot des Mousseaux, parlant des Manichéens, des Gnostiques, des Yézidis, des Druzes, etc. :

> « Le cabalisme primitif était ce que sont ces sectaires, car ils restent Sabéens ; ils adorent le soleil, les astres, l'esprit des astres, et le

mauvais principe, appelé par les Persans Ahriman... Chez ces sectaires, toutes les passions, même les plus honteuses, sont regardées comme sacrées... Ce despotisme absolu des Grands Maîtres du cabalisme chaldéen était celui du Prince des Assassins, et les Druzes conservent la doctrine et les mœurs de cette cabale. C'est celui du Grand Maître secret de la Haute Maçonnerie qui est gouvernée par les Juifs ».

Les Ismaéliens orientaux ou Assassins ont été fondés vers 1090 par Hassan Sabah, qui, après avoir été admis à la Maison de la Sagesse du Caire, a dû s'envoler à cause de ses intrigues. Réalisant qu'une société politique devait avoir une forteresse, il acheta, par d'autres intrigues, le château d'Alamoot, sur la mer Caspienne, où il finit par fonder son ordre. Il acquit de nombreux châteaux en Perse, obtenant un grand pouvoir, inspirant la terreur dans le cœur de tous par l'assassinat soudain de califes et de vizirs. Son chef, le Sheikh, était connu sous le nom de « Vieil Homme de la Montagne », et l'on disait que « les initiés travaillaient avec leur tête et dirigeaient les armes des Fedavis en exécution des ordres du Sheikh qui, avec sa plume, guidait les poignards ». Plus tard, il a été dispersé, mais il existe encore en Inde et dans d'autres pays.

Dans son ouvrage *Secret Sects of Syria,* Springett retrace l'influence des philosophes juifs de la célèbre école d'Alexandrie sur les gnostiques et les manichéens et, par leur intermédiaire, sur les Templiers. Il cite King et von Hammer pour prouver que la constitution de l'Ordre des Templiers

« est une copie servile de celle des Assassins. Les statuts de ces derniers le prouvent de manière irréfutable ; ils ont été trouvés sur les captifs de leur capitale Alamoot par le Moghol Halakoo, en l'an 1335, alors que, par une coïncidence singulière, le Calife et le Pape étaient occupés à exterminer le modèle et la copie en Orient et en Occident, à la même époque.

C'est à partir de ces documents qu'ont été vérifiés les « huit degrés d'initiation » établis par Hassan, le premier Grand Maître ou « Prince ou Vieillard de la Montagne ». Nous trouvons au troisième degré la négation de la vérité du Coran et de toutes les autres écritures sacrées ; au quatrième degré, l'épreuve de l'obéissance silencieuse et parfaite ; au cinquième degré, la divulgation des noms des grands Frères de l'Ordre, royaux, sacerdotaux et patriciens, dans toutes les parties du monde ; au septième degré, l'interprétation allégorique du Coran et de toutes les autres écritures. Dans cet Ordre, la divinité de tous les fondateurs de systèmes religieux était également niée. La religion est considérée comme une simple étape vers la connaissance, ses récits sont simplement allégoriques et illustrent le progrès de la société civile ; ainsi, la chute de l'homme signifie l'esclavage politique ; la rédemption est le rétablissement de la liberté et de l'égalité. 8, que toutes les actions sont indifférentes, pourvu qu'elles soient faites pour le bien de l'Ordre, le vice et la vertu n'existant pas dans l'absolu. Ces principes sont presque identiques à ceux des Illuminati.

Von Hammer, dans son *Histoire des Assassins*, élucide encore ce « Catéchisme de l'Ordre », comme il l'appelle. Il dit du quatrième qu'après avoir prêté serment, le candidat promettait une obéissance aveugle et jurait en même temps « de ne communiquer à personne d'autre qu'à ses supérieurs les doutes qu'il pourrait avoir sur les mystères et les doctrines des Ismaélites ». Curieusement, feu le Dr Felkin, chef de la Stella Matutina, souhaitant, en 1909, recevoir un enseignement plus approfondi de la part des « chefs cachés » ou maîtres du soleil, s'est vu répondre qu'il devait d'abord prendre l'engagement « par tout ce qu'il avait de plus terrible et de plus sacré, de ne jamais trahir la méthode à un mortel ». Une partie de cet engagement était la suivante : « Si, par la suite, je suis assailli par des doutes, je ne les révélerai qu'aux Maîtres... Si, à un moment donné, je me trouve dans l'incapacité de tenir cet engagement, je ne dirai rien à mes frères et sœurs de l'Ordre pour affaiblir leur foi, mais je me mettrai discrètement en veilleuse. » L'engagement est pris.

En ce qui concerne le septième degré, nous retrouvons la même idée dans l'école juive d'Alexandrie, car, comme nous l'avons déjà dit, Aristobule déclarait que tous les faits et détails des Écritures juives étaient autant d'allégories, cachant les significations les plus profondes. Philon suivait lui aussi la même théorie et s'efforçait de montrer que les écrits hébreux, par leur système d'allégories, étaient la véritable source de toutes les religions et de toutes les doctrines philosophiques. Le sens littéral ne s'adresse qu'au vulgaire. Comme Philon, Steiner, de l'Anthroposophie, a enseigné la même interprétation, à savoir que la Bible n'était qu'une allégorie de la déification progressive et mystique de l'homme, telle qu'elle est représentée symboliquement dans tous les mystères anciens et modernes. Cette déification est symbolisée par le « Dieu caché » Amoun des Égyptiens et la *crux ansata*, cette dernière étant le centre du symbole théosophique et signifiant les forces duales de génération — la kundalini ; de même, le Caducée d'Hermès, placé sur la partie inférieure de la figure panthéiste Baphomet du culte templier, représente les forces de génération dans l'homme, les moyens de déification.

En outre, chez les Khlysty et d'autres gnostiques primitifs, on trouve cette même interprétation allégorique des Évangiles et de l'Ancien Testament, avec la même déification ou création de « Christs » en vue. Comme le dit M. Ribot, il existe de nombreuses façons de produire une extase artificielle ou d'avoir la divinité en soi - danses rythmiques, soma, vin, sang, orgies et intoxication par les drogues, y compris sans doute le hasheesh, tel qu'utilisé par le « Vieux de la montagne », qui préparait à ses Fedavis fanatisés, enivrés par tous les attraits des sens, un soi-disant avant-goût du paradis, ou peut-être hypnotisés, ainsi préparés et disposés à exécuter par le poignard ou le poison les meurtres complotés des victimes du Grand Maître.

Selon von Hammer, il existe sept grades d'Assassins, proches de ceux des Templiers :

1. Grand Maître, ou « Vieux de la Montagne ».

2. Dailkebir, ou Grand Prieur.

3. Dais, ou maîtres initiés, recruteurs.

4. Refik, ou les compagnons.

5. Fedavis, instruments aveugles, les gardiens de l'Ordre.

6. Lassiks, aspirants.

7. Batini, ou frères secrets, affiliés.

Parmi les sept imams silencieux, il y avait l'"Imam invisible », au nom duquel le Grand Maître exigeait l'obéissance du peuple.

Comme les instigateurs secrets de la Révolution française, selon Louis Blanc, les Grands Maîtres des Templiers liés aux Illuminati de Weishaupt, Hassan voulait renverser les trônes et les autels, mais reconnaissait que l'anarchie, bien que souvent utile aux gouvernés, ne devait jamais être le but des gouvernants. Son ambition est de fonder un empire sur les ruines du Khalifat et de la famille d'Abbas.

Les Assassins n'étaient pas une principauté, mais simplement une confrérie ou un ordre semblable à celui des Chevaliers de Saint-Jean, des Chevaliers Teutoniques ou des Templiers. Comme le dit von Hammer :

> "La nature des fonctions qui, dans ce dernier Ordre, étaient remplies par ses Grands Maîtres et Grands Prieurs, ses institutions religieuses, la tendance politique de son esprit et de ses doctrines, tout cela jusqu'à son habillement, lui donnait quelque ressemblance avec celui des Assassins... La règle fondamentale des deux Ordres était de s'emparer des forteresses et des châteaux dans les pays voisins afin de contrôler plus facilement le peuple ; tous deux étaient des rivaux dangereux pour les princes et formaient un État dans l'État."

Aujourd'hui, il ne s'agit plus seulement d'un État dans l'État dirigé par des sectes secrètes, mais d'un État mondial universel dirigé par des "surhommes" inconnus.

DRUZES

Selon Springett, les Druzes tiendraient leur nom de Mohammed Ibn Ismail el-Dorazi, un Persan venu en Égypte vers 1017. Provoquant des émeutes fanatiques au Caire en proclamant la divinité du khalife El-Hakem, il fut contraint par le peuple de s'envoler et fut envoyé au Liban par El-Hakem, où, selon ses instructions, les Druzes reconnurent la divinité d'El-Hakem. Quelques années plus tard, le véritable fondateur de leur religion, Hamzeh, un Dai ou missionnaire de la Maison de la Sagesse, envoya Moktana Baha-edeen pour remplacer Dorazi, et amena les Druzes à accepter le système d'initiation de la Grande Loge du Caire, formant ainsi la religion telle qu'elle est aujourd'hui. L'enseignement de Dorazi était une forme de mystères qui "jetaient un voile sur l'indulgence des pires passions de la nature humaine", et celles-ci prévalent encore dans une certaine mesure, divisant les Druzes en deux sectes — l'enseignement moral et religieux plus orthodoxe de Hamzeh et la licence de Dorazi. Mackenzie décrit leur religion comme un mélange de judaïsme, de christianisme et de mahométanisme ; ils ont un sacerdoce, une sorte de hiérarchie, des mots de passe et des signes, et les deux sexes sont admis.

Comme l'a déclaré Mme Blavatsky, qui était membre de l'Ordre Druze, il s'agit d'une religion gnostique et mage ; ils croient en l'unité de Dieu, qui est l'essence de la vie, invisible mais connue par des manifestations occasionnelles sous forme humaine. Elle l'appelle une dernière survivance de la religion archaïque de la Sagesse connue aujourd'hui sous le nom de "Kabalisme, Théosophie et Occultisme". Elle est panthéiste. Extérieurement, comme l'inculquent leurs livres sacrés, ils prétendent lire le Coran et les Évangiles, tout en suivant secrètement leurs doctrines mystérieuses. Elle affirme également qu'il existe une étroite affinité entre les lamaïstes touraniens et les El-Hammistes ou Druzes sémites. Les Turaniens de l'Inde sont, écrit Yarker, une race de bâtisseurs, d'adorateurs d'arbres et de serpents. Dans un des premiers numéros du *Theosophist*, Mme Blavatsky cite Laurence Oliphant :

> 'Les Druzes ont la ferme conviction que la fin du monde est proche... [qui] sera signalée par l'approche d'une puissante armée venue d'Orient contre les puissances concurrentes de l'Islam et du Christianisme... sous le commandement de l'Esprit Universel [Illuminisme !] et composée de millions d'unitaires chinois. Les chrétiens et les mahométans se rendront et marcheront devant elle jusqu'à la Mecque, El-Hakem apparaîtra alors (comme la dernière incarnation divine)... Les Druzes attendent avec impatience un Armageddon dans lequel ils se croient destinés à jouer un rôle de premier plan.'

Yarker dit de Mme Blavatsky :

> 'Blavatsky, qui était un initié de la secte (Druze), nous informe... que sa base est l'ancien gnosticisme Ophite (ou Nasseni)'.

Nous savons également qu'elle appartenait au groupe révolutionnaire des Carbonari, dominé par les juifs, et qu'elle prétendit plus tard être en contact avec des maîtres au Tibet. Il convient de noter quelques points à son sujet, tels qu'ils sont présentés par l'orientaliste français René Guenon dans *Le Théosophisme*. *Avant de* fonder la Société Théosophique, elle fut fortement influencée par Palos Metamon, un Copte, ou, comme certains le disent, un Chaldéen, adepte de la magie et du spiritisme ; de plus, Sinnet déclara que "Mme Blavatsky couronna une carrière de trente-cinq à quarante ans d'études mystiques par une retraite de sept ans dans les solitudes de l'Himalaya" ; ceci avant qu'elle ne se rende en Amérique en 1873, alors qu'elle n'avait que quarante-deux ans ! Comme le remarque René Guenon, "il faut en conclure qu'elle a dû commencer ses études dès sa naissance, sinon un peu avant !". En remontant le fil de sa vie et en fournissant des données, il conclut que sa visite au Tibet est une pure invention. Quant à ses contrôles, elle fut un temps membre de la confrérie hermétique de Louxor, qui enseignait que *"ces phénomènes étaient dus, non pas à des esprits des morts, mais à certaines forces dirigées par des hommes vivants"*. Il explique ensuite que ses "guides spirituels" — John King, Sérapis et le frère cachemiri — ne représentent que les influences successives qui l'utilisent, et qu'" il est légitime de conclure que Mme Blavatsky a surtout été, en de nombreuses circonstances, un « sujet » ou un instrument entre les mains d'individus ou de groupes occultes, s'abritant derrière sa personnalité, de la même façon que d'autres ont été à leur tour des instruments entre ses mains ». Et c'est ce que l'on retrouve dans toute l'histoire, ancienne et moderne, de ces sectes — illusion, jonglerie, magie — l'utilisation de cette « magie fluidique », qui remonte au passé le plus lointain, c'est le feu volé par Prométhée aux Dieux.

SOUFIS ET DERVICHES

Springett, dans son ouvrage *Secret Sects of Syria,* nous apprend également que « les Soufis sont une société secrète de philosophes et d'ascètes mystiques persans, dont la religion originelle pourrait être celle des Chaldéens ou des Sabéens, qui croyaient en l'unité de Dieu, mais adoraient les armées du ciel (Tsaba), en particulier les sept planètes, comme étant sa représentation ». Les maîtres soufis entendent par Dieu la puissance qui sous-tend tous les phénomènes, qui est partout et en tout. Il s'agit d'un mysticisme panthéiste. Ces principes soufis sont partagés par les grades supérieurs des derviches. Selon King, la doctrine soufie implique l'idée d'un credo universel auquel on peut adhérer secrètement sous n'importe quelle profession de foi extérieure. Le guide derviche instruit le candidat dans la philosophie mystique et, si celle-ci choque l'élève, il lui fournit un double sens afin qu'il puisse écarter toute crainte ou objection. De la même manière, les enseignements panthéistes de la Stella Matutina d'aujourd'hui pourraient être déformés de telle sorte que même un prêtre chrétien pourrait être persuadé d'y voir du christianisme.

Parlant de l'initiation d'un derviche, Springett dit de l'ordre *Kadiri* qu'après de nombreux mois de probation dans le monastère, le Sheikh, lors de l'assemblée des frères, place sur la tête du candidat un chapeau de feutre blanc auquel est attachée une rose en tissu à dix-huit pétales avec, au centre, les triangles entrelacés du sceau de Salomon — le symbole juif des forces duales de la nature, comme en haut et comme en bas. Avant d'être pleinement accepté comme derviche, il passe par des étapes intermédiaires sous la direction d'un supérieur ou d'un initié du plus haut degré.

> On lui apprend à concentrer ses pensées si complètement sur son « Guide » qu'il s'absorbe mentalement en lui comme un lien spirituel avec l'objet suprême de toute dévotion. Le Guide doit être le bouclier du néophyte contre toutes les pensées et tous les désirs du monde (laissez tomber le matériel !) ; son esprit doit l'aider dans tous ses efforts, l'accompagner où qu'il soit, et être toujours présent dans sa vision mentale. Un tel état d'esprit est appelé « anéantissement dans le Murshid », et le Guide découvre, par ses propres visions, le degré de spiritualité atteint par son disciple, et jusqu'à quel point son âme s'est absorbée dans la sienne ».

Il entre alors dans la « Voie » et, selon son aptitude et sa volonté d'accepter la philosophie mystique du Guide, même si elle va à l'encontre de ses sentiments religieux, sa progression sera d'autant plus rapide.

> « Il est alors censé se placer sous l'influence spirituelle du *Pir* ou fondateur de l'Ordre, en qui il s'absorbe à son tour mentalement au point de ne faire qu'un avec lui, acquérant ses attributs et le pouvoir

d'accomplir des actes surnaturels. L'étape suivante de la vie mystique est celle que les derviches appellent "la connaissance spirituelle", et le disciple… est considéré par le Sheikh… comme étant devenu inspiré… Il entre maintenant en communion spirituelle avec le Prophète lui-même, dans l'âme duquel la sienne s'est absorbée ».

Enfin, au quatrième degré, « pendant quarante jours de jeûne et de réclusion… dans un état extatique, il se croyait devenu une partie de la Divinité et la voyait en toutes choses ». Le cheikh « réveille alors doucement le disciple de son extase et, après l'avoir ramené à son état normal, lui confère le rang de *Khalifeh* (successeur). Le mystique reprend alors l'observance extérieure des rites de l'islam et se prépare à son pèlerinage vers les villes saintes ».

Aujourd'hui, le monde entier est devenu une véritable ruche de sectes cabalistiques et gnostiques, et dans chacune d'elles on retrouve ce même système d'absorption mentale graduelle, comme chez les Derviches, de la personnalité de l'adepte au fur et à mesure qu'il s'élève, successivement par le maître officiel de l'Ordre, par un Maître sur le plan astral, dans les Ordres rosicruciens par son soi-disant fondateur Christian Rosenkreutz, et enfin l'absorption complète par une Puissance centrale inconnue, toujours dans le corps matériel. C'est ainsi que les oracles sont formés, apparemment inspirés, donnant un enseignement qui est à son tour transmis à travers les différents grades de l'ordre, orientant les membres. Enfin, ils vont parmi les gens répandre les idées, souvent au nom de la Liberté, de l'Égalité et de la Fraternité, les égarant sous l'influence directe ou indirecte de ces sectes et de leurs manifestations extérieures, internationales, universelles, socialistes, communistes et athées.

YÉZIDIS

Comme l'écrit Springett :

> « Les Yézidis ont une tradition selon laquelle ils sont originaires de Basrah et du pays arrosé par la partie inférieure de l'Euphrate ; après leur émigration, ils se sont d'abord installés en Syrie, puis ont pris possession de la colline de Sindjar et des districts qu'ils habitent maintenant au Kurdistan… On trouve chez eux un étrange mélange

LA TRACE DU SERPENT

de sabéisme, de christianisme et de mahométanisme, avec une teinture des doctrines des gnostiques et du manichéisme ; le sabéisme, cependant, semble être le trait dominant. »

Ils ont un grand respect pour le Soleil et son symbole le feu. Dans *Le Juif,* des Mousseaux, citant des autorités, nous dit que la Chaldée a toujours été le berceau de la cabale démoniaque, issue des Caïnites et des Sabéens, qui adoraient le soleil, les étoiles, l'esprit des étoiles et le principe maléfique. Cette cabale a pénétré chez les Yézidis et les Druzes.

Or, W. B. Seabrook, dans ses *Aventures en Arabie,* affirme que dans le « Livre noir » des Yézidis, Shaitan ordonne : « Ne prononcez pas mon nom et ne mentionnez pas mes attributs, de peur que vous ne soyez coupables, car vous n'en avez pas une véritable connaissance, mais vous honorez mon symbole et mon image. » On a dit à Seabrook que « Shaitan » était le « Bright Spirit Melek-Taos » (Angel Peacock), le « Spirit of Power and the ruler of the world » (l'esprit de puissance et le chef du monde) — Lucifer ! Il parle également des sept tours de Shaitan, ou « maisons du pouvoir », qui formeraient une chaîne à travers l'Asie, du nord de la Mandchourie au Kurdistan en passant par le Tibet et l'ouest de la Perse, et dans chacune desquelles se trouverait un prêtre capable de faire de la magie mondiale. Il en vit une à Sheikh-Adi ; elle était blanchie à la chaux, cannelée et en forme de cône, avec une boule d'or ou de laiton polie sur le pinacle, qui étincelait lorsqu'elle était frappée par le soleil ; souvent, lui dit-on, un magicien spécial passait de nombreux jours seul dans cette tour. À l'entrée de leur sanctuaire se trouvait un serpent noir !

Selon des Mousseaux, les Yézidis étaient gouvernés par un émir suprême, patriarche et pontife, au pouvoir absolu ; par l'intermédiaire d'émirs subordonnés, il transmettait ses ordres à tous les Yézidis (Schamanites) dispersés au Kurdistan, en Médie, en Mésopotamie et dans les monts Zindjar. Et « il est probable aussi que, par des ramifications mystérieuses, ses ordres soient parvenus jusqu'aux extrémités les plus lointaines de l'Asie, et peut-être même de l'Europe ». Plus loin,

« Toutes les passions, même les plus honteuses, sont considérées comme sacrées... Le diable n'est pour eux qu'un ange déchu...

Dieu, disent-ils, est infiniment bon, incapable de faire du mal aux hommes. Le diable, au contraire, est infiniment méchant, et dans sa malice son seul plaisir est de les torturer. Il est donc surtout prudent, si l'on veut être heureux ici-bas, d'abandonner le culte de Dieu, qui ne peut faire aucun mal... et de se mettre sous la protection de l'être qui seul peut soustraire les hommes aux maux de cette vie, puisqu'il est le seul à pouvoir les infliger... »

On dit qu'ils sont adonnés aux pratiques théurgiques les plus extraordinaires, à tout ce qu'il y a de plus diabolique dans la magie et la sorcellerie. Springett confirme une grande partie de ces propos en écrivant ce qui suit :

« Si, en effet, la croyance yézidie est une croyance dépréciative du Diable, et si, comme le suggère M. Layard, le paon symbolise Satan, qui n'est à leurs yeux que le chef des anges rebelles, alors le Malek Taoos représenterait le mauvais principe plutôt que le bon, et serait ainsi apparenté au veau d'or des Druzes, et impliquerait également l'origine persane de la secte, et les idées anciennes d'Ahura Mazda (ou Ormuzd) et d'Ahriman. »

Le chef yézidi lui-même a déclaré que le « Malek Taoos » était un symbole tenu en grande vénération.

Springett indique que les Yézidis sont dirigés par deux Sheikhs, l'un dirigeant les affaires civiles, l'autre présidant les rites religieux, et plus particulièrement chargé de la garde de leur sanctuaire nommé d'après leur saint principal, *Sheikh Adi*. La hiérarchie comprend quatre ordres de prêtres - Pirs, Sheikhs, Kawals et Fakirs — qui sont héréditaires, et les femmes, si elles sont dans la ligne de succession, peuvent les remplir. En ce qui concerne leurs croyances, ils croient en un Être suprême, l'essence de la bonté,

« Ils semblent donc vénérer à la fois les divinités du Bien et du Mal des anciens Perses, mais disent que, comme ces dernières peuvent parfois faire le bien alors que les premières ne peuvent rien faire de mal, c'est le principe du Mal qu'ils doivent concilier ».

Il parle également du « livre sacré extrêmement précieux que possèdent les Yézidis ». Selon Badger et Layard, ce livre est écrit en arabe et consiste en une rhapsodie poétique sur les mérites et les attributs de Sheikh Adi.

Comme le rapporte la *Revue Internationale des Sociétés Secrètes, le* 1er mai 1932, Pierre van Passen, du *Toronto Daily Star, a* rendu compte d'une cérémonie de Messe Noire à laquelle il a assisté au Temple, rue de Montparnasse, à Paris. Il dit qu'il y a onze temples et, selon les estimations, environ 10 000 adorateurs du Diable à Paris — des hommes et des femmes qui ont suivi un long apprentissage. Ces adorateurs du Diable sont en communion avec une secte qui existe encore dans le désert de Syrie, aux environs de Bagdad, et qui adore le « Shaitan », dont le nom ne doit jamais être prononcé, pas même les mots commençant par les deux premières lettres. Depuis dix ou vingt ans, de nombreuses plaintes ont été déposées à l'extérieur, mais, en vertu du décret sur la « liberté des cultes », ce culte est autorisé par le gouvernement français à condition qu'aucune propagande ouverte ne soit faite.

CHAPITRE III

ROSICRUCIENS ET ILLUMINÉS

L'origine des Rose-Croix reste un mystère non résolu ; c'est même ce qu'écrivait Disraeli en 1841 :

> « Cet ordre mystique s'est répandu parmi les Allemands, peuple mystique, où son origine a été débattue comme celle d'autres sociétés secrètes ; en fait, ses sources cachées défient la recherche. -

D'autre part, comme dans tous les ordres dits Rose-Croix, le R.R. et A.C. — *Rosae Rubeae et Aureae Crucis* – dans son rituel 5 = 6 prétend remonter aux âges les plus reculés, voire mythiques, de l'antiquité, puisqu'il dit : "Le R.R. et l'A.C. *ne sont pas des* ordres de la *Rose-Croix :*

> "Sachez que l'Ordre de la Rose et de la Croix existe depuis des temps immémoriaux, que ses rites mystiques ont été pratiqués et sa sagesse enseignée en Égypte, à Éleusis, à Samothrace, en Perse, en Chaldée, en Inde et dans des contrées bien plus anciennes, et qu'ils ont ainsi transmis à la postérité la sagesse secrète des anciens âges. Ses temples furent nombreux et s'établirent parmi de nombreuses nations, bien qu'au fil du temps, certains perdirent la pureté de leur savoir originel".

Les mystérieux Frères de la Croix-Rose se désignaient eux-mêmes sous le nom d'*Invisibles,* et leur histoire légendaire était brièvement la suivante : la Fraternité a été fondée par un certain Christian Rosenkreutz, né, dit-on, en 1378, d'une noble famille allemande. Pendant douze ans, à partir de l'âge de cinq ans, il fut éduqué dans un cloître, puis se rendit à Damas, et de là à un endroit appelé Damcar en Arabie, où il fut bien accueilli par les Mages. Ces hommes sages attendaient de lui qu'il soit celui qui, selon la prédiction, régénérerait le monde, et ils l'ont initié à leur magie arabe. Après avoir visité Fez et l'Espagne, il retourna en

Allemagne où, avec trois disciples, il fonda la Fraternité, et ils construisirent leur maison appelée "Domus Sancti Spiritus", dans laquelle C. R. vécut jusqu'à sa mort. C'est là qu'ils écrivirent le livre *"M"* — *Magicon*, selon le Dr Wynn Westcott — compilé, dit-on, à partir de la magie enseignée à C. R. par les Arabes de Damcar. On y trouve également les livres Axiomata, Rota Mundi et Protheus.

Christian Rosenkreutz est mort, nous dit-on, en 1484, à l'âge de cent ans ou plus, et pendant cent vingt ans l'endroit de sa tombe est resté inconnu. En 1604, alors qu'ils réparaient le bâtiment, ils découvrirent la porte du caveau et, en l'ouvrant, ils y trouvèrent le corps de leur fondateur ainsi que de nombreux biens magiques et manuscrits occultes. Après sa mort, les frères se consacrèrent à l'étude des secrets de la nature et de ses forces cachées, tout en pratiquant gratuitement la médecine, en utilisant certains remèdes mystérieux. Leur accord était le suivant : (1) Aucun d'entre eux ne devait professer autre chose que de guérir les malades, et ce *gratuitement*. (2) Qu'aucun des postérités ne soit contraint de porter un certain type d'habit, mais qu'il suive la coutume du pays. (3) Chaque année, le jour C. (jour de la Fête-Dieu, solstice d'été), ils se réuniront à la maison Sancti Spiritus, ou écriront la cause de leur absence. (4) Chaque frère doit chercher une personne digne qui, après son décès, pourrait lui succéder. (5) Les lettres R. C. doivent être leur sceau, leur marque et leur caractère. (6) La Fraternité doit rester secrète pendant cent ans.

Ces Invisibles attendaient ce qu'ils appelaient la purification de l'Église, quand, avant la fin du monde, ils espéraient rétablir tout dans son intégrité primitive. Après l'ouverture du tombeau, les cent vingt ans prévus étant plus que passés, ils publièrent deux manifestes — *Fama Fraternitatis R.C.*, 1614, et *Confessio Fraternitatis Rosae Crucis*, 1615 — et les envoyèrent à tous les savants et à tous les gouvernements d'Europe, les invitant à se joindre à l'Ordre pour la réforme universelle. Pendant un certain temps, ces documents firent grand bruit, mais n'eurent que peu de résultats concrets. Ces documents ont été attribués par beaucoup à Jean Valentin Andrea, bien qu'il en ait toujours nié la paternité.

Dans son livre, *Les Rose-Croix Lyonnais au XVIIIe Siècle,* 1929, Paul Vulliaud examine ces manifestes, etc., en les reliant à Paracelse et Cornelius Agrippa, à la théosophie et à l'illuminisme. Parlant du *Livre du Monde* de Ch. Fauvety, Vulliaud écrit :

> Dans une étude très intéressante, Fauvety soutient qu'il s'agit du *magnétisme*... Il a bien fait de montrer l'importance attribuée, au temps de Paracelse, au *fluide magnétique* dans les doctrines théosophico-scientifiques... Après avoir constaté que les disciples de Paracelse et de van Belmont en faisaient un mystère, Fauvety ajoute que la *puissance magnétique* "pourrait bien, en effet, selon quelques auteurs, avoir été le secret des Rose-Croix, qui, au XVIe siècle, passaient pour posséder un remède universel". Ce qui vient à l'appui de cette supposition, c'est que les adversaires mêmes du magnétisme reprochaient aux médecins, disciples de Paracelse, de guérir par des procédés magnétiques analogues à ceux de la Rose-Croix ».

Comme l'écrit Gustave Bord dans *La Franc-Maçonnerie en France,* 1908 :

> « La doctrine de Paracelse s'inspire de la Cabale, de la philosophie hermétique et de l'alchimie. Il prétendait connaître et exposer tout le système des forces mystérieuses qui agissent dans la nature et dans l'homme... L'homme doit s'unir aux forces nécessaires pour produire des phénomènes physiques ou intellectuels. L'Univers était le Macrocosme, l'homme le Microcosme, et ils étaient semblables (ce qui est en haut est en bas) ».

De plus, Vulliaud dit que J.J. Monnier savait aussi que dans certaines loges les initiés pratiquaient le magnétisme. Selon Monnier, « ils magnétisaient par la grâce divine, à force de foi et de volonté, à travers les murs jusqu'à de grandes distances, de Paris jusqu'à la Dominique ». Enfin, Vulliaud conclut :

> « En résumé, le rosicrucianisme se compose de l'illuminisme mystique, en combinaison avec l'alchimie, l'astrologie, le magnétisme et la communication avec les esprits [astraux !], sinon avec le Verbe lui-même ; il se compose tantôt d'une, tantôt de plusieurs de ces formes du merveilleux et de l'occulte. Dans certaines loges... on pratique ardemment la théurgie ».

Dans un livre anonyme, *Mysteries of the Rosie Cross,* publié en 1891, qui regorge d'informations documentées, on peut lire :

« En ce qui concerne l'origine et la signification du terme Rosicrucien, différentes opinions ont été exprimées. Certains ont pensé qu'il était composé de *rosa* et *crux* (une rose et une croix), mais d'autres soutiennent, sur la base d'une autorité apparemment solide, qu'il s'agit d'un composé de ros (rosée) et *crux* (croix).

... Une croix dans le langage des philosophes du feu est la même chose que *Lux* (lumière), parce que la figure d'une croix montre les trois lettres du mot *Lux* d'un seul coup d'œil... Un Rosicrucien est donc un philosophe qui, au moyen de la *rosée*, cherche la *lumière*, c'est-à-dire la substance de la pierre philosophale... ».

la Quintessence ou les cinq éléments, la terre, l'air, le feu, l'eau et l'éther ; l'homme illuminé !

Quant à l'interprétation Rosa-Crux, le rituel R.R. et A.C. nous informe de la clef de l'interprétation Rosa-Crux.

« La tombe d'Osiris On-nopheris, le Justifié (illuminée), la sépulture symbolique de notre fondateur mystique Christian Rosenkreutz, qu'il a fait représenter l'Univers... est la forme de la Rose et de la Croix, l'ancienne Crux Ansata, le symbole égyptien de la Vie, qui reprend la Vie de la Nature et les pouvoirs cachés dans les mots I.N.R.I. ».

Comme nous le savons, I.N.R.I. est *Igne Natura Renovatur Integra* - la nature entière est renouvelée par le feu. Il représente les trois phases de la génération universelle — création, destruction et régénération. Les signes donnés sont des L.V.X. représentant la même idée. Le même rituel explique le L.V.X. en ces termes : « Arrivé à la porte du tombeau,

En examinant la porte de plus près, vous vous apercevrez que, sous le CXX de l'inscription, ont été placés les caractères L.V.X., l'ensemble étant équivalent à "Post CXX Annos Lux Crucis Patebo" — au bout de 120 ans, je me dévoilerai à la lumière de la Croix. En effet, les lettres L.V.X. sont faites des angles démembrés et joints d'une croix + ».

D'ailleurs, les Rose-Croix étaient de savants cabalistes, et Adolphe Franck, dans *La Kabbale*, cite Simon ben Jochai dans le *Zohar*, parlant de l'Ancien des Jours, la première des Sephiroth de l'Arbre de Vie :

« Il est assis sur un trône d'étincelles qu'il soumet à sa volonté... De sa tête il secoue une *rosée* qui réveille les morts et fait naître en eux une vie nouvelle. C'est pourquoi il est écrit : Ta rosée est une rosée de lumière. Elle est la nourriture des saints de l'ordre le plus élevé. Elle est la manne préparée pour les justes pour la vie à venir. Elle descend dans les champs des fruits sacrés (adeptes de la Cabale). L'aspect de cette rosée est blanc comme le diamant, dont la couleur comprend toutes les couleurs ».

Cette rosée est la « Lumière Blanche Divine ou Brillance » des Rose-Croix, le fluide magnétique de leur magie. De plus, il est dit dans le même rituel des R.R. et A.C. : « Les couleurs sont des forces et la signature des forces, et tu es l'Enfant des Enfants des Forces, et c'est pourquoi, autour du trône du Puissant, il y a un arc-en-ciel de Gloire et à ses pieds, la Mer de Cristal ». C'est la force de l'Illuminisme, une lumière de la Nature !

De nouveau, Jane Lead, inspiratrice principale de la Panacea Society, parlant des propriétés de l'Arbre de vie cabalistique, décrit le cinquième comme étant « la douceur de la rosée, qui se trouve toujours sur les branches de l'Arbre : "La douceur de la rosée, qui repose toujours sur les branches de l'Arbre… C'est tout le pouvoir paradisiaque (ou illuminant)". Ce même pouvoir, le fluide magnétique, est à la base de leur remède universel rosicrucien. D'ailleurs, selon l'auteur des *Mystères de la Rose-Croix* : "Un ouvrage remarquable a été publié à Strasbourg en 1616, intitulé *Le roman hermétique ou les noces chymiques. Écrit en haut néerlandais par Christian Rosencreutz*. Ce livre… aurait existé en manuscrit… jusqu'en 1601, ce qui en fait le plus ancien livre rosicrucien existant". Certains disent qu'il s'agit de l'œuvre de Valentin Andrea ; en tout cas, il semble dépeindre l'union de l'adepte avec l'agent universel, et il est possible que toute la légende de Christian Rosenkreutz représente simplement la même idée mystique que l'on trouve chez tous les yogis et les mystiques, qui éveillent des pouvoirs mystérieux.

Comme l'a écrit Gustave Bord :

> "Dans tous les temps, des sectes secrètes ont prétendu comprendre les lois qui régissent l'Univers ; certaines ont cru détenir le secret ineffable ; d'autres, les plus habiles, ont fait de leurs mystères un appât pour la foule, prétendant ainsi la dominer et la diriger ; du moins ont-ils trouvé le moyen de l'utiliser à leur profit".

Dans la préface d'un livre curieux, *The Long Livers*, écrit par Robert Samber, sous le pseudonyme d'» Eugenius Philalèthes Junior », qui a été dédié à la Grande Loge de Londres en 1722, et auquel se réfèrent les historiens maçonniques Mackay, Whytehead et Yarker, il est clairement indiqué qu'au-dessus des trois grades traditionnels il y a une *illumination* et une hiérarchie, dont la nature n'est pas révélée, mais le langage utilisé est entièrement celui de l'alchimie et de la Rose-Croix. Louis Daste, parlant de la franc-maçonnerie dans la Révolution française, remarque :

> Cette mystérieuse illumination des bas grades de la Maçonnerie, cette hiérarchie dont Philalèthe Junior a si jalousement gardé le secret, ces « Supérieurs Inconnus » vénérés par les Martinistes judaïsants et les Philalèthes, qui prétendent dominer les loges ordinaires — n'est-ce pas là toute la chaîne indissoluble qui relie la Cabale juive à la Franc-maçonnerie, et n'a-t-on pas désormais le droit de soupçonner le Pouvoir Occulte caché derrière les Loges maçonniques d'être le cerveau du Judaïsme qui conquerrait et dominerait le monde entier ? »

MARTINES DE PASQUALLY

Dans son livre sur l'Ordre des *Élus Coens* du XVIIIe siècle, R. le Forestier nous apprend que cet Ordre a été fondé — il existe encore aujourd'hui sous le nom de Martinistes — vers 1760, par Martines de Pasqually, que l'on dit être un juif portugais. C'était l'un des groupes occultes les plus intéressants de l'époque, « qui constituait sous le couvert de la franc-maçonnerie l'un des derniers maillons de la longue chaîne des associations mystérieuses et jalousement fermées dont les membres prétendaient, par des procédés magiques, communiquer avec le divin afin de participer à une immortalité bienheureuse » — l'Illuminisme ! Le nom *Coen* donné par Pasqually à ses membres est une adaptation du terme hébreu *Cohanim*, qui désignait la caste sacerdotale la plus élevée, constituée à Jérusalem, sous Salomon, pour assurer le service divin dans le Temple ; on disait qu'ils descendaient en ligne directe d'Aaron. Les Coen prétendent ainsi être les héritiers et les dépositaires de la tradition secrète juive. Pasqually construisit un curieux système métaphysique et mystique, « emprunté à des traditions secrètes, il représentait un écho faible mais très clair des diverses doctrines ésotériques nées en Orient pendant les premiers siècles de notre ère après avoir adopté d'autres traditions plus anciennes, et qui plus tard pénétrèrent en Occident par l'intermédiaire de la Cabale juive ». Ses disciples étaient les successeurs des mystes d'Asie, d'Égypte, de Grèce et d'Italie, des Valentiniens, des Orphiques et des adeptes de Mithra ; ils professaient les doctrines mystiques des néo-platoniciens, des gnostiques et des cabalistes et cultivaient, à l'époque de l'*Encyclopédie*, la « Sagesse secrète des Anciens ».

La Cabale théorique, comme nous le savons, traite de la nature de la divinité, de ses relations avec l'homme et de l'origine du monde. La Cabale pratique ou magique, quant à elle, traite de « la magie dynamiste et théurgique, enseigne l'art de commander aux esprits, de deviner l'avenir, de voir à distance et de fabriquer des amulettes ». Dans ses courants mystiques, on retrouve l'influence de l'astrologie et de la démonologie chaldéennes, de la philosophie naturelle ionique, des concepts mazdéens, manichéens, sabéens et mithriaques, ainsi que de l'arithmétique et de la géométrie pythagoriciennes. Il s'agissait d'un résidu des cultes primitifs fondés sur la « magie fluidique » — le fluide magnétique magique des alchimistes, des rosicruciens et des illuminés — qui persistait encore, pendant la captivité, dans les religions babylonienne et persane. Au XVIIe siècle, J. B. van Helmont, dans son *Hortus Medicine,* écrivait : « Une force magique, endormie par le péché, est latente dans l'homme ; elle peut être réveillée par la grâce de Dieu ou par l'art de la Cabale ». Il s'agit de l'éveil de la kundalini par des procédés magiques ou yoga ! Ces rites théurgiques de la Cabale pratique avaient existé jusqu'au XVIIIe siècle au sein des sectes juives liées aux Frankistes, si répandues en Europe centrale.

Enfin, le Forestier dit que le procédé théurgique, préconisé notamment par la Cabale pratique, était fondé sur la puissance merveilleuse des noms divins ; il est dérivé de l'un des fondements de toutes les sortes de magie, remontant aux temps les plus reculés. Pasqually a également mis l'accent sur cette idée, familière aux cabalistes, que le nom manifeste avant tout son pouvoir lorsqu'il est prononcé à voix haute. C'est le « mode vibratoire de prononciation des noms divins », utilisé par la Stella Matutina et le R.R. et A.C., un ordre martiniste, dont les obligations imposent de ne jamais les révéler ! Le pouvoir est considérablement augmenté, comme dans les conjurations magiques, en prononçant le nom avec toutes ses correspondances, comme le montre le livre *777 de* Crowley. De plus, les opérations des Coens, avec leurs diagrammes, lustrations, encensements, prosternations, invocations et conjurations, montrent manifestement les cérémonials magiques auxquels les disciples de Pasqually se consacraient. Nous retrouvons les mêmes opérations dans la S.M. et la R.R. et A.C. aujourd'hui. Pour en revenir à Éliphas Levi, un autre martiniste plus tardif, qui écrit dans son *Histoire de la Magie :*

> « De plus, la loi de l'équilibre analogique conduit à la découverte d'un agent universel qui fut le grand secret des alchimistes et des magiciens du Moyen-Âge. On a dit que cet agent est une lumière de vie par laquelle les êtres animés sont rendus magnétiques, l'électricité n'étant qu'une perturbation passagère. La pratique de cette merveilleuse Kabbale repose entièrement sur la connaissance et l'utilisation de cet agent. Seule la magie pratique ouvre le temple secret de la nature au pouvoir de la volonté humaine, toujours limité mais toujours progressif.

Le *Zohar*, dit-il, est une genèse de la lumière (de la nature). Le *Sepher Yetzirah* est l'échelle de l'accomplissement et de l'application ; il comporte trente-deux marches — dix Sephiroth ou centres de lumière, et vingt-deux chemins ou canaux reliant les Sephiroth, et à travers lesquels la lumière ou le fluide magique s'écoule. C'est l'arbre de vie cabalistique. Appliqué, comme il l'est dans les Ordres cabalistiques et magiques, au Microcosme ou au cerveau et au système nerveux de l'homme, il est plein de dangers et d'illusions, mentales, morales et physiques. Éliphas Levi ajoute que la science du feu et de sa maîtrise était le secret des mages, leur donnant la maîtrise des pouvoirs occultes de la nature : "De tous côtés, nous rencontrons l'enchanteur qui tue le lion et contrôle les serpents. Le lion est le feu céleste (cosmique ou étoilé), tandis que les serpents sont les courants électriques et magnétiques de la terre. C'est à ce même secret des Mages que se rapportent toutes les merveilles de la magie hermétique".

Enfin, ces « Supermen » qui contrôlent dans les coulisses sont, semble-t-il, passés maîtres dans la connaissance et le fonctionnement de cette Cabale pratique construite à partir des cultes du passé le plus lointain. N'est-il donc pas justifié de supposer que ces Supermen sont des Juifs magiciens, cabalistiques et révolutionnaires ?

PÉRÉNITÉ

Joanny Bricaud, dans *Les Illuminés d'Avignon*, 1927, nous donne de curieux détails sur l'essor de ce mouvement :

> « C'est étrange ! L'époque des *encyclopédistes* et des philosophes fut aussi celle des prophètes et des thaumaturges. Face à Voltaire, Diderot, d'Alembert, incrédules et sceptiques, surgissent Swedenborg, Martines de Pasqually, Saint-Martin, Mesmer, Cagliostro, fondateurs de groupes mystiques livrés à toutes les pratiques de la théurgie, de la magie et de l'illuminisme. »

Comme le dit Bricaud, Dom Pernety, le fondateur du groupe d'Avignon, est né à Roanne, dans le Forez, en 1716, et devint bénédictin de Saint-Maur. À l'abbaye de Saint-Germain-des-Prés, il rencontra de nombreux ouvrages sur l'hermétisme et l'alchimie, et s'imprégna de cette fièvre du temps. La vie monastique lui étant insupportable, il la rejette et se rend à Avignon, où il fonde son Rite hermétique, en 1766. Plus tard, on le retrouve à Berlin, toujours en contact avec ses adeptes. Peu à peu, son hermétisme fut envahi par le mysticisme de Swedenborg et de Boehme, il devint voyant et illuminé, ayant pour guide un soi-disant ange Assadai, recevant des communications d'une puissance invisible connue sous le nom de Sainte-Parole.

M. Bricaud ajoute qu'il existe à la Bibliothèque Calvet d'Avignon un étrange manuscrit de 155 pages, écrit de la main de Pernety, qui a été saisi chez lui pendant la Révolution. Il date de Berlin, 1779-1783, et d'Avignon, 1783-1785. Il s'agit d'un récit des évocations et des questions de ses initiés à cette Sainte-Parole et des réponses de cette puissance. Les initiés sont inscrits par des nombres occultes, qui forment la base de leurs opérations cabalistiques, lorsqu'ils consultent Sainte-Parole. Rien ne se faisait sans l'approbation de cette puissance inconnue. Comme l'a dit Weishaupt : « On ne peut pas se servir des hommes tels qu'ils sont ; il faut les façonner selon l'usage qu'on veut en faire. » De la même manière, Pernety et ses initiés ont été testés, réprimandés et déconcertés jusqu'à ce que la puissance obtienne d'eux une foi et une obéissance absolues. Ils furent consacrés sur une colline au-dessus de Berlin, régénérés et illuminés ; Pernety était destiné à fonder une société pour le « nouveau peuple de Dieu » et à construire une nouvelle ville en préparation d'un « nouveau ciel et d'une nouvelle terre ». Il devait être le centre et le pontife, et un autre adepte, le comte Grabianka, devait être le roi. La fille de ce dernier, âgée de six ans, devait être isolée de ses parents et de son pays pendant sept ans afin d'être préparée à devenir l'oracle par lequel il devait régner. Enfin, le temple appelé *Thabor* fut établi près d'Avignon, et le groupe fut connu sous le nom d'*Illuminés d'Avignon. Leur* culte était absolument secret et, d'une manière générale, leurs idées étaient celles de Swedenborg, mais ils professaient également un culte de la Vierge, apparemment la Grande Mère des gnostiques. Don Pernety mourut en 1796, et les derniers survivants entrèrent dans le martinisme.

SAINT-MARTIN

L'illuminisme martiniste a été fondé, comme nous l'avons vu, par Martin de Pasqually, qui enseignait la doctrine de la réintégration ; de 1754 à 1768, il a propagé ses grades supérieurs dans les loges maçonniques de France.

M. de Maistre, en 1810, écrivait que les Martinistes avaient un culte et des initiés supérieurs ou prêtres appelés du nom hébreu de *Cohen*, et il observait que tous ces grands initiés avaient pris part à la Révolution, mais sans excès. Saint-Martin, philosophe inconnu, disciple de Pasqually, développa considérablement le mouvement en établissant à Lyon sa *Loge maçonnique des Chevaliers de la bienfaisance.* Selon Louis Blanc :

"Le martinisme fit de rapides progrès à Paris ; il régna à Avignon ; à Lyon, il eut un centre d'où il rayonna sur l'Allemagne et la Russie. Greffées sur la franc-maçonnerie, les nouvelles doctrines constituaient un rite composé de dix grades... par lesquels les adeptes devaient successivement passer ; et de nombreuses écoles se formaient dans le seul but de trouver la clef du code mystique et de le répandre. Ainsi, d'un livre (*Des Erreurs et de la Vérité par un philosophe inconnu*) naquit une foule d'efforts qui contribuèrent à agrandir la mine creusée sous les vieilles institutions". [Il ajoute :] « Au nom d'un pieux spiritualisme, le philosophe inconnu s'élève contre la folie des cultes humains. Par les chemins de l'allégorie, il conduit au cœur du Royaume mystérieux que l'homme, à l'état primitif, avait habité. »

Les Illuminés, organisés sous la loi du secret, exercent une influence importante dans les mouvements révolutionnaires, et tant les martinistes que les swedenborgiens s'allient aux Illuminati de Weishaupt, comme en témoigne le couvent de Wilhelmsbad de 1782, *dont l'*objet est ainsi exprimé par un délégué horrifié, le comte de Virieu, qui avait été trompé par le mysticisme de Saint-Martin :

> « Il y a une conspiration si bien préparée et si profonde qu'il sera très difficile pour la religion et les gouvernements de ne pas y succomber ».

Dans le *Rituel de l'Ordre Martiniste*, édité par Teder, 1913, l'adepte du troisième degré est averti de ne pas révéler les mystères :

> « Mais si, par la force de ton libre arbitre et la bénédiction du Divin, tu parviens à contempler la Vérité face à face, rappelle-toi que tu dois garder le silence sur le Mystère que tu as pénétré, même si ta fidélité te coûte la vie. Rappelle-toi toujours le sort des Grands Initiateurs qui, même avec les meilleures intentions, ont essayé de soulever, devant la multitude, un coin du Voile sacré d'Isis ».

"Voici quelques noms : Jésus, Jacques Molay, Paracelse, Cazotte, Cagliostro, Saint-Martin, Wronski, Éliphas Levi, Saint-Yves d'Alveydre, et des centaines d'autres. Et ils poursuivent : Si tu révèles le moindre des Arts Secrets ou une partie des mystères cachés que la méditation a pu t'amener à comprendre, il n'est pas de torture physique qui ne soit douce comparée au châtiment que ta folie te vaudra. Aucun symbole matériel ne peut exprimer l'horreur de l'anéantissement à la fois spirituel et physique qui attend le misérable révélateur du Verbe Véritable, car Dieu *[sic]* est sans pitié pour quiconque profane Son sanctuaire et expose brutalement à des yeux indignes l'indicible Secret.

Enfin, le Supérieur Inconnu du Second Temple doit jurer de 'travailler de toutes mes forces à établir sur la terre, l'Association de tous les Intérêts (Profits), la Fédération de toutes les Nations, l'Alliance de tous les cultes et la Solidarité Universelle'. En 1913, "Papus", le Dr G. Encausse, était Grand Maître et Président du Conseil Suprême des Martinistes.

SWEDENBORG

En ce qui concerne le Swedenborgianisme, dans *Les Sectes et Sociétés Secrètes, sous la* plume de Le Couteulx de Canteleu, nous trouvons une brève mais intéressante esquisse de Swedenborg et de ses systèmes : Emanuel Swedenborg était le fils d'un évêque luthérien de Skara en Suède, et naquit à Upsala vers 1688. En 1743, il a commencé à diffuser ses croyances, un mélange de mysticisme, de magnétisme et de magie. Comme pour toutes les doctrines de ce type, il avait deux systèmes : l'un pour les dupes et les fous, qui devait apparemment réformer le christianisme par un déisme fantastique, la foi régnante dans sa Nouvelle Jérusalem ; ses disciples croyaient à ses merveilleuses visions et prophéties, à ses entretiens avec les anges et les esprits.

L'autre conduisait tout droit à l'impiété, à l'athéisme et au matérialisme, où, comme dans l'hermétisme, Dieu n'était qu'un soleil, un esprit de lumière, une chaleur spirituelle vivifiant le corps. À ces derniers, il présentait sa doctrine comme étant celle des Égyptiens et des Mages, et ces adeptes adhéraient de tout cœur à la Révolution comme restituant à l'homme son Égalité et sa Liberté primitives.

Rien qu'en Angleterre, il comptait 20 000 adeptes en 1780, qui attendaient de la Révolution qu'elle renverse toutes les autres croyances ; le Dieu de Swedenborg devait être le seul roi restant ! En Avignon, il avait de nombreux adeptes qui se mêlaient aux martinistes, connus sous le nom de théosophes illuminés, et parmi lesquels on retrouvait les mêmes vœux en faveur d'une révolution antisociale et antireligieuse.

Dans l'avant-propos de l'un des livres d'Emanuel Swedenborg sur la *Doctrine de la nouvelle Église* —la nouvelle Jérusalem, traduit en 1797 à partir du latin de l'édition d'Amsterdam de 1769, il est dit, en guise d'explication de cette doctrine :

> "Être à la fois dans le monde naturel et dans le monde spirituel, vivre dans le premier dans la société des hommes, et se retrouver dans le second dans la société des anges, les voir, leur parler, les entendre, se mouvoir dans un royaume de substances spirituelles, voilà sans doute plus qu'il n'en faut pour déconcerter l'entendement matérialiste des sages d'aujourd'hui".

Il n'est donc pas surprenant que de Luchet considère que "les théosophes, les swedenborgiens, les magnétiseurs et les illuminés sont un danger national".

TEMPLIERS

À l'approche de la Révolution française, on s'aperçut que le terrain était miné et préparé pour le sinistre bouleversement de 1789 par, entre autres, la puissance toujours active de l'ancien Ordre des Templiers. Éliphas Levi nous informe que, bien qu'extérieurement catholiques, le culte secret des Templiers était le Johannisme, et que leur but secret était de reconstruire le Temple de Salomon sur le modèle de la vision d'Ezéchiel — les armes des Maçons du Temple, un lion, un bœuf, un homme et un aigle, étaient les bannières des quatre principales tribus hébraïques. Les Johannites, cabalistes et gnostiques, adoptèrent une partie des traditions juives et des récits talmudiques ; ils considéraient les faits des Évangiles comme des allégories dont saint Jean avait la clef ; leurs grands pontifes prenaient le titre de Christ. Avec le temps, les Templiers devinrent un danger pour l'Église et l'État, menaçant le monde entier d'une gigantesque révolution, et ils furent finalement supprimés. Comme l'a écrit le grand maçon Albert Pike, dans *Morals and Dogmas* :

> "L'Ordre disparut aussitôt… Il vécut néanmoins sous d'autres noms et gouverné par des chefs inconnus, ne se révélant qu'à ceux qui, en passant par une série de degrés, s'étaient montrés dignes de se voir confier le dangereux secret… Les artisans secrets de la Révolution française avaient juré de renverser le Trône et l'Autel sur le tombeau de Jacques de Molai."

Selon Louis Blanc, dans son *Histoire de la Révolution française*, 1848, Cagliostro a été initié à Francfort, en 1781, sous l'autorité des "Grands Maîtres des Templiers", les Illuminati de Weishaupt, dont il a reçu les instructions et les fonds pour mener à bien leurs intrigues diaboliques contre Marie-Antoinette, en préparation de la prise de pouvoir ultérieure par le biais des Loges illuminées du Grand Orient. Parlant des projets de Weishaupt, Louis Blanc écrit :

> "Par le seul attrait du mystère, par le seul pouvoir de l'association, soumettre à la même volonté, animer du même souffle des milliers d'hommes dans tous les pays du monde… faire de ces hommes des êtres nouveaux par une éducation lente et graduelle, les rendre, jusqu'à la frénésie ou la mort, obéissants à des Chefs invisibles et inconnus ; avec une telle légion, peser secrètement sur la Cour, entourer les souverains, à l'insu des gouvernements directs, et conduire l'Europe au point où toutes les superstitions seront anéanties, toutes les monarchies abattues, tous les privilèges de la naissance déclarés injustes, le droit même de propriété aboli ; tel était le plan gigantesque des fondateurs de l'Illuminisme"."

Dans *Orthodoxie Maçonnique*, 1853, le juif et autorité maçonnique, J. M. Ragon, donne des détails sur les deux grades de l'Ordre des « Juges Philosophes Inconnus », un régime templier. Il les situe comme appartenant probablement à l'« Ordre du Christ », Ordre qui, après la suppression des Templiers, fut constitué au Portugal par le roi Denis, et dans lequel les Templiers réformés furent admis, sans toutefois leurs anciennes immunités et entièrement sous la dépendance du chef de l'État. Il est admis que les Templiers modernes ont utilisé le voile de la Maçonnerie comme étant plus propice à la diffusion de leurs idées, mais il n'est maçonnique que dans la forme. Le bijou de l'adepte est un poignard et son travail est la vengeance. Le grade de Novice de ces « Philosophes Inconnus » est le premier du dernier grade de la Maçonnerie-Kadosch, 30ème degré — le frère doit être au moins Rose-Croix (18ème degré) et déjà instruit dans l'art royal. Le Président s'adresse à lui :

> « Vous avez été longtemps l'objet de notre observation et de notre étude… dès que vous aurez pris votre nouvelle obligation, vous cesserez de vous appartenir ; votre vie même sera devenue la

propriété de l'Ordre. L'obéissance la plus absolue, l'abnégation entière de votre volonté, l'exécution prompte et sans réflexion des ordres qui vous seront transmis de la part du Pouvoir Suprême, tels seront vos principaux devoirs. Les plus terribles châtiments sont réservés aux parjures... et qui est parjure aux yeux de l'Ordre ? Celui qui, même dans les choses les plus légères, enfreint les ordres qu'il a reçus du Chef ou refuse de les exécuter, car rien n'est sans importance dans notre Ordre sublime... Votre emploi à l'avenir sera de former des hommes... Vous devez apprendre ici à lier les pieds et les mains de ceux qui usurpent les droits des hommes ; vous devez apprendre à gouverner les hommes et à les dominer, non par la peur, mais par la vertu. Vous devez vous consacrer entièrement à l'Ordre qui a entrepris de rétablir l'homme dans sa dignité primitive... Le Gouvernement secret, mais non moins puissant, doit entraîner les autres Gouvernements vers ce noble but. sans toutefois se laisser apercevoir que par l'opinion et l'assentiment universels de la société. Il existe un nombre considérable de nos frères ; nous sommes répandus dans les contrées les plus éloignées, tous conduits par une force invisible... Si tu ne désires qu'être un parjure et un faux frère, ne t'engage pas parmi nous, tu seras maudit et malheureux ; notre vengeance t'atteindra partout. »

S'il hésite, on lui bande les yeux et on le fait sortir ; s'il consent, il prend l'engagement et est reçu. Après trois ans d'études et de préparation, le dernier grade, celui de Juge-Commandeur, peut être décerné. Il prend alors une autre obligation, dans laquelle il promet et jure de travailler à la propagation de l'Ordre et à sa sécurité, d'obéir à ses Supérieurs en toutes choses, qu'ils lui soient connus ou non. Enfin, il lui est dit :

« Tu jures et promets de garder inviolables les secrets que je vais te confier ; de ne jamais pardonner aux traîtres, et de leur faire subir le sort que l'Ordre leur réserve... De te préserver des excès du vin, de la table et des femmes, causes ordinaires d'indiscrétion et de faiblesse » [en cas de trahison des secrets de l'Ordre !]

À la fin des deux grades, une partie de l'histoire abrégée de la destruction des Templiers est lue à l'adepte. Et de leur Ordre, il a été dit :

« On ne peut plus nier que, dans les temps anciens, nous n'avons jamais reconnu plus de cinq degrés de connaissance ; le nombre de vingt-cinq ou trente-trois degrés qui forment le cadre de la Maçonnerie écossaise est le résultat de l'amour des innovations ou le produit de l'amour-propre ; car il est certain que, sur les trente-trois degrés pratiqués aujourd'hui, il y en a vingt-huit apocryphes qui ne méritent aucune confiance. »

Dans leur règlement, l'article 32 stipule que

« Les peines contre les frères qui se sont rendus coupables d'un délit quelconque sont : la réprimande, l'expulsion, et des peines plus graves encore si le délit compromet la Société. Les peines de cette dernière nature ne peuvent être exécutées sans la confirmation du jugement par le Pouvoir Suprême. »

Dans son discours final sur le sort malheureux des Templiers, le chef des Philosophes Inconnus a dit :

«... Or, comme le nombre des Templiers échappés au glaive meurtrier de la persécution était très faible, comme aussi, pour venger le crime inouï dont ils avaient été victimes, il fallait réparer leurs pertes, ils admirent dans leur Ordre des hommes d'un mérite reconnu, qu'ils cherchèrent et trouvèrent chez les Maçons... Ils leur offrirent l'initiation à leur Ordre, ce qui fut accepté avec empressement, et en échange les Templiers furent initiés aux mystères maçonniques. »

Pour conclure, nous citerons deux passages de Le Couteulx de Canteleu qui, dans son livre très documenté, fait référence au procès des Templiers :

« Certes, loin de moi la pensée de défendre la procédure cruelle suivie contre plusieurs membres de l'Ordre et les tortures appliquées pendant les interrogatoires ; loin de moi la pensée de croire à toutes les absurdités dont on les accusait. Mais au milieu de toutes ces cruautés et de toutes ces infamies, le fondement de l'accusation était vrai ; ils le savaient, et c'est ce qui a fait que plus de 300 membres, non encore soumis à la torture, ont admis des faits qui nous paraissaient si extraordinaires, mais qui se comprenaient quand on connaissait le fondement de leur doctrine, reprise des initiations égyptiennes et hébraïques, ainsi que leur affiliation aux Francs-Maçons d'Orient (les Assassins), et les vices que les Grands Maîtres avaient permis d'introduire dans l'Ordre, afin, probablement, d'accroître leur pouvoir. »

Il considère également comme positif le fait que le Templier Guillaume de Monthard ait reçu l'initiation maçonnique du Vieux de la Montagne dans une grotte au Liban, et que les Assassins aient eu certaines des croyances des Ophites, des

adorateurs du serpent ou du sexe double, d'où, dit-il, Baphomet !
Il ajoute que le pape Clément V a mis du temps à croire à cette
redoutable hérésie :

> « Ce n'est qu'après avoir fait interroger en sa présence soixante-
> douze chevaliers, en homme intéressé à les déclarer innocents,
> n'exigeant d'eux d'autre serment que de répondre aux questions
> posées ; ce n'est qu'après leurs aveux, donnés en présence de
> notaires, qu'il fut contraint de reconnaître leur culpabilité et de
> révoquer la suspension (précédemment ordonnée) des évêques, en
> leur permettant de poursuivre les dispositions prises par Philippe le
> Bel en vue d'un jugement. »

CHAPITRE IV

LES ILLUMINATI DE WEISHAUPT ET LA RÉVOLUTION FRANÇAISE

Dans son *Essai sur la secte des Illuminés*, publié en 1789, le Maçon de Luchet parle des Illuminati :

« Il y a un certain nombre de personnes qui sont arrivées au plus haut degré de l'imposture. Ils ont conçu le projet de régner sur les opinions, et de conquérir, non pas des royaumes, ni des provinces, mais l'esprit humain. Ce projet est gigantesque, il a quelque chose de fou en lui, qui ne cause ni bras ni malaise ; mais quand on descend dans les détails, quand on regarde ce qui passe devant les yeux des principes cachés, quand on aperçoit une révolution subite en faveur de l'ignorance et de l'incapacité, il faut en chercher la cause ; et si l'on trouve qu'un système révélé et connu explique tous les phénomènes qui se succèdent avec une rapidité effrayante, comment ne pas le croire ?... Observez que les membres de la Confédération mystique sont assez nombreux en eux-mêmes, mais qu'ils ne le sont pas relativement aux hommes qu'ils doivent tromper... En effet, pour se rendre compte de cette proportion, il faut se faire une juste idée de la force de l'homme combiné (le cri de Mazzini n'était-il pas : "Associez, Associez" ?). Un fil ne peut soulever le poids d'une livre, mille fils soulèveront l'ancre d'un navire... aussi l'homme est un être faible, imparfait... mais si plusieurs hommes mélangent des demi-qualités, ils se tempèrent et se fortifient mutuellement... les faibles cèdent aux plus forts, les plus habiles tirent de chacun ce qu'il peut fournir. Les uns regardent, les autres agissent, et ce formidable ensemble arrive à son but, quel qu'il soit... C'est d'après cela que s'est formée la secte des Illuminati. On ne peut, il est vrai, ni nommer ses fondateurs, ni prouver les époques de son existence, ni marquer les étapes de sa croissance, car son essence est secrète ; ses actes se déroulent dans l'obscurité, ses grands prêtres évasifs se perdent dans la foule. Cependant, elle a pénétré assez de choses pour étonner et attirer l'attention des observateurs, amis de l'humanité, sur les pas mystérieux des sectaires. »

Jean Adam Weishaupt, fondateur de l'Ordre des Illuminati, est né à Ingolstadt, en Bavière, le 6 février 1748, selon le livre de R. le Forestier, *Les Illuminés de Bavière et la Franc-Maçonnerie Allemande*, 1914, dont nous tirons les détails suivants : Son père, alors professeur à l'Université de Bavière, avait épousé une nièce de Mme Ickstatt, dont le mari était Conservateur de la même Université. En 1756, le baron Ickstatt obtint pour leur fils Adam une bourse d'études au collège jésuite d'Ingolstadt. À quinze ans, il entra à l'université comme étudiant en droit, tout en s'imprégnant de la littérature des philosophes athées de l'époque. Les électeurs de Bavière étaient de fervents partisans de la foi catholique, et Ingolstadt devint progressivement un bastion de l'enseignement jésuite, de 1556 jusqu'à leur suppression par Clément XIV en 1773 ; même alors, faute d'autres hommes qualifiés, ils furent maintenus dans les chaires de théologie. L'université d'Ingolstadt et toutes les écoles secondaires équivalentes en Bavière avaient été placées entre les mains des Jésuites. C'est en 1775 que Weishaupt, alors professeur de droit canonique à Ingolstadt, « forma le projet d'une association dont il serait le chef... qui opposerait aux forces réunies de la superstition et du mensonge (la religion) des groupes de plus en plus nombreux de la libre-pensée et du progrès ».

Lui et ses collaborateurs pensaient « que les adversaires de tout progrès, intellectuel et moral, étaient les prêtres et les moines... voulant lutter contre la religion d'État, et surtout contre les soldats les plus vigilants du catholicisme, les Jésuites, il fallait dissimuler l'existence de l'Ordre... Les historiens qui ont vu dans l'Ordre des Illuminati une machine de guerre inventée par un ancien élève des Jésuites pour les combattre avec leurs propres armes, ne sont donc pas loin de se tromper ». René Fülöp-Miller, dans son livre *The Power and Secret of the Jesuits*, 1930, soutient cette opinion. Il nous dit que les *Encyclopédistes* « se sont servis de beaucoup d'idées des Jésuites pour construire à partir d'elles une philosophie révolutionnaire hostile à toutes les croyances de l'Église ». Et il dit encore :

Outre les francs-maçons, une association similaire a vu le jour, l'« Ordre des Illuminati », qui, dès le départ, se voulait une organisation anti-jésuite. Son fondateur, Weishaupt, professeur à Ingolstadt, détestait profondément les Jésuites et forma sa ligue des Illuminati avec l'intention expresse « d'utiliser à bon escient les moyens que l'ordre des Jésuites avait utilisés à mauvais escient » ; ces moyens consistaient principalement en l'introduction d'une obligation d'obéissance inconditionnelle, rappelant les *Constitutions de* Loyola, *d'une* surveillance mutuelle étendue entre les membres de l'ordre et d'une sorte de confession auriculaire, que chaque inférieur devait faire à son supérieur ».

De la puissance juive dans ces sociétés secrètes, Bernard Lazare, dans *L'Antisémitisme*, 1894, écrit :

« Il est certain qu'il y avait des juifs au berceau de la franc-maçonnerie, des juifs cabalistes, comme le prouvent certains rites existants ; très probablement, pendant les années qui ont précédé la Révolution française, ils sont entrés en plus grand nombre encore dans les conseils de la société, et ont fondé eux-mêmes des sociétés secrètes. Il y avait des Juifs autour de Weishaupt ; et Martinez Paschalis, Juif d'origine portugaise, a organisé de nombreux groupes d'Illuminés en France ; »

Dans un numéro de *La Vieille France, du* 31 mars au 6 avril 1921, il est indiqué que cinq Juifs ont participé à l'organisation et à l'inspiration des Illuminati : Wessely, Moïse Mendelssohn et les banquiers Itzig, Friedlander et Meyer. En outre, il est curieux de constater que l'important Illuminatus Mirabeau, sous l'influence des disciples de Mendelssohn, a écrit un livre intitulé « *Sur Moïse Mendelssohn ; sur la réforme politique des Juifs* », en 1787.

La franc-maçonnerie a fini par jouer un rôle considérable dans l'Ordre des Illuminati. Weishaupt y fut affilié en 1777 et décida en 1778 de lier son Ordre à la franc-maçonnerie. Dans les Grands Mystères, deux grades étaient extrêmement importants, ceux de prêtre et de régent. « Le collège des prêtres devait constituer dans l'ordre un séminaire d'athées… le grade de régent correspondait en politique à celui de prêtre en religion ». « Weishaupt le considérait cependant comme « incomparablement moins important que ce dernier ». Au sommet de la hiérarchie se trouvait le Collège Suprême des Aréopagites, qui se tenait, selon

Weishaupt, à Munich, et qui était composé de sept membres, dont trois étaient des directeurs.

En outre, Weishaupt, parmi d'autres règlements, déclarait que sans permission spéciale, « les juifs, les païens, les femmes, les moines et les membres d'autres sociétés étaient exclus de l'Ordre ». En ce qui concerne les juifs, Louis Daste parle de documents montrant que, bien que les premières loges maçonniques anglaises aient admis toutes les religions, les chefs secrets de la maçonnerie en Hollande, en Allemagne et en France, en raison d'obstacles transitoires, ont réservé leurs loges aux seuls chrétiens. Mais au congrès de Wilhelmsbad, en 1782, il a été décidé que les juifs ne seraient plus exclus des loges. Il existe cependant une masse de preuves de l'influence juive sur et derrière toutes les sociétés secrètes, et comme Disraeli l'a dit à *Lothair* en 1870 :

> « Si vous entendez par liberté politique les projets des Illuminati et des francs-maçons qui torturent perpétuellement le continent, toutes les sombres conspirations des sociétés secrètes, alors j'admets que l'Église est en antagonisme avec de telles aspirations à la liberté… Les pouvoirs civils se sont séparés de l'Église.
>
> … Ce n'est pas leur choix : ils sont poussés par une puissance invisible qui est antichrétienne et qui est l'ennemi véritable, naturel et implacable de l'unique Église visible et universelle ».

Dans *Marie-Antoinette et le Complot Maçonnique,* 1910[2], Louis Daste cite une brochure rare, *Le rôle de la franc-maçonnerie au XVIIIth siècle,* par F.-. Brunellière, qui dit :

> « Weishaupt ne visait rien de moins que le renversement complet de l'autorité, de la nationalité et de tout le système social, en un mot, la suppression de la propriété, etc. Quant à son principe, c'était l'obéissance absolue et aveugle, l'espionnage universel, la fin justifie les moyens. Ce système de conspiration si fortement organisé qui aurait bouleversé le monde, se répandit en Allemagne, où il s'empara de presque toutes les loges maçonniques. Weishaupt envoya en France Joseph Balsamo, dit Comte Cagliostro, pour éclairer la Maçonnerie française. Enfin, il réunit un congrès à

---

[2] Publié par Omnia Veritas Ltd, www.omnia-veritas.com.

Wilhelmsbad en 1782, auquel il convoque toutes les loges allemandes et étrangères… En 1785, les Illuminati sont révélés au gouvernement bavarois qui, terrifié, en appelle à tous les gouvernements, mais les princes protestants ne se hâtent pas de les supprimer. Weishaupt trouva refuge auprès du prince de Saxe-Gotha. Il s'était d'ailleurs bien gardé de tout dire aux Princes, ni même à beaucoup de ses initiés ; il leur avait caché l'appel à la force des masses ; il leur avait caché la Révolution » (Rapport maçonnique, *l'Ordre de Nantes*, 23 avril 1883).

Les soupçons du gouvernement bavarois, selon le Forestier, furent sérieusement éveillés et, grâce à des recherches continues, les documents de Zwack liés à l'Ordre et ceux détenus par Bassus furent trouvés et saisis à deux occasions distinctes. L'Électeur ordonna de les publier comme suit :

1. Le 26 mars 1787 :

« Quelques écrits originaux de l'Ordre des Illuminati trouvés chez Zwack, ancien conseiller de gouvernement, lors d'une perquisition faite à Landshut, les 11 et 12 octobre 1786, et publiés par ordre de son Altesse Électorale ».

La préface invitait tous ceux qui doutaient de l'authenticité des documents à se rendre aux Archives privées où les documents originaux leur seraient présentés.

2. « Supplément aux écrits originaux concernant en général la secte des Illuminati et en particulier son fondateur, Adam Weishaupt, ancien professeur à Ingolstadt, documents trouvés dans le château du baron Bassus à Sandersdorf lors de la perquisition effectuée dans ce célèbre repaire des Illuminati, publiés immédiatement par ordre de l'Électeur et déposés dans les archives privées pour être examinés par tous ceux qui en manifesteraient le désir. » (Deux parties, Munich 1787.)

Les Illuminati n'ont plus rien à voir avec la réalité, mais ils continuent à exploiter les mines souterraines.

Comme le raconte Crétineau-Joly, le cardinal Caprara, dans un mémoire confidentiel d'octobre 1787, a déclaré : « Le danger approche, car de tous ces rêves fous d'illuminisme, de swedenborgianisme et de franc-maçonnerie, il doit sortir une réalité terrifiante. Les visionnaires ont leur jour, la révolution qu'ils annoncent aura son jour. »

C'est dans les loges des *Amis réunis* que Mirabeau et Bonneville introduisent les Illuminati de Weishaupt. L'un de leurs chefs était le célèbre révolutionnaire Savalette de Langes, gardien du trésor royal, mais secrètement au fait de tous les mystères, de toutes les loges et de tous les complots contre la religion et la royauté. Ils s'appelaient eux-mêmes *Philalèthes* — chercheurs *de* Vérité ; c'était une forme de Martinisme, et, selon Clavel, conduisait à la déification de l'homme, étant un mélange des dogmes de Swedenborg et de Pasqualis. Pour couvrir ses intrigues, Savalette de Langes abandonnait parfois la Loge commune à des adeptes, frères et sœurs de haut rang, qui dansaient et chantaient l'égalité et la liberté, tandis qu'à leur insu, dans la Loge supérieure, se trouvait le comité secret gardé en haut et en bas par deux *frères terribles*. Parmi les principaux membres de ce comité, on trouve Willermoz, Chappe de la Heuziére, Mirabeau, le comte de Gebelin et Bonneville. La correspondance codifiée du Grand Orient y était reçue par Savalette de Langes et traitée par le Comité, Pour être admis à ces conseils, il fallait jurer, comme *Chevalier du Soleil, la* haine du christianisme et, comme *Chevalier kadosch, la* haine des couronnes et de la papauté. Ils avaient une succursale à Paris, fréquentée par Saint-Germain, Raymond, Cagliostro, Condorcet, Dietrich, les frères d'Avignon, les étudiants de Swedenborg et de Saint-Martin. À l'extérieur, ils passaient pour des charlatans, des visionnaires, évoquant les esprits et opérant des prodiges, tout en cherchant secrètement des complices dans les loges maçonniques.

Fréquentant les principaux disciples de Weishaupt, Mirabeau est initié à Brunswick aux derniers mystères de l'Illuminisme. Il connaissait déjà la valeur de la Maçonnerie dans la révolution et, de retour en France, il introduisit ces mystères chez les *Philalèthes. Il fut* alors décidé d'illuminer toutes les loges de France ; à cette fin, les Illuminati, Bode ou *Aurelius,* et le baron de Busche ou *Bayard,* élève de Knigge, furent dépêchés pour les assister. Après une longue discussion, il fut résolu d'adopter les mystères bavarois sans changer les anciennes formes des loges, de les éclairer sans révéler le nom de la secte dont les mystères avaient été reçus, et de n'employer le code de Weishaupt que dans la mesure où il hâterait la révolution (Le Couteulx de Canteleu).

Dès lors, l'objectif politique s'accentue, un nouveau grade est ajouté, conservant les emblèmes et les rites maçonniques, et il est transmis aux provinces. L'alliance la plus étroite fut conclue, et un Convent général des Maçons de France et de l'étranger fut convoqué par le comité secret pour le 15 février 1785. Savalette de Langes fut élu président, et parmi les députés se trouvaient : Saint-Germain, Saint-Martin, Etrilla, Mesmer, Cagliostro, Mirabeau et Talleyrand, Bode, Dalberg, le baron de Gleichen, Lavater, le prince Louis de Hesse, ainsi que des députés des Grand-Orients de Pologne et de Lituanie. Le duc d'Orléans est alors Grand Maître du Grand Orient de France, et son comité a sous sa juridiction et ses ordres les loges de 282 villes de France et de l'étranger (Mirabeau). Lors de ce congrès, la Révolution française et sa propagation dans toute l'Europe furent décidées jusqu'au décret de régicide. La part que devait prendre le peuple, selon Mirabeau, est ainsi décrite dans ses Mémoires par Marmontel :

« Devons-nous craindre la grande partie de la nation qui ne connaît pas nos projets et ne serait pas disposée à nous apporter son soutien ?

… S'ils les désapprouvent, ce ne sera que timidement, sans clameur. Pour le reste, la nation sait-elle ce qu'elle veut ? On lui fera vouloir et dire ce qu'elle n'a jamais pensé… La nation est un grand troupeau qui ne pense qu'à brouter, et que, avec de bons chiens, les bergers mènent à leur guise… Il faudra imposer à la bourgeoisie qui ne voit rien à perdre, mais tout à gagner au changement. Pour la remuer, on a les motifs les plus puissants : la pauvreté, la faim, l'argent, les rumeurs d'alarme et de peur, la frénésie de terreur et de rage dont on frappera les esprits… Que fera-t-on de tout ce monde en muselant ses principes d'honnêteté et de justice ? Les hommes de bien sont faibles et timides ; ce sont les fourbes qui sont déterminés. Il est avantageux pour les peuples, pendant les révolutions, de n'avoir aucune morale… il n'y a pas une seule de nos anciennes vertus qui puisse nous servir… Tout ce qui est nécessaire à la révolution, tout ce qui lui est utile est juste — c'est là le grand principe. »

Au début de la révolution, le comité du Grand Orient a publié un manifeste adressé à toutes les loges et à tous les conseils maçonniques, afin qu'il soit utilisé dans toute l'Europe. Par ce manifeste

« Toutes les loges ont été invitées à se liguer pour unir leurs efforts en vue du maintien de la Révolution, à chercher partout des partisans, des amis et des protecteurs, à propager sa flamme, à attiser son esprit, à exciter le zèle et l'ardeur en sa faveur dans tous les pays et par tous les moyens qui sont en leur pouvoir. »

Après la réception de ce manifeste, les idées antimonarchiques et républicaines devinrent partout dominantes, et les idées antireligieuses ne servirent qu'à miner les nationalités (Deschamps, *Les Sociétés Secrètes et la Société*, vol. ii).

Le juif et haut maçon Crémieux, fondateur et président de *L'Alliance-israélite-universelle*, a déclaré dans son manifeste de 1860 :

« Le filet qu'Israël jette maintenant sur le globe terrestre s'élargit et s'étend... Notre pouvoir est immense ; apprenez à le mettre au service de notre cause. Le jour n'est pas loin où toutes les richesses, tous les trésors de la terre deviendront la propriété des enfants d'Israël ».

Dans son livre *Marie-Antoinette et le complot maçonnique*, Louis Dasté montre comment ce filet a été tendu avant et après la Révolution française de 1789. Il écrit : « De 1774 à 1783, nous avons vu la Maçonnerie couvrir sans cesse Marie-Antoinette de la boue de ses pamphlets. L'heure approchait où la secte devait porter le coup dont la Reine mourut ».

C'est l'affaire du Collier qui fut, selon G. Bord, « organisée par la *Stricte Observance* et les *Amis réunis* de Paris ». « Le juif Cagliostro, dit l'ex-maçon Doinel 33°, fut le méprisable agent de cette intrigue qui fit sombrer la popularité de la reine et ruina le prestige de l'infortuné Louis XVI. Par ailleurs, Louis Blanc écrit, en 1848 :

"Son initiation eut lieu à peu de distance de Frankfort, dans un caveau souterrain, (on lui montra) un livre manuscrit dont on pouvait lire la première page : Nous, Grands Maîtres des Templiers, suivi d'une formule de serment tracée avec du sang. Le livre... soutenait que l'Illuminisme était une conspiration ourdie contre les trônes, que les premiers coups tomberaient sur la France et qu'après la chute de la monarchie française, ils s'attaqueraient à Rome. Cagliostro apprit de ses initiateurs que la société secrète à laquelle il appartenait désormais possédait une masse d'argent dispersée dans les banques d'Amsterdam, de Rotterdam, de Londres, de Gênes et de Venise.

... Quant à lui, il manie une grosse somme destinée aux frais de propagande, reçoit les instructions de la Secte et se rend à Strasbourg. »

Sur les sceaux de la loge qu'il a fondée à Lyon figurent les trois lettres *L.P.D.* — *Lilia pedibus destrue,* piétiner les lys (Bourbon) (voir Bernard Picard, rituel, 1809). Telle était donc sa mission diabolique. Aussi, lorsque Cagliostro arrive à Strasbourg, en 1781, son premier soin est de contrôler et de mettre en route ses outils. Le cardinal prince de Rohan, sa dupe, et la comtesse de la Motte, sa complice, se firent connaître ; cette dernière étant dans une situation réduite, le cardinal lui conseilla de s'adresser directement à la reine, lui confiant en même temps ses ambitions et son amertume devant le refus de la reine de le voir. Dès lors, Mme de la Motte, prétendant être en contact avec la Reine, sous les instructions de Cagliostro, servit d'intermédiaire dans une correspondance entre la Reine, dont le nom était falsifié, et le Cardinal, qui devait nominalement permettre à ce dernier de retrouver la faveur royale et de réaliser ses ambitions, mais qui devait finalement salir et compromettre la Reine qui n'était pas au courant. Rien ne fut fait sans consulter Cagliostro. En mai, juin, juillet 1784, les fausses lettres se multiplient, écrites par Retaux de Villette et dictées par Mme de la Motte. Puis, à minuit, le II août, a lieu la brève et prétendue entrevue dans le parc de Versailles entre la reine et le cardinal. Nicole d'Oliva, déguisée en reine, lui ressemblait fortement ; le cardinal croyait avoir vu Marie-Antoinette et lui avoir parlé. C'est pourquoi, lorsque d'autres fausses lettres lui demandèrent à deux reprises de trouver 60 000 livres pour les primes de la Reine, le Cardinal emprunta volontiers les deux sommes au juif Cerfbeer. L'argent a été conservé par Mme de la Motte !

En décembre, ayant pris contact avec le joaillier de la Cour, Boehmer, désireux de se défaire d'un collier de diamants d'une valeur de 1 800 000 livres, elle envisage rapidement de l'acquérir, de la même manière, pour elle-même. D'autres fausses lettres de la reine, ainsi que les conseils de son oracle Cagliostro, rassurent le cardinal et, le 1er février 1785, les négociations avec Boehmer aboutissent ; le collier passe en possession de Mme de la Motte, et les plus belles pierres sont vendues à Londres par son mari. N'ayant pas reçu le premier paiement de 100 000 écus qui arrivait à échéance le 30 juillet, Boehmer se rendit compte de la fraude ; la reine indignée fut informée de tout et, en août, le cardinal, Mme de la Motte et Cagliostro furent arrêtés, mais pas avant que la plupart des lettres compromettantes aient été secrètement brûlées. Le cardinal refusa l'offre du roi d'agir en tant que juge ; ils furent donc jugés par le Parlement, qui était largement maçonnisé. Le Cardinal et Cagliostro furent acquittés, Mme de la Motte fut condamnée à être étiquetée comme voleuse, fouettée et enfermée, mais elle fut secrètement aidée à s'échapper.

De Londres, elle mena sa campagne de calomnie contre Marie-Antoinette ; en 1788, son *Mémoire justificatif* fut publié, formé, dit de Nolhac, de rage et de mensonges, traînant la Reine dans une boue infâme. Il fut presque entièrement retouché par M. de Calonne dans un ferment de haine contre la Reine, qu'il rendait responsable de sa disgrâce ministérielle. En 1789 parut le *Second mémoire justificatif*, toujours attribué à Mme de la Motte mais répudié par elle, et qui surpassait le premier en crasse et en venin. S'ensuivit une avalanche de pamphlets indécents, tous basés sur le *Mémoire*, dans le double but de vilipender la Reine et de souiller les esprits avec des images répugnantes, tuant d'avance toute pitié dans le cœur du peuple et de ses bourreaux — *Lilia pedibus destrue*. Mais Cagliostro était fini, le pouvoir secret, craignant les divulgations, le brisa sans pitié ; forcé de quitter Londres, pourchassé à travers l'Europe, il fut finalement arrêté à Rome par la police pontificale. Après un long procès, relaté dans la *Vie de Joseph Balsamo*, 1791, il fut condamné à mort, puis commué en prison à vie, et mourut en 1795. Dans une misérable mansarde de Londres, en 1791, Mme de la Motte termina sa vie dans d'atroces souffrances, abandonnée de tous. Le pouvoir secret, n'ayant que faire des outils brisés, avait cessé de les protéger.

Dans *La Revue du* 1er mars 1909, le rédacteur parle d'un pamphlet indécent, *O Marquez de Bacalhoa*, publié en février 1908, un mois avant l'assassinat de Don Carlos :

« Il est publié sous la forme des romans qui parurent vers 1780 sur la vie privée de Louis XVI et de Marie-Antoinette.

... Il a étouffé le Roi dans la boue et n'a pas épargné la Reine Amelia... Les pages consacrées à la Reine n'étaient qu'un tissu de mensonges infâmes... »

Et la révolution portugaise de 1910 a été l'œuvre de juifs de *l'Alliance-israélite-universelle* unis à la franc-maçonnerie. Proudhon écrit à nouveau :

« Que de mystères d'iniquité seraient révélés si les Juifs, comme la taupe, ne s'ingéniaient pas à travailler dans l'obscurité ».

FRANC-MAÇONNERIE FRANÇAISE

La franc-maçonnerie, née et organisée en Angleterre, où les cabalistes judaïsants de la Rose-Croix l'avaient greffée sur les anciennes corporations d'ouvriers-maçons, fut introduite partout en Europe de 1725 à 1730. Et comme l'écrit de Poncins : « En France, où les esprits étaient en pleine effervescence, la Franc-maçonnerie trouva un terrain favorable et, sous la double influence des *Encyclopédistes* et des Illuminati de Bavière, elle évolua rapidement au point d'être l'un des éléments prépondérants des grands mouvements révolutionnaires de 1789. » Et dans un compte rendu d'une réunion des Loges *Paix et Union* et *La Libre Conscience,* à l'Orient de Nantes, le 23 avril 1883, il est dit : « C'est de 1772 à 1789 que la Maçonnerie a élaboré la grande Révolution qui devait changer la face du monde... C'est alors que les Francs-Maçons ont vulgarisé les idées qu'ils avaient absorbées dans leurs Loges » (voir Dasté). Dasté ajoute : « C'est en effet le 23 décembre 1772 que fut proclamée la formation du Grand Orient de France. C'est ce jour-là que fut effectuée la concentration de toutes les armes maçonniques pour l'assaut à donner à la France ». Et Ragon, l'autorité maçonnique juive, nous apprend qu'à cette date il fut « solennellement déclaré que l'ancienne Grande Loge de France cessait d'exister, qu'elle était remplacée par une nouvelle Grande Loge nationale qui ferait partie intégrante d'un nouveau corps qui administrerait l'Ordre, sous le nom de Grand Orient de France » (*Orthodoxie maçonnique,* 1853).

Et dans *Vérité-Israélite*, 1861, il est écrit : « L'esprit de la Maçonnerie est l'esprit du Judaïsme dans ses croyances les plus fondamentales. »

« Il est donc parfaitement compréhensible — écrit le Freiherr von Stolzinger en 1930 — que le judaïsme se soit tourné très tôt vers la franc-maçonnerie et que, grâce à ses remarquables facultés d'adaptation, il ait exercé une influence croissante en son sein. On ne se trompe guère en affirmant qu'aujourd'hui la plupart des Loges sont soumises à l'influence juive et qu'elles constituent les troupes d'assaut spirituelles du judaïsme ».

Enfin, comme l'explique la *Freimaurer-Zeitung du* 15 décembre 1866 :

Dans une conférence sur l'élément religieux de la franc-maçonnerie, F. Charles de Gagern a fait la déclaration suivante : « Je suis fermement convaincu que le temps arrivera, et doit arriver, où l'athéisme sera l'opinion générale de toute l'humanité, et où celle-ci considérera le déisme comme une phase passée, tout comme les francs-maçons déistes sont au-dessus des divisions religieuses. Nous ne devons pas seulement nous placer au-dessus des différentes religions, mais au-dessus de toute croyance en un Dieu quelconque ».

MAÇONNERIE BLEUE

Nous donnons ci-dessous un bref aperçu des grades les plus importants de la Maçonnerie du Grand Orient, c'est-à-dire la Maçonnerie Bleue, la Rose-Croix et les degrés Kadosch tels qu'ils sont pratiqués en France : La Maçonnerie Bleue, les degrés Rose-Croix et Kadosch tels qu'ils sont pratiqués en France. On y retrouve les mêmes idées de panthéisme et de nature, telles qu'elles sont exprimées dans leur symbolisme.

Selon Bazot, secrétaire général du Grand Orient, 1812 :

« La maçonnerie n'est que le culte primitif de l'homme découvert après la satisfaction de ses premiers besoins. Les brahmanes et les prêtres égyptiens en ont transmis les mystères à Salomon. Jérusalem, victime des révolutions, ayant été détruite, le peuple juif s'étant dispersé, cette Maçonnerie s'est répandue avec lui sur toute la terre. »

Et la place de l'homme dans ce culte est ainsi exprimée dans un document maçonnique officiel hollandais : 'Une unité sacrée règne et gouverne dans le vaste firmament. Il n'y a qu'une mission, une morale, un Dieu... nous, les hommes, formons un tout avec le Grand Être. Tout s'achève dans cette révélation : *Nous sommes Dieu !* On retrouve ici l'idée panthéiste du judaïsme, de sa race, de son Dieu Yahveh. Comme l'écrivent Claudio Jannet et Louis d'Estampes dans *La Franc-Maçonnerie et la Révolution,* 1884 :

« Cette déification de l'humanité n'est pas d'abord ouvertement déclarée par la franc-maçonnerie, mais elle est insinuée dans tous ses rites et exprimée dans tous ses symboles. Un vaste temple doit être construit, des apprentis, des compagnons et des maîtres y travaillent ; Hiram ou Adonhiram, l'un de ces maîtres, est tué par trois artisans pour obtenir le mot de Maître ; le corps de ce Maître, caché dans la terre, doit être retrouvé et replacé et sa mort vengée ; la construction du temple est reprise et doit être achevée ; telle est l'allégorie fondamentale et universelle, la base et l'essence de la franc-maçonnerie et de toutes les sociétés secrètes. C'est ainsi que l'enseignent tous leurs rites et manuels, leurs orateurs et interprètes les plus autorisés. Cette allégorie est indiquée dans les grades d'Apprenti et de Compagnon, longuement développée dans celui de Maître, complétée et expliquée dans les grades de Rose-Croix et de Kadosch, et dans les derniers grades du rite Misraïm, elle atteint son développement final ».

Les trois assassins à poursuivre et à exterminer sont : les superstitions, les préjugés et la tyrannie, c'est-à-dire la religion, le contrôle moral, la monarchie et toute autorité, la famille, la propriété et la nationalité.

Comme nous l'avons déjà montré, la Maçonnerie française a été capturée, juste avant la Révolution française de 1789, par Weishaupt, et secrètement illuminée par certains de ses grands adeptes. Il prit ainsi la direction de toutes les loges, et aujourd'hui encore, la souillure de son système pernicieux subsiste parmi elles et parmi tous ceux qui y sont liés d'une manière ou d'une autre. La pensée fondamentale de ce système est exprimée par Weishaupt lui-même :

« L'égalité et la liberté sont les droits essentiels que l'homme, dans sa perfection originelle et primitive, a reçus de la nature. La première atteinte à cette égalité a été portée par la propriété ; la première atteinte à la liberté a été portée par les sociétés politiques ou les gouvernements ; les seuls supports de la propriété et des gouvernements sont les lois religieuses et civiles. Par conséquent, pour rétablir l'homme dans ses droits primitifs d'égalité et de liberté, nous devons commencer par détruire toute religion, toute société civile, et finir par abolir la propriété ».

Ce à quoi Claudio Jannet ajoute « Ces quelques lignes indiquent l'idée-racine de la Maçonnerie et de toutes les sociétés secrètes ; le germe se trouve dans les grades symboliques, il est développé scientifiquement dans les hauts grades, et réalisé brutalement dans le communisme de l'Internationale et l'anarchisme de Bakounine et de la démocratie socialiste. » Et nous ajouterons : dans le système soviétique, dans la Russie d'aujourd'hui, et à nouveau tenté en Espagne, en Amérique du Sud et ailleurs. En bref, les trois degrés représentent la génération, la putréfaction et la régénération. Le Temple, celui de la nature, est maintenu, comme le dit Clavel, par deux Piliers, « Boaz et Jakin, les principes générateurs ; l'un, la lumière, la vie et le bien, l'autre les ténèbres, la mort et le mal ; ils maintiennent l'équilibre du monde ». C'est le dualisme des gnostiques, des manichéens, de la cabale magique juive et de tous les anciens mystères. Dans chaque grade, un serment de secret, etc. est prêté. Dans le premier grade, ni vêtu ni encore dévêtu, le candidat entre comme l'homme de la nature qui doit recevoir la lumière ; il est la pierre brute sur laquelle il doit travailler, sous la direction de ses chefs, pour se libérer de ses préjugés, de ses vices et de ses superstitions. L'Apprenti ainsi libéré passe du pilier Jakin au pilier Boaz, de la science naturelle à la sagesse, en entrant dans le deuxième grade, celui de Compagnon, où il doit apprendre à connaître la lettre G, le Dieu de la Maçonnerie. Parlant de la consécration du triangle dans les loges, Ragon écrit : « Au centre se trouve la lettre hébraïque Yod, esprit vivifiant ou feu, principe générateur, représenté par la lettre G, initiale du mot Dieu dans les langues nordiques, et dont la signification philosophique est la génération ». En outre, selon Ragon, le grade de Maître représente allégoriquement la mort du Dieu-Lumière, la putréfaction solaire, philosophique ou physique, car la vie est retirée, comme l'exprime le mot de grade *Macbenac* - la chair quitte les os, et c'est d'eux que surgit la forme régénérée. Enfin, comme l'explique Ragon :

> "Le triangle entier a toujours signifié Dieu ou la nature, et les allégories des vérités, fondement des premiers mystères, les actes successifs et éternels de la nature : (I) que tout est formé par la génération ; (2) que la destruction suit la génération dans toutes ses œuvres ; (3) et que la génération rétablit sous d'autres formes les actions de la destruction."

Dans la maçonnerie révolutionnaire et les sociétés secrètes, ce credo panthéiste et cabalistique est appliqué à tous les aspects de la vie ; les anciennes idées et opinions sont détruites, d'autres, nouvelles et subversives, sont insinuées et plus ou moins inconsciemment absorbées et établies ; les croyances chrétiennes sont perverties et annulées ; l'homme, illuminé, devient apparemment son propre rédempteur, et Dieu, bien qu'en vérité asservi à la hiérarchie invisible — selon certains, la kundalini est le rédempteur de l'homme ! Les rois sont détrônés et remplacés par une forme de république en voie de désintégration ou de démocratie socialiste. C'est la mort de toutes les vieilles traditions et civilisations, et du chaos et de la putréfaction inévitables doit naître le « Nouveau Ciel et la Nouvelle Terre », la Fraternité universelle de toutes ces sectes subversives et judaïques.

ROSE-CROIX

Comme nous le dit Gaston Martin : "Tous les francs-maçons des trois obédiences, en relations amicales, appartiennent à ce qu'on appelle en politique « la gauche ». Les nuances de doctrine ne sont pas telles qu'elles empêchent la concorde de régner entre tous les membres". Ces trois obédiences sont : le Grand Orient, la Grande Loge et le Droit Humain.

> "Comme les trois grades de la Maçonnerie ordinaire [dit Louis Blanc] comprennent un grand nombre d'hommes opposés par position et par principes à tout projet de subversion sociale, les novateurs ont multiplié les degrés de l'échelle mystique à gravir ; ils ont créé des loges secrètes réservées aux âmes ardentes ; ils instituèrent les hauts grades d'*élu, de chevalier du soleil, de Rose-Croix, de stricte observance,* de *Kadosch* ou homme régénéré,

sanctuaires mystérieux dont les portes ne s'ouvrent à l'adepte qu'après une longue série d'épreuves, calculées pour constater les progrès de son éducation révolutionnaire, pour prouver la fermeté de sa foi, pour éprouver la trempe de son cœur. Il n'y avait, au milieu d'une foule de pratiques, tantôt puériles, tantôt sinistres, rien qui se rapportât aux idées de liberté ou d'égalité" *(Histoire de la Révolution française).*

Dans le grade Rose-Croix, lorsque l'on tient le Chapitre, la loge doit être suspendue de rouge et, à l'est, un autel triangulaire dont l'une des faces est tournée vers l'ouest. Sur cet autel, il doit y avoir un grand tableau transparent représentant un calvaire ; deux croix sur les côtés (le bien et le mal, la lumière et les ténèbres des manichéens) et, au centre, une rose et des draperies entrelacées, au-dessus desquelles figure l'inscription I.N.R.I. En bas, devant le tableau, il y a des piliers brisés, sur les ruines desquels se trouvent les veilleurs endormis ; au milieu d'eux se trouve une sorte de tombeau dont la pierre supérieure a été déplacée et d'où sort un linceul. Lors d'une réception, les tentures, la transparence et l'autel doivent être recouverts de noir ensemencé de larmes. Il doit y avoir trois grands piliers triangulaires au-dessus desquels se trouvent les trois vertus, la Foi, l'Espérance et la Charité, ou comme le suggère Ragon : active, passive et manifestation du Principe Créateur.

À l'ouverture de la Loge, le Très-sage est assis sur la troisième des sept marches de l'autel, la tête soutenue par la main. Après les premiers ordres, il dit : « Mon frère, vous me voyez accablé de tristesse ; tout est changé ; le voile du Temple est déchiré, les piliers de la maçonnerie sont brisés, la pierre cubique sue sang et eau, le Verbe est perdu, *et consummatum est.* » Le premier et le deuxième chevaliers sont priés, avec l'aide d'autres chevaliers dignes de ce nom, de regarder sur les piliers et de trouver la Parole perdue. Chaque frère donne le mot, chuchoté à l'oreille — le mot perdu est trouvé, et, rendant hommage à l'Architecte suprême, tous se lèvent et, se tournant vers l'Est, font un signe et s'inclinent en posant un genou à terre. À l'Est se trouve l'Étoile flamboyante, le Delta et la lettre G ou J, signes de feu. Le Chapitre est ouvert.

Le candidat préparé est conduit dans la loge, désormais recouverte de noir, et lorsqu'il est interrogé, il répond qu'il est né de parents nobles de la Tribu de Juda, que son pays est la Judée et qu'il professe l'art de la Maçonnerie. On lui dit alors que la Parole est perdue et qu'on espère la retrouver grâce à son courage ; est-il prêt à l'utiliser à cette fin ? Consentant, il prête serment et, enfin, dans la loge, désormais ornée de rouge, il répond à nouveau aux questions : il vient de Judée, en passant par Nazareth, conduit par Raphaël, et il est de la Tribu de Juda. En réunissant les initiales de ces quatre noms, il fait I.N.R.I. — il a trouvé la Parole perdue. Le candidat s'agenouille alors au pied de l'autel, et le « Très-sage » lui pose son épée nue sur la tête et l'admet, le reçoit et le constitue maintenant. et pour toujours, *Chevalier prince de l'aigle et du pélican, parfait franc-maçon d'Hérédon, sous le titre souverain de Rose-Croix.* Il est alors élevé, reçoit la ceinture, le mot, le signe et la poignée ; le mot est I.N.R.I. *(Recueil précieux, Avignon,* 1810 ; Teissier, *Manuel,* 1854). Tel est le grade de *Rose-Croix* du Rite écossais. Le rite français ne diffère que dans la rédaction des formules et des accessoires. C'est le Vendredi saint que les Rose-Croix tiennent leurs chapitres et font leurs réceptions (Deschamps, 1881).

Quelques explications du symbolisme données par l'écrivain juif Ragon, autorité « sacrée » du Grand Orient, dans son *Cours philosophique,* etc., 1841, sont éclairantes :

« Trois événements majeurs doivent fixer l'attention de la Rose-Croix : la création du monde (génération), le déluge de Noé (destruction), et la rédemption de l'humanité (régénération). Cette triple considération doit être, en effet, toujours présente à l'esprit de tous les francs-maçons, puisque l'art royal n'a d'autre but, comme les anciens mystères, que la connaissance de la nature, où tous naissent, meurent et se régénèrent... Cette régénération de l'homme a été et sera toujours l'œuvre de la philosophie pratiquée dans les mystères... L'aigle est la liberté, la Rose-Croix, l'humanité, symbolisée par le pélican... La rose était aussi l'emblème de la femme, et comme la croix ou triple phallus symbolisait la virilité ou le soleil dans toute sa force, la combinaison de ces deux emblèmes offre un sens de plus exprimant, comme le *lingam* indien, l'union des deux sexes, symbole de la génération universelle.

Le feu (ou énergie vitale) est partout caché, il embrasse toute la nature, il produit, il renouvelle, il divise, il consume, il entretient tout le corps... la chaleur et la lumière ne sont que ses modifications, la fécondité, le mouvement et la vie les effets (des lettres I.N.R.I., dit-il). Leur combinaison formait un sens mystérieux bien avant le christianisme et les sages de l'antiquité y avaient attaché l'un des plus grands secrets de la nature, celui de la régénération universelle ».

C'est ainsi qu'ils l'expriment : *Igne Natura Renovatur Integra, la* nature entière est renouvelée par le feu.

Enfin, il y a le dîner :

> « Toutes les anciennes mystagogies se terminaient par la fraction du pain et la dégustation du vin dans une coupe commune, afin de rappeler la communauté des biens et le fait que les initiés n'ont rien en propre. Le pain et le vin sont consacrés. Cette nourriture mystique, qui devait nourrir le corps et l'âme, était un emblème d'immortalité »

les forces actives et passives !

Nous voyons donc que ce grade Rose-Croix est une perversion complète du symbolisme chrétien et des croyances sacrées, c'est le culte de la nature par les forces de génération, de destruction et de régénération par lesquelles l'adepte, sous le masque de la déification ou du développement de pouvoirs latents, est conduit à l'esclavage de l'illuminisme, par lequel il devient un instrument volontaire entre les mains de certains leaders puissants et sans scrupules mais inconnus, qui professent comme leur but l'émancipation de l'humanité, à travers laquelle ils espèrent régner sur le monde.

KADOSCH

Dans le *Tuileur de l'écossisme,* 1821, il est dit :

> « 30ème degré, grand inquisiteur, grand élu, chevalier Kadosch, appelé aussi Aigle Blanc et Aigle Noir. Bien que les Écossais, disent-ils, ne confèrent jamais ce grade que par communication, et qu'il n'occupe, dans l'ancien rite, que le trentième degré, il doit être considéré comme le but final, le but réel du Rite Écossais, comme il est le *nec plus ultra* de la Maçonnerie Templière. On y commémore l'abolition de l'Ordre des Templiers par Philippe le Bel et le Pape Clément V, et le châtiment du premier Grand Maître Jacques Molay, qui périt dans les flammes, le 11 mars 1314 ».

Comme l'écrit Deschamps, 1881 :

« C'est en vain qu'ils répètent avec complaisance que le Kadosch de France est purement philosophique… La guerre au trône et à l'autel est le grand cri de l'Ordre. Le féroce *Nekam Adonai* (Seigneur de la vengeance !) a produit les Illuminati et les Carbonari. Entre les mains d'hommes fanatiques, aidés par des circonstances favorables, il donne constamment des résultats similaires ».

Selon les manuels de Willaume et Teissier, autorisés par le Grand Orient, le cri, en faisant le signe du grade, est *Nekam Adonai, et les* trois mots de passe pour entrer au Conseil Suprême commencent tous par Nekam — Vengeance !

Ragon écrit également :

« Le plus ou moins grand développement, extension ou application donné à la vengeance introduit dans le Kadosch une multitude de variantes, ou plutôt, le rend comme autant de grades différents (dont certains, il l'admet, sont horribles). On trouve dans de très anciens manuscrits de la Maçonnerie anglaise que le Kadosch est appelé *Killer* ».

Il appartient apparemment à tous les rites, entre autres : 30ème degré Rite écossais, 66ème Rite égyptien ou Misraïm, 25ème Rite d'Hérédon ou Rite de Perfection ou Ordre du Temple, dont on pense qu'il est la source, 10ème degré Rite de Saint-Martin, également dans la Loge de Lyon, qui servit plus tard de berceau à l'Illuminisme français sous le nom de *chevaliers bienfaisants de la sainte cité*, 1743 (Deschamps). Toujours dans son *Cours d'initiations*, 1842, Ragon écrit à propos de ce grade :

« Le Kadosch n'est pas seulement le Maçon des Loges, le Maçon des Chapitres, mais admis au troisième sanctuaire, c'est à lui que seront adressés ces deux préceptes de l'ancienne initiation. Donne-toi à la science de la nature, étudie la politique pour le bien de tes semblables. Pénétrez les secrets de la religion et des hautes sciences, et communiquez vos idées avec prudence… l'initié, donc, étudiait la politique et la religion ».

Il nous dit ensuite qu'il y a quatre appartements dans le grade, et que l'initiation est accomplie dans le quatrième. Il dit : « Le mot hébreu *Kadosch* signifie *saint*, consacré, purifié. Il ne faut pas croire par là que les Chevaliers de l'Aigle Blanc et Noir aient des prétentions à la sainteté, ils veulent exprimer par ce mot qu'eux seuls sont les élus, les hommes *par excellence,* purifiés de toute la lie des Préjugés ».

Dans la quatrième salle, toute de rouge vêtue, siège le Conseil suprême.

« En arrivant dans ce sanctuaire divin, le candidat apprend les engagements qu'il contracte. Dans ce sanctuaire, il y a une croix, un serpent à trois têtes portant, la première une couronne, la seconde un diadème, la troisième une épée ; on lui remet un poignard à lame noire et blanche. La croix, dit Ragon, est le Tau phallique. Le serpent représente le principe du mal ; ses trois têtes sont l'emblème des abus ou du mal qui s'est introduit dans les trois hautes classes de la société. La tête du serpent qui porte une couronne indique les *souverains,* celle qui porte une tiare ou une clef indique les *papes,* celle qui porte une épée l'*armée* ».

Le poignard mithriaque ou la faucille de Saturne,

« rappelle moralement au grand élu qu'il doit continuellement travailler à combattre et à détruire les préjugés, l'ignorance et la superstition, ou ce qui se trouve sur les trois têtes du serpent ».

Enfin, le nouveau grand élu Kadosch est informé :

« ... Tu te connais toi-même ; n'oublie jamais qu'il n'existe aucun degré de chance auquel l'homme qui rentre à nouveau dans ses droits primitifs ne puisse aspirer. N'oublie pas que tu as en toi le fil précieux (kundalini) à l'aide duquel tu peux sortir du labyrinthe des choses matérielles… Réintégré (par l'illuminisme) aujourd'hui dans tes droits naturels (ou primitifs), vois-toi pour toujours libéré du joug des préjugés ; applique-toi sans cesse à en délivrer tes semblables » (Ragon ; Willaume ; et Teissier).

Dans le *Morning Post du* 14 juillet 1920, *Cause of the World Unrest, en* parlant de cette Maçonnerie révolutionnaire, il est dit : « Lorsque le candidat est enfin admis au grade 30, et qu'après avoir traversé des épreuves terrifiantes pour tester son obéissance et son secret, il devient Chevalier Kadosh, il apprend que ce n'est plus Adoniram ou Hiram dont la mort appelle la vengeance. » Et leur catéchisme dit :

« Comprenez-vous bien que ce degré n'est pas, comme une grande partie de la soi-disant maçonnerie, un simulacre qui ne veut rien dire et ne sert à rien… que ce dans quoi vous vous engagez maintenant est *réel, exigera l'*accomplissement d'un *devoir,* exigera un *sacrifice, vous* exposera à des *dangers,* et que cet Ordre a l'intention de s'occuper des affaires des nations, et d'être une fois de plus une *puissance* dans le monde. »

LES FEMMES DANS LA MAÇONNERIE

Les femmes sont elles aussi entraînées dans le filet maçonnique. Minos, l'un des chefs de Weishaupt, écrivait : « Les femmes exercent une trop grande influence sur les hommes pour que nous puissions espérer réformer le monde si elles ne sont pas elles-mêmes réformées... mais elles auront besoin de quelque chose qui les dirige et les stimule : un ordre, des réunions de réception, des secrets, etc. ». Selon Albert Lantoine, l'écrivain maçonnique de la Grande Loge de France, la Constitution d'Anderson de 1723 stipule : « Les esclaves, les femmes, les personnes immorales et déshonorées ne peuvent être admises, mais seulement les hommes de bonne réputation ». Cependant, Clavel nous informe que la franc-maçonnerie féminine a été instituée pour la première fois en France en 1730, mais jusqu'après 1760, les formes variaient dans le nom et le rituel, et elle n'a été reconnue et sanctionnée par le Grand Orient qu'en 1774, à condition que les réunions soient tenues par des officiers de loges régulières. Plus tard, elles furent rattachées à une loge masculine, dont elles reçurent le nom, c'est-à-dire « Loge d'adoption ». En 1743, les sœurs de l'Ordre des *Félicitaires,* en imagination, s'embarquèrent sous le pilotage des frères pour l'île de la Félicité, et en 1747 fut institué l'Ordre des *Fendeurs,* ou bûcherons, copié sur la coterie des Charbonniers. La loge était le Chantier, les membres étaient des cousins et des cousines. L'Ordre des *Chevaliers et Nymphes de la Rose en est un* autre. Ils étaient fréquentés par des hommes et des femmes de la Cour et, vêtus comme des paysans, ils participaient à toutes les réjouissances de la gaieté populaire.

Plus tard, d'autres loges plus proches de la maçonnerie ordinaire leur succédèrent et, vers 1760 et plus tard, les plus célèbres furent les loges *des Neuf sœurs,* présidées par Mme Helvétius, du *Contrat social,* avec la princesse de Lamballe comme présidente et la duchesse de Chartres comme grande maîtresse (ou maître !), et de *La Candeur*. Dans *The Power and Secret of the Jesuits*, 1930, Fülöp-Miller écrit :

« Les chefs de file des Lumières *(Encyclopédistes)*, Montesquieu, d'Alembert, Diderot, Lamettrie, Helvétius, La Chalotais et, peu avant sa mort, Voltaire, étaient membres de la Loge parisienne "Aux Neuf Sœurs"... Le succès des grands *Encyclopédistes fut dans une large mesure* dû à l'initiative et au soutien de la Grande Loge parisienne ».

Et pourtant, elles n'ont pas pu sauver la princesse de Lamballe de sa mort horrible aux mains des révolutionnaires ! Les fêtes et les bals de ces loges de femmes étaient fréquentés par tout ce qu'il y avait de plus brillant dans la littérature, l'art et la noblesse ; toute la Cour était éprise de franc-maçonnerie. Mais comme le dit Ragon, bien que frivoles en apparence, ces sociétés étaient de puissants agents pour semer dans l'esprit des membres les germes des principes maçonniques d'égalité.

La Maçonnerie d'adoption, dit Teissier, se compose de cinq grades principaux, dont trois sont obligatoires : Apprenti, Compagnon, Maître ; les autres étaient Maître parfait et *Souveraine illustrée écossaise*. Ce dernier grade était politique, et un journal de Florence, *Vera buona nouvella*, donne le discours du Grand Maître avant la réception. Après le serment du secret, il dit : « ... Une tâche ardue mais sublime vous est désormais imposée. La première de vos obligations sera d'encenser le peuple contre les rois et les prêtres, dans les cafés, les théâtres et les soirées, à cette intention sacro-sainte » (Deschamp). Cet engouement perdure sous l'Empire, la Restauration et les régimes suivants.

RITE MISRAIM

Au début du XIXe siècle, la Maçonnerie de Cagliostro réapparut, associée aux grades dits français et écossais, sous le nom de Misraïm ou Rite égyptien. Elle comptait 90 degrés. Comme l'écrit Clavel :

« Ce système, auquel on attribue une grande ancienneté, est divisé en quatre classes, appelées : symbolique, philosophique, mystique et cabalistique. Les degrés d'instruction ont été empruntés au rite écossais, au martinisme, à la maçonnerie hermétique et à diverses réformes autrefois en vigueur en Allemagne et en France et dont les manuels ne se trouvent plus que dans les archives des connaisseurs. Au début, les postulants ne pouvaient atteindre que le 87e degré. Les trois autres, qui complètent le système, étaient réservés aux Supérieurs Inconnus, et même les noms de ces degrés étaient cachés aux frères des grades inférieurs. Ainsi organisé, le rite de Misraïm se répandit, lors de la seconde invasion française du Premier Empire, dans le royaume d'Italie et à Naples... Il fut ramené en France en 1814 et se propagea ensuite en Belgique, en Irlande et en Suisse ».

Selon Ragon, dans son *Cours Philosophique des Initiations, 1841,* leurs fêtes solennelles se tenaient aux équinoxes ; pendant le vernal sous le nom d'*éveil de la nature ;* pendant l'automnal sous le nom de *repos de la nature.* Plus loin, il écrit :

« Le degré 87 comporte trois appartements. Le premier est accroché en noir et représente le *chaos ;* il est éclairé par une seule lumière. Le deuxième est éclairé par trois lumières et suspendu en vert, symbolisant l'*espoir. Le* troisième est éclairé par 72 bougies et sur la porte d'entrée se trouve un transparent représentant un Jéhovah sur un trône, signe de la création éternelle et du feu vital de la nature ».

Or, selon Éliphas Levi

« Le nom de Jéhovah se résout en *72* noms, appelés *Shemahamphoras. L'*art d'employer ces 72 noms et d'y découvrir la clef de la science universelle est appelé par les cabalistes les Clefs de Salomon... à l'aide de ces signes et de leurs combinaisons infinies, il est possible d'arriver à la révélation naturelle et mathématique de tous les secrets de la nature. »

Ici encore, comme dans tous les grades de ce type, c'est l'éternel Pan avec sa flûte à sept voix !

CHAPITRE V

CARBONARI, MAZZINI, L'ALLIANCE-ISRAELITE-UNIVERSELLE ET KARL MARX

D ANS une lettre préliminaire à l'ouvrage de George Pitt-Rivers, *World Significance of Russian Revolution*, 1920, le juif Oscar Levy écrit :

« Il n'y a pas au monde de race plus énigmatique, plus fatale et, par conséquent, plus intéressante que les Juifs. Tout écrivain qui, comme vous, est oppressé par l'aspect du présent et embarrassé par ses angoisses pour l'avenir doit essayer d'élucider la question juive et son influence sur notre époque. Car la question des Juifs et de leur influence sur le monde, passé et présent, touche à la racine de toutes choses ».

L'un des instruments les plus puissants de l'universalité juive au siècle dernier fut le *Carbonaro* et ses affiliations, dont on dit que Mme Blavatsky, en 1856, et plus tard le Dr Steiner, étaient membres. Deux des chefs les plus redoutables de la Haute-Vente, connus, sauf de quelques-uns, seulement par leurs pseudonymes, étaient *Nubius* et son collègue juif, *Petit-Tigre* ou *Piccolo-Tigre* ; et leurs méthodes sinistres pour attirer les imprudents dans leur filet universel ont été exposées par ce dernier dans la lettre d'instructions suivante qu'il a envoyée aux agents supérieurs de la Vente piémontaise, le 18 janvier 1822 :

« Il est indispensable d'isoler l'homme de sa famille et de lui faire perdre sa moralité… Il aime les longues causeries du café, l'oisiveté des spectacles. Attirez-le, éloignez-le, donnez-lui toute espèce d'importance, apprenez-lui discrètement à se lasser de son travail quotidien, et ainsi… après lui avoir montré combien tous les devoirs sont fatigants, inculquez-lui le désir d'une autre existence. L'homme naît rebelle. Attise son désir de rébellion jusqu'au feu, mais que la conflagration n'éclate pas ! C'est une préparation au grand travail que vous devez entreprendre. Quand vous aurez insinué dans plusieurs esprits le dégoût de la famille et de la religion, laissez tomber certaines paroles qui exciteront le désir de s'affilier à la loge la plus proche. Cette vanité du bourgeois de s'identifier à la franc-maçonnerie a quelque chose de si banal et de si universel que je suis toujours en admiration devant la bêtise humaine... »

Des Mousseaux et Crétineau-Joly racontent comment Nubius, ce redoutable chef de l'occultisme, gagna la confiance du prince de Metternich, Premier ministre d'Autriche, et lui soutira ainsi la plupart des secrets politiques de l'Europe. *Gaetano*, pseudonyme d'un noble lombard nommé V —, membre de la Haute-Vente, fut placé près de Metternich, à Vienne, pour espionner, observer et faire des rapports à Nubius. Dans l'un de ces rapports, daté du 23 janvier 1844, il avoue ses craintes et ses doutes :

« Nous aspirons à corrompre pour arriver à gouverner... Nous avons trop corrompu... Je commence à craindre que nous ne soyons pas capables d'endiguer le torrent que nous avons déversé. Il y a des passions insatiables que je ne devinais pas, des *appétits inconnus, des haines sauvages* qui fermentent autour de nous et sous nous... Il a été très facile de pervertir ; sera-t-il toujours aussi facile de museler les pervertis ?... Je suis troublé, car je vieillis, j'ai perdu mes illusions, je ne veux pas, pauvre et dénué de tout, assister comme surnuméraire de théâtre au triomphe que j'ai créé et qui me répudierait en confisquant ma fortune et en m'enlevant la tête. Nous sommes allés trop loin dans beaucoup de choses. Nous avons enlevé au peuple tous les dieux du ciel et de la terre qui lui rendaient hommage. Nous leur avons arraché leur foi religieuse, leur foi en la monarchie, leur honnêteté et leurs vertus familiales, et nous entendons au loin leurs sinistres rugissements. Nous tremblons, car le monstre peut nous dévorer... Le monde est lancé sur le déclin de la démocratie, et depuis quelque temps, pour moi, démocratie signifie démagogie. Nos vingt ans d'intrigues risquent d'être anéantis par des bavards qui flatteraient le peuple, couperaient les jambes de la noblesse, après avoir mitraillé le clergé... Je n'ai pas encore de remords, mais je suis agité de craintes, et à votre place, comme je perçois l'esprit de l'Europe, je ne voudrais pas prendre sur ma tête une responsabilité qui pourrait conduire Joseph Mazzini au Capitole. Mazzini au Capitole ! Nubius sur la roche tarpéienne ou dans l'oubli... Ce rêve te sourit-il, ô Nubius ! ».

En 1849, Metternich, se rendant enfin compte de la vérité, s'exclame :

> « En Allemagne, les Juifs occupent les rôles principaux et sont des révolutionnaires de premier ordre. Ils sont écrivains, philosophes, poètes, orateurs, publicistes, banquiers, et sur leurs têtes et dans leurs cœurs tout le poids de l'ancienne ignominie ! Ils seront un jour terribles pour l'Allemagne... *probablement suivis d'un lendemain terrible pour eux* » (Rougeyron, 1861).

Et ce « scélérat consommé » Nubius, selon des Mousseaux, « a été empoisonné par l'un de ses propres disciples après avoir fait des merveilles en faveur de la révolution anti-chrétienne ». Encore une fois, des Mousseaux écrit :

> « Mais d'où vient cette sinistre merveille (le pouvoir judaïque progressif) ? Elle vient de la faillite de la foi chrétienne... du progrès des sociétés secrètes, remplies de chrétiens apostats qui désirent ce que désire le Juif, c'est-à-dire la civilisation judaïque telle qu'elle nous est donnée par notre maître et professeur, le Juif philosophe, le Juif de l'Alliance universelle ».

Le carbonarisme était un terrain propice à la propagation et à l'édification de la République universelle, et Domenico Anghera, écrivant en 1864, nous dit que vers 1820-21 le travail des Carbonari était dirigé par les loges maçonniques et mené par leurs adeptes. Mais tous les francs-maçons n'étaient pas des carbonari, seulement ceux qui étaient définitivement républicains. Ces sociétés secrètes ont été les agents de toutes les insurrections et révolutions en Italie, en Espagne et en France. En Italie, elles étaient connues sous le nom de *Carbonarisme, en* France sous le nom de *Charbonnerie,* et en Espagne sous le nom de *Communeros, et elles* étaient toutes liées par une direction occulte, formant le poids irrésistible de l'opinion publique influençant les élections. La Haute-Vente était composée de quelques grands seigneurs corrompus et de juifs, et était la continuation de l'*Ordre Intérieur* constitué avant la révolution de 1789. Dans le dernier grade, que peu atteignaient, la Haute-Vente était la continuation de l'Ordre Intérieur constitué avant la révolution de 1789,

> « On apprend que le but des Carbonari est entièrement le même que celui des Illuminati... L'initié jure la ruine de toute religion et de

tout gouvernement positif, qu'il soit despotique ou démocratique. Tous les moyens pour l'exécution de leurs plans sont autorisés, le meurtre, le poison, le parjure, tout est à leur disposition. »

C'est ce que nous dit Jean Witt dans *Les Sociétés Secrétes de France et d'Italie*, 1830.

Dans leur organisation, toutes les précautions ont été prises pour empêcher la pénétration de la police dans l'ensemble. Le carbonarisme se composait donc de l'autorité souveraine, la Haute-Vente, des Ventes centrales, et sous elles des Ventes individuelles, toutes deux en nombre illimité, ces dernières ne communiquant avec la Vente suprême (Paris) que par l'intermédiaire des députés des Ventes centrales, chaque membre se voyant interdire, sous peine de mort, d'essayer d'entrer dans une autre Vente que la sienne. Pour pénétrer l'armée, ils disposaient de la légion, des cohortes, des centuries et des manipules. Les membres étaient appelés « bons cousins » et avaient chacun un pseudonyme et un numéro spécial.

Leur travail a été décrit ainsi par le juif carbonaro, *Piccolo-Tigre*, à son collègue Nubius, le 5 janvier 1846 :

> « Partout, j'ai trouvé des esprits très enclins à l'exaltation. Tous sentent que le vieux monde se fissure, et que les rois sont finis... La moisson faite doit fructifier... La chute des trônes ne me fait plus douter, à moi qui reviens d'étudier les travaux de nos sociétés en France, en Suisse, en Allemagne, et même en Prusse, que l'assaut qui, dans quelques années, ou peut-être dans quelques mois, sera donné aux princes de la terre, les ensevelira sous la terre. L'assaut qui, dans quelques années, ou peut-être dans quelques mois, sera donné aux princes de la terre, les ensevelira sous les ruines de leurs *armées impuissantes* et de leurs monarchies décrépites. *Partout l'enthousiasme de notre peuple, l'apathie et l'indifférence de l'ennemi* (comme nous le voyons aujourd'hui !). C'est un signe certain et infaillible de succès... Pour tuer sûrement le vieux monde, nous avons cru nécessaire d'étouffer le germe catholique et chrétien... Ce brave Mazzini, que j'ai rencontré à plusieurs reprises, a toujours son rêve humanitaire dans la tête et dans la bouche. Mais, au-delà de ses petits travers et de ses méthodes d'assassinat, il a du bon en lui. Avec son mysticisme, il attire l'attention des masses qui ne comprennent rien à ses grands airs de prophète ni à ses discours d'Illuminatus cosmopolite... »

Mais Mazzini, par son activité et son audace qui ne reculait devant rien, réussit à se faire une sorte de directeur suprême de tout ce qu'il y avait de plus jeune et de plus démocratique dans les loges, les ventes et les clubs clandestins ; en 1832, il fonda à Marseille le journal et la société de la *Jeune-Italie*, et d'un bout à l'autre l'Italie se trouva bientôt comme sur un volcan. Parmi les articles d'adhésion, on peut citer « Art. 2 — Ayant reconnu les horribles maux du pouvoir absolu, et ceux plus grands encore des monarchies constitutionnelles, nous devons travailler à fonder une république une et indivisible. Art. 30 — Ceux qui n'obéiront pas à l'ordre des sociétés secrètes, ou qui en révéleront les mystères, seront impitoyablement poignardés. Même peine pour les traîtres. Art. 31 — Le Tribunal secret prononcera la sentence, et nommera un ou deux affiliés pour son exécution immédiate. Art. 32 — Quiconque refusera d'exécuter l'ordre sera réputé parjure, et comme tel tué sur-le-champ... » La *Jeune-Allemagne*, largement dominée par les Juifs, travaillait à la révolution de 1848 ; et, comme l'écrit Eckert : « Mazzini était le chef de la Jeune-Europe et de la puissance guerrière de la Maçonnerie ». La République universelle préparée par Mazzini et la Jeune-Europe semblait devoir triompher partout, mais elle était prématurée !

Bien plus tard, en 1865, il fonde en Amérique l'*Alliance-républicaine-universelle et lance* en janvier 1867 un appel, espérant ainsi diffuser son idée dans ce vaste pays. Son organisation est en réalité une Ligue des Nations :

> « L'association devrait être composée de sections distinctes... Ces sections seront autant de représentants des futures républiques, tandis que leurs délégués, réunis dans un Conseil central, représenteront la solidarité des républiques, dont la réalisation est le but suprême proposé pour le travail de l'Alliance. Le Conseil central devrait être composé d'un président, d'un secrétaire aux finances, d'un secrétaire aux archives et d'autant de secrétaires qu'il y aura de nationalités représentées dans le Conseil. Chaque secrétaire, représentant ainsi une république, présente ou future, sera le membre accrédité de sa propre section et son intermédiaire... Les délibérations du Conseil central seront secrètes... Les ordres généraux et les règlements émaneront du Conseil central. Des agents spéciaux nommés par le Conseil central pour toutes les affaires nécessaires à l'organisation ou à l'extension de l'*Alliance-républicaine-universelle*... » (Deschamps, 1881).

De plus, nous trouvons le juif franc-maçon Crémieux, fondateur et président de l'*Alliance-israélite-universelle*, proclamant au nom du gouvernement provisoire, 1848 : « La République fera ce que fait la Maçonnerie, elle deviendra le gage splendide de l'union des peuples sur tous les points du globe, sur tous les côtés de notre triangle. Citoyens et frères de la franc-maçonnerie ! Vive la République ! »

Enfin, Mazzini, le rêveur de cette République universelle, dans ses instructions à ses disciples, le 1er novembre 1846, a dit :

> « Associé, associé, associé ! Tout est dans ce mot. Les sociétés secrètes donnent une force irrésistible au parti qui peut les invoquer. Ne craignez pas de les voir se diviser ; plus elles se diviseront, mieux cela vaudra ; tous marchent vers le même but par des routes différentes… Le secret est nécessaire pour donner de la sécurité aux membres, mais il faut une certaine transparence pour inspirer de la crainte à ceux qui se tiennent tranquilles. Quand un grand nombre d'associés recevront l'ordre de répandre une idée et de former l'opinion publique, et qu'ils pourront un instant travailler ensemble, ils trouveront le vieil édifice pénétré dans toutes ses parties et s'écroulant comme par miracle au moindre souffle du Progrès. Ils seront étonnés de voir les rois, les nobles, les riches et les prêtres, qui formaient la carcasse de l'ancien édifice social, s'envoler devant la seule puissance de l'opinion. Courage donc, et persévérance ! »

Savoir, oser, vouloir, se taire ! Tel est le système commun à toutes les sociétés occultes, subversives et secrètes, toujours apparemment contrôlées par des Supérieurs Inconnus œuvrant pour la Domination Universelle.

L'ALLIANCE-ISRAELITE-UNIVERSELLE

En 1869, dans son livre *Le Juif*, le Chevalier Gougenot des Mousseaux écrit :

> Les efforts antireligieux, mais surtout antichrétiens, qui distinguent l'époque actuelle, ont un caractère de concentration et d'*universalité* qui marque l'empreinte du Juif, patron suprême de l'unification des peuples, parce qu'il est le peuple cosmopolite *par excellence ;* parce que le Juif prépare par la licence de la *libre-pensée*, l'ère qu'il appelle « messianique » — le jour de son triomphe universel. Il en attribue la proche réalisation aux principes répandus par les

philosophes du XVIIIe siècle, ces hommes à la fois incrédules et cabalistes, dont l'œuvre a préparé la judaïsation du monde. Le caractère d'*universalité se retrouvera* dans *L'Alliance-israélite universelle*, dans l'*Association universelle de la franc-maçonnerie*, et dans les auxiliaires plus récents, *L'Alliance-universelle-religieuse*, ouverte à ceux que le nom d'israélite effraie encore, et enfin dans la *Ligue-universelle de l'enseignement...* »

L'Alliance-israélite-universelle, cette vaste association révolutionnaire de défense, d'attaque et de propagande, avec son étonnante diversité de membres, a été fondée par le juif Adolphe Crémieux, qui selon les *Archives israélites*, a été « élu en 1869, Souverain Grand Maître du Rite écossais de la Franc-maçonnerie, la plus haute dignité de l'Ordre maçonnique en France ». Née du relâchement de la religion juive et de l'extension du mouvement révolutionnaire réformé de la *libre-pensée*, *l*'Alliance a pour dogmes la franc-maçonnerie et l'occultisme. En 1861, le même journal juif écrivait :

« *L'Alliance-israélite-universelle...* s'adresse à toutes les religions... Elle veut pénétrer dans toutes les religions comme elle a pénétré dans tous les pays. Combien de nations ont disparu ? Combien de religions disparaîtront à leur tour ? *Israël ne cessera pas d'exister...* la religion d'Israël ne périra pas, elle est l'unité de Dieu ».

C'est dans *La France juive* d'Édouard Drumont, 1886, que l'on trouve les informations suivantes sur cette même Alliance. Comme nous le savons, Crémieux, son fondateur, fut un chef important de la démocratie française et, plus que tout autre, il donna un caractère strictement juif au mouvement révolutionnaire français : « Il prépara et proclama hautement, pendant les dernières années de sa vie, le règne messianique, ce temps si longtemps attendu où toutes les nations seront soumises à Israël et où tous les hommes travailleront pour les représentants de la race bénie par Jéhovah. » L'Alliance fut fondée en 1860 et sa première Assemblée générale eut lieu le 30 mai 1861. « En réalité, elle fonctionnait déjà secrètement depuis de nombreuses années, mais certains Juifs, sûrs de la victoire, ressentirent le besoin d'un pouvoir officiel, d'un représentant effectif de leur nation qui puisse parler en son nom à l'Europe. »

La constitution de l'Alliance est apparemment très simple. Tout juif peut en faire partie en payant une cotisation annuelle de six francs. Elle est dirigée par un Comité central à Paris, composé d'abord de quarante membres, puis de soixante, élus pour neuf ans par le vote de tous les membres de l'Alliance. Le Comité central élit chaque année parmi eux un bureau composé d'un président, de deux vice-présidents, d'un trésorier et d'un secrétaire général. Un comité pouvait être constitué partout où l'association comptait dix adhérents, et un comité régional pouvait être constitué dans tout pays où il existait plusieurs comités locaux. Pour les questions locales et régionales, ces comités agissaient sous leur propre responsabilité, mais pour les questions concernant l'Association, ils agissaient sur la base des communications reçues du Comité central. Les cotisations sont collectées et versées à l'organe central. En 1886, les membres étaient au nombre d'environ 28.000 et le budget de l'Association s'élevait à environ un million de francs, mais les ressources réelles de l'Association étaient presque illimitées.

Parmi les sociétés qui lui sont rattachées, on peut citer : The Anglo-Jewish Association, l'Union of American Hebrew Congregations, le B'nai B'rith of America, etc. Contrôlant par l'argent la plupart des grandes presses européennes et agissant par leur intermédiaire sur les peuples, les Israélites disposaient cependant de nombreuses revues adressées uniquement aux Juifs, telles que les *Archives israélites, l'Univers israélite* de Paris, la *Chronique juive,* le *Monde juif* de Londres, le *Messager juif* de New York, etc. Comme le dit Crémieux : « L'Alliance n'est pas une Alliance française, allemande ou anglaise, elle est juive, elle est universelle. C'est pour cela qu'elle progresse, qu'elle réussit ». L'Alliance est traitée sur un pied d'égalité par les Puissances ; elle envoie des notes, des protestations et même des ultimatums qui sont reçus et examinés par les Souverains, comme par exemple la question de la Roumanie en 1867-68, et l'oppression de son peuple par les usuriers juifs. Crémieux intervient avec succès en faveur des Juifs.

Les dogmes de *l'Alliance-israélite-universelle* sont ceux du judaïsme réformé qui, selon le rationaliste Kluber, « ont été préparés par Moise Mendelssohn — ami de Mirabeau —... [et]

conduiraient vraisemblablement à un pur déisme ou à une religion naturelle dont les adeptes n'auraient pas besoin d'appartenir à la race judaïque ». Il espère judaïser le monde et ouvrir la voie à l'expansion et au développement du judaïsme, en pénétrant toutes les religions et toutes les nations. Selon Léon de Poncins, 1928, l'Ordre maçonnique juif B'nai B'rith a été fondé à New York en 1843 :

> « Elle divise le monde en onze districts, dont sept se trouvent aux États-Unis. Le nombre de Loges est d'environ 500, avec près de 100.000 adhérents... Selon des sources bien informées, il y a dans le B'nai B'rith une superposition de sociétés secrètes aboutissant à une seule puissance dirigeante. Au-dessus des B'nai B'rith se trouvent les B'nai Moshé, puis les B'nai Zion, et enfin le centre caché du commandement suprême ».

Il fait cette dernière affirmation sans preuve.

Dans ce même livre, *The Secret Powers behind Revolution*, de Poncins nous dit que la Société des Nations était largement due à l'influence mondiale de *l'Alliance-israélite-universelle*, *et qu'*elle était la réalisation d'une idée et d'une ambition juives persistantes et poursuivies depuis longtemps. En voici un exemple : En mars 1864, les *Archives israélites ont* publié une lettre écrite par un membre de l'Alliance, Levy Bing, dans laquelle il disait :

> « Si, en un mot, il n'est plus permis de juger soi-même, mais de s'en remettre à des juges généralement reconnus et désintéressés dans le litige, n'est-il pas naturel, nécessaire, et surtout important de voir bientôt un autre tribunal, s'occupant des grandes contestations publiques, des plaintes entre les nations, juger en dernier ressort, et dont la parole ferait loi ? Et cette parole, c'est la parole de Dieu prononcée par ses fils aînés, les Hébreux, et devant laquelle tous les fils cadets [les nations] s'inclineront avec respect, c'est-à-dire l'Universalité des hommes, nos frères, nos amis, nos disciples ».

LA SAINTE VEHME

De temps à autre, les sociétés secrètes ont joué un rôle important dans la vie du peuple germanique. Il y avait la « Sainte Vehme », une société secrète unique au monde dont le nom, pendant des siècles, dans tout l'Empire allemand, a fait trembler de peur les puissants comme les simples. Elle s'avouait ouvertement révolutionnaire, un tribunal secret émettant et exécutant des décrets et, pendant le Moyen-Âge, agissant au nom de l'empereur même lorsqu'il était opposé à lui. Aux XIVe et XVe siècles, son nombre est estimé à 100 000. Elle différait essentiellement des sociétés secrètes de type maçonnique, bien que ses membres se qualifiaient eux-mêmes de « voyants » et d'« illuminés », c'est-à-dire de *Wissend*, tout en décrivant les étrangers de tous rangs en disant qu'ils « n'avaient pas reçu la lumière ».

Le maçon Clavel, dans son *Histoire Pittoresque de la Franc-maçonnerie et des Sociétés Secrètes*, 1843, donne un long et intéressant compte rendu de la « Sainte Vehme », le reliant également, dans son objectif général, aux Assassins. Il dit :

> « Ce qui, à ses débuts, avait une apparence d'équité et de résultat salutaire, dégénéra plus tard en un abus criant. L'association n'utilisait plus son pouvoir pour protéger les faibles contre l'oppression des forts ; elle l'employait pour satisfaire des vengeances personnelles ; ... [ayant fini par perdre le soutien du peuple] elle fut forcée de succomber sous le poids de la réprobation universelle qu'elle avait suscitée ».

Il donne le serment prêté lors d'une réception ; les réceptions avaient toujours lieu dans une grotte ou dans les profondeurs solitaires d'une forêt, sous une aubépine :

> « Je jure d'être fidèle au Tribunal secret, de le défendre contre moi-même, contre l'eau, le soleil, la lune, les étoiles, le feuillage des arbres, tous les êtres vivants, tout ce que Dieu a créé entre le ciel et la terre ; contre le père, la mère, les frères, les sœurs, la femme, les enfants, enfin tous les hommes, le chef de l'Empire seul excepté [l'Empereur était en règle générale un *Wissend*] ; de maintenir le jugement du Tribunal secret, d'aider à son exécution et de dénoncer au présent ou à tout autre Tribunal secret tous les délits contre sa juridiction qui viendraient à ma connaissance [...]. Afin que le coupable soit jugé selon la loi ou que le jugement soit suspendu avec l'assentiment de l'accusateur. [Personne et rien de ce qui a été créé par Dieu] ne pourra me persuader de rompre ce serment... Que Dieu et ses saints me viennent en aide ».

De plus, Le Couteulx de Canteleu écrit à propos de ce terrible Tribunal :

« Dans les anciens actes, conservés à Dortmund, les membres de ces tribunaux étaient souvent désignés sous le nom de Rose-Croix ; il y avait trois degrés d'initiation : les Francs-juges, les vrais Francs-juges qui exécutaient les sentences des premiers, et les Saints-juges du Tribunal secret, dont le devoir était d'observer, de parcourir le pays, et de rendre compte de ce qui se passait. »

Ils avaient des signes et des mots de reconnaissance. En 1371, après la paix de Westphalie, ils s'établirent, renforcés par les Templiers errants et proscrits, selon Clavel, dans toute l'Allemagne orientale, le Pays rouge, et le siège principal du Saint Vehm était alors à Dortmund et en Westphalie. Bien que les abus soient devenus si importants et leur pouvoir si redoutable, ce n'est que vers le XVIIe siècle que leur pouvoir a été brisé. Comme le dit le baron de Bock dans son *Histoire du Tribunal Secret*, 1801 : « Ces Tribunaux, au dire de quelques-uns, n'ont jamais été formellement abolis par les lois de l'Empire ; ils n'ont été que ramenés à leur destination première et circonscrits aux circonscriptions où ils avaient le droit d'exercer leur juridiction », qui était en définitive publique et très limitée.

Les Juifs n'étaient pas admis dans la « Sainte Vehme » et, jusqu'au XVIe siècle, ils n'étaient pas passibles des tribunaux. Qu'il existe encore ou non dans un organisme secret, l'ancien esprit vehmique a fortement marqué les premières loges maçonniques créées en Allemagne au cours du dix-huitième siècle, approuvées et soutenues par Frédéric le Grand et ses successeurs. Sa politique consistait à rompre l'alliance franco-autrichienne de 1756 et à établir une Allemagne unie sous la domination prussienne.

Toujours selon Clavel :

« Frédéric le Grand fut reçu à Brunswick, les 14 et 15 août 1738, à l'insu de son père, le roi régnant, qui s'opposa toujours à l'établissement de la société dans l'État... Devenu roi, la propagande maçonnique templière ne rencontra plus d'obstacles. »

En 1740, il encouragea la fondation, à Berlin, de la *Grande Loge Nationale Aux Trois Globes*. Il aurait organisé, en 1762, les 25 degrés de la Maçonnerie écossaise superposés à la Maçonnerie de Saint-Jean, la mettant ainsi en relation plus directe avec le système templier. Après la dissolution apparente des Illuminati de Weishaupt, Fessler, comme le dit Eckert, se chargea de donner une forme extérieure aux objectifs et aux méthodes de l'Illuminisme. C'est ainsi qu'il organisa en Prusse la *Grande Loge Royale York À l'Amitié, sous le* patronage du Prince Royal, futur Frédéric-William III, qui servit de centre de conspiration anti-chrétienne et anti-sociale. L'idée de la réunion de l'Allemagne sous la Prusse n'a jamais cessé d'être le but de ces loges, et après 1848, Bismarck fut l'homme qui regroupa toutes les forces des sociétés secrètes sous sa propre direction, et les Juifs, alliés à lui à partir de 1866, furent ses partisans les plus actifs dans cette unification.

Et sur la Maçonnerie allemande récente, la *Revue Internationale des Sociétés Secrètes,* 21 juin 1931, et I juin 1933, donne les renseignements suivants. Après la guerre, toutes les loges allemandes, sous quelque obédience que ce soit, ont tendu à nier l'universalisme classique de la Maçonnerie et ont admis un germanisme tout aussi rigoureux.

> « Elle s'est repliée sur elle-même et a cru découvrir que le monde ne pouvait être guéri que par la culture et l'exaltation du germanisme. Et elle l'a proclamé dogmatiquement comme étant spécifiquement allemand. Domination aryenne, spiritualité chrétienne, principe de la propriété privée, germanisme opposé à toute influence extérieure » (Dr. R. Teilhaber — An. *Mac. Uni.,* 1930).

Ou comme l'a dit le Dr Steiner, ancien chef de l'anthroposophie ou « illuminisme chrétien », à Stuttgart en 1918, la seule nation au monde qui sache distinguer le bien du mal est la nation allemande, et l'Allemagne doit remplir sa mission, faute de quoi la civilisation européenne sera ruinée.

KARL MARX

On a dit avec raison que l'origine du léninisme et du bolchevisme était d'abord les *Encyclopédistes,* et ensuite les systèmes marxistes et autres systèmes socialistes. Les premiers étaient les athées, les *philosophes* et les *économistes* de l'Hôtel d'Holbach, une loge ou académie littéraire fondée vers 1769, dont Voltaire était le président honoraire et permanent, et qui comptait parmi ses membres d'Alembert, Condorcet, Diderot, La Harpe et d'autres. La plupart des livres et des pamphlets contre la religion, la morale et le gouvernement ont été écrits et contrôlés par eux ; dans cette loge, ils ont été révisés, complétés, coupés et corrigés pour s'adapter à leur propagande révolutionnaire, créant ainsi la perspective mentale, morale et politique qui a conduit à la Révolution française de 1789. En outre, nous avons montré comment la franc-maçonnerie, le carbonarisme et le martinisme ont propagé leurs chancres, initiant secrètement les idées qui ont finalement conduit en partie à la révolution russe de 1917. De cette maçonnerie secrète sont nées les manifestations extérieures les plus simples, le marxisme et les autres systèmes socialistes qui, en Russie, ont culminé dans l'actuel régime soviétique de collectivisme, d'esclavage, d'immoralité et d'athéisme. Leur objectif était celui de Weishaupt : la liberté et l'égalité des forêts, sur les ruines de la religion et de la propriété.

En 1850, plusieurs villes d'Allemagne possédaient des associations de travailleurs appelées *communes*. Les chefs de cette conspiration étaient Engels et Marx, et en tête de leur manifeste de 1851, on pouvait lire : « Les prolétaires de tous les pays s'unissent ! « Prolétaires de tous les pays, unissez-vous ! ». En 1862, l'association se développa considérablement sous le nom d'*Association internationale des travailleurs et*, finalement, en 1864, lors d'une assemblée des travailleurs à Londres, un comité de cinquante membres fut nommé, qui élabora les statuts. Le manifeste et les statuts de Mazzini furent rejetés et ceux de Marx adoptés à l'unanimité et ratifiés plus tard au Congrès de Genève en 1866. L'Internationale avait deux caractéristiques : les socialistes simples et apolitiques, et les socialistes jacobins politiques ; il est d'ailleurs curieux de constater que les seconds éliminaient ou absorbaient presque inévitablement les premiers. Chaque année, le Congrès suprême désignait le siège du Conseil général et en nommait les membres. Ce siège fut d'abord fixé à Londres, mais en 1873, il fut transféré à New York.

De 1864 à 1870, l'Internationale continua à se développer ; à ses congrès, les motions les plus révolutionnaires furent entendues et applaudies, et en 1870, elle fut le promoteur de l'éphémère *Commune de* Paris. Partout elle se fait sentir ; le poison de ses doctrines ronge la vie sociale de tous les pays. Comme l'a dit Dupont au Congrès de Bruxelles : « Nous ne voulons plus de gouvernements, car les gouvernements nous écrasent d'impôts... nous ne voulons plus d'armées, car les armées nous massacrent ; nous ne voulons plus de religion, car la religion étouffe l'intelligence ». Et lors d'une réunion des Internationaux à Londres, en 1869, Vezinier déclare : « La négation de la Divinité, c'est affirmer l'homme dans sa force et sa liberté. Quant à la famille, nous la répudions de toutes nos forces au nom de l'émancipation de l'homme... ».

Outre l'Internationale prolétarienne et l'Internationale républicaine universelle, il y avait celle de *L'Alliance internationale de la démocratie-socialiste,* organisée par Bakounine, 1850-60, qui publia son manifeste en 1868. Elle vise le nivellement complet de tous les hommes, se déclare athée, souhaite l'abolition des cultes, la substitution de la science à la foi, de la justice humaine à la justice divine. L'Internationale ouvrière inscrit sur sa bannière : « Communauté de propriété » ; l'Internationale républicaine : « Communauté de pouvoir » ; l'Internationale démocrate : « Communauté de propriété, de pouvoir, de femmes et de guerre contre Dieu ».

Cette dernière était plus terrible en raison de ses négations avancées. En 1860, cette Internationale des socialistes-démocrates fut affiliée à l'Internationale des travailleurs, conservant une organisation secrète, devenant ainsi un État dans l'État. Des troubles surgirent et l'alliance fut dissoute, mais elle fut bientôt réorganisée par Bakounine sous le nom de *Fédération jurassienne,* et fut excommuniée plus tard par le Congrès international de La Haye. De ces *anarchistes*, le nihiliste Kropotkine a écrit : "Deux grands courants d'idées ont été trouvés, l'État populaire et l'anarchie — « l'anarchie », c'est-à-dire l'abolition complète des États et l'organisation d'une libre fédération des forces populaires, de la production et de la consommation".

Les nihilistes sont en Russie ce que les démocrates-socialistes, ou la *Fédération jurassienne*, sont ailleurs, sauf qu'ils poussent à l'extrême les principes d'anarchie et de destruction. Leur dogme, qui leur a donné leur nom, est que tout est néant, zéro, comme chez les manichéens et les martinistes ; ils professent un matérialisme grossier, un retour à la nature. Comme l'a écrit Winterer : « Le nihilisme n'est pas un système, c'est la négation de tout ordre religieux, moral, politique et social ». Il s'est répandu comme un chancre dans toute la Russie et a profondément attaqué tous les organes du corps social ; il comprenait tous les rangs de la société russe — la noblesse, le clergé, les bourgeois et les fonctionnaires, mais peu de paysans. Ses membres les plus précieux étaient les femmes cultivées des universités. Les têtes du nihilisme ne se trouvaient pas en Russie, mais en Europe occidentale, principalement en Suisse. Comme le poursuit Winterer :

> « Si le nihilisme pouvait disposer pour un temps seulement des énormes ressources de l'immense Empire, nous verrions un torrent dévastateur comme le monde n'en a jamais vu se précipiter d'est en ouest, charriant sur tout le continent ses terribles ravages. »

Les créateurs du marxisme théorique étaient des Juifs ou des membres de familles juives, de Karl Marx à Trotsky et son groupe. Le juif Angelo Rappoport, membre du Bund et du Poale Sion, dans son livre « *Les pionniers de la révolution russe, 1918* », a écrit :

> "Le Bund, ou Union générale des travailleurs juifs, a été fondé en 1897. Il s'agit d'une association politique et économique des Juifs prolétaires... Elle mène une propagande active en yiddish... [elle] sert de modèle à ceux qui luttent pour la liberté et sont les pionniers de la révolution russe. Il n'y avait pas une seule organisation politique dans le vaste empire qui n'ait été influencée par les Juifs ou dirigée par eux — les sociaux-démocrates, les partis socialistes révolutionnaires et le parti socialiste polonais comptaient tous des Juifs parmi leurs dirigeants..."

En outre, le *Monde Juif du* 25 juin 1931 a déclaré : « Le véritable auteur du Plan quinquennal, Kaganovitz, est un Juif, et qui plus est, un grand favori de Staline ».

N'assistons-nous pas, dans le bolchevisme, à ce torrent dévastateur, redouté par Winterer, disposant des énormes ressources de l'immense Empire, déversant ses ravages — économiques, sociaux, religieux, politiques — dans la vie de tous les pays, travaillant à cette Révolution mondiale juive et à la Domination du monde ?

Dans son livre *Le Temps de la Colère,* 1932, R. Vallery-Radot écrit : « Il est bon de noter qu'en avril 1917, le judéo-maçon et financier de Wall Street, Jacob Schiff, chef de la firme Kuhn Loeb and Co, s'était publiquement vanté d'avoir eu une part dans la révolution russe ». Et de la philosophie bolchevique, M. Pierre Dominique, brillant rédacteur en chef de *La République,* dit :

« Les bolchevistes ont donc une philosophie. Demandons-leur d'où ils la tiennent. Pour être franc, ils ont puisé cette philosophie dans *L'Encyclopédie,* qui fut une vaste entreprise d'athéisme et qui, politiquement parlant, s'est exprimée de façon précise à la fin du XVIIIe siècle par la Révolution française. Ils se rattachent à une philosophie que l'on retrouve à la racine de tous les systèmes socialistes propagés au cours du XIXe siècle, et en particulier à la racine du système Marx. Ainsi, sa source première : *L'Encyclopédie ;* source plus tardive et très diverse : la série des systèmes socialistes contemporains... Telles sont les origines profondes du léninisme et de la révolution soviétique. »

En outre, le bolchevisme et le judéo-maçonnisme œuvrent tous deux à l'instauration d'une République universelle par le biais d'une révolution mondiale.

Dans son célèbre *Catéchisme,* paru dans la *Revue des Deux Mondes,* en juin 1880, Bakounine décrit ainsi l'outil révolutionnaire :

« Le révolutionnaire est un homme *dévoué.* Il ne doit avoir ni intérêts personnels, ni affaires, ni sentiments, ni propriété. Il doit être absolument absorbé par un seul intérêt exclusif, une seule pensée, une seule passion, la *révolution.* Il méprise et déteste la morale actuelle ; pour lui, tout ce qui est moral favorise le triomphe de la révolution, et tout ce qui est immoral et criminel l'entrave. Entre lui et la société, il y a une lutte à mort, incessante et irréconciliable. Il doit être prêt à mourir, à endurer la torture, à mettre à mort de ses propres mains tous ceux qui font obstacle à la révolution. Tant pis pour lui s'il a en ce monde des liens de famille, d'amitié ou d'amour. Il n'est pas un vrai révolutionnaire si ses attaches lui arrêtent le bras. Néanmoins, il doit vivre au milieu de la société en feignant d'être ce qu'il n'est pas. Il doit pénétrer partout, dans les classes supérieures comme dans les classes moyennes, au magasin, à l'église, à l'armée, dans les milieux littéraires, dans la police secrète et jusque dans les salons impériaux. Il doit considérer ses subordonnés comme une partie du capital révolutionnaire mis à sa disposition, et il doit en disposer économiquement pour en tirer tout le profit possible ».

En outre, on peut lire dans les statuts de *l'Alliance humanitaire universelle* :

« Les rois, les nobles, l'aristocratie de l'argent, les employés de la police ou de l'administration, les prêtres et les armées permanentes sont les ennemis de l'humanité. Contre eux, on a tous les droits et tous les devoirs. Tout est permis pour les anéantir : la violence, la ruse, le coup de feu et l'obus, le poison et le poignard ; la fin sanctifie les moyens. »

Aujourd'hui, la revue maçonnique *L'Accacia* écrit :

"Entre l'Église et la Franc-maçonnerie, c'est une guerre à mort, sans merci. Et comparant cette judéo-maçonnerie et la révolution, M, Xavier Vallat explique avec justesse : « Nous avons donc d'un côté une organisation en apparence essentiellement antireligieuse, la Franc-maçonnerie, et l'on s'aperçoit qu'elle poursuit en plus un but révolutionnaire, social et politique ! De l'autre côté, une Révolution d'apparence politique et sociale se révèle aujourd'hui profondément athée ! Cette singulière rencontre sous le masque d'un violent antagonisme est de nature à faire réfléchir les esprits éveillés » *(R.I.S.S., 1er janvier 1933).*

Les moyens révolutionnaires de propagande ne diffèrent de ceux d'hier que par l'accroissement et l'extension de leur champ d'action et de leurs possibilités, y compris les intercommunications internationales telles que la presse, la TSF, les cinémas, etc. Nous avons aussi nos *encyclopédistes* modernes, *qui* ne sont pas moins puissants ni moins tenaces que ceux du dix-huitième siècle. Dans ses *Paroles d'un révolté*, le célèbre nihiliste Kropotkine écrivait à propos de ce siècle : 'Les Encyclopédistes modernes ne sont pas moins puissants ni moins tenaces que ceux du XVIIIe siècle :

« La brochure mettait à la portée des masses les idées des *philosophes* et des économistes, précurseurs de la Révolution ; les pamphlets et les tracts excitaient l'agitation en attaquant les trois principaux ennemis : le roi et sa cour, l'aristocratie, le clergé. Ils ne théorisent pas, ils tournent en dérision... en vain la police fait des descentes dans les bibliothèques et arrête les colporteurs ; les auteurs inconnus s'échappent pour continuer leurs travaux... Des placards imprimés ou écrits à la main apparaissent à chaque fois qu'un événement intéresse le public... Elle réveille dans le cœur des paysans, des ouvriers et des bourgeois la haine contre leurs ennemis, elle annonce le jour de la libération et de la vengeance... Elle envahit les villages et prépare les esprits. »

Aujourd'hui, dans tous les pays, les communistes dirigés par Moscou ont leurs centres d'activité, leurs pamphlets, leurs journaux de révolte contre le capital, l'autorité civile et religieuse ; leur pensée unique, leur passion unique, la création d'une machine soviétique travaillant à la révolution mondiale qui amènerait, non pas comme ils le pensent, le règne de la démocratie, mais celui de maîtres inconnus dont ils deviendraient finalement les esclaves. Et de citer à nouveau M. R. Vallery-Radot :

« Ayant exilé les dieux de la Cité, le monde moderne cherche pour les remplacer on ne sait quoi, qui n'existe nulle part... Comme à la veille de la Révolution, on perçoit à la surface une odeur diffuse d'hérésie : même trahison des mots, même confusion des principes... d'étranges apôtres tentent de concilier avec le christianisme les idéologies maçonniques de la Démocratie, de l'Humanité, de la Société, du Progrès, du Pacifisme, de l'Internationalisme ; par une endosmose inévitable mais unilatérale, leurs dogmes se diluent en abstractions, leurs mystères en politiques... ». »

Encore une fois :

« C'est que la Paix, dont nous goûtons aujourd'hui les fruits, n'ait rien de commun avec les Traités antérieurs. Elle accomplirait le grand dessein maçonnique esquissé en 1789, repris en 1830, puis en 1848 et en 1870, en proclamant l'avènement de la Démocratie universelle. »

Les propos tenus par Disraeli en 1876 pourraient encore s'appliquer aux conditions mondiales actuelles : —

« Les gouvernements de ce pays ont affaire, non seulement à des gouvernements, à des empereurs, à des rois, à des ministres, mais aussi à des sociétés secrètes, éléments dont il faut tenir compte, qui peuvent au dernier moment faire échouer tous les plans, qui ont des agents partout, des agents sans scrupules, qui incitent à l'assassinat et peuvent, le cas échéant, conduire au massacre. »

Et selon Disraeli, des hommes de race juive se trouvaient à la tête de toutes ces sociétés secrètes politiques. George Sand a également écrit : « Il y a des moments où l'histoire des empires n'existe que nominalement, et où il n'y a rien de vraiment vivant que les sectes cachées en leur sein». La mère de toutes ces sociétés secrètes est la Maçonnerie judaïque, dont les principes sont identiques à ceux réalisés avec la Révolution. Comme le dit Claudio Jannet :

> « Elle s'étend au monde entier, se couvre de mystère, agit dans toutes les parties du corps social... lie en elle, par des liens secrets, les sociétés individuelles en apparence les plus différentes. Ses doctrines sont partout les mêmes ; son unité, son universalité expliquent ainsi l'unité et l'universalité de la Révolution. »

Quant au pouvoir directeur, dans le rapport du troisième congrès de Nancy, en 1882, l'orateur, le chevalier Kadosch, estimait que les derniers degrés poursuivaient une œuvre maçonnique internationale d'une très grande pénétration, et que c'était probablement de là que venaient ces paroles mystérieuses qui, au milieu des soulèvements, traversaient parfois les foules, les enflammant « pour le bien de l'humanité ». On disait aussi que cette hiérarchie secrète était rosicrucienne, une sorte de Troisième Ordre, comme les « Chefs cachés » de la Stella Matutina.

René Guénon, orientaliste, explique d'ailleurs dans le *Voile d'Isis,* janvier 1933 :

> « Même si certaines de ces organisations, parmi les plus extérieures, se trouvent en opposition les unes avec les autres, cela n'empêchera en rien l'existence effective de l'unité de direction. En résumé, il y a quelque chose de comparable au rôle joué par les différents acteurs d'une même pièce de théâtre, et qui, bien qu'opposés les uns aux autres, n'en sont pas moins d'accord dans la marche de l'ensemble ; chaque organisation joue également le rôle auquel elle est destinée ; et ceci peut s'étendre également au domaine ésotérique où les éléments qui luttent les uns contre les autres obéissent tous, bien que tout à fait inconsciemment et involontairement, à une direction unique dont ils ne soupçonnent même pas l'existence. »

Et comme le disait Henri Misley, qui a participé activement aux révolutions italiennes vers 1830 :

« Je connais un peu le monde, et je sais que dans tout ce grand avenir qui se prépare, il n'y a que quatre ou cinq personnes qui ont les cartes en main. Un plus grand nombre croit les avoir, mais ils se trompent eux-mêmes ».

Au congrès de Nancy, en 1882, il a de nouveau été dit :

« Quelle force n'aura pas la Maçonnerie sur le monde extérieur, lorsqu'autour de chaque loge existera une foule de sociétés dont les membres, dix ou quinze fois plus nombreux que les Maçons, recevront l'inspiration et le but des Maçons, et uniront leurs efforts aux nôtres pour la grande œuvre que nous poursuivons. Dans ce cercle une fois fondé, il faut perpétuer avec soin un noyau de jeunes Maçons de telle sorte que les jeunes des écoles se trouvent directement soumis aux influences maçonniques. »

Dans le couvent, le Grand Orient de France, 1923, a été résolu :

« Une propagande active est urgente, afin que la franc-maçonnerie redevienne l'inspiratrice, la maîtresse des idées par lesquelles la démocratie doit être portée à sa perfection... Influencer les éléments sociaux en diffusant largement l'enseignement reçu au sein de l'institution. » Parmi ces éléments, on peut citer « les sociétés sportives, les scouts, les cercles artistiques, les groupes choraux et instrumentaux. Toutes les organisations qui attirent la jeunesse républicaine vers des œuvres d'éducation physique et intellectuelle ». Mais comme l'a dit Mazzini, 'la difficulté n'est pas de convaincre les gens : « La difficulté n'est pas de convaincre les gens, quelques grands mots, liberté, droits de l'homme, progrès, égalité, fraternité, despotisme, privilège, tyrannie et esclavage, suffisent pour cela ; la difficulté est de les unir. Le jour où ils seront unis sera le jour de l'ère nouvelle ».

Dans *La Temps de la Colère*, M. Vallery-Radot, 1932, élucide les méthodes :

« Ce qu'on a appelé la conquête de la révolution n'est en réalité qu'un dogme implacable affirmé par un parti à l'exclusion de tous les autres... ce parti a su étendre ses conquêtes avec une admirable méthode, tantôt souterraine, comme sous le Premier Empire ; tantôt combinant l'infiltration avec la démonstration violente, comme sous la Restauration, la Monarchie de Juillet, la République de 1848 ; puis reprenant son intrigue cachée sous le Second Empire, et, enfin, dévoilant franchement son jeu sous la Troisième République... Cette Volonté générale intangible révélée au monde par un demi-fou comme l'émanation sacrée d'une humanité autonome, qui n'a de compte à rendre qu'à elle-même, cette Volonté générale s'appelle Démocratie, Progrès, Révolution, République, Humanité, Laïcité, mais c'est toujours la même Puissance, qui ne la partage avec personne, jalousement gardée par ses prêtres et ses docteurs. »

Il montre ce qui pourrait arriver dans le monde si les nations ne se réveillent pas et ne prennent pas conscience de la force secrète qui cherche à détruire la civilisation chrétienne :

« Il y a sous les tropiques des maisons qui paraissent solides, bien que lentement et sûrement les fourmis blanches soient occupées à ronger la structure interne. Un jour, les habitants s'assoient sur les chaises, les chaises tombent en poussière ; ils s'appuient sur les murs, et les murs s'écroulent. Il en est ainsi de notre civilisation, dont nous sommes si fiers ».

Le texte suivant est extrait d'un article de Fremond, paru dans la *Revue Internationale des Sociétés Secrètes*, 1er juillet 1932 :

Or, ne l'oublions pas, même de l'avis des plus optimistes, le peuple lui-même est presque entièrement déchristianisé... (*Mercure de France*, 1er avril 1932).

'Et selon le cardinal Verdier : « Chaque jour, nous voyons le nombre de païens augmenter »....

'Les causes...

'Sans remonter à la Renaissance ni même à la Réforme, qui ont toutes deux préparé le terrain, nous trouvons comme première cause la Révolution, dite française, mais en réalité européenne, mondiale même ; la Révolution répandant partout des idées nationalistes et appliquant, plus en apparence qu'en réalité, les faux principes des « Droits de l'Homme » : *Liberté, Égalité, Fraternité*... *N'*omettons pas la Régence, qui a précédé de si peu la Révolution. La grande crise, dit Demolins dans son *Histoire de France*, 1880, *à propos du* système de droit, a eu des conséquences déplorables : elle a développé surtout dans les classes supérieures, la cupidité, l'appétit des puissances matérielles, l'amour de la spéculation ; elle a déplacé les fortunes et les a rendues instables en les détachant de la propriété foncière pour les fonder sur les opérations de change de la Bourse ; elle a produit aussi dans l'organisation de la propriété et de la fortune publique un dérèglement qui devait bientôt contribuer à l'écroulement complet de la société.

'Où en sommes-nous un demi-siècle plus tard ?

'Les énormes progrès matériels réalisés grâce aux grandes découvertes du XIXe siècle et le bond qu'ils ont encore fait au XXe en portant ces découvertes à la perfection ; les nouvelles facilités d'existence qui en découlent au lieu de maintenir les hommes dans l'admiration de ces merveilles, par un usage raisonnable de celles-ci, dans la gratitude en somme envers le Créateur dont ils dépendent et qui nous les dispense, les hommes ont, au contraire, tourné le dos aux pratiques religieuses et même à la croyance.

« Ce mouvement agit-il de lui-même spontanément et en raison des passions humaines de plaisir et d'orgueil, etc. Pas pour la première fois, une puissance est intervenue qui a poussé la roue de plus en plus : celle qui, systématiquement, attribue tout à l'homme, sa sagacité, son pouvoir de porter à la perfection, et le substitue ainsi, graduellement et presque imperceptiblement, au divin Créateur, supprimant en même temps toute obligation envers Lui. D'abord l'indifférence, puis l'incrédulité. Le mélange d'idées rationalistes et matérialistes…

« Elle met toutes les religions sur le même plan : c'est-à-dire qu'elle ne reconnaît aucune religion… Quel est le résultat ? Une société déséquilibrée et démoralisée, où les crimes abondent, d'autant plus que la provocation de la presse reste le plus souvent impunie, où la matérialisation générale s'accentue de jour en jour… Du haut en bas de l'échelle sociale, il n'y a plus qu'un seul mobile, le plaisir, mais un seul agent, l'argent… »

N'est-ce pas « le grand judaïsme, qui coule progressivement les pensées et les systèmes non juifs dans des moules juifs », comme le décrit le *Jewish World* du 9 février 1883 ?

CHAPITRE VI

LA QUESTION JUIVE

Afin d'illustrer l'histoire du peuple juif depuis ses débuts jusqu'à nos jours, telle qu'elle est vue et dépeinte par l'esprit juif lui-même, nous donnons le récit suivant d'un spectacle juif, dont les détails nous ont été communiqués par un ami qui en a été témoin à Chicago, ainsi que par le *Chicago Tribune du* 4 juillet 1933.

Cette merveilleuse, impressionnante et spectaculaire représentation de la « Romance d'un peuple », retraçant l'histoire de la race juive au cours des quarante derniers siècles, a été donnée lors de la Journée juive au Soldier Field de Chicago, les 3 et 4 juillet 1933. Il a été écouté presque en silence par 125 000 personnes, dont la grande majorité était juive. La plupart des artistes, 3 500 acteurs et 2 500 choristes, étaient des amateurs, mais grâce au don inné de leur race pour le théâtre vivant, et à leurs rabbins et cantors, profondément instruits par des siècles de rituel hébraïque, une grande partie de la musique et de la pantomime autoritaire était due. « Prenons l'exemple de l'étrange placement du pouce sur le pouce et de l'index sur l'index par le grand prêtre lorsqu'il lève les mains, paumes vers l'extérieur, pour bénir la multitude… Une grande partie du texte de la pièce est tirée de l'Ancien Testament et du rituel orthodoxe du judaïsme ». Un chant hébreu à l'unisson, doux et grave, a été immédiatement repris avec un effet magique par de nombreux spectateurs, et les juifs orthodoxes se sont joints à de nombreux chants et à certains rituels parlés.

L'histoire telle qu'elle était présentée dans le spectacle était transmise au public par des voix cachées, amplifiant presque parfaitement le drame de la servitude égyptienne, la honte de l'idolâtrie, les malheurs de l'exil, l'amertume de la défaite et de la désolation face aux légions de Rome. Le retour au monothéisme, la joie et les triomphes de la construction des temples et des nations. Partout, on voyait les triangles entrelacés de l'étoile à six branches et le drapeau blanc de la Palestine avec les deux barres bleues et cette même étoile entre les deux. Comme l'a déclaré le Dr Chaim Weizmann, il y a maintenant environ 200 000 Juifs en Palestine, et il est proposé d'en faire venir 250 000 de plus d'Allemagne en Palestine. Mais qu'en est-il des droits des Arabes ?

Notre correspondant cite le programme officiel, avec son avant-propos, et *La Voyante au sommet de la montagne,* dans lesquels on trouvera la signification cachée de tout cet imposant spectacle. C'était le plus grand rassemblement juif depuis l'époque du Temple' et, comme le dit la *Voyante,* « c'était le plus grand rassemblement juif depuis l'époque du Temple » :

> « Au sein de tous les courants croisés de la vie juive, au milieu des divisions intérieures qui témoignaient à la fois de la faiblesse du Juif et de la force des convictions juives, une vérité s'affirmait, avec une puissance qui faisait taire tous les doutes : le peuple juif *vivait...* En nombre, supérieur à toutes les générations juives du passé, par la qualité de son matériel humain, aussi puissant que jamais, dans la conscience de soi, plus alerte et plus fier qu'il ne l'avait été depuis des siècles, il entrait, non pas dans un déclin, mais dans une nouvelle efflorescence. »

Il s'agit d'un rêve racial, et non d'un spectacle religieux, qui se veut peut-être « prophétique » de la puissance mondiale à venir.

Selon le programme officiel, le Juif est en difficulté sous Alexandre de Macédoine, en Assyrie, en Perse, à Rome, en Espagne, en Russie, dans l'ancienne Angleterre, en Pologne, en Roumanie et maintenant en Allemagne. Pourquoi ? Notre correspondant conclut : 'Je pense que le secret se trouve dans la matière de l'imperium *in imperio* et dans le programme commun vers lequel chaque *imperium in imperio se dirige,* et ce depuis quarante siècles. Comme le dit la *Voyante* :

> « Ceux qui se tiennent trop près de la toile de l'histoire pendant qu'elle se tisse se trompent dans leur estimation des forces en présence. Les petits revers prendront l'allure de défaites décisives,

les petits progrès l'allure de grandes victoires. Ce n'est que dans la perspective de toute notre histoire — la plus longue perspective dont un peuple puisse se vanter — que nous pourrons estimer la signification des événements récents. Aujourd'hui, le cœur des Juifs est oppressé par les événements amers qui se déroulent en Allemagne ; qu'ils se souviennent, en apportant leur aide aux victimes d'un régime cruel, que les gouvernements et les dirigeants changent, mais que le peuple juif demeure. Dans d'autres pays que l'Allemagne couve encore une dangereuse menace contre la vie juive. Que les Juifs se préparent... Que leurs craintes soient tempérées par la compréhension de leur long passé, et que leurs espoirs soient rendus sobres par l'appréciation du long avenir qui les attend. Qu'ils mesurent toutes les tâches, toutes les difficultés et toutes les perspectives à l'aune d'une vision mondiale ».

Notre correspondant note à nouveau :

'En regardant ce spectacle, en voyant les drapeaux des nations portés à leur place devant la reproduction du Temple juif de Jérusalem, et en voyant l'étoile à six branches, les triangles entrelacés illuminés, briller au-dessus de tous les drapeaux de tous les peuples du monde, mon esprit s'est retourné vers ce que le juge Harry M. Fisher, président du Comité des Journées Juives, avait déclaré à l'avance concernant l'idée générale de cette manifestation : « L'idée résumée par le prophète Isaïe — à la fin des jours, tous les peuples viendront à la montagne du Seigneur — sera représentée ».

Mais toute référence au fondateur du christianisme a été omise dans le spectacle.

En ce qui concerne la signification des symboles et l'unité juive de race et de but — le Grand Prêtre joignant les pouces et les index en bénissant le peuple, représentait ainsi le triangle divin hébraïque, la Trinité dans l'unité du Nom ineffable — Yod, He, Vau — le Principe créateur qui devient manifeste et puissant dans le He final, la base matérielle dans et par laquelle il agit. C'est Yahveh, le Tétragramme, symbole de la création ou de la génération, de l'union mystérieuse de leur Dieu avec ses créatures et que l'on dit tout-puissant pour faire des miracles ou de la magie. Ce nom ineffable était considéré par les Juifs comme trop saint et trop sacré pour être prononcé, mais pour qu'il ne soit pas perdu, le grand prêtre le prononçait une fois par an dans le temple lors de la grande fête de l'Expiation. En outre, ils soutiennent que le vrai nom sera révélé lors de la venue de leur Messie ; et *pour beaucoup, le Messie signifie la race !*

Au sujet des triangles entrelacés ou du Sceau de Salomon, il est dit dans la *Petite Assemblée,* par 720 : 'Ici aussi, lorsque le mâle est uni à la femelle, ils constituent tous deux un corps complet, et tout l'univers est dans un état de bonheur parce que toutes les choses reçoivent la bénédiction de leur corps parfait. Il s'agit là d'un arcane. C'est l'étoile du Macrocosme, les forces duales dans toute la nature, le signe d'une puissance à laquelle rien ne peut résister. Elle constitue le pouvoir secret du Juif par lequel il domine l'esprit et les actions des hommes et des nations. C'est le talisman hébraïque du pouvoir et de l'illuminisme.

Dans *Nomades,* de l'écrivain juif Kadmi Cohen, 1929, nous lisons ce qui suit :

« Le parfait Sémite est positif et passionné. Les deux éléments exercent une influence réciproque, chacun modérant ce qui est trop excessif et donc peu susceptible de vivre dans l'autre, créant un être à part qui parvient facilement à la domination, car rien ne peut arrêter un tel homme... C'est l'éternelle opposition de Shylock et de Jessica. C'est le mélange illogique et monstrueux des qualités les plus rares avec les défauts les plus abjects, mélange de force irrésistible et de faiblesse irrémédiable ».

Et à propos de leur idée raciale de Dieu, Kadmi Cohen dit :

'Les Juifs ne sont pas une partie d'un vaste Tout qu'ils réintègrent en mourant, mais ils sont un Tout en eux-mêmes, défiant l'espace, le temps, la vie et la mort. Dieu peut-il être en dehors du Tout ? S'il existe, il se confond nécessairement avec ce Tout... Ainsi, la Divinité dans le judaïsme est contenue dans l'exaltation de l'entité représentée par la Race - entité passionnelle, flamme éternelle, c'est l'essence divine. Elle doit être préservée et perpétuée, c'est pourquoi l'idée de pur et d'impur a été créée'.

Il est panthéiste et cabalistique.

Nous pourrions donc conclure que la *Romance d'un peuple* représente cette divinité juive, l'éternité et l'unité de la race et son espoir permanent d'amener toutes les nations sous l'influence du pouvoir unificateur et illuminateur de ces triangles entrelacés. D'où les nombreuses sectes et cultes illuminants d'aujourd'hui, dont certains sont nominalement chrétiens, mais qui sont en réalité tous cabalistiques, gnostiques, panthéistes et des instruments du judaïsme.

Dans *Nomades*, qui est un essai sur l'âme juive, on trouve de nombreuses idées intéressantes et éclairantes sur la place, telle que l'auteur la conçoit, du Juif dans le monde. Socialiste, communiste, révolutionnaire, passionnel, utilitariste, unitariste, le Juif est pourtant une solidarité fixe, indifférenciée. Kadmi Cohen écrit : '*Je suis ce que je suis*', a dit l'Éternel. L'Éternel, c'est la race. Un dans la substance — indifférencié. Un dans le temps — stable et éternel'.

D'un point de vue psychologique, il y a deux sortes de Juifs : les *Hassidim*, les passionnels, les mystiques méditerranéens, les cabalistes, les sorciers, les poètes, les orateurs, les frénétiques, les rêveurs, les voluptueux, les prophètes ; et les *Mithnagdim*, les utilitaristes, les nordiques, les froids, les raisonneurs, les égoïstes, les positifs, et à l'extrême gauche, les éléments vulgaires, âpres au gain, sans scrupules, arrivistes, impitoyables. Le "passionnalisme" des Sémites se caractérise par

"une excitabilité nerveuse, une exaltation chronique des passions, où se mêlent la vie intérieure de l'individu et ses manifestations extérieures, un état où le sentiment, l'idée et la volonté sont confondus, où, faute du puissant correctif de la logique, les envolées de l'imagination ne connaissent pas de limites, où la vie et l'activité humaine sont privées de régulateur, et se meuvent en dehors des facteurs matériels et concrets, par la seule force intérieure de l'âme".

Un état qui correspond apparemment aux visions psychiques déséquilibrées de l'Illuminisme !

Ce n'est pas seulement ce "passionnalisme" fervent qui conditionne l'attitude des Juifs dans l'ordre politique et social… Ils éprouvent toujours le besoin de rechercher l'unité. C'est pourquoi ils sont sentimentalement amenés à rejeter de façon plus ou moins absolue tout ce qui est en contradiction avec cette unité. Pour eux, ce qui est différenciation est une atteinte au principe d'unité ; l'injustice et l'inégalité sont des différenciations. Elles doivent être rejetées ou atténuées… Ainsi s'expliquent les tendances socialistes et communistes qu'on leur reproche. C'est dans ce qu'on appelle les affaires que l'âme juive, par l'utilitarisme dont elle est si fortement imprégnée, trouve une carrière libérale : commerce, négoce, banques, finances, industries. C'est cette même caractéristique qui, de tout temps et en tout lieu, a valu au Juif traditionnel sarcasmes et réprobations, assez souvent, reconnaissons-le, justifiés'.

Le rôle des Juifs dans le socialisme mondial

"est si importante qu'il n'est pas possible de la passer sous silence. Ne suffit-il pas de rappeler les noms des grands révolutionnaires du XIXe siècle et du XXe, les Karl Marx, les Lassalles, les Kurt Eisener, les Bela Kuhn, les Trotsky, les Léon Blum, pour retrouver ainsi mentionnés les noms de tous les théoriciens du socialisme moderne ?... Par ailleurs, en Europe, dans les mêmes années, le rôle joué par les Juifs dans tous les mouvements révolutionnaires était considérable... Le « révolutionnarisme » exige, au moins techniquement, une très forte dose de passionnalisme ainsi que l'*esprit de masse* de la foule. Les différents individus, en principe autonomes, se fondent jusqu'à disparaître dans l'ensemble, et le « magma » ainsi créé prend un aspect tout à fait différent des figures individuelles, si caractéristiques soient-elles, qui le composent en premier lieu. '

Encore une fois :

"La base même d'un État : des intérêts opposés qui s'équilibrent en se combattant, fait défaut. À la place, les passions qui animent les masses populaires, passions privées du correctif de la prise en compte des réalités, passions lâchées au gré de simples facteurs psychiques... ces facteurs qui agitent les masses en inhibant leur pouvoir matériel de raisonnement, que ceux qui ne tiennent pas compte des impondérables trouveront mystérieux. Comme l'aiguille d'une boussole, sous l'influence d'un orage magnétique, imperceptible à nos sens, devient erratique, égarant le navire qui se fie à ses indications, le perdant dans les voies mystérieuses de l'océan...

"D'une manière générale, presque partout, les Juifs sont républicains. La République tendant au nivellement a toujours été une de leurs aspirations les plus chères. Non pas la République qui affirme et consolide les privilèges des possédants, mais une République... dont la mission théorique est de faire disparaître la plupart des inégalités sociales. Pour eux, la République ne se cristallise pas dans une formule constitutionnelle : c'est un progrès constant, une marche lente mais sûre vers la rencontre des hauteurs et des abîmes, l'unification, l'égalisation individuelle, sociale et politique...

"Enfin, un phénomène de contradiction atteste de l'existence du concept sémite d'unité : c'est celui de l'antisémitisme.

... Un *anti*... *isme* montre la réalité de la chose, du système. Nous ne parlons pas de cet antisémitisme vulgaire, fermentation de haine et de calomnies, composé d'erreurs et d'absurdités, facteur d'injustices et de crimes... Nous parlons de cet antisémitisme sans passion, d'une forme particulière de jugement, se réclamant de la logique, raisonné et rationnel. Un tel antisémitisme a sa propre contestation, sa valeur intrinsèque, sa force d'idées et d'action. Représentant qualifié, champion d'un ordre déterminé de pensée, de sentiments, de croyances, de résultats, il a, grâce à la puissante extension du christianisme... établi un mode de civilisation quasi universel. Si elle s'oppose à la conception sémite de l'unité dans presque tous les domaines, si elle s'élève contre elle sur presque tous les terrains, elle ne l'ignore pas, elle ne la nie pas : elle affirme par contraste la substance, la consistance, la constance de cette conception. »

Kadmi Cohen poursuit en montrant les deux facteurs opposés :

'À l'antisémitisme national, produit par le génie récent des peuples, s'oppose le génie séculaire de la race (nationalités et race identiques en soi)... À l'antisémitisme intellectuel, produit par les prétentions de la raison, construit sur la base solide de la logique, s'oppose une forme de pensée, trouble, incohérente, passionnelle. À l'antisémitisme social, produit par les exigences des principes les plus conservateurs — soutenus par la force de l'ordre et du hiérarchisme — s'oppose un esprit d'indiscipline innée, de révolte et d'unitarisme. À l'antisémitisme économique, produit par l'existence et la domination du droit de propriété, résiste et s'attaque une conception qui refuse à ce droit toute nécessité et toute vertu...'

Ainsi, certains de ces Juifs devinrent inévitablement le ferment de toutes les révolutions, et même Bakounine, social-démocrate, anarchiste et nihiliste, se heurta à la puissance de cette unité juive. Dans son *Étude des Juifs allemands*, 1869, il écrit :

« Je sais qu'en exprimant avec cette franchise mon opinion définitive sur les Juifs, je m'expose à un énorme danger. Beaucoup de gens la partagent, mais très peu osent l'exprimer publiquement, car la secte juive... constitue aujourd'hui une véritable puissance en Europe. Elle règne despotiquement sur le commerce, sur les banques, elle a envahi les trois quarts du journalisme allemand et une partie très considérable du journalisme des autres pays. Malheur donc à celui qui a la maladresse de lui déplaire ! ».

Il n'était pas un détracteur ou un ennemi des Juifs, mais le Juif a fait en sorte que son *étude* reste inédite pendant plus de trente ans.

Dans un livre récent, *Israël aux mystérieux destins,* par A. Cavalier et P. d'Halterive, nous trouvons les déclarations utiles suivantes sur l'antisémitisme par divers juifs éminents. *L'État juif,* de Théodore Herzl, le célèbre initiateur du sionisme, un essai sur la solution moderne de la question juive, est paru en 1895, créant une grande sensation dans le monde israélite. Il y écrit :

> « La question juive existe partout où les Juifs vivent, même s'ils sont peu nombreux. Là où elle n'existe pas, elle est importée par les immigrants juifs. Nous allons naturellement là où nous ne sommes pas persécutés et, malgré tout, la persécution est le résultat de notre apparition... La persécution ne peut pas nous exterminer... les Juifs forts se tournent fièrement vers leur race lorsque la persécution éclate. Des branches entières du judaïsme peuvent disparaître, se briser ; l'arbre vit ».

Encore une fois :

> 'Je crois comprendre l'antisémitisme, qui est un mouvement très complexe. Je le vois en tant que juif, mais sans haine ni peur. Je reconnais dans l'antisémitisme ce qui relève de la plaisanterie grossière, de la vulgaire jalousie de métier, du préjugé héréditaire ; mais aussi ce qui peut être considéré comme une *légitime défense.*

Ceux qui prévoient sa disparition dans le développement de l'amour universel ou de la fraternité humaine sont, selon Herzl, des « doux rêveurs » ou des « sentimentaux ».

Il poursuit en disant :

> « Nous produisons sans cesse des intelligences moyennes qui restent sans débouché et qui, de ce fait, constituent un danger social.
>
> ... Les Juifs cultivés et sans fortune tendent naturellement tous aujourd'hui vers le socialisme... Parmi les peuples, l'antisémitisme grandit de jour en jour, d'heure en heure, et doit continuer à grandir, car les causes existent toujours et ne peuvent être supprimées... À la base, nous devenons révolutionnaires en nous prolétarisant, et

nous formons les cadres inférieurs de tous les partis subversifs. Au sommet, en même temps, grandit notre formidable puissance financière ».

Herzl avait compris et proclamé l'échec de l'assimilation. Dans le *Jewish Chronicle du* 28 avril 1911, M. Schindler, un rabbin américain, écrit :

'Pendant cinquante ans, j'ai été un partisan résolu de l'assimilation des Juifs et j'y ai cru. Aujourd'hui, je confesse mon erreur. Le creuset américain ne produira jamais la fusion d'un seul Juif. Il y a cinquante ans, nous étions sur le point de nous assimiler aux Américains. Mais depuis, deux millions de nos frères (ou trois) sont arrivés de l'Est, conservant leurs anciennes traditions, apportant avec eux leur ancien idéal. Cette armée nous a submergés. C'est la main de Dieu. Le Juif doit se différencier de son voisin, il doit le savoir, il doit en être conscient, il doit en être fier'.

Mais comme l'a dit Isaac Blumchen dans *Le Droit de la Race Supérieure :*

'Nous sommes des étrangers hostiles, des invités dans tous les pays, et en même temps nous nous trouvons chez nous dans tous les pays lorsque nous y sommes maîtres.

"Je n'ai pas l'intention, déclare Herzl, de provoquer un adoucissement de l'opinion en notre faveur. Ce serait oiseux et manquerait de dignité. Je me contente de demander aux Juifs si, dans les pays où nous sommes nombreux, il est vrai que la situation des avocats, des médecins, des ingénieurs, des professeurs et des employés de toutes sortes, appartenant à notre race, devient de plus en plus intolérable. »

Et comme l'Israélite Cerfberr de Medelsheim l'a dit dans *Les Juifs*, 1847 :

'Les Juifs occupent proportionnellement, grâce à leur insistance, plus de postes que les autres communautés, catholiques et protestantes. Leur funeste influence se fait surtout sentir dans les affaires qui pèsent le plus sur la fortune du pays ; il n'est pas d'entreprise où les Juifs n'aient leur large part, pas d'emprunt public qu'ils ne monopolisent, pas de désastre qu'ils n'aient préparé et dont ils ne profitent. Il est donc inconsidéré de se plaindre, comme on le fait toujours, de ceux qui ont toutes les faveurs et qui font tous les profits !

(Cité également par Gougenot des Mousseaux dans *Le Juif*, 1869).

En ce qui concerne l'influence des Juifs dans les différentes révolutions du XIXe siècle, nous citons un autre écrivain juif, Bernard Lazare, dans *L'Antisémitisme*, 1894 :

> « Lors de la seconde période révolutionnaire qui débute en 1830, ils font preuve d'une ferveur encore plus grande que lors de la première. Ils étaient d'ailleurs directement concernés, car, dans la plupart des États européens, ils ne jouissaient pas de la plénitude des droits civiques. Même ceux d'entre eux qui n'étaient pas révolutionnaires par raison ou par tempérament l'étaient par intérêt ; en travaillant au triomphe du libéralisme, ils travaillaient pour eux-mêmes. Il n'y a pas de doute que par leur or, leur énergie, leur habileté, ils ont soutenu et aidé la révolution européenne... Pendant ces années, leurs banquiers, leurs magnats de l'industrie, leurs poètes, leurs écrivains, leurs démagogues, animés par des idées très différentes d'ailleurs, tendent vers le même but... nous les trouvons prenant part au mouvement de la Jeune Allemagne : ils étaient nombreux dans les sociétés secrètes qui formaient les rangs de la révolution militante, dans les loges maçonniques, dans les groupes de carbonariens, dans la Haute-Vente romaine, partout, en France, en Allemagne, en Suisse, en Autriche, en Italie. »

(Cité par Léon de Poncins dans *Les pouvoirs secrets de la révolution*, 1929).

Là encore, Bernard Lazare écrit :

> 'Quelles vertus et quels vices ont valu au Juif cette inimitié universelle ? Pourquoi a-t-il été tour à tour maltraité et haï par les Alexandrins et les Romains, par les Perses et les Arabes, par les Turcs et par la nation chrétienne ? Parce que partout et jusqu'à nos jours, le Juif était un être insociable.

> « Pourquoi était-il insociable ? Parce qu'il était exclusif, et que son exclusivité était à la fois politique et religieuse, c'est-à-dire qu'il s'en tenait à son culte politique, religieux et à sa loi... Cette foi en leur prédestination, en leur élection, a développé chez les Juifs un immense orgueil ; ils en sont venus à regarder les non-Juifs avec mépris et souvent avec haine, quand les raisons patriotiques se sont ajoutées aux raisons théologiques. »

Comme l'a justement dit de Poncins, les forces secrètes de subversion qu'il faut combattre et vaincre pour retrouver la santé du monde sont : « la franc-maçonnerie, le judaïsme et l'occultisme, dont l'alliance et l'interprétation réciproque ne sont plus à démontrer ». Par leur intermédiaire, la mentalité du monde occidental a été pendant longtemps et est encore en train d'être judaïsée dans tous les domaines de la vie, produisant le socialisme, le communisme et le bolchevisme, qui, s'ils réussissaient, conduiraient inévitablement à la domination juive et à la destruction de la civilisation occidentale et chrétienne.

Dans *Le Problème Juif*, 1921, Georges Batault nous dit qu'en étudiant la civilisation grecque —

> « En arrivant à l'époque hellénique, j'ai vu surgir devant moi le peuple juif, armé de sa religion étrange et puissante, qui se lance à la conquête du monde. J'ai vu surgir face à l'hellénisme dans sa splendeur, mais déjà en déclin, le judaïsme insinuant, tenace, mystérieux, qui grandissait et s'étendait sur le monde antique comme un mal pernicieux qui se propage au détriment du corps qu'il envahit. Comme le succès puis la victoire des conceptions judaïques ont marqué le déclin puis la ruine du monde antique, nous sommes pleinement fondés à soutenir que les Juifs n'ont absolument rien apporté à la civilisation antique, si ce n'est le plus puissant ferment de dissolution ».

Et la cause principale de ce ferment destructeur du judaïsme réside dans son « exclusivisme », d'où est né son éternel esprit de révolte.

Pour citer Georges Batault :

> « Il n'existe aucun peuple dans l'histoire qui soit aussi étroitement et aussi férocement conservateur et traditionaliste que le peuple d'Israël, et ses traditions nationales sont toutes religieuses ; nous nous trouvons en présence de cette composition unique, étrange et bizarre — un *peuple-religion* et une *religion-peuple*, les deux idées sont inséparables ».

Comme l'a écrit l'historien juif Graetz :

> 'Le Talmud a été la bannière qui a servi de signe de ralliement aux Juifs dispersés dans divers pays ; il a maintenu l'unité du judaïsme.

Batault poursuit :

> "L'humanité change, les empires naissent et disparaissent, les idéaux surgissent, deviennent resplendissants et s'éteignent, le Juif

demeure, le judaïsme demeure revêtu de son exclusivisme farouche, espérant tout de l'avenir, infatigable, surhumain, inhumain... Peuple sans terre, nation errante, race dispersée, ils conservent un pays — leur religion.... poursuivant toujours le mirage d'un âge d'or, d'une ère nouvelle, d'un temps messianique où le monde vivrait dans la joie et la paix, soumis à Yahveh, servant sa Loi sous l'autorité du peuple sacerdotal, préparé par les épreuves à atteindre cette heure... [Ce] peuple le plus conservateur est réputé à juste titre comme possédé par un esprit de révolte inextinguible... il est éternellement inadaptable, et ne peut espérer qu'une subversion...".

Depuis l'époque d'Alexandre le Grand, les Juifs d'Alexandrie, à la fois nombreux et puissants, n'ont cessé de séduire et de se révolter, et ces révoltes étaient religieuses et non sociales, dues à l'exclusivisme et non à l'humanisme. Conscients de leur pouvoir, ils utilisaient la menace de la révolte pour obtenir des privilèges. On sait peu de choses sur l'influence et le pouvoir des Juifs à Rome vers la fin de la République, à l'exception d'un passage du *Pro Flacco* de Cicéron. Flaccus, préteur de la province d'Asie, était accusé par les Juifs, par l'intermédiaire de Lelius, d'avoir mis la main sur l'or envoyé à Jérusalem par certains Juifs ; Cicéron, en le défendant, dit à Lelius :

« Tu sais combien cette tribu est nombreuse, unie et puissante dans les assemblées. Je plaiderai à voix basse, pour que les juges seuls entendent, car les instigateurs ne manquent pas pour soulever la foule contre moi, et contre tous les meilleurs citoyens. Mépriser, dans l'intérêt de la République, cette multitude de Juifs si souvent turbulents dans les assemblées, c'est faire preuve d'une singulière force d'âme. L'argent est dans le Trésor ; ils ne nous accusent pas de vol ; ils cherchent à exciter les haines... »

Comme l'a ajouté M. Batault :

« Nous apprenons soudain, non seulement qu'il y avait des Juifs à Rome en grand nombre, mais qu'ils avaient une influence politique qu'ils exerçaient au profit du parti populaire contre celui de Cicéron et du Sénat ».

« Révolutionnaires par doctrine, puisque tout messianisme déclare la destruction de tout ordre existant... les Juifs ont tiré profit de tous les mouvements révolutionnaires de l'histoire depuis la chute de l'Empire romain. À la Renaissance, époque de perpétuels soulèvements, ils ont prêté de l'argent aux princes et aux marchands, et ont été bien considérés ; à la Réforme encore, ils ont profité des schismes religieux pour promouvoir leurs propres croyances. L'émancipation des juifs de France, dont le principal défenseur fut Mirabeau, sous l'influence de Moïse Mendelssohn et de Dohm, date de la Révolution de 1789 ; les révolutions de 1830 et de 1848 leur ont apporté de nouvelles améliorations ».

Pour en venir à aujourd'hui, Batault poursuit :

« Le sombre destin de l'Empire russe a profondément terrifié les âmes et jeté le trouble dans le monde. L'idéologie bolchevique, par sa nature et la volonté de ses créatures, est d'abord internationale ; pour avoir une chance de triompher, il ne suffit pas de soumettre la Russie, il faut aussi désorganiser et soumettre le reste du monde. À cette fin, le Trésor de la Russie, tombé entre les mains des tyrans moscovites, est mis au service d'une intense propagande extérieure, et les fonds sont envoyés dans tous les pays par d'habiles agents de propagande ; si les trois quarts de l'état-major bolchevique sont juifs, ses agents à l'étranger, à de rares exceptions près, sont tous juifs… Il apparaît donc que le bolchevisme est l'une des causes les plus puissantes et les plus actuelles du mouvement antisémite universel. »

Et pour l'Allemagne, il dit :

'Nulle part ailleurs qu'en Allemagne, les Juifs [dans la finance, l'industrie et le commerce] n'occupent une place aussi importante, presque prépondérante. C'est pourquoi on pourrait facilement dire que tous les nouveaux riches et les profiteurs de guerre étaient juifs… Le juif-usurier, le juif-exploiteur, le juif-profiteur, est un ancien millénaire… L'immense majorité des personnes influentes dans le socialisme autrichien étaient et sont toujours juives [1921]… Enfin, dans un certain sens, les juifs s'opposent aux non-juifs, surtout dans le rôle qu'ils jouent en tant qu'initiateurs et acteurs des partis d'extrême-gauche, l'internationalisme s'opposant au nationalisme'.

En conclusion :

« Plus que jamais l'étude du problème juif est une réalité pressante, mais… la question juive est aussi plus que jamais *taboue* ; on ne doit pas en parler, encore moins l'étudier. Tout au plus reconnaît-on le droit de nier son existence. Ceux-là même qui devraient être les plus intéressés à trouver une solution prétendent résoudre le problème par l'abstention ou le silence, ce qui est considéré comme une méthode saine et une haute idée humanitaire… Le judaïsme, dans ses origines et ses développements, présente un ensemble de sentiments, de notions et d'idées qui sont la source de véritables systèmes, religieux, politiques et sociaux ; on a le droit de discuter et de contester ces systèmes ».

Selon la *Chronique juive du* 4 avril 1919 :

« ... que les idéaux du bolchevisme correspondent en de nombreux points aux idéaux les plus nobles du judaïsme. »

Le 22 avril de la même année, une lettre a été rendue publique, signée par dix des Juifs les plus connus d'Angleterre, se dissociant, ainsi que d'autres Juifs britanniques, de la déclaration susmentionnée faite par le *Jewish Chronicle*.

Dans *Le Livre Proscrit,* journal écrit dans les affres des mouvements révolutionnaires hongrois et bolcheviques, Cécile Tormay décrit ainsi cet esprit du judaïsme si proche du bolchevisme :

« Une tyrannie bestiale s'installe sur les peuples affaiblis par la guerre. La marée emporte, dans ses bouillonnements incessants, des villes, des nations, des portions de continents. Sous terre, elle déferle par les égouts crevés, envahit les maisons, gravit l'escalier de marbre des berges, se déploie dans les colonnes des journaux. Partout où le sol ramolli semble céder, il écume, et partout c'est le même déluge ».

Parlant de son effet dissolvant sur la Russie, la Hongrie et la Bavière, l'auteur poursuit :

« Les différences spécifiques entre les trois peuples sont si grandes que la mystérieuse similitude des événements ne peut être due aux analogies de race, mais uniquement à l'œuvre de la quatrième race qui vit parmi les autres sans se mélanger à elles. Parmi les nations modernes, le peuple juif est le dernier représentant de l'ancienne civilisation orientale... Il pleure sur les remparts détruits de Jérusalem et en élève, sans s'en apercevoir, de nouveaux. Il se plaint d'être isolé et, par des voies mystérieuses, il relie les parties infinies de Jérusalem qui couvrent l'univers entier. Partout elle a des connexions et des liens qui expliquent comment le capital et la presse concentrés entre ses mains peuvent servir les mêmes plans dans tous les pays du monde... Si elle glorifie quelqu'un, celui-ci est glorifié dans le monde entier ; si elle veut ruiner quelqu'un, l'œuvre de destruction s'opère comme si une seule main la dirigeait... Si elle enseigne aux autres la révolte et l'anarchie, elle-même obéit admirablement à des guides invisibles... Comment a-telle réussi à dissimuler ce plan du monde ? ... Ils ont placé devant eux des hommes du pays, aveugles, versatiles, vénaux, pervers ou stupides, qui servaient de paravents et ne savaient rien. Ils travaillaient alors en sécurité, eux les formidables organisateurs, les fils de la race antique, qui savent garder un secret. »

En outre, René Fülöp-Miller, dans *The Mind and Face of Bolshevism*, 1927, parle des sectes gnostiques primitives qui ont longtemps dominé la Russie paysanne et ont même envahi l'intelligentsia. Comme le dit l'*Encyclopédie juive*, le gnosticisme « était de caractère juif bien avant de devenir chrétien », et l'on retrouve dans ces sectes à la fois le panthéisme et le rationalisme du judaïsme, qui aboutit si souvent à une théurgie cabalistique. Fülöp-Miller nous informe :

"Presque toutes les sectes russes, telles qu'elles existaient à l'époque des tsars et telles qu'elles existent encore au milieu du monde bolchevique du matérialisme orthodoxe, montrent dans leurs principes spirituels un caractère religieux et rationaliste prédominant. Il est vrai qu'il existe aussi un certain nombre de confréries à tendance orgiaque et mystique ; mais dans leurs rites, leur culte religieux et leurs articles de foi, un psychologue averti reconnaîtra aussi, sans difficulté, bon nombre des racines et des premières étapes du bolchevisme actuel... Si nous passons en revue toutes ces sectes russes, nous pouvons... constater un progrès remarquable dans la forme sous laquelle elles expriment l'idée du communisme, qui est fondamentale en elles toutes, les Molokany et les Dukhobors et toutes les autres sectes rationalistes se limitaient à proclamer une communauté de biens terrestres (c'est à eux, nous dit-on, que Tolstoï doit son système d'éthique sociale) ; mais chez les Khlysty, nous constatons un progrès : Enfin, si nous considérons que nous ne pouvons guère nous tromper en estimant le nombre des membres de ces sectes, avant la Révolution, à environ un tiers de la population totale de cet énorme pays, nous sommes obligés d'admettre que nous sommes ici confrontés à un phénomène d'une puissance véritablement élémentaire, qui doit être de la plus grande importance, non seulement du point de vue religieux, mais aussi du point de vue socio-politique. Car ces notions rationalistes-chiliastiques (millénaristes) des sectes russes... se sont rapidement imposées dans les couches supérieures de l'intelligentsia russe, et même dans le monde des idées des hommes politiques.

... Relier ces notions semi-mystiques aux principes modernes du matérialisme marxiste, car ce n'est que par cet amalgame que le terrain a été préparé pour la révolution bolchevique. »

De la même manière, et avec le même effet, démoralisant, déchristianisant et judaïsant, nous voyons un essaim de sectes néo-gnostiques, cabalistiques, mystiques et illuminati envahir toutes les nations du monde occidental, empoisonner leur mentalité d'un point de vue religieux et sociopolitique, les infecter de panthéisme, de rationalisme, de socialisme et de communisme, préparant la voie à la domination de cette même puissance secrète à l'œuvre derrière le bolchévisme.

Les peuples de langue anglaise ne sont absolument pas informés des différences de caractère entre les diverses sections des plus de quinze millions de Juifs dispersés sur la terre. Ces diverses sections de la juiverie sont néanmoins capables d'apporter aux mouvements mondiaux une merveilleuse solidarité d'influence raciale, exercée au moyen de positions politiques importantes occupées dans tous les pays, et d'un pouvoir étendu sur la presse et d'autres moyens de publicité. Mais il est tout à fait impossible pour le public britannique de comprendre les mouvements du bolchevisme et de la révolution mondiale, en raison de l'ignorance prévalente du rôle dominant joué par les Juifs révolutionnaires dans tous les pays. Comme l'a exprimé Thackeray :

« Semer une pensée et récolter une action ; semer une action et récolter une habitude ; semer une habitude et récolter le caractère ; semer le caractère et récolter le destin ».

C'est ainsi que les révolutions sont semées et récoltées ; c'est ainsi aussi que les révolutions seraient contrariées et réduites à néant sans le sinistre pouvoir qui, partout aujourd'hui, contrôle la presse et les éditeurs.

Dès le 29 juin 1789, Arthur Young, dans ses *Voyages en France et en Italie*, parle de ce contrôle secret de la presse :

« La postérité croira-t-elle que, tandis que la presse a fourmillé de productions incendiaires tendant à prouver la bénédiction de la confusion théorique et de la licence spéculative, aucun écrivain de talent n'a été employé pour réfuter et confondre les doctrines à la mode, et que l'on n'a pas pris le moindre soin de diffuser des œuvres d'une autre couleur ?

D'ailleurs, dans *Les Victoires d'Israël*, Roger Lambelin parle de ce même mal :

> "Qu'en est-il des grands journaux de tous les pays, contrôlés directement ou influencés indirectement par les grands capitalistes juifs, par le biais d'intermédiaires, d'éditeurs, d'agences d'information ou de publicité ! Essayez d'annoncer dans la grande presse, ou même dans les journaux dits nationaux de Paris, Londres, New York, Vienne ou Rome, une publication qui montre clairement l'action d'Israël et de son impérialisme, et vous verrez quel accueil elle recevra."

À titre d'exemple, la "Anti-Defamation League, Chicago", le 13 décembre 1933, a écrit aux éditeurs de périodiques anglo-juifs au sujet d'un livre antagoniste aux intérêts juifs — *The Conquest of a Continent* de Madison Grant :

> "Nous sommes intéressés par l'étouffement de la vente de ce livre. Nous pensons que le meilleur moyen d'y parvenir est de refuser de se laisser entraîner à lui donner de la publicité... Moins il y aura de discussions à son sujet, plus il y aura de résistance à la vente.

> Nous vous demandons donc de vous abstenir de tout commentaire sur ce livre... Nous sommes convaincus qu'un respect général de cette demande mettra en garde les autres maisons d'édition contre ce type d'entreprise. (Signé) RICHARD E. GUTSTADT, *Directeur*".

Parlant de l'un de ses propres livres, Léon de Poncins raconte qu'une Américaine a proposé de le faire traduire et publier, mais, conseillée par son avocat, les négociations ont été interrompues :

> "À mon avis, selon la loi sur la diffamation en vigueur dans ce pays (U.S.A.), vous ne pouvez en aucune manière participer à la publication des *Forces Secrètes de la Révolution* par de Poncins, sans encourir une grave responsabilité juridique avec risque de dommages et intérêts... Les personnalités et associations critiquées sont si puissantes dans ce pays que des procès très coûteux résulteraient certainement de la publication de ce livre."

Un autre aspect de cette formidable question juive se retrouve en Algérie dans ses relations avec l'indigène arabe.

Dans *Le Péril Juif,* Charles Hagel présente à ses lecteurs ce qu'il considère comme la véritable position du Juif et de l'Arabe algériens. Il écrit :

Nous l'examinons objectivement, documents et preuves à l'appui, en donnant des conclusions autorisées par cinquante ans d'une vie attentive, vécue les yeux ouverts dans cette Afrique du Nord qui est, en effet, le plus merveilleux laboratoire et le meilleur terrain pour suivre l'évolution du Juif... Nous vivons en France sous la loi d'un tabou, celui du Juif... Qui dira que j'exagère... dans cette Algérie où il n'y a plus un seul journal où le mot Juif peut s'écrire avec un J majuscule... ».

... Athées dans la religion des autres, internationaux dans le pays des autres, révolutionnaires dans la société des autres, mais prodigieusement jaloux et farouchement conservateurs de ce qui leur est propre, de leur originalité, de leur esprit et de leur race, tels pendant un demi-siècle les Juifs se sont révélés à mes yeux attentifs... Ce n'est pas tant par lui-même et son action délétère que le Juif est dangereux, c'est par l'exemple qu'il donne, la contagion qu'il exerce, l'esprit qu'il enseigne aux masses déchaînées, privées de direction et trop portées à l'imitation... Notre antisémitisme n'est donc pas de violence, de désordre ou de récrimination, mais de clairvoyance, de protection méthodique ; notre antisémitisme est d'État, de règlements, de lois... »

En 1830, lorsque Charles X devint régent de l'Algérie, les Juifs vécurent dans des quartiers spéciaux et furent autorisés à exercer des métiers bien définis. Jusqu'alors, ils formaient un groupe complètement isolé et strictement surveillé par les Musulmans, qui, en cas de besoin, exerçaient avec énergie la vengeance et le droit de représailles. Au nombre d'environ 30 000, répartis en communautés, les Juifs formaient une nation, avec ses chefs, son culte autorisé, son conseil, son ordre, ses lois, sa juridiction *more Judaico*, et ses droits ; mais surtout toutes ses charges et devoirs à l'égard de son maître musulman : pas le droit de porter des armes, ni de lumière la nuit dans les rues, vêtus de robes noires distinctement marquées, interdiction d'entrer dans certaines villes ou de passer devant les mosquées ou de s'approcher des puits, impossibilité d'être cité comme témoin. Ils n'ont pas de statut réel et ne peuvent pas posséder de biens.

Chez les musulmans, ils se heurtent à un homme primitif qui ne craint pas la mort, un guerrier féroce et redoutable dont la vie est rudimentaire et pauvre, mais dont la force a jadis créé des empires. De 1830 à 1870, les Juifs sont assimilés judiciairement et administrativement avant d'être incorporés juridiquement et politiquement. Couverts par l'autorité française et défendus par les soldats français, ils se livrent à leur industrie nationale de l'usure. Le juif est le tentateur qui apporte au musulman, cet homme impulsif, imprévoyant et avide de plaisirs, l'argent pour satisfaire ses passions et ses plaisirs.

En 1848, le juif Crémieux, membre du gouvernement provisoire de la France, ministre de la justice et plus tard président de l'*Alliance-israélite-universelle,* prépara un décret et tenta d'accélérer l'incorporation civile, politique et administrative des juifs d'Algérie, mais le *coup d'État* de 1851 l'en empêcha. Néanmoins, les Juifs prospèrent rapidement et, en 1861, un magistrat déclare : « Que les Israélites possèdent une grande partie des propriétés, que la fortune des Arabes passe entre leurs mains, et que dans la seule ville d'Alger on pourrait évaluer leur valeur foncière à plus de 12.000.000 de francs ». Profitant d'une France distraite et désespérée après sa défaite face aux Allemands en 1870, le décret Crémieux sur les Juifs d'Algérie est voté à une écrasante majorité et sans débat.

Les Juifs d'Algérie deviennent citoyens français et la France n'y gagne que la haine de ses sujets arabes, seul élément de valeur sur lequel elle peut compter pour peupler et développer économiquement la colonie. Les Juifs se placent en position de supériorité par rapport à eux ! Les Arabes n'acceptent pas l'insulte ! Les villes, les villages, les fermes sont pillés, les ressortissants égorgés, les établissements ruinés. Mais les Juifs n'apprécient pas la conscription exigée ! Le chef arabe Mokrani est tué, les autres déposent les armes. La Kaboulie perd son autonomie, les insurgés doivent payer 32 000 000 de francs et 500 000 hectares de leurs terres sont confisqués. De temps à autre, d'autres émeutes et pillages ont lieu, et celle de 1898, plus grave que les autres, est rigoureusement réprimée par la France dominée par les Juifs.

« D'une manière générale, si l'on ne peut attribuer au Juif toute la responsabilité de la situation, économique, politique et sociale, par laquelle l'Algérie est étranglée, il n'est pas exagéré de le reconnaître moralement coupable, car la plus grande partie de son rôle a consisté, ici plus encore qu'ailleurs, à corrompre, à dégrader, à désagréger. »

En 1934, l'auteur évalue le nombre de Juifs entre 120 000 et 150 000 et celui des Arabes à 6 000 000, dont les trois quarts sont sous-alimentés en permanence depuis leur plus jeune âge.

« Réduite à ses propres ressources depuis que la France... lui a donné l'autonomie financière et ce Parlement colonial, d'abord consultatif puis délibératif, des Délégations financières... l'Algérie est incapable d'assurer par ses propres ressources les dépenses écrasantes de premier établissement d'administration et d'entretien qui lui incombent. L'équipement économique est trop lourd en raison de l'immensité de son territoire et de l'insignifiance de sa population.

... Actuellement, le fellah n'a plus que sa peau séchée tendue sur ses os, et il doit payer les contrats, les banques, et surtout le juif ».

En Algérie, le Juif a puissamment contribué au désordre de l'esprit public. Démoralisés par lui, un quart des citoyens des grandes villes font ouvertement le commerce de « leurs droits », vendant leur vote de 20 à 500 francs ou plus. Les listes sont cuisinées : « À chaque élection... le service des postes renvoie aux maires des milliers de cartes d'électeurs » portant la mention « inconnu », « disparu », « sans adresse », « mort ». Les Juifs « exercent dans l'économie algérienne une submersion dont on peut affirmer qu'elle détruira toute l'élite, éliminera toute concurrence, et mettra à la discrétion de ce groupe ethnique, inassimilable et éternellement étranger, la direction de toutes les affaires de ce pays ».

Wickham Steed, dans son livre *The Hapsburg Monarchy*, cite une lettre d'un demi-Juif écrite en 1905 à propos de la Hongrie :

« Il y a une question juive, et cette terrible race veut non seulement maîtriser l'une des plus grandes nations guerrières du monde, mais elle veut aussi, et s'efforce consciemment, d'entrer dans les listes contre l'autre grande race du Nord (les Russes), la seule qui s'est jusqu'à présent dressée entre elle et son objectif de puissance mondiale. Est-ce que je me trompe ? Dites-le-moi. Car déjà l'Angleterre et la France sont, sinon exactement dominées par les Juifs, du moins très proches de l'être, tandis que les États-Unis, par la main de ceux dont ils ignorent l'emprise, cèdent lentement mais sûrement à cette hégémonie internationale et insidieuse. Rappelez-vous que je suis à moitié juif par le sang, mais que dans tout ce que j'ai le pouvoir d'être, je ne le suis pas.

Comme nous le savons, la Hongrie était, en 1918, rapidement sous l'emprise de Bela Kuhn et d'autres Juifs rouges, tous outils du gouvernement bolchevique. Dans *son Journal d'un hors-la-loi*, Cécile de Tormay, patriote et écrivain hongrois, dépeint les conditions préparatoires :

« Puis Karolyi est arrivé et a préparé le terrain pour le bolchevisme dans l'éducation de la jeune génération hongroise. La nomination massive de professeurs et d'enseignants maçonniques juifs, la réforme bolchevique des manuels scolaires, la destruction de l'âme des enfants, la dégradation de l'autorité parentale, la destruction systématique des principes moraux et patriotiques, la révélation des questions sexuelles, tout cela a été l'œuvre du gouvernement de Karolyi ».

En outre, pour expliquer le rôle joué par la judéo-maçonnerie en Hongrie, nous reprenons les informations documentées suivantes, tirées du livre de Léon de Poncin, *La Dictature des Puissances Occultes*. L'histoire de cette maçonnerie en Hongrie est particulièrement intéressante, car après la chute de la révolution bolchevique de Bela Kuhn, le gouvernement hongrois a dissous les loges maçonniques, saisi et publié leurs archives, et celles-ci ont clairement montré le lien entre la maçonnerie dominée par les juifs et le mouvement révolutionnaire de 1918. Il reproduit une lettre ouverte à ce sujet envoyée par le député Julius Gombos (Premier ministre de Hongrie) au comte Paul Teleki, président du Conseil hongrois, dans laquelle on peut lire :

« Le gouvernement royal de Hongrie a, comme le monde entier le sait, dissous la franc-maçonnerie hongroise parce que certains des membres de cette organisation ont pris part à la préparation de la révolution d'octobre et à l'œuvre de destruction systématique qui s'est déroulée contre les intérêts du peuple et de l'État hongrois. Il y avait, selon les enquêteurs, parmi ces personnes des hommes qui, dans ce pays, étaient les représentants ou les agents de tendances juives ayant en vue la domination universelle, et qui ont rêvé dans le silence du secret d'endormir le sentiment national pour faire triompher une doctrine antinationale qui nous est étrangère mais qui leur est chère... Bien que la décision sur le sort de la Maçonnerie hongroise soit l'affaire de l'Ordre Intérieur, à mon avis, Votre Excellence rendrait un grand service au pays en éclairant l'étranger sur cette question, et sur une autre, qui s'y rattache, la question juive, afin qu'il ne se fasse pas des idées fausses sur les mesures prises en vue de la défense de la religion et de la moralité du peuple et de la nation. »

En ce qui concerne le judaïsme dans la Russie soviétique d'aujourd'hui, nous citerons *L'Univers-israélite*, 7-14 septembre 1934, qui écrit :

"En URSS, le judaïsme et le christianisme ont été enterrés ensemble. Ils dorment dans la fosse commune réservée à toutes les religions. Les communistes n'ont fait aucune différence entre les cultes.

... Leur philosophie était le matérialisme scientifique, ils niaient la valeur de toute religion, ils frappaient donc le judaïsme comme toutes les religions. Il est interdit de donner une instruction religieuse aux enfants de moins de dix-huit ans. À l'école, on explique aux élèves qu'ils trahiront la révolution s'ils mettent les pieds à l'église ou à la synagogue. Résultat : les synagogues sont vides... Le sionisme est interdit. Pour les communistes, le sionisme est doublement répréhensible, d'abord parce qu'ils le croient au service de l'impérialisme britannique... Quiconque défend la cause du sionisme est sévèrement puni ; des sionistes ont été emprisonnés, exilés et même fusillés. La suppression du sionisme et de la religion a été une grande tragédie pour l'esprit juif... Les enfants, victorieux, poursuivent leur objectif [le communisme] avec la certitude d'avoir choisi un mode de vie supérieur".

Enfin, un correspondant juif du *Patriot*, qui est un observateur attentif de tous les faits qui s'échappent du chaos politique bolchevique, fait une remarque :

« Le fait que l'antisémitisme ait été érigé en délit pénal en Bolchévie ne prouve pas le philo-sémitisme ; au contraire, on pourrait raisonner logiquement ainsi : La haine du Juif est si répandue dans le pays que les autorités ont été obligées de mettre ce délit dans la même catégorie que la contre-révolution, qui est le crime le plus sévèrement puni en Russie soviétique, car sinon elles n'auraient pas pu réprimer cette tendance ».

Il poursuit :

"Il y a quelques années, on a reproché à un financier juif de verser des millions de dollars en Russie soviétique. « Avez-vous jamais imaginé ce qui arriverait à nos frères de Russie si — à Dieu ne plaise — le régime soviétique s'effondrait ? Les mesures de rétorsion seraient terribles, sans parler des explosions de la population vengeresse », rétorqua-t-il laconiquement. Le fait est qu'en Russie, l'antisémitisme existe aujourd'hui au même degré qu'à l'époque tsariste, à la seule différence qu'il est maintenant poussé dans la clandestinité, ce qui aggrave le mal".

Le même auteur conclut à nouveau :

"Il est tout à fait évident que la clef de la solution de ce vieux problème réside dans la recherche de moyens pour surmonter les obstacles de la formidable section révolutionnaire du judaïsme, tant sur le plan numérique que sur le plan de l'énergie.

CHAPITRE VII

FRANC-MAÇONNERIE CONTINENTALE

GUSTAVE BORD, dans *La Franc-maçonnerie en France,* 1908, dit :

« La franc-maçonnerie s'est d'abord posée en défenseur de la religion naturelle : croyance en l'au-delà, en l'existence de Dieu et en l'immortalité de l'âme fondée uniquement sur les idées de la Raison. Mais peu à peu, cette religion naturelle s'est transformée en une simple morale sociale fondée sur l'immortalité de la matière, et après être passée par le panthéisme, elle a abouti à la négation de la Divinité ».

Comme nous l'avons expliqué précédemment, il existe un curieux livre *Long Livers,* de Robert Sambers, dédié à la Grande Loge de Londres, 1722, et auquel se réfèrent des historiens maçonniques tels que Mackay, Whytehead, Yarker, etc., dans lequel l'auteur indique une mystérieuse *Illumination* et une hiérarchie tout aussi mystérieuse travaillant à travers les hauts grades de la Maçonnerie, le langage utilisé étant celui de l'alchimie et de la Rose-Croix. C'est dans cette illumination secrète des hauts grades provenant d'une source inconnue, commune à tous les groupes théosophiques et occultes, que réside le chancre qui suscite les révolutions et vise à la destruction de la civilisation occidentale et chrétienne. Comme l'écrit justement J. Marquès-Rivière dans *La Trahison Spirituelle de la F∴ M∴* :

« On pourrait facilement conclure à l'existence dans la franc-maçonnerie de deux courants qui paraissent contradictoires et qui ne sont que complémentaires : les rationalistes et les illuminés. Ce qui les unit et les lie, c'est le rituel... Les politiciens rationalistes ont des inspirateurs : ce sont les occultistes des loges... La franc-maçonnerie est le lieu où les diverses sectes puisent leurs éléments ; elle est pour elles une école préparatoire, un filtre, une discipline. Les Martinistes exigent que leurs membres soient Maîtres Maçons. Les meilleures recrues des autres groupes sont issues de la franc-maçonnerie… inversement les opinions, les rêves, les élucubrations de ces chapelles pseudo-mystiques, de ces antres de la folie, pénètrent dans le grand corps de la franc-maçonnerie par l'intermédiaire de leurs membres… Théosophie, occultisme, franc-maçonnerie, sectes secrètes ou mystico-civilisateurs n'ont qu'un seul but commun : Assurer la libération de l'homme, lui retirer tout sens moral traditionnel afin de pouvoir l'asservir au profit des intérêts visés, qu'ils appellent libération… Il existe une contre-Église, avec ses écritures, ses dogmes, ses prêtres, et la franc-maçonnerie en est l'un des aspects visibles. Il faut démasquer ce faux dogmatisme, ce pseudo-mysticisme qui attire plus d'âmes qu'il n'est croyable, dont les dangers sont aussi réels que cachés… Ce mysticisme est bien le grand Secret maçonnique, l'Initiation suprême… Il est vieux comme ce vieux monde. »

RUSSIE

Au congrès de Vérone, en 1822, le prince de Metternich, Premier ministre d'Autriche, adressa à l'empereur Alexandre de Russie un *mémoire* sur les sociétés secrètes, dans lequel il disait :

'Dupes de leur propre imagination déréglée, dupes de ceux qui veulent utiliser leur manie à des fins diverses, ces hommes [les mystiques vagues] ont constamment servi de pépinière d'adeptes aux sociétés secrètes […]. Ces sociétés sont un mal qui ronge le corps social dans ses parties les plus nobles, le mal a déjà poussé des racines profondes et étendues ; si les gouvernements ne prennent pas des mesures efficaces… l'Europe court le risque de succomber aux attaques que ces associations répètent sans cesse contre elle… monarchies absolues, monarchies constitutionnelles, républiques, toutes sont menacées par les Niveleurs…'.

Plus tard, Metternich reconnaîtra les Juifs comme l'un des éléments les plus terribles de la révolution. Une brève esquisse de la maçonnerie en Russie confirmera son opinion. Nous la tirons en grande partie d'un livre de Georgios Michalof, 1877 (voir *document K, Deschamps*, vol. ii).

Pendant les premières années du règne de Catherine II, les loges se multiplièrent considérablement dans la haute société russe et Saint-Martin, par l'intermédiaire du comte polonais Grabianka et de l'amiral russe Pleschischejev, propagea ses doctrines dans les loges. Il répandit ses idées au moyen d'une *Société typographique* qui publiait les écrits de Boehme et toutes les œuvres et traductions françaises marquées par la religiosité morale de la secte, et bientôt la littérature du pays en fut imprégnée (une orientation semblable à celle de nos propres pacifistes et internationalistes). L'âme de la société était Novikof, Grand Maître et Directeur de la Maçonnerie russe. Tous les talents furent attirés dans le filet, et les loges martinistes pénétrèrent également dans l'Église par l'intermédiaire des hauts dignitaires, l'utilisant en grande partie comme un masque pour leurs objectifs politiques et pour tromper l'impératrice.

Catherine se déclara d'abord protectrice de la maçonnerie et, en 1784, la Loge impériale fut créée à Pétersbourg. Cependant, après la révolution de 1792, ayant découvert que Novikof, à son insu, avait initié le grand-duc, futur Paul Ier, Novikof fut jeté dans la forteresse de Schlusselburg et les princes Leopuchin, Troubetskoi et Turgenjef furent exilés dans leurs domaines ; la maçonnerie continuait à fonctionner en secret. Paul Ier favorisa la maçonnerie et libéra Novikof, mais en 1797, il ferma les loges et exila la plupart des initiés dangereux. Alexandre Ier, par l'intermédiaire de Bober, conseiller d'État et Grand Maître du Grand Orient de Russie, révoqua l'ordonnance de Paul et, en 1803, il fut fait Maçon. La première Grande Loge, *Vladimir, fut* fondée en 1811, mais fut ensuite remplacée par deux groupes, *Astres* et *Provinciale*. En 1822, craignant les conséquences pour l'État d'une telle organisation démocratique, les loges furent dissoutes par ukase impérial.

Pendant la campagne contre Napoléon, des loges de carbonari se sont formées dans l'armée, qui a ainsi été progressivement infectée par les idées de liberté absolue vis-à-vis de toute autorité civile et religieuse. C'est alors que l'Empereur prépare une réforme constitutionnelle que Pestel et d'autres, Novikof en tête, fondent leur *Alliance du salut*, le premier groupe étant formé dans le régiment des Gardes, en 1813. Pour la propagande extérieure, il organisa la *Société de bien public*, divisée en quatre sections : philanthropie, civilisation intellectuelle et morale et écoles, surveillance des tribunaux et des fonctionnaires, et économie nationale. Il existe encore une autre société à Kiev, en 1823, les *Slavoniens unis, en* relation avec la *Société du sud*. Leurs rites étaient ceux de la haute maçonnerie, visant, avec une certaine indépendance, à unir les huit pays slaves, la Russie, la Pologne, la Bohème, la Moravie, la Dalmatie, la Hongrie avec la Transylvanie, la Servie avec la Moldavie, et la Valachie, ayant une ville fédérale et centrale — l'une des premières formes des sectes des États-Unis d'Europe ! Si la conspiration avait abouti, Pestel aurait été dictateur. Il chercha à s'unir avec les Polonais, mais lorsqu'il révéla son intention d'assassiner toute la famille impériale et de proclamer une république socialiste, le prince Jablonowski recula d'horreur et les Polonais furent autorisés à former leur propre gouvernement. Le soulèvement était prévu pour 1829, mais la mort soudaine d'Alexandre a précipité l'explosion, et décembre 1825 a vu la tentative et l'échec avec l'exécution des dirigeants (1826). En 1857, Alexandre II autorisa en vain l'ouverture des loges, car la maçonnerie, disait-on, détestait à la fois la Russie et l'Autriche.

Sous Nicolas II, la Russie était encore en proie au martinisme. Papus et Philippe, le guérisseur magnétique, créèrent des loges martinistes et diffusèrent les doctrines pernicieuses, contribuant dans une large mesure à semer le trouble à la Cour et dans la noblesse. Philippe, écrit Sokoloff dans son *Enquête*, a été introduit à la Cour par le Juif Manoussevitch Manouilof, le sinistre conseiller de Raspoutine, qui, en 1905, selon le Paléologue, a été l'instigateur des manifestations d'ouvriers et a ensuite aidé à préparer les pogroms de Kiev, d'Alexandrovsk et d'Odessa. Comme l'a écrit l'écrivain juif Angelo Rappaport en 1918 :

> « Il n'y a pas une organisation politique dans le vaste empire qui n'ait été influencée par les Juifs ou dirigée par eux… Plehve avait peut-être raison de dire que la lutte pour l'émancipation politique en Russie et la question juive étaient pratiquement identiques ».

La Russie impériale a été balayée, mais la maçonnerie russe persiste. L'American *Builder*, juin et août 1927, rend compte de quatre loges ordinaires, d'une Loge de Perfection et d'un Chapitre Rose-Croix fonctionnant alors à Paris, en langue russe et selon les anciens rites russes, sous la juridiction de la Grande Loge de France et du Suprême Conseil, mais avec une totale liberté. Les quatre loges ordinaires sont dirigées par un comité qui représente l'embryon de la future Grande Loge de Russie. La Loge de Perfection travaille en étroite relation avec le Chapitre de la Rose-Croix, et il existe, conformément au Congrès de Lausanne de 1922, une commission temporaire reconnue par le Suprême Conseil de France, qui deviendra par la suite le Suprême Conseil du Rite Ecossais en Russie. Sa mission consistera à « À rétablir en Russie un gouvernement normal et à établir des conditions ordinaires de vie économique et politique » (cité dans *R.I.S.S.*, II décembre 1927).

La Maçonnerie, ce ferment universel, est-elle un instrument propre à rétablir les conditions normales d'un immense Empire brisé et corrompu par les forces secrètes de la juiverie ?

POLOGNE

Le texte suivant est extrait de la revue nationaliste polonaise *Mysl Narodowa*, n° 30-33, 1933. Le *R.I.S.S.* le reproduit, sans en assumer la responsabilité, comme éclairant l'œuvre universelle judéo-maçonnique de destruction et de domination antireligieuse. Nous en donnons un bref résumé. C'est surtout pendant la Grande Guerre que la Maçonnerie est apparue sur le territoire polonais. En Pologne, sous l'Empire russe, existait la Loge *Odrodzenie*, datant d'avant la guerre, qui comptait parmi ses membres des fonctionnaires du ministère de l'Instruction publique et des professeurs de l'Institut polytechnique et de l'Université libre. Certains visent l'infiltration maçonnique. Il y avait déjà un certain nombre de Juifs appartenant au Grand Orient de France : Litauer, important fonctionnaire du ministère des Affaires étrangères ; Wasserzug, dit Wasowski, initié à Paris avant la guerre, où il publie, avec d'autres francs-maçons, la revue antichrétienne *Panteon*. De retour à Varsovie, il collabore à la revue *Pravda*, puis, au début de la guerre, à *Widnokreci*, et pendant l'occupation allemande à la revue *Glos Stolicy*, organe dirigé contre les puissances alliées, notamment la France et l'Angleterre. Après la déclaration d'indépendance, il est écarté du ministère des Affaires étrangères. Il reprit alors sa collaboration avec la presse antinationale et juive et fonda l'Agence Polonaise Publiciste, poursuivant toujours sa propagande maçonnique en direction de la presse provinciale. Aujourd'hui, il édite la revue maçonnique de Varsovie *Epolia*.

Un autre membre était le juif Salomon Posner, du Grand Orient de France, rédacteur au quotidien socialiste *L'Ouvrier*, également président de la *Ligue des droits de l'homme* en Pologne. Aujourd'hui décédé, il était l'un des ambassadeurs les plus influents et les plus actifs de la communauté juive polonaise. Le juif Simon Askenazy, l'un des plus influents francs-maçons polonais, contrôlait secrètement toutes les ficelles. Un autre membre est le juif Léon Chrzanowski, correspondant du *Courrier de Varsovie* à Rome, puis à Genève. Le Conseil d'État provisoire est infesté de francs-maçons. Le directeur de la Maçonnerie polonaise, appartenant au Grand Orient de France, est le Juif Jan Finhelhaus, longtemps installé à Paris sous le nom de « Jean Finot », où il dirige la *Revue des Revues*. Il transmet des informations aux familles juives Natanson et Kempner à Varsovie. Les premiers sont pour la plupart des financiers et des industriels très influents sur le plan social. Les seconds sont journalistes et dirigent *La Gazette Nouvelle*, organe des radicaux et des socialistes. Ces Juifs ont joué un rôle important pendant l'occupation allemande, et l'un d'entre eux, sous le pseudonyme d'A. Kerr, était étroitement lié aux cercles journalistiques et littéraires de Berlin. Pendant la guerre, la maçonnerie russe a exercé une certaine influence en Pologne. Les maçons polonais étaient instruits par le juif Winawer, membre du parti constitutionnel démocratique et ministre du gouvernement Kerenski. De nombreux jeunes hommes polonais en Russie, soumis aux centres radicaux et socialistes, revinrent en Pologne instruits des doctrines maçonniques et s'affilièrent aux loges de la Pologne. La plupart des fonctionnaires du Conseil d'État provisoire sont nommés sous la pression des francs-maçons allemands, français et russes. Les francs-maçons dominent la Ligue des partisans de l'État polonais (L.P.P.).

Après la mort des juifs Finhelhaus et Kempner, un regroupement des loges eut lieu. En 1920, la maçonnerie italienne est à l'origine de la création de la Grande Loge de Pologne, affiliée à la loge « Polonia » de Rome. L'*Union des Philalètes*, fondée en 1909, est très active dans la Pologne indépendante. Apparemment inoffensive, elle avait des dirigeants occultes, et les initiés étaient des francs-maçons d'un rite particulier, qui envahissaient toutes les administrations. Aujourd'hui, elle est consolidée et forte, et les Juifs qui la composent, bien que discrets, sont influents.

En collaboration avec elle, l'*Association polonaise des Libres-Penseurs*, fondée en 1921 par quatre Juifs et dirigée par la Maçonnerie. En relation avec elle également, la *Communauté de la productivité*, consacrée à la propagande bolchevique et fondée par le juif Lubecki en 1922. Tous les membres sont juifs. Ils renoncent à toute religion, déclarent la guerre au nationalisme et aux préjugés contre les Juifs, et s'opposent aux mariages mixtes — Juifs et Aryens. L'Union polonaise des hommes de lettres professionnels est dirigée par le juif-maçon Jules Kaden-Bandrowski. La maçonnerie agit en particulier sur les femmes par le biais de l'Association of Women's Civic Work (Association pour le travail civique des femmes). L'une de ses principales animatrices est Mme Kipa, juive et épouse du Grand Secrétaire de la Grande Loge de Pologne. Enfin, la « démocratie sexuelle », qui vise à la destruction de la religion et de la famille, est dirigée par un écrivain juif soutenu par des Juifs et des organisations maçonniques.

HONGRIE

Selon Léon de Poncins dans *La Franc-maçonnerie*, 1934, après la révolution bolchevique de Bela Kuhn en Hongrie, le gouvernement ordonna la saisie et la publication des archives maçonniques, montrant ainsi le lien flagrant de la Maçonnerie avec le mouvement révolutionnaire. Dans un résumé des papiers secrets trouvés dans les loges de Budapest, nous trouvons :

> « Le livre sur la franc-maçonnerie hongroise qui vient d'être publié par l'*Union des Sociétés chrétiennes et nationales de Hongrie*, est divisé en trois parties : (1) Les crimes de la franc-maçonnerie, par Adorjan Barcsay, contient une grande quantité de documents saisis

lors de la dissolution des Loges en 1922. (2) Rédigé par Joseph Palatinus, il s'intitule *Les secrets d'une loge provinciale* et expose l'œuvre secrète de destruction maçonnique qui a conduit la Hongrie à la révolution d'octobre 1918 et au communisme en 1919. (3) Contient la liste des membres des loges maçonniques de Hongrie, qui nous prouve que 90 % *des maçons hongrois étaient juifs.*

Encore une fois :

"L'auteur cite à ce sujet une préface très caractéristique au début d'un livre, *La Voie des Juifs,* du professeur Pierre Agoston (un des commissaires du peuple qui a partagé le pouvoir avec Bela Kuhn et que le Tribunal hongrois a condamné à mort en décembre dernier). Il y dit, entre autres, ceci écrire l'histoire des Juifs en Hongrie, c'est écrire l'histoire du mouvement franc-maçon hongrois…"

« En ce qui concerne leur rôle dans la révolution communiste en Hongrie, ce livre montre que les francs-maçons ont surtout travaillé par l'intermédiaire de la presse. Par un travail patient et persévérant, ils ont réussi à s'emparer de la plupart des organes de presse à l'aide desquels ils ont cherché à diminuer le sentiment national magyar. Le quotidien *Vilag* est tout particulièrement responsable de l'affaiblissement de la discipline dans l'armée hongroise ; des milliers d'exemplaires ont été distribués dans les tranchées… *Kelet,* journal officiel des francs-maçons hongrois, 14 décembre 1910, déclare : Il faut gagner les professeurs et les maîtres d'école pour atteindre à travers eux l'âme de la jeunesse et préparer l'enseignement laïque. Les professeurs doivent être les précurseurs des idées les plus avancées ».

En dépit de ces faits et d'autres faits documentés, la *Chronique Juive du* 20 juillet 1934, en écrivant « *Les Francs-Maçons* » par le Juif Eugen Lennhof, qui a fondé en Autriche *La Ligus Internationale des F∴ M∴,* informe ses lecteurs que les chercheurs parcourront en vain les pages vives de Lennhof pour y trouver la confirmation de la vieille absurdité de l'alliance révolutionnaire entre Juifs et Francs-Maçons. Il n'est cependant pas surprenant que Lennhof, lui-même juif international et franc-maçon, soit réticent à l'égard de ces faits et de nombreux autres faits tout aussi authentiques concernant l'alliance entre juifs et francs-maçons. Il voudrait blanchir à la fois la juiverie et la judéo-maçonnerie !

ALLEMAGNE

Le grand fait de l'année 1930 est le triomphe inattendu des partisans d'Hitler aux élections de septembre. Un formidable nationalisme prussien et luthérien apparaît soudain dans certaines loges — *Grande Loge Nationale des Francs-Maçons d'Allemagne ; Grande Loge Mère Aux Trois Globes ; Grande Loge Royal York « À l'Amitié »*. Cette Maçonnerie prussienne s'était séparée de la Maçonnerie universelle en 1924 et, selon Oswald Wirth, avait renoncé à l'idéal de la Constitution d'Anderson pour adopter celui d'un germanisme intransigeant. L'A.M.I. la déclara irrégulière. En 1930, une nouvelle obédience se forma, la *Grande Loge Symbolique d'Allemagne*, regroupant huit loges, dépendantes du Suprême Conseil Écossais d'Allemagne. Leur tendance est pacifiste ; adoptant la formule d'Anderson dans son sens le plus large, elles admettent les adeptes de toutes les religions, y compris les juifs. Il y a aussi les loges humanitaires, les quatre Grandes Loges de Bayreuth, Darmstadt, Francfort et Hambourg. Enfin, la Fédération *Au Soleil Levant*, considérée comme suspecte et ardemment pacifiste. Il faut reconnaître que les objectifs de la Maçonnerie prussienne en 1924 ont été atteints ; elle a maintenant transformé les loges en Ordres de Chevalerie, et toutes les autres loges ont été supprimées. Nous avons, disent-ils, transformé la *Grande Loge Mère Nationale Aux Trois Globes*, fondée par Frédéric le Grand en *1740*, en *Ordre Chrétien National de Frédéric le Grand*.

Elle a rompu tous les liens existants avec les autres maçonneries ; pour les membres, l'obligation est d'origine raciste germanique, le secret de la cérémonie est supprimé, les mots « franc-maçon » et « loge » ont disparu, et la constitution est entièrement nouvelle. Les mêmes principes sont appliqués aux deux autres loges. *La Grande Loge des Franc-Maçons d'Allemagne* s'appellera désormais *L'Ordre chrétien allemand des Templiers ; le* nom de la troisième n'est pas encore fixé (juillet 1933). Leur idéal est le germano-christianisme, qui a beaucoup en commun avec le vieux culte aryen de leurs ancêtres — le culte d'Odin ! Les symboles de l'Ordre sont la Lumière et la Croix ; ils professent un idéal de pure nationalité de race germanique, dont les symboles choisis sont le marteau de Thor et l'épée du chevalier. On dit aujourd'hui que la Maçonnerie est entièrement supprimée en Allemagne.

Le marteau de Thor, ou croix hermétique, est l'éclair de flamme tourbillonnante, symbole de force dynamique représentant le feu de la force génératrice universelle se frayant un chemin à travers la noirceur de la matière. Dans l'Illuminisme, inversé, c'est un symbole de la mort qui mène à l'Initiation ou à l'Illuminisme. En outre, Frédéric le Grand était un ami proche de Voltaire, l'un des *Encyclopédistes* et président de l'Hôtel d'Holbach, athée et révolutionnaire, précurseur de la Révolution française de 1789.

ESPAGNE

Deschamps, dans *Les Sociétés Secrètes et La Société,* 1881, parle de l'Espagne :

> « Les révolutions qui, depuis 1812, se sont succédé dans ce pays ont été causées, pour la plupart, par les rivalités des différentes factions maçonniques qui s'unissent toujours pour combattre l'ordre social chrétien ».

Une lettre du 15 janvier 1728 montre que la maçonnerie espagnole a commencé par une délégation du Grand Maître anglais ; la loge s'appelait *Matritense. L*'introduction du Rite Écossais en Espagne est due au Comte de Tilly autorisé par son parent, le Comte de Grasse-Tilly, qui peu de temps auparavant avait introduit en France le rite régularisé de Charleston. Ce rite était une simple évolution de la Maçonnerie philosophique. Séville en fut le premier centre et, en 1808, Tilly participa, avec les membres libéraux du gouvernement, à son Conseil suprême. Ce rite écossais, introduisant les hauts grades, était plus démocratique, tandis que la Maçonnerie des trois grades était, sous Montijo, le défenseur de l'aristocratie et de l'absolutisme. Plus tard, les deux maçonneries s'unirent et une Chambre des Rites fut créée sous la direction de Montijo *(Monde Maçonnique,* juin 1875).

L'une des premières loges, sous l'égide de la Grande Loge d'Angleterre, se forma à Madrid en 1731 et, lorsque Charles III arriva de Naples sur le trône d'Espagne, plusieurs francs-maçons figuraient parmi ses courtisans ; très vite, la loge de Madrid commença à exercer une influence sérieuse sur le gouvernement. En 1766, par l'intermédiaire du comte Aranda, les Jésuites furent chassés d'Espagne et des possessions espagnoles ; les doctrines jansénistes, maçonniques, *encyclopédistes* et même illuministes infectèrent les sièges épiscopaux, les chapitres et les universités, et sous Charles IV, la secte projeta sans succès d'établir les Juifs en Espagne.

Lors de l'invasion napoléonienne, des officiers et des fonctionnaires français ont formé les *Afrançesados, des* loges favorables à la domination française. Mais il existait aussi des loges purement espagnoles qui cherchaient à réaliser leurs projets par l'intermédiaire des Cortes Constituantes de Cadix, dont la noblesse et le clergé étaient exclus. Ceux qui représentaient les provinces occupées par les Français, des Espagnols originaires de ces provinces mais installés à Cadix, étaient appelés *suppléants*. À partir de 1753, il y eut à Cadix une loge de 500 affiliés, riche et bien placée, à laquelle appartenaient la plupart des *suppléants*, et qui formait avec ses adeptes la majorité des Cortès ; une presse libérale dominait l'Assemblée et le commandement de l'armée en faveur de la Maçonnerie. La minorité catholique et royaliste est connue sous le nom de *Serviles,* et la majorité prend le nom de *Libéraux,* puis de *Jacobins.* Ils promulguent une Constitution, le 19 mars 1812, qui maintient la monarchie en tant que forme, déclarant la souveraineté du peuple, mais le pouvoir réel appartient aux Cortes. Lorsque Ferdinand VII revint à après la chute de Napoléon, influencé par le sentiment populaire, il répudia cette Constitution et exerça par la suite un despotisme personnel.

En 1814, la maçonnerie est interdite, mais elle poursuit ouvertement sa propagande. De nombreux prisonniers espagnols en France devinrent affiliés, 5000 officiers et un plus grand nombre de subordonnés, qui donnèrent ainsi une puissante impulsion aux projets libéraux, complotèrent en secret l'anéantissement des institutions politiques et religieuses existantes. Une Grande Loge fut établie à Grenade avec Montijo comme Grand Maître, et de nombreuses loges furent formées dans l'armée ; cette loge devint si active que finalement certains furent arrêtés, d'autres s'enfuirent, et Montijo fut envoyé à Madrid, en juin 1817 ; mais la Grande Loge le suivit, et y poursuivit ses intrigues. Selon l'historien Thomas Frost, tous les constitutionnalistes modérés étaient francs-maçons et utilisèrent l'organisation maçonnique pour se concerter secrètement sur le mouvement qui aboutit à la révolution de 1820. Le parti extrême, les *communistes*, forma une organisation similaire, la *Confédération*, qui était divisée en *communes*, chacune d'entre elles étant composée de groupes locaux illimités ou de *tournées*. Les réceptions, le mot de passe et le serment sont calqués sur ceux de la maçonnerie : secret absolu, obéissance et soumission à la vengeance en cas d'infidélité comme chez les Carbonari. Il n'y avait qu'un seul grade, les fonctions étaient électives et l'*Assemblée suprême* était au-dessus de tous. Ils étaient étroitement liés à la Haute-Vente de Paris, dominée par les juifs ; les *fédéralistes leur ont* succédé.

Le 29 mars 1830, la loi salique est abolie et Isabelle devient héritière du trône à la place du frère du roi, Don Carlos ; à la mort de Ferdinand, les francs-maçons et les libéraux occupent déjà tous les postes civils et militaires... ! Les loges poursuivirent leurs intrigues tout au long de la Régence et du règne d'Isabelle, et prirent une part active au mouvement progressiste de 1854. La révolution de 1868 a été faite par la maçonnerie en opposition à Isabelle, qui a finalement été déposée et s'est enfuie en France. D'autres intrigues conduisirent au règne d'Amadeo, et plus tard à une république ; mais reconnaissant que l'Espagne n'était pas prête pour une république, les Grands Chefs décidèrent d'une monarchie constitutionnelle — assurant toujours la propagande révolutionnaire — et à cette fin soutinrent le jeune Alphonse XII, 1874. Les loges continuèrent à se multiplier et, en 1881, la Grande Loge d'Espagne comptait 154 loges ; le Grand Orient d'Espagne en comptait 162, plus 30 chapitres ; le Grand Orient Lusitanien en comptait 40 sous sa juridiction, et tous trois sont maintenant unis en tant que membres d'obédience de l'*Association Maçonnique Internationale* (A.M.I., 1933). Ainsi le Nationalisme est devenu Internationalisme (Deschamps et Claudio Jannet) !

Beaucoup a été écrit sur la manifestation judéo-maçonnique espagnole actuelle — la Révolution et la République de 1931 — et le discours suivant, prononcé par Mateo Barroso, Grand Chancelier du Conseil Suprême d'Espagne au Couvent de la

Grande Loge de France, en 1931, montre le pouvoir qui était derrière le nouveau régime :

« Je vous apporte les salutations cordiales et fraternelles du Suprême Conseil d'Espagne… Nous avons maintenant la République. Nous avons… six ministres francs-maçons, une vingtaine de hauts fonctionnaires francs-maçons et plus de 120 députés francs-maçons à la Chambre constituante. Vous voyez donc que cette faible Maçonnerie a réussi à créer une conscience démocratique et républicaine… La Maçonnerie espagnole travaille pour la Paix Universelle, elle s'associe à la tâche que la Société des Nations a entreprise… Ce sont les Maçons qui doivent créer cette conscience universelle » (cité par *R.I.S.S.*, 15 décembre 1932).

Dans le *Boletin oficial y Revisto masonica del Supremo Consejo del Grado* 33, juin 1931, nous lisons à nouveau ceci

« La République est notre patrimoine… On peut l'appeler l'image parfaite modelée par les douces mains de nos doctrines et de nos principes. Il sera impossible de réaliser un autre exemple de *révolution politique plus parfaitement maçonnique que la Révolution espagnole…* »

En outre, la Grande Loge d'Espagne, dans son *Bulletin,* s'adresse ainsi à la nouvelle République :

« Avec l'éclipse, dans le décor, de la splendeur de la Royauté, a pris fin le dernier pouvoir personnel de la Majesté… En tant qu'Espagnols et francs-maçons, qui voient s'ériger légalement la structure libérale d'un nouvel État engendré par les principes immortels qui brillent en Orient, nous ne pouvons que nous estimer satisfaits.

… Aux francs-maçons qui composent le Gouvernement provisoire, au personnel supérieur, également composé en majorité de francs-maçons, vont nos aspirations. Qu'ils soient les gardiens loyaux des trésors moraux qui leur sont confiés et qu'ils accomplissent par la République le destin de l'Espagne » (cité dans *R.I.S.S.*, 8 novembre 1931).

PORTUGAL

Selon le *R.I.S.S.* du 24 mai 1931, le Père Borges Grainha écrit, dans son *Histoire de la Maçonnerie en Portugal*, Lisbonne, 1912 :

« Le hasard a mis entre mes mains un certain nombre de livres, qui m'étaient jusqu'alors inconnus, dans lesquels figure la vie de la Maçonnerie au Portugal depuis le milieu du dix-huitième siècle. En examinant ces livres, j'ai remarqué que presque tous les hommes les plus remarquables dans les révolutions religieuses, politiques et intellectuelles de notre pays, au cours des deux derniers siècles, étaient affiliés à la Maçonnerie… Plusieurs Portugais illustres étaient également Maçons, et certains même Grands Maîtres, dans les conspirations et révolutions de 1817, 1820, 1833, 1836, 1842, 1846, 1851, 1868, 1891, et en 1910 presque tous les personnages principaux qui y ont participé avaient été initiés dans des loges maçonniques… À la fin de ces recherches, j'étais convaincu que l'histoire de la Maçonnerie au Portugal était absolument liée à l'histoire du pays ». »

Du résumé donné, et d'autres sources — l'une, le document G, de F. Chabirand dans la *Chaîne d'Union*, 1872-73 — citées par Deschamp et Claudio Jannet, nous avons tiré plusieurs des faits suivants.

La maçonnerie au Portugal remonte à 1735, sous le règne de Don Joaos V, et depuis lors, divers étrangers, français, suisses, hollandais et anglais, ont organisé les premières loges. Sous le gouvernement du marquis de Pombal, la maçonnerie se développe dans les milieux intellectuels et dans l'armée. Il avait été diplomate à Londres et à Vienne, et revint pénétré par la philosophie alors en vogue en Europe, et initia le régime du « despotisme éclairé » qui était opposé à l'Église et avait de fortes tendances « égalitaires » ; on dit aussi qu'il a établi la première loge régulière à Lisbonne. Il y avait certainement des francs-maçons parmi les personnes qu'il nomma pour fonder l'Université de Coimbre en 1772, et en 1796 elle était imprégnée d'idées libérales, devenant avec le temps un instrument reconnu et immense pour la diffusion à travers le Portugal de la philosophie de Voltaire et de Rousseau.

La Révolution française s'est déchaînée en Europe, mais au Portugal, le directeur compétent, Pina Manique, l'a contenue pendant quelques années. C'est vers 1804 que la première Grande Loge portugaise fut constituée. Les invasions de Napoléon modifièrent profondément la situation au profit de la Maçonnerie, et les officiers de la Légion portugaise dans les armées de Napoléon revinrent en 1814 largement maçonnés, et les sociétés secrètes se développèrent et se répandirent. Comme le raconte Halpérine-Kaminsky, c'est au cours de la marche à travers l'Europe après la retraite de l'armée napoléonienne que les officiers russes s'imprégnèrent des idées révolutionnaires et libérales françaises, et à leur retour une société secrète se forma en 1816, dont Paul Pestel fit finalement émerger la Société du Midi, prônant l'abolition de l'autocratie et l'instauration d'une république. Au Portugal, à cette époque, F.·. Freire Gomez d'Andrade était Grand Maître du Grand Orient Lusitanien et avait commandé une division de l'armée française pendant la campagne de Russie. Il participa lui aussi à des conspirations révolutionnaires et, lorsque la première fut découverte en 1817, comme Pestel plus tard en 1826, lui et d'autres finirent leur vie sur l'échafaud. Les loges fermèrent ensuite jusqu'en 1824 environ, lorsque des tendances libérales pénétrèrent dans les Cortes ; avec leurs camarades espagnols de Cadix, les maçons portugais proposèrent de proclamer la constitution d'une « République fédérale ibérique », qui est restée depuis lors leur projet secret.

En 1834, le franc-maçon Don Pedro IV dota le Portugal d'une nouvelle constitution libérale, et la franc-maçonnerie joua un grand rôle dans la révolution, qui dura quelques années, qui conduisit à ce changement. La franc-maçonnerie devint puissante et le désir de l'utiliser comme instrument politique aboutit à la formation d'autant d'Orients qu'il y avait de partis politiques. En 1840, il y avait neuf autorités, mais le Grand Orient Lusitanien en 1859 a réuni la plupart d'entre elles sous son obédience. Plus tard, en 1863, il fut officiellement reconnu par le Grand Orient de France et enfin, le 10 août 1869, il réunit tous les groupes maçonniques portugais sous le nom de Grand Orient Lusitanien Uni, avec le Comte de Paraty comme Grand Maître. En 1870, elle avait sous son obédience cinquante-six loges, dont vingt en Espagne. Depuis lors, l'activité maçonnique a été intense et a culminé avec la révolution de 1910, planifiée par les loges les plus avancées, telles que le « Gremio Mortugua », d'où sont sortis les Carbonarios, qui ont décrété l'assassinat du roi Carlos et de son fils aîné, et préparé la révolution républicaine.

Selon le *Times du* 28 août 1931, il y a eu seize révolutions et quarante changements de ministres au Portugal entre 1910 et 1926, et bien que le régime du général Carmona ait été qualifié de « dictature sans dictateur », une tentative infructueuse de le déposer a eu lieu en 1931. La même année, une révolte a éclaté et a été réprimée à Madère, en Guinée portugaise et aux Açores :

> « On dit actuellement que l'agitation a été fomentée par des exilés portugais à Paris, et en particulier par certains anciens chefs du Grand Orient du Portugal.

« La révolution portugaise de 1910 », dit le Dr Fredrich Wichtl,

> « *L'Alliance-israélite-universelle :* »   *(Weltfreimauerei,   Welt Revolution, Welt Republic.)*

Léon de Poncins, après avoir visité le Portugal, où il a interviewé plusieurs hauts fonctionnaires, a écrit un récit sur le « nouveau » Portugal pour le journal français *Le Jour, dont des* extraits ont été publiés dans le *Patriot, du* 11 au 18 juillet 1935. Il fut reçu par M. José Cabral, instigateur de « la loi contre la franc-maçonnerie et les sociétés secrètes, votée *à l'*unanimité par l'Assemblée nationale... ». En quelques phrases brèves, M. Cabral a résumé les motifs qui ont conduit à l'adoption de la loi contre la franc-maçonnerie :

> « Le nouvel État est un État autoritaire guidé et limité par les principes de la justice chrétienne, conforme aux traditions historiques et spirituelles du pays. Le caractère ouvertement antireligieux et antichrétien de la franc-maçonnerie était donc contraire aux bases spirituelles et morales du nouvel État... Elle soumet ses initiés à une discipline rigide, dont les buts et les intérêts sont opposés à ceux de la nation. L'État, chargé de la direction et du bien-être du pays, se heurtait sans cesse à des obstacles mystérieux et difficiles à surmonter, qui entravaient la marche des affaires nationales. La franc-maçonnerie formait ainsi un État dans l'État, un État occulte fort derrière le faible État apparent, qui réduisait ce dernier à un rôle purement superficiel. Le nouvel État portugais est un État fort qui ne peut admettre une autorité souterraine contraire à la sienne. La complexité hiérarchique de la franc-maçonnerie indique que la franc-maçonnerie a des plans cachés et compliqués, visant des fins internationales qui dépassent celles de l'État national. La franc-maçonnerie conduit donc à une grande action diplomatique occulte internationale dirigée probablement par un chef étranger.

Une telle soumission à une direction internationale étrangère est contraire au sentiment patriotique du pays. En outre, le secret que la franc-maçonnerie impose si rigoureusement à ses adeptes laisse présumer que ce qu'ils cachent si bien n'est ni insignifiant ni bénéfique... ».

A.M.I.

L'*Association maçonnique internationale,* ou A.M.I., n'est ni un rite ni une obédience, mais une confédération formée pour tenter de réaliser l'unité internationale de toutes les puissances maçonniques du monde, tout en conservant nominalement à chacune son entière indépendance. Ils considèrent, selon le franc-maçon français Albert Lantoine, que « l'ancienne chaîne doit être ressoudée, ce qui, en rendant l'Ordre plus puissant, lui permettrait d'influer, dans un sens humanitaire, sur la politique des gouvernants ».

La première réunion se tint à Genève, le 23 octobre 1921, et rassembla quelque onze membres d'obédience, y compris la Grande Loge de New York ; cette dernière, comme toujours, démissionna en raison de la reconnaissance par l'A.M.I. de la Loge allemande « Au Soleil Levant », qui s'avéra irrégulière et fut démise de ses fonctions. Pendant quelques années, elle ne progressa guère, mais en 1932, elle avait pris de l'importance, tant par le nombre de ses membres et la qualité de ses adhérents que par l'influence qu'elle exerçait. À la fin de l'année 1930, elle regroupait trente membres actifs d'obédience comme suit :

Grande Loge de Vienne.

Grand Orient de Belgique.

Grande Loge de Bulgarie.

Grande Loge d'Espagne.

Grand Orient d'Espagne.

Grand Orient de France.

Grande Loge du Luxembourg.

Grand Orient de Grèce.

Grande Loge de Polarstjernen.

Grande Loge de Pologne.

Grand Orient Uni Lusitanien du Portugal.

Grande Loge « Alpina » Suisse.

Grande Loge Nationale de Tchécoslovaquie.

Grand Orient de Turquie.

Grand Orient du Brésil.

Grande Loge de France.

Grande Loge de Yougoslavie.

Grande Loge de Panama.

Grande Loge de Porto Rico.

Grande Loge Cuscatienne San Salvador.

Grande Loge La Oriental-Peninsular.

Grande Loge du Chili.

Grande Loge de Colombie (Barranquilla).

Grande Loge de l'Équateur.

Grande Loge du Paraguay.

Grande Loge du Venezuela.

Grande Loge d'Haïti.

Grande Loge du Pérou.

Grande Loge de l'île de Cuba.

Grande Loge du Pacifique.

Son président en 1931 était F.·. Raoul Engel, Grand Maître Suprême du Grand Orient de Belgique. Le Grand Chancelier était le F.·. John Mossaz (Suisse), qui la dirigeait, assisté d'un Comité exécutif de délégués, qui semblait être une sorte de Parlement. Il y avait aussi un Comité consultatif composé de quelques délégués influents qui, apparemment, préparaient les décisions et, en fait, exerçaient l'autorité... Pour 1930-32, il s'agit de

Charles Magnette, Grand Maître honoraire, Belgique ; Bernard Wellhoff, ancien Grand Maître, Grande Loge de France ; Arthur Groussier, ancien Président du Conseil de l'Ordre, Grand Orient de France ; Arthur Mille, du Conseil de l'Ordre, Grand Orient de France ; et Fritz Brandenberg, ancien Grand Maître de la Grande Loge « Alpina », Suisse.

Comme on le verra, l'A.M.I. s'est surtout répandue dans les pays latins, et compte parmi ses obédiences la grande majorité des Rites Écossais Anciens et Acceptés, mais ne comprend aucune Grande Loge anglaise ou nord-américaine. Sous l'influence de l'A.M.I., le Grand Orient de France a annulé en 1930 les conventions qui le liaient à la Grande Loge de France et à l'obédience mixte internationale *Le Droit Humain,* préférant, disait-il, réaliser l'unité sous les auspices de l'A.M.I., dans laquelle le Grand Orient de Paris joue désormais un rôle directeur *(R.I.S.S.)* 20 septembre 1931).

En 1877, le Grand Orient de France a supprimé de ses règlements le nom de « Grand Architecte de l'Univers » et la croyance en l'immortalité de l'âme. De ce fait, la Grande Loge d'Angleterre, comme d'autres, a rompu ses relations avec elle et ne les a jamais renouées depuis. En 1929, la Grande Loge d'Angleterre a codifié huit points comme étant nécessaires à la reconnaissance par elle de toute autre loge, dont les suivants :

(2) Que la croyance au Grand Architecte de l'Univers et à sa volonté révélée est une condition essentielle pour l'admission des candidats. (7) Que les discussions religieuses et politiques sont rigoureusement interdites dans les Loges (cf. *An. Maç. Uni.,* 1930).

La Maçonnerie continentale, au contraire, est en grande partie antireligieuse, politique, et largement dominée, directement ou indirectement, par les Juifs, et de nombreuses preuves démontrent que ce pouvoir judéo-maçonnique a toujours été, et est encore, au nom de l'Humanité, la cause secrète et insidieuse de tous les mouvements révolutionnaires.

Les informations suivantes concernant l'A.M.I. ont été publiées pour la première fois par Léon de Poncins dans le *Mercure de France du* 15 août 1931, puis dans *La F.·. M.·.,* 1934 :

« En 1921, l'*Association maçonnique internationale* ou A.M.I. a été constituée à Bâle ; elle a pour but de resserrer les liens de la solidarité maçonnique internationale. Ses revues donnent des nouvelles de la Maçonnerie universelle et ses principaux ouvrages sont imprimés en français, en allemand et en anglais. Le Grand Orient de Paris joue un rôle directeur... Il édite une revue publique, *La Paix*, et une autre secrète, *Les Annales maçonniques universelles*, toutes deux publiées au 20 rue Laugier, à Paris, sous la direction de l'écrivain et juif maçonnique Édouard Plantagenêt. *La Paix* compte parmi ses correspondants Ramsay MacDonald, Ed. Benes... Henri Barbusse, et des écrivains maçonniques connus comme André Lebey du Grand Orient, et Albert Lantoine de la Grande Loge... Il y a aussi la Ligue internationale des F∴ M∴, fondée en Autriche par le Juif maçon et écrivain E. Lennhof. L'A.M.I. est une union d'obédiences maçonniques, tandis que la Ligue est une union individuelle de francs-maçons ».

L'auteur cite également l'ingénieur P. Loyer qui, lors d'une conférence à Paris, le 7 février 1934, a déclaré :

« Tant que la démocratie est restée confinée aux loges, tant qu'elle n'a été qu'un thème de conférence, elle a pu tromper. Les maçons mystiques ont pu croire qu'ils pouvaient construire un régime vivable. Mais la maçonnerie a fait l'expérience du pouvoir, et quel en a été le résultat ? Elle a régné en Russie avec Kerensky ; elle a régné en Italie avec Giolitti et Nitti ; elle a régné en Allemagne avec le triomphe momentané du social-démocrate et la complicité de Bruning ; elle règne effectivement en Espagne avec Largo Caballero, Indalocio Prieto, Rodolpho Llopis, Alexandre Leroux ; elle règne encore en France... Mais partout, partout sans exception, l'expérience du pouvoir lui a été défavorable... La Maçonnerie commence à comprendre que toute son idéologie démocratique la laisse sans ressource, et qu'elle ne peut en tirer la moindre lumière pour résoudre les conflits politiques actuels. Elle le sait et elle l'admet ».

TURQUIE

Le Grand Orient de France a publié un rapport :

« Congrès international de l'AMI, tenu à Genève du 21 au 24 août 1930... La Ligue déclare en particulier qu'elle ne vise à aucune ingérence dans l'autorité ou l'action centrale des grands corps maçonniques. Ce qu'elle désire, c'est une approche individuelle, de bonnes relations, des liens d'amitié personnelle entre Maçons réguliers, afin *de former ainsi une chaîne autour du globe »*.

La Libre Parole, décembre et janvier 1933, écrit à nouveau :

« Le Convent de l'A.M.I. s'est tenu à Constantinople, en septembre 1932. Malgré la distance, vingt-deux pays étaient représentés par les délégués de vingt-quatre obédiences maçonniques différentes. Les orateurs soulignèrent l'importance de ce Convent qui, pour la première fois, réunissait en Orient les représentants de la Maçonnerie mondiale... Les travaux du Convent furent ouverts par le Grand Maître Moustafa Hakki... Pendant quatre jours, le Convent régla toutes les questions administratives qui avaient été étudiées pendant de longs mois par le Comité Exécutif. Ils ont déploré la situation financière, due à la crise économique, et surtout aux lois qui, dans certains pays, en interdisant l'exportation des capitaux, ont rendu le paiement des cotisations difficile, voire impossible. Les frères parlementaires de ces pays sont invités par l'A.M.I. à mettre fin à cette « situation déplorable ». Une motion en faveur de la paix — par le désarmement — est adoptée. F.·. Colaveri conclut en déclarant : « Dans l'Assemblée, le Couvent a accompli un travail important qui affirme les bases de l'*Association maçonnique internationale* et assure définitivement son avenir ».

En 1922, l'Orateur de la Grande Loge de France a déclaré :

"Mes frères francs-maçons, je souhaite que la franc-maçonnerie, qui a tant fait pour l'émancipation des hommes, et à laquelle l'histoire doit les révolutions nationales — 1789, 1871 — sache aussi faire cette plus grande révolution qui sera la révolution internationale.

Selon le *Times,* le *Comité* turc *de l'Union et du Progrès* était le Grand Orient de la franc-maçonnerie et des Illuminati. À propos de Talaat et des atrocités commises contre les Arméniens, le *Daily Telegraph* écrivait le 29 mai 1922 :

« C'est en tant qu'humble fonctionnaire de la poste de Salonique qu'il fait très tôt connaissance avec les Militaristes Jeunes-Turcs et les politiciens de la Franc-maçonnerie du Grand Orient, les hommes qui allaient provoquer la révolution de 1908.

... Behaddine Chakir Bey... était, après Talaat, Enver et Nazim, la figure la plus puissante et la plus sinistre du Comité de l'Union et du Progrès... »

Ceux-ci, avec le Dr Roussouhi Bey et une demi-douzaine d'autres, formaient l'exécutif tout-puissant et secret de ce C.U.P., qui dirigea la Turquie pendant une dizaine d'années jusqu'en 1918. C'est à eux que l'on doit l'acte qui a entraîné la Turquie dans la Grande Guerre, avec toutes ses conséquences. La réaction kémaliste s'est mise en place sous l'influence néfaste du P.C.U. et de ses alliés bolcheviques.

Puis vint le complot anti-Kemal et les procès de Smyrne et d'Angora, en juillet et août 1926, au cours desquels la plupart des derniers dirigeants éminents des "Jeunes Turcs" furent condamnés et pendus. Lors du procès, il a été raconté comment Enver et Talaat "sont entrés en contact avec des représentants des rebelles irlandais de l'époque et ont promis de les soutenir, parmi d'autres peuples opprimés, s'ils menaient une guerre incessante contre la Grande-Bretagne" *(Daily Telegraph, 26 août 1926)*. Dans un autre éditorial, le 30 août 1926, le même journal écrit :

> Entre ce parti "Jeune Turc" et le nationalisme kémaliste qui lui a succédé et qui l'a éradiqué, il n'y a guère de choix à faire en ce qui concerne la morale politique. Tous deux ont cherché à créer et à dominer despotiquement une nouvelle Turquie. Tous deux ont à leur actif des oppressions de toutes sortes et des massacres barbares. Ces choses se comprennent facilement quand on sait que beaucoup des hommes, y compris Mustapha Kemal lui-même, qui sont à la tête du mouvement nationaliste, ont fait leur apprentissage politique au sein du Comité de l'Union et du Progrès ; et l'assaut final contre les premiers dirigeants de la révolution ne représente guère plus que la détermination de la nouvelle dictature à ne tolérer aucune rivalité ou critique, dans la sphère de son autorité".

Parlant de « l'esprit de révolte et d'anarchie spirituelle » dans la franc-maçonnerie, J. Marquès-Rivière cite le franc-maçon Jean Bon, député de la Seine, qui déclarait au couvent du Grand Orient de France, en 1919 : « … Nous ne connaissons pas de limites à la gauche. Car nous avons nous-mêmes fermé les routes de la droite… » Et toujours au Convent du G.O., en 1920, le même Maçon déclarait :

> « La Société des Jacobins qui fut le grand auteur de la Révolution française n'était, pour ainsi dire, que l'aspect extérieur de la Loge maçonnique. Ce que les Jacobins ont fait pendant les cinq années

immortelles de 1789 à 1794, nous pouvons et devons le refaire si le danger revient... »

BELGIQUE

Dans trois articles du *R.I.S.S.*, I et 15 février et I mars 1935, Georges Loïc donne quelques renseignements utiles sur la Maçonnerie belge, ses affiliations révolutionnaires et ses activités. La Maçonnerie belge est soumise à trois autorités : le Suprême Conseil du Rite Écossais, le Grand Orient et la Fédération Nationale des Loges Mixtes. Les Belges ont été les premiers à s'associer à leurs frères français et espagnols pour fonder l'A.M.I. « Les principaux centres d'intrigue semblent donc être les Suprêmes Conseils, la Ligue Internationale des Francs-Maçons, l'A.M.I., la Société Théosophique et sa fille la Co-Maçonnerie ». Les Suprêmes Conseils sont tous issus du Suprême Conseil fondé le 31 mai 1801 à Charleston par les Juifs Dalcho et Mitchell et par le Comte de Grasse-Tilly. Le 19 février 1922, une alliance a été conclue au Grand Temple du Droit Humain, à Paris, entre la Co-Maçonnerie et le Grand Orient de France. Ces liens ont été rompus par une décision du Conseil du Grand Orient, le 13 septembre 1930 (Convent du Grand Orient de France, 1930).

Tout autonome qu'il était, le Grand Orient de Belgique éprouva le besoin d'entrer dans une ligue d'obédiences, l'A.M.I., afin de participer aux influences extérieures du moment. Deux congrès de l'A.M.I. se tinrent à Bruxelles, ceux de 1924 et 1930, et en 1933 le Comité exécutif de l'A.M.I. fut invité à tenir la session de printemps à Bruxelles afin de participer aux manifestations organisées à l'occasion du centenaire du Grand Orient de Belgique. La place prise au sein de l'A.M.I. par les Belges est donc certaine, et ce d'autant plus que l'on sait qu'en 1925, un Juif liégeois, Max Gottschalk, occupait le poste de Chancelier administratif. Il devint également secrétaire général de l'A.M.I., secrétaire du Comité consultatif, administrateur financier de l'A.M.I., rédacteur de son Bulletin et d'autres publications. Lors d'une convocation spéciale de *La Parfaite Intelligence et de l'Étoile Réunies* de Liège, la résolution suivante a été adoptée :

"(1) En ce qui concerne le Grand Architecte de l'Univers, ce retour à la tradition se fait sous un angle exclusivement symbolique, en dehors de tout esprit confessionnel ou dogmatique, chacun étant libre d'interpréter le symbole comme le lui dictent sa conscience, sa raison et son sentiment religieux.

"(2) En ce qui concerne le Livre de la Loi Morale, la Bible étant généralement considérée en Belgique comme le Livre sacré de l'Église catholique romaine, confession dominante ici et hostile à la Maçonnerie, pour éviter toute équivoque le Livre de la Loi Morale sera représenté par la Constitution de l'Ordre de 1723 (charges anciennes) texte original et précepteurs maçonniques. Pendant les travaux, il sera ouvert sur l'autel, sous l'équerre et le compas". *(Bulletin,* A.M.I., avril-juin 1930).

On connaît les efforts déployés depuis plus de quarante ans pour imposer aux États un système d'arbitrage international. Avant la guerre, le F∴ Léon Bourgeois réussit à fonder la Cour Internationale de Justice à La Haye. En 1917, un Congrès, aujourd'hui célébré, réunissant les Maçonneries latines, certaines alliées et neutres, se réunit dans la salle des Couvents du G.O. de France, et c'est là que les Maçons, André Lebey et Meoni, jetèrent les bases de la Société des Nations, dont le F∴ Sieyès et le Député Jacobin ont été les premiers à se doter. Sieyès et le député jacobin Milhaud rêvaient déjà en 1792. F∴ Magnette en 1930 à Liège, à l'occasion du Convent de l'A.M.I., disait :

« Cette création de la Société des Nations était une manifestation de solidarité internationale que seuls les esprits moqueurs et systématiquement sceptiques raillaient ou dépréciaient sottement… C'est le même sentiment qui guidait les fondateurs de l'A.M.I. en 1921 ; ils désiraient établir des relations plus étroites entre les multiples obédiences qui portaient le nom de loges et donner à une institution répandue sur toute la surface de l'univers, une organisation rationnelle et un centre de développement qui en centuplerait la puissance. »

Au même couvent, F∴ Henri La Fontaine, vice-président du Sénat de Belgique, a déclaré :

« Vous n'ignorez pas… que la Maçonnerie ne doit pas s'occuper de politique… Mais tout de même il ne faut pas oublier que dans le passé c'est dans les Loges qu'ont été préparées les grandes révolutions, notamment les révolutions française et américaine…

Dans beaucoup de nos Loges les batteries se terminent par les mots de la Révolution française : Liberté, Égalité, Fraternité » *(Bulletin, A.M.I., juillet-septembre 1930).*

Ce que Le Couteulx de Canteleu disait de la Maçonnerie en 1863 pourrait bien être dit d'elle aujourd'hui :

« Les francs-maçons se sont disputé l'empire du monde comme peu de souverains l'ont fait, et dans quel but ? Pour être le point de départ de toutes les folies et de toutes les monstruosités ; la Cabale, la magie, la philosophie hermétique, les communications avec les esprits, le magnétisme, la théosophie, le déisme, l'athéisme, la régénération physique et morale, la vengeance, la destruction des empires, la République universelle ; si l'on exclut ces folies, que reste-t-il ? Quelques honnêtes citoyens jouant en pleurant dans la chapelle du tombeau d'Hiram ! ».

Georges Loïc conclut :

« Les Juifs qui ont connu le triomphe de la révolution bolchevique en Russie et en Europe centrale sentent le vent de la défaite... Les deux Internationales socialistes ont constitué le Front unique à Amsterdam pour reprendre l'œuvre révolutionnaire en péril. Aveuglée par un mysticisme absurde, la Franc-maçonnerie se prépare à jouer Kerensky aux côtés des Juifs internationaux. Certes, les forces de la Maçonnerie sont immenses... Elle est cependant faible, car ses principes l'obligent à agir par intermédiaires, à n'être qu'une influence... une machine à former l'opinion... sans aide extérieure — complicité des gouvernements étrangers ou des financiers internationaux et de leurs troupes, l'Internationale ouvrière — elle ne peut pas grand-chose... elle est incapable de former un édifice durable. »

LA LIGUE DES NATIONS

Les 28, 29 et 30 juin 1917, le Grand Orient et la Grande Loge de France ont tenu à Paris un Congrès réunissant les représentants des Maçonneries alliées et neutres, à l'exception de la Maçonnerie anglaise. Quelques extraits du compte rendu des interventions peuvent, dans la perspective des propositions françaises à la Conférence du désarmement de la Société des Nations, intéresser le lecteur général. Le texte du rapport est donné dans *Dans l'Atelier Maçonnique,* par André Lebey, Maçon éminent et orateur du Grand Orient de France ; le sujet de la discussion était « la préparation de la Société des Nations » :

« Justice collective qu'ils ont voulu rendre possible en la faisant dominer la justice individuelle et égoïste d'État à État... Ainsi la force suprême de la communauté des Nations, matérielle et morale, saura-t-elle vaincre les desseins meurtriers de l'une ou de plusieurs d'entre elles. Il n'y aura plus alors de nations neutres, car aucune, dans une organisation de cet ordre, ne pourra s'isoler sans manquer au devoir convenu. L'injustice faite à l'une d'elles les frappera collectivement et individuellement... Les neutres doivent donc être unis entre eux de telle sorte qu'ils soient toujours amenés à se prêter assistance... —

« La tâche qui s'impose à notre génération, et plus spécialement à vous, mes FF.·., consiste à réaliser un progrès décisif vers ce droit international... Ce droit international est le droit de la paix... Le droit international doit être armé de sanctions telles qu'elles découragent d'avance ceux qui seraient tentés de manquer à leur parole. Unies entre elles, les nations qui veulent vivre en paix, dans le respect de leurs droits réciproques, créeront une force souveraine irrésistible d'action économique et militaire qui empêchera les masses aveugles d'être entraînées dans les conflits impérialistes. Cette union des différentes forces nationales sera elle-même, pour réaliser sa tâche défensive, adaptée, aménagée et équipée en vue de sa plus grande efficacité. Le Droit aura ainsi des garanties de pérennité. Elle deviendra une force par l'adhésion du plus grand nombre d'États. Cette force, *par une véritable police des nations*, maintiendra la paix universelle en mettant toutes les puissances civilisées du côté de toute nation dont les droits, sans provocation, auront été violés par une autre ».

Parmi les conclusions présentées, au nom de la Commission, par F.·. Lebey et adoptées par le Congrès :

« Le Parlement international associe, dans des commissions appropriées, pour toutes les questions importantes qui facilitent les relations internationales, des collaborateurs choisis par lui et ratifiés par les Chambres nationales des différents États, afin de régler collectivement et internationalement des questions universelles de législation qui resserreront encore les liens entre les peuples...

« Le Parlement international formera également en son sein, à raison d'un membre par nation, un pouvoir judiciaire, créant ainsi une Cour internationale de justice, devant laquelle seront portés tous les conflits nationaux entre les nations. Les élus, nommés pour trois ans, selon les précédents, sont responsables devant le Parlement international et ne peuvent promulguer une sentence que si elle est ratifiée par lui.

« Aucune nation n'a le droit de déclarer la guerre à une autre, car la guerre est un crime contre la race humaine. Tout différend entre États doit donc être renvoyé au Parlement international. La nation qui refuserait de le faire se placerait ainsi en dehors de la Société des Nations qui, après avoir épuisé tous les autres moyens de la convaincre, notamment par le boycott économique, la rupture de toutes relations, le blocus complet par terre et par mer, et l'isolement absolu, aurait le droit et le devoir de la contraindre par la force à reconnaître la loi universelle.

« Le Parlement international définira lui-même les mesures diplomatiques, économiques et militaires qui seront établies pour assurer l'exercice de ses pouvoirs. Son but, proprement dit, est, sous des garanties suffisantes de l'autonomie de chaque nation, la limitation des armements pour aboutir un jour au désarmement universel. Le Parlement international ne devrait soutenir les armements de chaque pays constituant la Société des Nations que dans la mesure nécessaire pour contrebalancer efficacement les armements de ceux qui resteraient en dehors de la Société des Nations.

« Le Parlement international choisira lui-même le lieu de ses réunions, la ville deviendra la capitale du monde, dont le territoire sera internationalisé. Il adoptera comme emblème une bannière sur laquelle un soleil orange rayonnera sur un fond blanc au milieu d'étoiles jaunes aussi nombreuses que les nations qui adhéreront aux conventions ci-dessus. »

Tel est le rêve maçonnique de l'internationalisme, où la nation la plus arriérée et la plus barbare serait sur un pied d'égalité avec les grandes puissances les plus civilisées - Liberté, Égalité et Fraternité, le slogan de la Révolution française, aussi faux que subversif !

Et lorsqu'en 1934, il fut proposé d'admettre le gouvernement soviétique — ce régime barbare de tyrannie, de brutalité et d'esclavage, dominé et représenté par les juifs — comme membre honoré de la Société des Nations, une partie au moins de la presse poussa un cri d'indignation. La *Gazette de Lausanne* du 16 août de cette année-là écrivait :

« Si la Russie est reçue officiellement dans la Société des Nations, nous aurons en permanence dans notre pays les agents de la police secrète russe, qui s'appelle innocemment "Commissariat de l'Intérieur pour le Peuple"... Le travail du G.P.U. est l'espionnage militaire et les opérations de sape contre les organisations et les personnes qui s'opposent aux Soviets et au communisme en Suisse. L'espionnage est également politique et industriel, y compris la constitution de "cellules" secrètes dans les entreprises industrielles... »

Certains journaux britanniques ont également protesté vigoureusement contre l'admission de la Russie soviétique au sein de la Ligue ; par exemple, le *Sunday Pictorial du* 26 août 1934 a écrit :

« L'histoire la plus intéressante au monde aujourd'hui serait probablement la révélation complète des intrigues qui se déroulent pour faire entrer la Russie dans la Société des Nations. Voilà quelque chose devant lequel la justice, la décence et la pitié pourraient bien se recroqueviller et mourir. Si la Russie est admise, il ne fait aucun doute que Genève sera transformée en l'un des centres les plus sinistres et les plus dangereux du monde. Derrière le manteau de l'idéalisme, et toute cette digne décence qui est censée accompagner la Ligue, nous aurons des complots internationaux d'une moralité de gangster... Si la Russie entre dans la Ligue, nous serons confrontés à ce qui est peut-être la plus grande ironie depuis le début de l'histoire, l'avilissement de la grande institution créée pour assurer la paix mondiale en un laboratoire de perturbation mondiale, principalement par le biais des affaires d'Extrême-Orient et de l'Inde, mais aussi de bien d'autres façons... »

Aujourd'hui, nous sommes témoins de la réaction à cette Ligue judéo-maçonnique dans la crise italo-abyssine actuelle, et qui peut dire quelles sinistres intrigues se cachent derrière cela !

STAVISKY

Nous ne pouvons quitter cette question de la puissance de la judéo-maçonnerie sans évoquer au moins les récents scandales Stavisky. Jusqu'à présent, le meilleur compte rendu de ce qui a conduit à l'éclatement de la bombe Stavisky se trouve dans le livre de Léon Daudet, *La Police Politique,* 1934, dans lequel il nous dit :

LA TRACE DU SERPENT

« Il y avait maintenant deux bandes rivales aussi puissantes l'une que l'autre quant à leurs relations politiques, financières, maçonniques et autres : la bande Stavisky… et la bande Lévy-Dubois : La bande Stavisky… et le groupe Lévy-Dubois… Les deux groupes, composés de personnalités et de banques puissantes, s'attaquaient avec violence… L'un et l'autre ayant besoin de la complicité de fonctionnaires, corrompus ou corruptibles, dépendaient de la Sûreté Générale… Le groupe Lévy-Dubois fut fondé en 1927 par trois petits juifs sans fortune… tous trois étaient affiliés à la Loge *Droit et le Devoir*… »

Leur première tentative de manipuler des certificats de rente pour les dommages de guerre et d'émettre un emprunt public n'aboutit à rien. Puis une idée géniale est venue, et

« Une loi fut préparée et votée en juillet 1933, qui permettait de financer, par des rentes, les engagements de l'État envers les communes et les départements. Par l'intermédiaire du groupe Lévy-Dubois, on prépara *L'Outillage National*, sur le modèle de ce qui avait été fait pour les régions libérées… Mais Stavisky intervint. Il fonde en même temps et sur le même modèle, avec l'accord du Quai d'Orsay, la *Caisse autonome*… Soudain l'intervention de la Ville vient tout gâcher et mettre le feu aux poudres. Le Crédit Lyonnais contraint Levy-Dubois à dissoudre *L'Outillage National* et à abandonner l'affaire… »

Ce groupe Dubois fit cependant éclater le scandale Stavisky par des pamphlets menaçant de s'exposer. Le résultat est connu, et comment l'affaire des « bons de Bayonne » a éclaté.

« Stavisky, cet immense escroc qui était à la fois un espion d'une certaine capacité et un corrupteur de génie, avait trouvé le moyen d'accaparer un grand nombre de casinos de province, notamment dans la région de Biarritz et de Saint-Jean-de-Luz, ainsi que, avec la complicité de la section des jeux de la Sûreté générale, quelques tripots de la région parisienne, donnant de fructueux rendements. Au premier rang de ces derniers se trouvait le *Cercle Hippique* ou *Frolic's*… en principe le président du Frolic's, véritable piège à policiers, était toujours un fonctionnaire de police… » La bombe Stavisky éclate, et avec elle disparaît Stavisky — suicide ou assassinat ? Soudain, le 20 février, quinze jours après la fusillade des patriotes et des anciens militaires sur la place de la Concorde, le juge Albert Prince, membre de la Commission judiciaire chargée d'enquêter sur les responsables des remises accordées depuis des années par le Parquet à l'escroc Stavisky, est retrouvé découpé en morceaux sur la voie ferrée à quelques kilomètres de Dijon. Son portefeuille a été retrouvé à proximité, tous les papiers ayant disparu ; il contenait, on le savait, deux documents accablants accusant les responsables des remises accordées à Stavisky. Ces documents devaient être présentés le lendemain à la Commission d'enquête. Pour couvrir davantage les personnes impliquées, le « suicide » a été murmuré et suggéré ».

Stavisky et ses complices juifs Hayotte et Cohen avaient escroqué le Crédit Municipal de Bayonne de centaines de millions de francs, et plusieurs personnalités officielles avaient été directement compromises. Stavisky, vieux délinquant notoire, a été dix-neuf fois reconnu coupable et condamné et dix-neuf fois acquitté, grâce à ses protecteurs du gouvernement. À Paris, c'est l'explosion, le gouvernement cherchant manifestement à étouffer l'affaire. La Chambre désignée aux élections de 1932 était très « à gauche » et composée d'une grande majorité de francs-maçons, et bien que le gouvernement ait reçu un vote de confiance au Parlement, il fut contraint de démissionner en raison de la réaction de l'opinion publique. Il a été suivi par un autre, également imprégné de francs-maçons, qui a refusé d'instituer une commission d'enquête.

Ce refus fut suivi de la tragique fusillade du 6 février 1934, qui fit vingt-sept morts et deux mille blessés. Le lendemain, le gouvernement est à nouveau contraint de démissionner et le calme ne revient que lorsque le Président de la République fait appel à l'ancien Président Doumergue pour sauver le régime parlementaire. Qu'en est-il de la franc-maçonnerie ?

Parlant de la judéo-maçonnerie et de l'affaire Stavisky, le rédacteur du *R.I.S.S. du* 15 mars 1934 donne les noms de sept francs-maçons membres de la Commission d'enquête sur les scandales, et de six membres de la Commission d'enquête sur les émeutes du 6 février, et ajoute deux autres noms, ceux de francs-maçons qui devaient « aider la Commission d'enquête à déterminer dans quel quartier les coupables et les complices doivent être recherchés ». Plus loin, il écrit :

> « Ainsi, l'existence de la franc-maçonnerie trouble le jeu de toutes les institutions. Un pouvoir politique secret est incompatible avec un gouvernement indépendant. Les commissions d'enquête sont

noyautées par le pouvoir secret. La bonne volonté des membres honnêtes de la Commission se heurte à une conspiration permanente. Il en est ainsi dans tous les rouages de l'État, le député maçon ne représente pas ses électeurs : *il représente sa Loge.*

Le fonctionnaire-maçon ne remplit pas ses fonctions en toute impartialité ; *il met son autorité publique au service de ses chefs secrets. Le* juge-maçon n'est pas libre, il *est obligé de se soumettre aux pressions fraternelles.* Un gouvernement indépendant ne peut coexister avec un gouvernement secret ; il le supprime ou bien il perd sa propre indépendance... Quelle est la participation exacte de la franc-maçonnerie à l'étouffement de l'affaire Stavisky ?

Les francs-maçons eux-mêmes ont été troublés et certains d'entre eux ont démissionné. Lors de l'assemblée générale du Grand Orient d'Espagne, le 20 février 1933, entre autres, la décision suivante est d'une importance capitale, applicable à toute la maçonnerie du Grand Orient :

« Les autorités maçonniques sont tenues de veiller à l'accomplissement, avec la fréquence nécessaire, du devoir imposé aux frères exerçant un emploi public de renouveler le serment, d'expliquer et de justifier maçonniquement leur conduite publique devant leurs supérieurs. Et comme dans l'exercice d'un emploi public on peut manquer à ses devoirs maçonniques aussi bien par action que par omission, cela signifie que le Maçon remplissant cette fonction sera tenu, non seulement d'expliquer et de justifier toute action paraissant blâmable ou douteuse, *mais aussi de recevoir les directives maçonniques et d'*y prêter attention... »

Il semblerait donc que ces maçons ne soient pas libres, mais soumis à leurs supérieurs et qu'ils doivent leur obéir sous serment.

Enfin, J. le François, dans le *R.I.S.S. du* 15 septembre 1933, nous donne les informations intéressantes suivantes. La Grande Loge de France, lors de son Convent de 1932, a fait un rapport sur les « maladies de la France contemporaine » telles qu'elles ont été présentées par les loges et synthétisées par F∴ Chaligny. M. le François écrit :

"Le rapport de F∴ Chaligny constate clairement l'échec de la démocratie mystique... D'abord l'esprit de révolution n'a plus d'adorateurs, d'enthousiastes, d'apôtres. Les grands ancêtres ont perdu la face, ou plutôt leur mémoire n'a plus de pieux adorateurs dans le peuple. La Liberté, l'Égalité, la Fraternité, qui s'en soucie ? Les Droits de l'Homme ?... « Ils sont arrivés à l'époque où l'on en abuse », dit F.·. Chaligny, où la plus grande partie des membres de la collectivité ou du moins les plus influents négligent les devoirs auxquels ils sont astreints.

... Il apparaît donc que le mythe a fait son temps... Pendant 150 ans, nous avons vécu sur le mythe révolutionnaire. A-t-il pu réaliser les espoirs infinis que les hommes avaient placés dans la splendide formule "Liberté, Égalité, Fraternité" ?... Nous avons montré l'échec de toutes les institutions qui se sont réclamées de ces trois mots prophétiques... Il semblerait que les principes que l'on s'est habitué à considérer comme indispensables à la santé d'une société soient oubliés ou foulés aux pieds."

D'ailleurs, au Couvent du Grand Orient, en 1920, F.·. Fontenay disait :

« Toute révolution vise à assurer le bonheur universel. Lorsque nos ancêtres ont proclamé comme principe Liberté, Égalité, Fraternité, ils visaient à réaliser le bonheur. Après 130 ans, nous voyons leur œuvre ; elle n'est pas brillante ; de la Liberté, il ne nous reste rien ; de l'Égalité, il n'y en a guère ; de la Fraternité, il n'y en a jamais eu ».

Ainsi s'évanouit le grand rêve maçonnique !

CHAPITRE VIII

LA THÉOSOPHIE ET LA CO-MAÇONNERIE INDIENNE

Parlant de l'occultisme du XIXe siècle tel qu'il a été élaboré par les martinistes, Papus, Éliphas Lévi et les théosophes, et qui comprend un ensemble bizarre de choses telles que les phénomènes métaphysiques, le spiritisme, la magie, l'astrologie, la médecine hermétique, la Cabale, les nombres ésotériques, l'exégèse mystique, les spéculations sur la réincarnation et le karma, et surtout un système doctrinal présenté comme la source commune dont toutes les religions sont issues, écrit Marcel Lallemand, dans ses *Notes sur l'occultisme :*

"C'est en réalité une avalanche de mots pompeux, d'expressions grandiloquentes, de phrases apocalyptiques, de signes mystérieux et de silences commandés par une pseudo-initiation aux mystères sacrés… Sous l'influence de la Théosophie, elle est associée à des visions de bibliothèques cachées dans les grottes de l'Himalaya, de cérémonies fantastiques dans les Temples égyptiens, etc. On sait que les occultistes se prétendent les héritiers des traditions secrètes remontant aux Égyptiens et transmises au cours du Moyen-Âge par les Rose-Croix, les Templiers, etc. La plupart de ces occultistes sont attachés à la franc-maçonnerie… Ce monde souterrain travaille fiévreusement, et bien des événements publics ne se comprennent qu'en fonction de l'agitation de ces termites occultistes, dont l'activité est un des signes les moins équivoques du désordre spirituel du Monde Moderne… Il serait d'ailleurs légitime de parler d'une *satanisation* (plutôt que d'une déification) de ces aspects obscurs de l'âme humaine. C'est en cela que réside le danger de l'occultisme, qui aboutit souvent au désordre mental et psychique, conduisant nombre de ses adeptes à sombrer dans la perversion sexuelle, la folie ou le crime, comme le montrent les annuaires de l'occultisme moderne" (cité par de Poncins).

De plus, de Poncins écrit :

« L'occultisme a des répercussions plus importantes qu'on ne le pense. Une vague d'occultisme a précédé et accompagné les deux grands mouvements révolutionnaires de 1789 et 1917. Les théosophes et les illuminés du XVIIIe siècle, Jacob Boehme, Emmanuel Swedenborg, Martinez de Pasqualis, Cagliostro, le comte de Saint-Germain, etc., avaient leurs équivalents dans les nombreuses sectes russes et dans les mages et occultistes de la cour impériale, Philippe, Papus, le Tibétain Badmaev, et surtout Raspoutine, dont l'influence extraordinaire contribua directement à déchaîner la révolution. »

Si l'on regarde l'histoire, il semble évident que la diffusion des sociétés secrètes, de l'illuminisme, de la théurgie et du spiritisme a toujours été un précurseur certain des révolutions et de la chute des couronnes. Dès le début, le règne de Nicolas II de Russie a été une longue succession de mystiques, de prophètes et d'Illuminés — instruments de la « Main Cachée » — qui, par leurs pratiques étranges et leurs vies parfois scandaleuses, ont largement contribué à jeter le discrédit sur la Cour de Russie, ont finalement conduit à sa chute et, par la mort et la destruction, ont initié le régime soviétique dirigé par les Juifs avec son rêve de révolution mondiale et de domination mondiale — le rêve de la Maçonnerie Illuminée du Grand Orient.

Le premier de ces mystérieux ouvriers d'une importance exceptionnelle fut Maître Philippe, chef de l'école de théurgie de Lyon. Il décrivait ainsi son travail : "Depuis l'âge de treize ans, j'ai fait des guérisons miraculeuses : « Dès l'âge de treize ans, j'ai opéré des guérisons miraculeuses. Je suis un intermédiaire inconscient entre l'*humanité et une Puissance Supérieure* qui l'éclipse. Les résultats étonnants que j'obtiens chaque jour, je les admire, mais je ne les comprends pas. » En 1900, il est introduit à la Cour de Russie par Papus, Martiniste et Illuminé bien connu, qui considère Philippe comme son "Maître". Peu à peu, il devient indispensable à l'empereur et à l'impératrice. En 1903, de retour en Russie après une absence forcée, il initie l'impératrice aux pratiques du spiritisme et de la théurgie. C'est lui qui inspire à l'empereur l'idée de la paix universelle par le désarmement général ! Il fut finalement contraint de se retirer à Lyon, où il mourut en août 1905 (*Le Maître Philippe*, par J. Bricaud).

Papus le martiniste et théurgiste, de son vrai nom le docteur Encausse, est apparu pour la première fois à Saint-Pétersbourg en 1900 et a introduit le martinisme dans l'aristocratie russe à cette époque ou plus tard. En 1905, il fut à nouveau convoqué en Russie à l'occasion de la révolution de cette année-là, ses conseils étant jugés précieux à la Cour. Dans ses *Mémoires de 1916*, Paléologue raconte que "le jour même de l'arrivée de Papus à Saint-Pétersbourg, une émeute sema la terreur à Moscou et un mystérieux syndicat proclama une grève générale des chemins de fer". Et en ce qui concerne la révolution ultérieure, Papus prétendait pouvoir éviter cette catastrophe au moyen de sa magie, mais seulement tant qu'il resterait dans son corps physique. La dernière visite de Papus en Russie eut lieu en 1906 et il mourut, en octobre 1916, pendant la Grande Guerre.

Dans son livre *Raspoutine : The Holy Devil*, Fülöp Miller parle d'un autre cas :

L'un des phénomènes les plus curieux de la Cour impériale russe était le "docteur en médecine tibétaine", Badmaev... Shamzaran Badmaev affirmait qu'il avait acquis une connaissance exacte des doctrines secrètes de la "magie tibétaine" et de la science médicale dans la maison de son père (Transbaikalia), car ce savoir était une tradition ancienne dans la famille... Il y eut une époque dans la politique russe où non seulement la Cour, mais aussi les ministres et les fonctionnaires administratifs étaient entièrement sous l'emprise de Badmaev.

... Il a créé un sanatorium qui se distinguait de tous les autres par son caractère politique. Son appartenance à un parti et ses opinions politiques étaient soigneusement notées sur le dossier de chaque patient de l'établissement... Badmaev entretenait une correspondance active avec ses patients après la fin de leur traitement, dans laquelle, outre des conseils médicaux... il leur donnait également des instructions politiques. Au fil du temps, la médecine, la politique et les "essences de lotus" sont devenues de plus en plus interdépendantes, donnant lieu à une fantastique sorcellerie politique qui trouve son origine dans le sanatorium de Badmaev et qui a décidé du destin de la Russie.

Selon Paléologue, Protopopov, ministre de l'Intérieur, aurait été mis en contact avec le sinistre moine Raspoutine par Badmaev, le charlatan mongol. À propos de Raspoutine, dans son *Enquête sur l'assassinat de la famille impériale russe,* Nicolas Sokoloff écrit que Raspoutine était entouré et dirigé par trois juifs : Ivan Theodorovitch Manoussevitch Manouilof, qui avait de nombreuses relations tant en Russie qu'à l'étranger et qui, avant 1905, fut longtemps affilié à la police de Paris. C'est également lui qui a introduit le célèbre Philippe à la cour de Russie. Ensuite, un banquier juif, Dmitri Rubenstein, accusé en vain d'intrigues avec les Allemands pendant la guerre. Enfin, son secrétaire, Aron Samouilovitch Simanovitch, marchand de diamants à Petrograd, juif d'origine et de religion. Il vivait dans la maison de Raspoutine et agissait apparemment pour Raspoutine sans le consulter.

Le nom du Comte de Saint-Germain a longtemps été entouré d'un prestige extraordinaire et il est aujourd'hui l'un des Maîtres les plus "sacrés", jusqu'à l'obsession, de la Société Théosophique. Nous donnons ci-dessous quelques opinions variées sur ce personnage quasi légendaire. Dans une série d'articles *L'anatomie de la révolution,* G.G. ou "Dargan", auteur de l'*Ordre sans nom* (voir le *Patriote,* octobre 1922), écrit :

"Il ne fait aucun doute qu'il y a cent cinquante ans, la Maçonnerie du Grand Orient et la Maçonnerie Templière sur le continent étaient imprégnées et utilisées par des sociétés occultes aux objectifs subversifs et anti-religieux. Le grand prêtre et maître à penser de ce mouvement au XVIIIe siècle semble avoir été un brillant aventurier se faisant appeler 'comte de Saint-Germain' ou Ragoczy — dont on pense qu'il était juif portugais —, organisateur assidu de la révolte, et parmi les relations ou les intimes duquel nous trouvons Mirabeau, Weishaupt, Cagliostro et Paschalis (les deux derniers également d'origine juive), qui ont tous joué leur rôle dans la préparation du réseau de sociétés secrètes qui a contribué à provoquer la Révolution française".

Toujours dans la même série, il écrit

"L'origine de toutes les sociétés occultes d'aujourd'hui pourrait probablement être retracée directement à des sociétés similaires du passé... La Société Théosophique, par exemple, a été fondée par Mme Blavatsky, qui était employée comme agent des Carbonari, auxquels elle a adhéré en 1856, alors qu'elle était sous l'influence de Mazzini, qui semble avoir fondé une branche des Carbonari en Angleterre, et dont les liens avec la Maçonnerie Orientale sont bien connus. Mme A. Besant, disciple et successeur de Mme Blavatsky, pourrait donc à juste titre se réclamer de la lignée des prophètes du culte révolutionnaire mystique qui vénère Ragoczy comme le 'Maître'. Il n'est donc pas surprenant de constater qu'en fondant la Co-Maçonnerie en Angleterre, l'adoration de Ragoczy... est une partie cardinale du rituel des loges supérieures de ce corps".

Mme Besant, elle-même, dans une brochure sur "Les Maîtres", 1912, nous dit :

"Le dernier survivant de la maison royale de Rakoczi, connu sous le nom de Comte de St. Germain dans l'histoire du dix-huitième siècle ; Bacon au dix-septième siècle ; Robertus, le moine, au seizième ; Hunyadi Janos au quinzième ; Christian Rosencreuz au quatorzième — pour ne citer que quelques-unes de ses incarnations — a été disciple tout au long de ces vies laborieuses et a maintenant atteint l'état de Maître, l'" Adepte hongrois" du *monde occulte*, et connu de certains d'entre nous dans ce corps hongrois. »

Une autre théosophe et occultiste de New York, Mme Alice A. Bailey, le décrit ainsi dans son livre *Initiation humaine et solaire*, 1933. *Maître Rakoczi* est hongrois et vit dans les Carpates. Il était connu sous les noms de Comte de St. Germain, Roger Bacon, et plus tard Francis Bacon. Il travaille sur le côté occulte des affaires en Europe, principalement par le biais de rituels et de cérémonies ésotériques, s'intéressant de près aux effets des cérémonies des francs-maçons, de diverses fraternités et des églises. Agit pratiquement en Amérique et en Europe en tant que directeur général pour l'exécution des plans du conseil exécutif de la Loge, qui est un groupe interne de Maîtres entourant les trois Seigneurs — ces derniers étant *Manu, Maitreya* et *Manachohan*.

Ensuite, selon Éliphas Levi, qui était martiniste : Germain professait la religion catholique et se conformait à ses pratiques. Ses liens familiaux sont inconnus, mais il parlait comme s'il avait vécu pendant des siècles. Il choisissait lui-même ses disciples, exigeait d'eux une obéissance passive, leur disait qu'ils étaient appelés à la royauté de Melchisédech et de Salomon qui était à la fois une initiation et un sacerdoce, et il leur disait :

« Sois le flambeau du monde ; si ta lumière est celle d'une planète, tu ne seras rien aux yeux de Dieu. Je te réserve une splendeur dont la gloire solaire n'est que l'ombre. Tu guideras le cours des étoiles et ceux qui gouvernent les empires seront gouvernés par toi. »

Ses principes, selon Éliphas Levi, étaient ceux de la Rose-Croix ; il était l'ambassadeur des illuminés théosophes, et l'on disait de lui qu'il était un médecin et un chimiste habile. Et comme le conclut Éliphas Levi :

> « Le Comte Saint-Germain a été à la mode pendant un moment, et comme c'était un aimable et jeune Mathusalem, qui savait combiner le bavardage d'un voyou avec les extases d'un théosophe, il a fait fureur dans certains cercles, bien qu'il ait été rapidement remplacé par d'autres fantasmagories. Ainsi va le monde !

Enfin, après l'illumination des Loges du Grand Orient de France, un Convent général des Maçons fut convoqué par le Comité secret pour le 15 février 1785, et parmi les députés se trouvaient : Saint-Germain, Etrilla, Mesmer, Cagliostro, Mirabeau, etc. C'est dans ce couvent que fut décidée la Révolution française et sa propagation dans toute l'Europe, jusqu'au décret de régicide. Nous savons que la place de Cagliostro dans ce projet était de salir Marie-Antoinette et de préparer ainsi la chute et la mort du roi.

Tels sont les récits variés de ce mystérieux « Maître Rakoczi », se faisant passer pour le « Saint » Comte de St Germain, qui n'a rien de « saint », et qui a ainsi captivé l'imagination et les émotions de milliers de théosophes méritants, mais sans aucun doute trompés, plus particulièrement en Amérique, ce pays des « ismes » fantastiques. De plus, on peut facilement comprendre l'importance de la doctrine de la réincarnation pour ces sinistres Maîtres, car sans elle, le nom de « Comte de St Germain » serait mort et inutile comme un membre brûlé.

Enfin, nous serions d'accord avec René Guénon, le célèbre orientaliste, qui accuse la Théosophie

> "Le nombre de malheureux conduits à la ruine, à la folie et parfois même à la mort est beaucoup plus considérable que ne peuvent l'imaginer des personnes insuffisamment informées.
>
> ... On peut dire sans exagération que la diffusion du « néo-spiritualisme » sous toutes ses formes, constitue un véritable danger public que l'on ne saurait trop dénoncer".

M. J. de Boistel, dans le *R.I.S.S. du* 15 novembre 1934, écrit : « On peut dire que les sectes occultes qui se sont formées au sein du christianisme, et de la franc-maçonnerie elle-même, ne sont presque toutes qu'une adaptation plus ou moins grossière des erreurs cabalistiques et gnostiques». Il donne les principales dates de la renaissance de ce gnosticisme cabalistique comme suit : 1855, renaissance du spiritisme par Allan Kardec ; 1875, formation de la Société théosophique ; 1885, reconstitution du martinisme ; 1888, restauration de la secte des gnostiques ; 1912, fondation du symbolisme ; 1919, ouverture de l'Institution métaphysique internationale. En 1888, nous dit-il, F∴ Jules Doinel, archiviste départemental du Loiret et membre du Conseil du Grand Orient de France, fait renaître l'Église gnostique en se faisant appeler Premier Patriarche, Valentin II. Il regroupe de hauts intellectuels et, en 1893, un Synode est constitué, une Hiérarchie est établie et plusieurs évêques sont créés. Plus tard, F∴ Doinel répudia ces doctrines et revint à l'Église catholique. Il fut remplacé, en tant que patriarche, par F∴ Fabre des Essarts, connu sous le nom de Synesius, qui fonda la revue *La Gnose* en 1909 ; en 1907, le patriarche rival, Jean II (J. Bricaud), fonda la revue *Le Réveil Gnostique*.

Après sa démission, F∴ Doinel écrivit :

> "Action juive, infiltration juive, haine juive ! Combien de fois ai-je entendu les Francs-Maçons gémir sous la domination que les Juifs imposent aux Loges, aux Loges philosophiques, aux Conseils du Grand Orient dans tous les pays, à tous les points du Triangle, dans toute la longueur du vaste monde... Depuis la Révolution, les Juifs ont envahi les Loges... Aux savants la Cabale ; aux ignorants l'esprit juif. La Cabale dogmatise et fait de la métaphysique, la métaphysique de Lucifer. L'esprit juif dirige l'action.

M. de Boistel relève quatre caractéristiques communes à toutes ces sectes, y compris la franc-maçonnerie : (1) Tentative d'adaptation grossière au christianisme. (2) L'ésotérisme, l'existence d'une tradition secrète et d'un enseignement réservé aux seuls initiés, perpétué depuis l'Antiquité à travers les âges. (3) Doctrine ésotérique transmise uniquement par initiation, nécessitant des phases successives et des grades correspondants. L'organisation initiatique existe dans le gnosticisme depuis son origine et a été reprise par la Maçonnerie. (4) Explication du monde de manière à supprimer le dogme de la création, conduisant à la déification de l'homme, nécessitant les doctrines du karma et de la réincarnation. Les occultistes, les gnostiques, les théosophes, les martinistes et les Rose-Croix se donnent la main pour propager, sous des noms divers, ces erreurs et spéculations communes.

C'est pourquoi, en remontant au siècle dernier, nous retracerons quelques maillons de la chaîne occulte et subversive, si curieusement imbriquée, qui a progressivement et insidieusement conduit à l'actuelle Révolution mondiale internationale, qui doit matérialiser l'unité nécessaire à leur rêve d'un monstrueux État mondial gouverné par d'invisibles « Surhommes ».

L'une des premières étapes de ce nouveau mouvement mondial semble être la Société Théosophique, fondée en 1875 par la Russe Mme Blavatsky, une femme, selon Mme Besant, « peu éduquée » mais un puissant médium. Elle était une initiée de l'Ordre des Druzes — un développement de la Maison de la Sagesse du Caire — et avait été initiée aux Carbonari par Mazzini. Les objectifs de l'Alta Vendita, le Directoire suprême des Carbonari, étaient identiques à ceux des Illuminati. En 1880, les Illuminati de Weishaupt furent réorganisés à Dresde par Leopold Engel, sous le nom d'*Ordre Rénové des Illuminati Germaniae*, et jouèrent un rôle politique très suspect ; Steiner, croit-on, en fit partie, mais plus tard. Le Dr Franz Hartmann, né en 1838 à Donauwerth, en Bavière, fonda avec d'autres l'*Ordre de la Rose-Croix Ésotérique*, qui était étroitement lié à ce qui précède ; il créa également en Suisse, en septembre 1889, un corps théosophico-monastique appelé *Fraternitas*, auquel étaient associés le Dr R. Thurmann, le Dr A. Pioda et la comtesse Wachtmeister, cette dernière étant une amie de Mme Blavatsky. Vers 1887, il semble également avoir appartenu à une branche américaine de la *Golden Dawn*, dont le centre se trouvait à Boston.

En 1895, un certain *Ordre des Templiers Orientaux* fut fondé par le Dr. Karl Kellner, et à sa mort en 1905, il fut repris par un théosophe, Théodore Reuss, et la *Rose-Croix Ésotérique* devint finalement son « cercle intérieur ». Théodore Reuss, qui se fit appeler plus tard Reuss-Wilsson, était un Allemand vivant à Londres, où il occupa longtemps une position officielle dans la

« Theosophical Publishing Co. » (Société d'édition théosophique). Incapable de retourner dans son pays, il fonda néanmoins un soi-disant *Grand Orient de l'Empire allemand*, dont Franz Hartmann était l'un des dignitaires. On dit que Reuss a initié Rudolf Steiner à l'O.T.O. et que l'O.T.O. de Crowley est une branche du même mouvement.

John Yarker, qui est mort en 1913 et qui a beaucoup écrit sur les « Écoles Arcaniques », a constitué un soi-disant Rite Swedenborgien, dont on dit qu'il est entièrement de son invention et qu'il n'a aucun rapport avec les Rites du dix-huitième siècle inspirés par les idées de Swedenborg. Yarker fit de Papus, l'occultiste bien connu, le « Grand Maréchal » du Conseil Suprême, et dans une liste de 1897, le nom du Colonel Olcott était donné comme représentant le Conseil Suprême de la Grande Loge et du Temple de Bombay. Comme nous le savons, la mystérieuse *Aube Dorée* a été lancée à Londres en 1888 par le Dr. Wynn Westcott et d'autres, qui est devenue plus tard la *Stella Matutina* avec son Ordre intérieur le R.R. et A.C., lorsque A. E. Waite a fait sécession (1903), emmenant ses disciples avec lui, ainsi que le nom *Aube Dorée* dont il est resté le chef jusqu'à environ 1915, quand il est tombé en désuétude. Plus tard, il forma un autre groupe qu'il appela l'*Ordre de la Rose-Croix*. Sous la direction du Dr Felkin, qui fut chef de l'Ordre depuis la formation de *Stella Matutina* jusqu'à sa mort en 1926, l'Ordre et son Ordre néo-zélandais furent tous deux liés à l'Anthroposophie du Dr Rudolf Steiner, qui était une sécession de la Société théosophique de 1913. La Théosophie, par l'intermédiaire de sa Co-Maçonnerie, fut elle-même liée, pendant un certain temps, à la Maçonnerie du Grand Orient. Le Dr Wynn Westcott démissionna de la *Golden Dawn* en 1897 et Crowley en devint membre en 1898, mais en fut exclu en 1900. Tels sont les faits réels concernant cet Ordre mystérieux. Le présent auteur n'a jamais été membre de la *Golden Dawn*, mais a été initié à la *Stella Matutina,* sous la direction du Dr. Felkin, en 1908.

De plus, Max Heindel, un ancien disciple du Dr Steiner, qui désapprouvait le secret exigé, s'est séparé de Steiner et s'est rendu en Amérique où, en 1911, il a publié sans autorisation les enseignements de Steiner dans son livre *Rosicrucian Cosmo-*

Conception. Peu après, Steiner publia son livre *Occult Science,* etc. En Amérique, Max Heindel fonda sa *Rosicrucian Fellowship afin de* répandre l'enseignement sans le secret répréhensible. En raison de cette trahison de l'enseignement secret, les membres de la R.R. et de l'A.C. se virent interdire de travailler avec cette association !

Dans son livre 1911, Max Heindel parle des changements dans le monde :

'Le système des castes, qui était la forteresse de l'Angleterre en Inde, s'effondre. Au lieu d'être séparés en petits groupes, les gens s'unissent pour exiger que l'oppresseur s'en aille et les laisse vivre en liberté sous un gouvernement du peuple, par le peuple et pour le peuple [influence théosophique]. La Russie, en 1911, est en proie à des luttes pour se libérer d'un gouvernement autocratique dictatorial [échangé contre l'esclavage bolchevique]. La Turquie s'est réveillée et a fait un grand pas vers la liberté [d'abord sous les Jeunes Turcs du Grand Orient] [En Amérique] nous ne sommes pas encore satisfaits... nous voyons que nous avons encore de la liberté industrielle à gagner.

... Ainsi, partout dans le monde, les anciens systèmes de gouvernement paternel sont en train de changer. Les nations en tant que telles ont fait leur temps et travaillent sans le savoir à l'avènement de la Fraternité Universelle, conformément au dessein de nos dirigeants invisibles, qui n'en sont pas moins capables de façonner les événements parce qu'ils ne siègent pas officiellement dans les conseils des nations'.

Comme le dit René Guénon :

« Nous ne croyons donc pas que les théosophes, pas plus que les occultistes ou les spirites, aient la force de réussir par eux-mêmes une telle entreprise ; mais n'y a-t-il pas derrière tous ces mouvements quelque chose de beaucoup plus redoutable que même leurs chefs ignorent peut-être et dont ils ne sont, à leur tour, que les instruments ? »

Pour citer à nouveau G. G. dans *L'anatomie de la révolution* :

"Derrière chaque mouvement révolutionnaire dans le monde, il y a toujours une organisation secrète. Ces mouvements révolutionnaires dans tous les pays, quels que soient les organismes qui les organisent réellement, ont toujours trois objectifs principaux : (a) l'abolition des constitutions existantes, qu'elles soient monarchistes ou républicaines ; (b) *l'*abolition de la propriété privée ; (c) *l'*abolition de la religion établie. Parfois, l'objectif principal est camouflé sous un modèle de nationalisme ou d'internationalisme, mais l'attaque est toujours dirigée en fin de compte contre ces fondements de la civilisation... Les mêmes personnes prêchent souvent le nationalisme en Irlande, en Inde, en Égypte ou en Afrique du Sud, alors que l'effet est de désintégrer l'Empire britannique... M. Lansbury, l'homme le plus connu de l'histoire de l'Union européenne, a été élu président de l'Union européenne. George Lansbury, le personnage le plus en vue du journal *Herald* et fondateur de la *Herald* League, est non seulement membre de la Société théosophique et, dit-on, des francs-maçons, mais il se réclame de la lignée des prophètes de la révolte. Dans un article du *Daily Herald* (24 novembre 1921), à l'occasion de la mort de M. Hyndman, il se décrit comme un disciple de ce dernier, qui était à son tour le disciple de Mazzini. Ainsi, de son propre aveu, nous pouvons retracer une fois de plus le pedigree politique d'un révolutionnaire de premier plan jusqu'aux Carbonari du milieu du dix-neuvième siècle".

Aujourd'hui, M. Lansbury voudrait que nous répartissions l'Empire britannique entre toutes les nations afin d'assurer la paix ! Le développement politique de ces mouvements secrets se fait toujours par étapes graduelles, culminant dans la révolution comme préparation à la domination mondiale par leurs directeurs cachés. C'est ainsi que Mme Blavatsky, malgré ses premières aventures dans le spiritisme et les phénomènes, a fermement établi la Société Théosophique, dont l'influence, sous une forme ou une autre, est aujourd'hui mondiale. Sa *Doctrine Secrète,* reçue, dit-on, des Maîtres, est aujourd'hui l'Évangile et la force contraignante parmi ses fidèles disciples, et c'est ainsi qu'elle a préparé la voie. Mme Besant, poursuivant le développement requis en Inde, tenta une pseudo-renaissance de l'hindouisme et plus tard l'établissement d'un World-Teacher — porte-parole de ses directeurs cachés, entièrement anti-chrétiens ; en outre, son travail social et éducatif conduisit inévitablement à la politique, le soi-disant nationalisme en voie de désintégration. Après une Convention Théosophique à Madras en 1884, le Congrès National fut initié par un groupe de théosophes indiens pour exprimer les aspirations indiennes. En 1885, Mme Besant a rejoint les Fabiens et a été membre du parti travailliste pendant cinquante ans. Bien plus tard, elle rédigea son Indian Home Rule

Bill, qu'elle apporta en Angleterre, où il fut officiellement approuvé par le parti travailliste. En septembre 1928, ce projet fut remplacé par la Constitution du Comité Nehru, soutenue par Mme Besant, qui exigeait le statut de Dominion. Mais Gandhi, ce rêveur politique fanatique mais avisé, ne se contentant pas d'attendre, lança un ultimatum exigeant une décision du gouvernement avant la fin de l'année 1929 ; aucune décision n'ayant été prise, il lança alors sa campagne pour l'indépendance absolue par la désobéissance civile, conduisant le pays au chaos.

Mme Besant a rejoint la Société théosophique en 1889 et s'est rendue en Inde en 1893 afin, disait-elle, de « rendre à l'Inde son ancienne liberté... par la renaissance des anciennes religions philosophiques et scientifiques » et en plaçant « l'Inde comme partenaire égal dans un grand Commonwealth indo-britannique ». Comme l'a écrit Sir Valentine Chirol dans *Indian Unrest* :

> « L'avènement des théosophes, annoncé par Mme Blavatsky et le colonel Olcott, a donné une nouvelle impulsion à la renaissance, et aucun hindou n'a certainement fait autant pour organiser et consolider le mouvement que Mme Annie Besant, qui, dans son Collège central hindou de Bénarès et son Institution théosophique d'Adyar, près de Madras, a ouvertement proclamé sa foi dans la supériorité de l'ensemble du système hindou sur la civilisation vantée de l'Occident ».

Sur l'initiation du Congrès national, elle écrit dans *India : Bond or Free ?*

> « Il est significatif qu'après la convention théosophique d'Adyar, en 1884, un certain nombre de délégués et de membres se soient rendus à Madras et aient formé le comité d'organisation du futur congrès national, qui s'est réuni à Bombay en 1885 et est devenu la Voix de l'Inde ; l'amour-propre national suscité par la fierté ravivée de l'hindouisme a conduit à l'idéal national de l'autogouvernement ».

Pourtant, l'Inde compte de nombreux peuples, de nombreuses croyances en dehors de l'hindouisme et de nombreuses castes ; comment un tel congrès pourrait-il prétendre être la voix unifiée de tous leurs idéaux opposés, qu'ils soient religieux ou politiques ? Elle poursuit :

« Sous l'influence de ceux qui, en 1884, avaient élaboré le plan du Congrès national de Madras, les paysans commencèrent à discuter de leurs griefs et, plus tard, à se réunir en conférence entre eux. L'intelligentsia indienne s'est efforcée d'éduquer ses compatriotes et les réunions annuelles du Congrès national, rapportées dans la presse indienne, ont été comme la pluie tombant sur la graine cachée ».

Et montrant la puissance qui sous-tend son mouvement, elle écrit :

« En réalité, le réveil de l'Inde n'est pas seulement une partie du mouvement en Asie, stimulé par l'agressivité des peuples occidentaux, mais il fait aussi partie du mouvement mondial vers la Démocratie, qui a commencé pour l'Occident dans la révolte des colonies américaines contre la domination de l'Angleterre, et qui s'est terminé en 1776 par l'indépendance de la Grande République d'Occident, et par la Révolution française de 1789. »

Comme nous l'avons déjà montré, les sociétés secrètes ont été à l'origine de la Révolution française de 1789, et dans le livre de Mme Blavatsky, *Isis Unveiled*, elle donne une lettre écrite par Charles Sotheran, secrétaire correspondant du New York Liberal Club, haut maçon et initié de la Fraternité anglaise de la Rose-Croix, qui, écrivant en janvier 1877, dit :

« Au siècle dernier, les Illuminati ont enseigné "la paix avec la maison, la guerre avec le palais" dans toute l'Europe. Au siècle dernier, les États-Unis ont été libérés de la tyrannie de la mère patrie par l'action des sociétés secrètes, plus qu'on ne l'imagine généralement… »

Elle confirme elle-même dans *New India*, 1929, que ce même pouvoir des sociétés secrètes était derrière Mme Besant :

« Essayez de percevoir le Grand Plan dans son ensemble… L'Inde est la clef, l'Inde est le centre de cette grande tempête qui inaugurera une Paix splendide… Aucun vrai Théosophe et certainement aucun de ceux qui travaillent pour le *Gouvernement Intérieur du Monde ne se* désintéressera du bien-être de l'Inde… La Co-Maçonnerie a été donnée à l'Inde pour qu'elle soit une puissante force organisée au service de l'Inde. »

Chaque fois qu'elle en avait l'occasion, Mme Besant dénonçait le règne du Raj britannique, déclarant : « Les masses du peuple indien ont été prospères, libres et heureuses, sauf au cours des cent soixante dernières années, depuis l'époque où la Compagnie des Indes orientales est devenue une puissance dirigeante jusqu'à aujourd'hui ». Et pourtant, comme le dit un dirigeant dans le *Morning Post du 22* septembre 1933 :

> « La justification de l'occupation britannique est que, alors qu'avant qu'elle ne commence, aucune invasion de l'Inde n'a jamais été arrêtée, depuis qu'elle a eu lieu, aucune invasion de l'Inde n'a jamais réussi. Ainsi, le bonheur et la vie même des millions de travailleurs de l'Hindoustan reposent sur ce pouvoir que nos réformateurs complaisants s'efforcent de retirer ».

Lord Sydenham, s'exprimant à la Chambre des Lords le 24 octobre 1917, a déclaré à propos de Mme Besant :

> Elle a écrit un livre qui contient plus de mépris téméraire des faits que je n'en ai jamais vu comprimés dans le même petit espace, et dans son journal *New India*, elle a dit que « l'Inde était un Paradis parfait » pendant 5 000 ans avant notre arrivée, qu'elle était devenue « un Enfer parfait » à cause de la « brutale Bureaucratie britannique »… L'un de ces juges pourrait-il faire remarquer que ces écrits pernicieux doivent tendre à encourager l'assassinat en supprimant la détestation publique d'un tel crime… »

Et comme l'a dit Sir Charles Spencer, retraité de l'I.C.S., dans le *Morning Post du* 11 septembre 1933 :

> « Aucun gouvernement sain ne peut tolérer la présence de corps anarchiques en son sein. Par conséquent, la seule politique saine consiste à traiter les terroristes bengalais comme le gouvernement a traité les voyous. Un département spécial devrait être créé pour traquer et chasser ces parasites de la société, et l'appartenance à une organisation dont le credo est l'assassinat de fonctionnaires devrait être considérée comme un délit, passible de la peine de mort.

Pour ceux qui ne connaissent pas l'histoire des Thugs, le bref compte rendu suivant peut être éclairant, montrant la condition réelle de l'Inde avant l'avènement des Britanniques, donnant un démenti à l'affirmation malicieuse de Mme Besant.

Selon l'introduction de C. W. Stewart à l'édition de 1916 de *Confessions of a Thug* de Meadows Taylor, publié en 1839, les Thugs étaient une guilde secrète et héréditaire d'assassins qui étranglaient et pillaient, sous la protection, disaient-ils, de la déesse Kalee, et ces meurtres étaient considérés comme un devoir et un acte d'adoration. Chaque bande portait une pioche sacrée, dont l'original était, disait-on, la dent de Kalee, et sur cette pioche était prêté un serment qui impliquait de terribles sanctions s'il était rompu. Kalee donnait également à ses fidèles une côte en guise de couteau et l'ourlet de sa robe en guise de tissu d'étranglement. L'origine réelle du Thuggee est inconnue, mais Sleeman, dans *Rambles and Recollections*, parle d'un « saint » Thug vivant à Delhi au début du quatorzième siècle, qui possédait de vastes réserves d'argent. Il était considéré comme le fondateur et les Thugs se rendaient en pèlerinage sur sa tombe. Il venait de Perse, où, a-t-on suggéré, il avait été un disciple du « Vieux de la montagne », le chef des assassins qui fréquentaient les rives de la mer Caspienne vers 1100. Le thuggee existait depuis au moins cinq siècles en Inde, mais le gouvernement de la Compagnie n'a pris conscience des exactions qu'en 1799, et il a fallu trente ans pour réaliser l'ampleur de ces pratiques.

Selon Meadows Taylor, un si grand nombre d'hommes de l'armée ont disparu sur le chemin de leur domicile en 1810 que le gouvernement a lancé un avertissement et a retrouvé certains des assassins en 1812. Ce n'est toutefois qu'en 1820, lorsque le « Thuggee Sleeman » a été affecté aux territoires de Sagar et de Nerbudda, que le gouvernement a reconnu que les Thugs constituaient une classe criminelle distincte opérant simultanément dans toute l'Inde. En 1829, des officiers spéciaux ont été nommés, une campagne a été lancée contre eux et de nombreux gangs ont été dispersés. En 1840, Sleeman publia un rapport contenant une carte des Thugs ; une grande partie de ses informations provenait de vingt Thugs ou assassins professionnels devenus approbateurs, parmi lesquels le célèbre Feringhea ; leurs déclarations furent vérifiées par l'exhumation des corps.

Ce rapport parle de bandes de Thugs qui parcouraient les routes et, sous couvert d'amitié, gagnaient la confiance de voyageurs sans méfiance et, après les avoir accompagnés pendant plusieurs étapes jusqu'à un endroit isolé ou bhil, les assassinaient par strangulation et pillaient leurs biens. Meadows Taylor a noté qu'en dehors des villages et des villes, les huttes et les maisons des ermites, des fakirs et des mendiants religieux étaient utilisées par les Thugs, les fakirs attirant les victimes dans leurs jardins ou dans les bosquets environnants sous prétexte de leur offrir repos et abri.

La difficulté était de condamner les meurtriers, car les victimes venaient généralement de très loin et les parents et autres témoins ne se déplaçaient pas pour se rendre dans les tribunaux proches du lieu du meurtre. Cependant, des tribunaux distincts ont été créés, où chaque témoin témoignait dans son propre quartier, ce qui s'est avéré un grand succès. Cependant, de nombreux chefs et membres importants des anciennes bandes sont restés en liberté et, comme le dit Sleeman : « Toutes ces personnes retourneraient à leur ancien métier et l'enseigneraient à leurs fils ou à leurs voisins nécessiteux et dissolus, et réorganiseraient ainsi leurs bandes si notre pression se relâchait ». De 1831 à 1837, 1 059 de ces gangs ont été transportés à Penang, 412 ont été pendus, 87 emprisonnés à vie et 483 ont été approuvés. -

Le gouverneur général de l'époque, Lord William Bentinck, et le Conseil suprême s'intéressèrent vivement à cette question et des officiers très intelligents furent nommés pour superviser l'exécution des mesures de suppression des Thuggee. La traque s'est poursuivie jusqu'en 1860, et jusqu'en 1904, il y a eu un Superintendant de la Thuggee et de la Dacoïté, après quoi elle a été confiée au Département central des renseignements criminels.

Nous pouvons nous demander si les germes du Thuggee existent encore, prêts à être ramenés à la vie par les agents soviétiques et les membres du Congrès national afin de poursuivre leurs rêves politiques ambitieux. La position a été très clairement énoncée par M. Ashmead Bartlett dans le *Daily Telegraph du 20* octobre 1930 et semble toujours valable :

“La situation est infiniment plus grave qu'on ne le pense généralement et elle se transforme rapidement en un gigantesque conflit racial.

... L'intelligentsia urbaine hindoue est déterminée à créer un « Raj » hindou complet, à chasser les fonctionnaires britanniques, civils et militaires, du pays, à confisquer les intérêts commerciaux britanniques et à répudier les dettes publiques contractées sous le régime britannique... L'Afghanistan et la Russie soviétique se joindront certainement à la rupture générale... une fois que notre mainmise sur la frontière du Nord-Ouest aura cessé d'exister".

En septembre 1913, un petit groupe de travailleurs de Mme Besant créa le groupe connu sous le nom de « The Brothers of Service » ; ils devaient rechercher la liberté sous la Couronne britannique et, entre autres choses, devaient promettre de promouvoir l'union entre les travailleurs dans les domaines du progrès spirituel, éducatif, social et politique, sous la direction du Congrès national indien. Le 2 janvier 1914, la campagne en faveur du Home Rule est définitivement lancée, avec le lancement de la revue hebdomadaire *The Commonweal*, dans laquelle figure la déclaration suivante :

> « Dans le cadre de la réforme politique, nous visons à mettre en place une autonomie complète, depuis les conseils de village jusqu'aux assemblées législatives provinciales, en passant par les conseils de district et les conseils municipaux, jusqu'à un parlement national doté de pouvoirs égaux à ceux des organes législatifs des colonies autonomes... »

Au printemps 1914, Mme Besant se rendit en Angleterre pour tenter de former un parti indien au Parlement ; n'y parvenant pas, elle organisa une réunion à Queen's Hall, à Londres, sous la présidence du comte Brassey, pour former une ligue auxiliaire pour l'autonomie de l'Inde, qui se matérialisa en 1915. À son retour en Inde, elle achète un quotidien, publié le 14 juillet 1914, qu'elle rebaptise *New India*. En 1917, après son internement à Ootacamund, elle, déjà présidente du Home Rule, est élue présidente du Congrès national. En février 1919, la Home Rule League se divise parce que Gandhi a entamé une « résistance passive » contre le Rowlatt Act. Ce mouvement a été interrompu, mais il a été suivi par son mouvement de non-coopération en avril 1920 ; Gandhi n'a pas pu contrôler ses partisans.

À Delhi, en 1920, le Congrès national a adopté une résolution demandant : (1) que le principe de l'autodétermination soit appliqué à l'Inde ; (2) la suppression de tous les obstacles à la libre discussion ; (3) un acte du Parlement établissant un gouvernement responsable en Inde, et que dans la reconstruction de la politique impériale, (4) l'Inde soit placée sur un pied d'égalité avec les dominions autonomes. Comme l'a écrit Mme Besant :

"Le deuxième point a été presque réalisé ; les troisième et quatrième ne l'ont pas été. Mais le projet de loi sur le Commonwealth des Indes les réalisera lorsqu'il deviendra une loi. Il a été retardé par l'éclatement des partis politiques provoqué par le mouvement de non-coopération, aujourd'hui disparu [1926]."

À Bombay, le 28 août 1924, elle a dit à Sir Michael O'Dwyer :

« Je pense que nous pouvons dire à juste titre que nous avons fait de l'Inde une question brûlante dans la vie politique de l'Angleterre. Nous avons trouvé le parti travailliste entièrement avec nous... ».

Elle se tourna donc vers le Parti travailliste pour faire adopter le projet de loi sur le Commonwealth de l'Inde. En février 1922, la rédaction pratique du projet de Constitution pour l'Inde par les Indiens fut initiée lors d'une discussion au sein de la section politique du 1921 Club, à Madras, sur la méthode à suivre pour obtenir le Swaraj. Le projet fut soumis à la Convention siégeant à Cawnpore, en avril 1925, et finalement à un Comité de rédaction à Madras, composé de l'honorable M. C. P. Ramaswami Alyar, de MM. Shiva Rao, Sri Ram, Yadunandan Prasad, et du Dr Annie Besant, qui devait l'examiner dans la presse et le publier au nom de la Convention. En 1925, il fut envoyé en Angleterre et présenté aux principaux membres du parti travailliste, soutenu par eux, lu une première fois à la Chambre des Communes et dont l'impression fut ordonnée. Il a ensuite été soumis au comité exécutif du parti travailliste parlementaire, qui l'a finalement adopté à l'unanimité. Il est ainsi passé entre les mains du futur gouvernement travailliste et a été inscrit sur la liste des projets de loi soumis au vote en tant que mesure officielle.

Voici quelques points de ce projet de loi sur le Commonwealth de l'Inde, tels qu'ils sont présentés par Mme Besant dans l'annexe de son livre *India : Bond or Free ?*, 1926, d'où nous avons tiré toutes les données ci-dessus concernant le Congrès National, etc. :

L'Inde sera placée sur un pied d'égalité avec les dominions autonomes, partageant leurs responsabilités et leurs privilèges... Le « Parlement » signifie uniquement le Parlement du Commonwealth de l'Inde... *La défense : Il y aura une* Commission de la Défense avec une majorité d'Indiens en son sein, nommée tous les cinq ans par le Vice-roi en consultation avec son Cabinet... Aucun revenu de l'Inde ne peut être dépensé pour une quelconque branche des Forces de Défense dans laquelle les Indiens ne sont pas éligibles pour occuper un grade commissionné. Dès que la Commission émet une recommandation favorable, le Parlement peut adopter une loi pour assumer l'entière responsabilité de la défense. *L'exécutif : Le* gouvernement indien comprendra un cabinet composé du Premier ministre et d'au moins sept ministres d'État, qui seront collectivement responsables de l'administration du Commonwealth. Le Premier ministre sera nommé par le vice-roi, et les autres ministres sur proposition du Premier ministre. Le vice-roi sera *temporairement responsable* des forces de défense. Dans tous les domaines, à l'exception de la défense, le vice-roi n'agira que sur l'avis du cabinet... *Secrétaire d'État : Les* pouvoirs et les fonctions du secrétaire d'État et du secrétaire d'État en conseil sur les revenus et l'administration de l'Inde seront transférés à l'exécutif du Commonwealth... *Modification de la Constitution : Le* Parlement aura le pouvoir de modifier la Constitution... »

Selon le *Chicago Tribune du* 24 août 1929 :

« Besant, leader théosophique, est venu à Chicago pour le congrès mondial des théosophes... à l'hôtel Stevens. Le Dr Besant a passé des années en Inde à enseigner la théosophie [et accessoirement la politique !] Elle a déclaré qu'elle avait récemment essayé d'aider l'Inde à obtenir des mesures politiques qui permettraient au pays de se débarrasser du « joug de l'Angleterre... si une révolte, a-t-elle dit, devait éclater, les Anglais, avec leurs bombes aériennes et leurs machines de guerre terrestres et maritimes, les couperaient simplement comme du grain devant une faux ».

Dans son *Life of Annie Besant,* 1929, Geoffrey West (p. 249) parle de la réunion qui s'est tenue au Queen's Hall, à Londres, le 23 juillet 1924, en l'honneur des cinquante ans de travail public de Mme Besant.

« Parmi les orateurs figuraient George Lansbury, Ben Tillett, Ben Turner, Margaret Bondfield, Mme Pethick Lawrence et John Scurr ; des messages ont été lus par Lord Haldane, Ramsay MacDonald, Philip Snowden et Bernard Shaw, et d'autres ont rendu hommage à son travail, en tant que socialiste, politicienne, réformatrice, éducatrice et enseignante religieuse... »

Et son travail, dans tous ses aspects, était dirigé et réglementé par elle. Les « Maîtres » et le mystérieux « Gouvernement intérieur du monde », non pas pour le bien de l'Inde, mais pour l'accomplissement de leurs plans mondiaux.

Et que disent ses partisans aujourd'hui ? Dans le *Morning Post du* 16 *septembre* 1933, on peut lire :

> « Lors de sa session de Lahore en janvier 1930, le Congrès a adopté deux résolutions : l'une pour établir l'indépendance de l'Inde en rompant tout lien avec la Grande-Bretagne, et l'autre pour répudier les dettes publiques de l'Inde, en particulier celles contractées auprès des détenteurs d'obligations britanniques. Depuis 1930, l'indépendance est restée le credo du Congrès, et la répudiation des dettes est toujours l'un des points les plus importants du programme du Congrès ».

Et comme l'a dit Gandhi dans une lettre à Jawaharlal Nehru :

> "Les princes doivent abandonner une grande partie de leur pouvoir et devenir des représentants populaires du peuple. Le nationalisme doit être cohérent avec l'internationalisme progressiste, nous devons donc nous allier aux forces progressistes du monde.

Selon Mme Besant : « Façonner leurs aspirations à devenir une nation faisant partie intégrante de l'Empire mondial à venir. »

Partout, nous voyons se répandre ce principe d'*universalité* qui remplace le vrai patriotisme, l'initiative individuelle et nationale par un pacifisme international flasque, le socialisme, l'unification de tous les peuples ! Un autre exemple est celui du *Mouvement triple.* Sa première réunion européenne s'est tenue au City Temple, en juillet 1927, bien que son mouvement le plus ancien, « L'Union de l'Orient et de l'Occident », ait été lancé il y a une vingtaine d'années. Le Comité de Londres comprenait des membres du Parti socialiste et travailliste, du Mouvement international pour la paix, des Mouvements religieux libres et de la Société théosophique. Lors de leur réunion du 17 juillet 1930, le sujet était « L'unité mondiale vue par les représentants de huit religions et de sept pays ». Leur « Hymne de l'Universel » était le suivant : « La race, la couleur, la croyance et la caste s'estompent dans un passé rêvé... toute vie est une. » Le bahaïsme, le bouddhisme, le shintoïsme, le christianisme, l'hindouisme et le judaïsme étaient tous représentés, et le juif a donné la clef cabalistique en disant : 'La religion était le symbole par lequel nous nous efforcions de comprendre la *nature*. Leur but était de réaliser la paix et la fraternité pour créer un Commonwealth mondial. La cheville ouvrière du mouvement, l'Américain Charles Frederick Weller, parle du Parlement des religions qui s'est tenu à Chicago en 1893 et d'un autre proposé pour 1933.

En septembre 1893, à l'occasion de l'exposition de Chicago, se tient le fameux « Parlement des religions », auquel toutes les religions ou pseudo-religions sont invitées à envoyer des délégués. Parmi eux, Swami Vivekananda, qui pervertit la doctrine hindoue du *Vedanta sous* prétexte de l'adapter à la mentalité occidentale. Il eut des succès en Amérique et en Australie, et fut suivi par des adaptateurs encore plus audacieux, comme « l'ineffable Swami Yogananda ». Mme Besant représentait la Théosophie, et elle était accompagnée de Chakravarti, fondateur du *Yoga Samaj*, qui était un Mongol plus ou moins hindouisé, et qui était un remarquable hypnotiseur, tandis que Mme Besant était réputée être un bon sujet.

Il y avait aussi Dharmapala, un représentant bouddhiste *du Maha Bodhi Samaj* de Colombo, Ceylan (Société de la Grande Sagesse). J. D. Buck, l'un des membres les plus actifs de ce que l'on appelle aujourd'hui le Mouvement *Sadol* en Amérique. La plupart des autres délégués représentaient d'innombrables sectes protestantes et divers éléments hétérogènes. À partir de là, on tenta d'en organiser un autre, le « Congrès de l'Humanité », qui devait se tenir à Paris en 1900, représentant toutes les religions et tous les chercheurs ayant pour but commun le progrès de l'humanité, préparant l'unité future et la paix sur la terre. Il n'en fut rien jusqu'en 1913, date à laquelle il se réunit sous le nom de « Congrès du Progrès Religieux ». Edouard Schure y représenta le mouvement du Dr Steiner, en rupture avec celui de Mme Besant.

Le triple mouvement est l'Union de l'Orient et de l'Occident, la Ligue des Voisins et la Communauté des Foi. Il vise à réaliser la paix et la fraternité, à hâter l'avènement du Commonwealth du monde, à vivre maintenant et ici dans le Royaume (ou la démocratie) de Dieu. Le mouvement bahaï, qui est un fervent partisan de ce qui précède, est censé réunir les courants du judaïsme, du christianisme et de l'islamisme, comme les Druzes. Ils affirment également que leur prophète a préfiguré la Société des Nations, un tribunal suprême, comme suit :

> Il y a une cinquantaine d'années, Baha'u'llah a ordonné au peuple d'établir la paix universelle et a convoqué toutes les nations au « banquet divin de l'arbitrage international » afin que les questions de frontières, d'honneur national, de propriété et d'intérêts vitaux entre les nations puissent être tranchées par une cour de justice arbitrale.

Pour reprendre ce qu'écrivaient les *Archives-israélites* en 1861 :

> « *L'Alliance-israélite-universelle...* s'adresse à toutes les religions... Elle veut pénétrer dans toutes les religions comme elle a pénétré dans tous les pays. Combien de nations ont disparu ! Combien de religions disparaîtront à leur tour ! *Israël ne cessera pas d'exister...* la religion d'Israël ne périra pas, elle est l'unité de Dieu ».

La deuxième unité de ce triple mouvement, la « League of Neighbours », a été fondée aux États-Unis en 1920 par Charles Frederick Weller, un écrivain socialiste, et son objectif est de développer, par le biais du service de voisinage, la nouvelle conscience de l'unité humaine. Néanmoins, il s'est vu refuser par la suite l'utilisation des lycées de New York, en raison de ses liens subversifs. Il a été approuvé par le président Wilson, le président Harding, le rabbin Wise et de nombreux socialistes bien connus. Nous connaissons le rôle joué par le président Wilson et le rabbin Wise dans la création de la Société des Nations.

Il est intéressant de noter ce que l'écrivain juif Alfred Nossig a écrit sur le socialisme et la Société des Nations dans son livre *Integrates Judentum* :

> « Le mouvement socialiste moderne est en grande partie l'œuvre des Juifs, qui lui impriment la marque de leur intelligence ; ce sont eux qui ont pris une part prépondérante à la direction de la première République socialiste, bien que les socialistes juifs qui la contrôlaient fussent pour la plupart éloignés du judaïsme... Le socialisme mondial actuel constitue le premier pas de l'accomplissement du mosaïsme, le commencement de la réalisation de l'état futur du monde annoncé par nos prophètes. Ce

n'est que lorsqu'il y aura une Société des Nations ; ce n'est que lorsque ses armées alliées seront employées d'une manière efficace pour la protection des faibles que nous pourrons espérer que les Juifs pourront développer sans entrave en Palestine, leur État national ; et de même, ce n'est qu'une Société des Nations pénétrée de l'esprit socialiste qui nous rendra possible la jouissance de nos besoins internationaux aussi bien que de nos besoins nationaux... »

Comme on le sait, la Co-Maçonnerie de Mme Besant est issue de la Maçonnerie Mixte fondée en France par Maria Deraismes, soutenue par le Dr Georges Martin, et qui fut officiellement lancée en 1894 sous le nom de *Droit Humain*. Maria Deraismes avait été initiée en 1882, contrairement aux constitutions, par la Loge *Les Libres-Penseurs* du Pecq, acte inconstitutionnel pour lequel la Loge fut mise en sommeil et l'initiation déclarée nulle par la *Grande Loge Symbolique Écossaise*.

Dans l'*Étude Abrégée de la Franc-maçonnerie mixte et de son organisation*, le franc-maçon français, le Dr Georges Martin, relate une première initiation de plusieurs femmes, le 14 mars 1893. Elles

'S'est réuni au 45 rue de Sèvres, pour constituer une nouvelle obédience maçonnique en France, sous la présidence de Sœur Maria Deraismes, qui a été initiée franc-maçonne, le 14 janvier 1882, à la Loge Symbolique Écossaise Mixte, *Les Libres-Penseurs*, de l'Or... du Pecq (Seine-et-Oise). F.·. Georges Martin, qui a assisté à l'initiation maçonnique de Sœur Maria Deraismes à la Loge *Les Libres-Penseurs*, était présent, et désirait l'aider de ses conseils dans la création de la nouvelle Obédience maçonnique que cette Sœur allait fonder en France à l'Or... de Paris'.

L'une des promesses signées exigées du postulant était la suivante :

« Je m'engage à ne rien révéler des secrets maçonniques qui me sont confiés. »

Il nous dit aussi

« La Maçonnerie Mixte n'a pas créé de nouveau Rite. Ce qui la distingue de tous les autres, c'est qu'au lieu de n'admettre que des hommes, elle admet également des femmes ; elle enseigne les méthodes de reconnaissance du Rite Écossais Ancien et Accepté, telles qu'elles ont été adoptées par les Grandes Constitutions du

1er mai 1786, et consacrées par le Convent Universel qui s'est réuni à Lausanne, le 22 septembre 1875 ».

De plus, il précise qu'avec la plupart des puissances maçonniques, la Maçonnerie Mixte n'a pas de relations, les frères et sœurs se réunissent régulièrement en vertu d'une charte du *Suprême Conseil Universel Mixte,* constitué à Paris, le 11 mai 1899. Albert Lantoine nous apprend que deux tentatives ont été faites pour faire reconnaître les femmes par le Grand Orient de France : au Convent du Grand Orient, en 1900, le vote a été de 93 pour et 140 contre ; en 1901, il y a eu 104 pour et 134 contre. Selon Lantoine, le Dr Martin se réjouit, car une victoire complète aurait ruiné ses projets, car il voulait maintenir le *Droit Humain,* croyant sincèrement que la pénétration des femmes dans la Maçonnerie risquait de le tuer ! tandis qu'une obédience à part, mais reconnue régulière, le consoliderait sans le compromettre. Ce n'est qu'en 1920 que l'Assemblée Générale du Grand Orient de France reconnut le *Droit Humain,* admettant les hommes dans ses loges, mais excluant toujours les femmes.

Au début, le *Droit Humain* ne pratiquait que trois degrés, mais il introduisit plus tard les 33 degrés du Rite Ecossais. La Maçonnerie mixte était organisée selon les règles générales de la Franc-maçonnerie exclusivement masculine. Il y avait les quatre Maçonneries : (I) Maçonnerie Bleue - I à 3 degrés ; (2) Maçonnerie Rouge, les Chapitres des Chevaliers Rose-Croix — 4 à 18 degrés ; (3) Maçonnerie Noire, les Aréopages des Chevaliers de Kadosch — 19 à 30 degrés ; (4) Maçonnerie Blanche, Administrative — 31, 32, 33 degrés. Le Suprême Conseil était la clef de voûte de cette Maçonnerie et se recrutait uniquement parmi les Grands Inspecteurs Généraux du degré 33.

Cette maçonnerie se répandit en Angleterre, en Hollande, en Suisse et aux États-Unis, et le 26 septembre 1902, la première loge anglaise fut formée à Londres sous le nom de *Human Duty.* Mme Besant y fut initiée et accéda rapidement aux degrés et fonctions les plus élevés. Yarker écrit dans son livre, *The Arcane Schools,* 1909 :

« Il faut mentionner ici qu'en janvier 1903, Mme Annie Besant a établi à Londres une S.G.C., 33 degré, conférant tous les degrés du Ier au 33ème indistinctement aux hommes et aux femmes ; elle a reçu sa constitution de l'Inde, une S.G.C. qui a eu son autorité d'une dissension dans la S.G.C. du 33ème degré pour la France, la constitution de Tilly. Elle n'a ajouté au Rituel qu'une conférence sur le Dharma, qui compare la Maçonnerie aux sociétés secrètes de l'Inde et prend le nom de Co-Maçonnerie ».

Elle fonde la Loge d'Adyar, en Inde, sous le nom de *Rising Sun*, devient vice-présidente du *Suprême Conseil* en France et déléguée nationale pour la Grande-Bretagne et ses dépendances. Elle organisa alors la Co-Maçonnerie, et ayant obtenu certaines concessions du *Suprême Conseil*, elle fit, sous prétexte d'adaptation à la mentalité anglo-saxonne, des statuts nettement différents de ceux en usage en France. Elle conserva, entre autres, l'usage du volume des Écritures dans les loges, ainsi que la formule « À la gloire du Grand Architecte de l'Univers », supprimée par le Grand Orient en 1877 et remplacée dans la Maçonnerie Mixte française par « À la gloire de l'Humanité ». En 1913, un Grand Conseil fut nommé à la tête de la Co-Maçonnerie britannique, avec Mme Besant comme Grand Maître, assistée d'Ursula Bright, James L. Wedgwood comme Grand Secrétaire, et Francesca Arundale comme représentante de l'Inde. Le 21 septembre 1909, Mme Besant a installé la Loge de Chicago.

En France, les Théosophes eurent apparemment bientôt une prépondérance assurée, et ils espéraient que Londres deviendrait à terme l'organisme central de la Co-Maçonnerie Universelle. Le 19 février 1922, une alliance entre le Grand Orient et la Maçonnerie fut célébrée au Grand Temple du *Droit Humain* à Paris, mais ce lien fut rompu par une décision du Conseil du Grand Orient, le 13 septembre 1930, selon le Convent du Grand Orient de France, 1930. Mme Besant, avant de mourir, était Ire Lieut. G. Commandeur du Suprême Conseil Mixte Internationale du Droit Humain. Comme leur « maître mondial », Krishnamurti, a enseigné « Il n'y a pas d'autre Dieu que soi-même », la déification était l'objectif de la Co-Maçonnerie. Selon Leadbeater, dans *The Hidden Life in Freemasonry, le* but de la franc-maçonnerie est de vivifier les centres de force de l'homme et d'éveiller les sens intérieurs. En parlant de ces centres de force ou de nerfs, dit-il :

> « Lorsqu'ils ne sont pas développés, ils apparaissent comme de petits cercles d'environ deux pouces de diamètre, brillant d'une lueur terne chez l'homme ordinaire, mais lorsqu'ils sont éveillés et vivifiés, ils apparaissent comme des soucoupes flamboyantes et coruscantes dont la taille a beaucoup augmenté... Les sept centres... sont les suivants

(1) la base de la colonne vertébrale ;

(2) la rate ;

(3) le nombril ou plexus solaire ;

(4) le cœur ;

(5) la gorge ;

(6) l'espace entre les yeux ;

(7) le sommet de la tête...

Lorsqu'ils sont en action, ces centres montrent des signes de rotation rapide, et dans chacun de ces centres se précipite une force du monde supérieur (c'est-à-dire la force de vie universelle qui illumine et est censée éveiller les sens intérieurs). C'est ce qu'on appelle la déification).

Dans ses *Résultats de l'Initiation*, Steiner, parlant de ces mêmes centres ou chakras, dont le développement est le but de sa *Science Occulte,* dit : "Lorsqu'ils sont développés, ils permettent d'avoir des relations avec des êtres de mondes supérieurs... des occultistes blancs". Il s'agit sans aucun doute de la Grande Fraternité Blanche, le gouvernement intérieur de tous les mouvements illuminés et théosophiques. Dans leur organe officiel, *Freemasonry Universal,* Winter Solstice, 1929, les co-maçons disent :

> "La Sainte Arche Royale signifie l'éveil de la Kundalini... La Franc-maçonnerie (exotérique) est la coquille extérieure de laquelle beaucoup de connaissances secrètes ont été retirées... La Co-Maçonnerie nous conduit vers la Lumière... Par notre propre intuition, nous faisons la grande découverte de *nous-mêmes...* La Quête du Dieu Caché..."

Ils considèrent la Sainte Arche Royale comme occulte et mystique, "stimulant et éveillant le Feu (kundalini) et conduisant à la découverte de la Divinité en nous". Encore une fois, l'homme cabalistique est déifié. Selon le franc-maçon W.L. Wilmshurst, dans *The Masonic Initiation*, qui écrit comme un Illuminatus, "la Maçonnerie de l'Arche Royale a été introduite en Angleterre en 1778 par un frère juif, Moses Michael Hayes".

Voici la raison pour laquelle la Co-Maçonnerie doit être une force pour le soi-disant service de l'Inde, préparant des outils illuminés pour le Grand Plan du "Gouvernement Intérieur du Monde" ; et "les Maîtres l'ont assurée (Mme Besant) que le Statut de Dominion pour l'Inde fait partie du Grand Plan, et elle sait qu'elle ne disparaîtra pas tant que cette liberté ne sera pas accomplie" *(Theosophist*, octobre 1928).

L'élection du Dr George Sydney Arundale, en juin 1934, a eu lieu au Blavatsky Hall, à Madras, en tant que Président de la Société Théosophique, en succession de feu le Dr Annie Besant, décédée avant que le sort de l'Inde n'ait été décidé. Il est né dans le Surrey il y a cinquante-cinq ans et a subi dès son enfance l'influence de Leadbeater. Il était directeur du Central Hindu College de Bénarès et, le 11 janvier 1911, il fonda l'*Ordre du Soleil Levant,* qui, quelques mois plus tard, devint l'*Ordre de l'Étoile de l'Orient,* avec Krishnamurti à sa tête et Mme Besant comme protectrice. Krishnamurti devait être préparé à la manifestation du "Seigneur Maitreya", diversement connu, selon les théosophes, sous les noms de : Orphée, Hermès, Trismégiste, Vyasa, Krishna, Bouddha, Zoroastre et même le Christ». Leadbeater et Arundale furent ses professeurs. En 1913, ce dernier, en tant que Principal du Collège, dans une lettre circulaire adressée à un groupe de professeurs et de garçons, publiée dans le *Leader d'*Allahabad *du* 13 juin, exprima une dévotion sans réserve à Mme Besant, sur le point de devenir l'une des plus grandes souveraines du monde des dieux et des hommes. On a alors prétendu publiquement que le Collège n'était pas hindou, mais théosophique. Arundale et certains professeurs et garçons démissionnèrent en bloc et le Conseil d'administration confia le Collège à un comité de l'Université hindoue projetée.

Arundale fut également l'une des personnes internées pendant la guerre avec Mme Besant, à Ootacamund, en novembre 1917. En décembre 1916, la Home Rule League de Mme Besant avait été approuvée à Lucknow par le Congrès et la Ligue musulmane, et elle avait déclaré : « Je me soumets au silence forcé et à l'emprisonnement parce que j'aime l'Inde et que je me suis efforcée d'en obtenir la reconnaissance : « J'accepte le silence forcé et l'emprisonnement parce que j'aime l'Inde et que je me suis efforcée de la réveiller avant qu'il ne soit trop tard. Je suis âgée, mais je crois que je verrai l'Inde obtenir le Home Rule avant de mourir ». En tant qu'évêque Arundale, de l'Église catholique libérale, il a été l'un *des* douze apôtres, y compris son épouse, Rukmini Devi, une femme hindoue de haute caste, choisis pour être le « World Teacher ». Il a également tenu de nombreux offices à Londres. De plus, dans *Freemasonry Universal,* l'organe officiel de la Co-Maçonnerie, Partie 3, 1929, nous lisons : Eastern Administration Grand Secretary, The V. Ills. Fr. G. S. Arundale, 33ème degré, Adyar, Madras, Inde (y compris la Birmanie).

De cette Co-Maçonnerie, il y a eu au moins deux schismes : l'un en 1908, lorsqu'un certain nombre de membres, qui s'opposaient à l'introduction de l'occultisme oriental dans la Maçonnerie, se sont constitués en un corps séparé sous le nom d'« Ancient Masonry », ne travaillant que les degrés Craft selon la Grande Loge d'Angleterre. Ce groupe fut longtemps pénétré par l'influence et l'illuminisme de la Stella Matutina et du R.R. et A.C., et jusqu'en 1923-24, non seulement son Grand Maître, Mme H —, mais aussi plusieurs de ses membres étaient des adeptes avancés de cet Ordre et de celui de Steiner. De ces « Anciens Maçons », une autre sécession a eu lieu, apparemment vers 1914, adoptant le nom de « Honorable Fraternité des Anciens Francs-Maçons », exclusivement pour les femmes et maintenant établie à St Ermins, Westminster. Un groupe dirigé par Miss Bothwell Gosse, qui s'opposait aux innovations co-maçonniques, s'est détaché beaucoup plus tard de la Co-Maçonnerie de Mme Besant. Elle finit par former le groupe « Ancient and Accepted Masonry » pour hommes et femmes, travaillant apparemment sur les trente-trois degrés. Dans sa brochure sur le *Rite Ancien et Accepté*, elle résume ses origines supposées :

> « Ainsi, nous constatons que le noyau de ce Rite est né en France ; il a été transporté en Amérique par Stephen Morin et y a été établi ; Frédéric le Grand l'a réorganisé et lui a donné une Constitution ; il a été perdu en Europe par la Révolution française ; il a été ramené en France par de Grasse-Tilly et reconstitué à Paris ; de là, il s'est répandu dans le monde entier ».

Comme nous l'avons montré, la plupart des Grandes Loges, sauf la Grande Loge anglaise, sont représentées dans l'A.M.I., cette subversive *Association maçonnique internationale*, et Georges Loïc, dans le *R.I.S.S.*, 1er mars 1933, déclarait : « Les Suprêmes Conseils sont tous issus du Suprême Conseil fondé, le 31 mars 1801, à Charleston par les Juifs Dalcho et Mitchell et par le Comte de Grasse-Tilly. »

Les documents et les preuves, s'ils ne sont pas totalement absents, sont plutôt rares, ce qui laisse à l'esprit réfléchi un sentiment d'incertitude et même de doute. Albert Lantoine, autorité maçonnique bien connue de la Grande Loge de France, a peut-être raison de conclure dans son livre *La Franc-maçonnerie chez elle*, 1927 :

> « En Maçonnerie, il faut accepter une opinion aussi raisonnable que celle du pondéré Reghellini de Schio, qui, vivant au moment où les discussions sur la suprématie maçonnique étaient si vives, écrivait : "Si l'on parlait documents en main, quel Rite ou quel Chef Suprême de l'Ordre de ce Rite pourrait remonter à une origine non équivoque de son pouvoir ? Quel Maçon, quel Rite même, détient le fil conducteur pour se libérer du labyrinthe de toutes ces origines ? ».

Nous lisons dans le *Daily Telegraph du* 26 septembre 1933 que l'« Honorable Fraternité des Anciens Francs-Maçons », réservée aux femmes, un groupe qui s'est séparé des « Anciens Maçons » en 1914, a déménagé dans son nouveau siège à St Ermins, Westminster. La cérémonie d'ouverture et d'inauguration a été conduite par le Grand Maître, Mme Elizabeth Boswell Reid, qui, avec Mme Seton Challen, a fondé la sécession ; si l'on peut s'exprimer ainsi, elle était assistée de Mme Seton Challen, Grand Maître adjoint, et de Mme Piers Dyer, Grand Maître provincial. Plus de 200 membres venus de nombreuses régions du pays étaient présents. Les autres membres de la Fraternité étaient Mme Messervy, Mme Bank Martin, Mme Crawford Munro et Mlle Lata Coventry. Ils ont travaillé sur les degrés de l'Artisanat, le Saint Arche Royal, et espèrent plus tard travailler sur la Rose-Croix. Son organe officiel est *The Ray*. Mme Boswell Reid est décédée le 21 novembre 1933, et Mme Seton Challen lui a succédé. La première portait les titres suivants : le Très Vénérable Grand Maître ; le Très Excellent Grand Suprême Zerubbabel ; le Très Vénérable Grand Maître Mark Masonry. --

Selon le *R.I.S.S.*, en mai 1934, l'autorité maçonnique occultiste F∴ Oswald Wirth, écrivit un curieux article dans *Le Symbolisme*. Il y évoque l'« Honorable Fraternité des Anciens Francs-Maçons » d'Angleterre. Les Anglaises qui ne craignent pas de copier les hommes ont adopté « des rites, des coutumes, des règlements, des insignes et même des titres masculins... Elles travaillent impeccablement comme des hommes dans leur propre Temple de Westminster, et ont des avantages économiques sur les hommes, comme en témoigne la sobriété de leurs fêtes rituelles ». Il conclut que l'initiation de la femme est plus subtile que celle de l'homme :

> « Femmes, apprenez à être purement et catégoriquement féminines. Tant que vous serez dirigées par nous, vous manquerez à votre mission, qui est de nous précéder dans la voie morale et la réalisation du bien. Vous êtes les prêtresses du culte que l'humanité attend. Pour vous préparer à votre œuvre civilisatrice, il vous faut une véritable initiation développant votre nature féminine, donc tout à fait contraire à une parodie des rites masculins ».

Dans *Americanism, the New Order of the Ages*, il est dit : "À cette époque, la femme s'élèvera à la place qui lui revient en tant qu'*enseignante spirituelle intuitive* (psychique) *de la race* et reine du foyer... Elle n'usurpera pas non plus la prérogative masculine, mais fera de la terre une demeure céleste." En d'autres termes, elle doit être l'instrument passif ou le médium par lequel le pouvoir mystérieux qui sous-tend la Maçonnerie gouverne et dirige le monde, tandis que l'homme exécutera activement les directives ! Comme l'a écrit Oswald Wirth :

« Beaucoup de Maçons s'imaginent comprendre la Maçonnerie alors qu'ils ne soupçonnent même pas l'existence de ses mystères et de son ésotérisme » *(Le Livre de l'apprenti).*

Il explique à nouveau :

« Nos deux Piliers se rattachent d'ailleurs à l'antique culte de la génération qui fut la manifestation la plus universelle de l'humanité primitive... Tout ce qui a trait à la génération est resté sacré tant qu'ont prévalu les religions de la vie dont l'idéal est terrestre, mais qui ont été supplantées par les religions de la mort prêtes à promettre le bonheur au-delà du tombeau. Or la Maçonnerie procède des cultes de la vie dont elle a conservé les symboles » *(Le Livre du compagnon).*

Plus loin :

« La franc-maçonnerie se garde bien de définir le Grand Architecte, et laisse à chacun de ses adeptes toute latitude pour s'en faire une idée conforme à sa foi ou à sa philosophie » *(L'Idéal initiatique).*

En outre :

« Gardons-nous donc de céder à cette paresse d'esprit qui confond le Grand Architecte des initiés avec le Dieu des croyants » *(Le Livre du maître).*

Pour en prendre un autre, le Très Puissant Souverain Grand Commandeur Frère Jean Marie Raymond : « Nous avons voulu cristalliser l'immortalité dans le symbole du Grand Architecte de l'Univers, sorte d'emblème de l'Unité Cosmique, suprême intelligence universelle, qui n'est autre que la *Vie* elle-même. » Ainsi, comme la Cabale, qui est l'une de ses bases, la Maçonnerie est panthéiste et son but est d'illuminer ou de déifier l'homme par l'intoxication astrale ou cosmique.

Le « Dieu » de Mme Besant était panthéiste, cette force vitale dans toute la nature, et son Christ était cette force astrale qui illumine ; les mêmes idées sont à la base de la Théosophie, de la Rose-Croix, de la Maçonnerie et de tout le Yoga. Et quelle a été l'attitude de la Grande Loge d'Angleterre à l'égard des femmes dans la Maçonnerie ? (I) Selon Albert Lantoine, la Constitution d'Anderson, 1723, dit :

"Les esclaves, les femmes, les personnes immorales et déshonorées ne peuvent être admis, mais seulement les hommes de bonne réputation.

(2) Le 3 septembre 1919, le Bureau des buts généraux de la Grande Loge a publié ce qui suit : « Tous les organismes qui admettent des femmes comme membres sont clandestins et irréguliers ; il est nécessaire d'avertir les frères qu'ils ne doivent pas être amenés par inadvertance à violer leur obligation en devenant membres de ces organismes ou en assistant à leurs réunions... » (3) La Grande Loge Unie d'Angleterre a codifié, le 4 septembre 1929, huit conditions pour la reconnaissance des obédiences maçonniques dans le monde entier, l'une d'entre elles étant : que les membres de la Grande Loge, ainsi que ceux des loges individuelles, soient exclusivement des hommes, et que l'obédience n'entretienne aucune relation de quelque nature que ce soit avec les loges mixtes, où les corps admettent des femmes parmi leurs membres (An. Maç. Uni.., 1930). (4) Le Morning Post du 7 juin 1934 écrit :

'L'ordre du jour de la réunion de la Grande Loge Unie, à Londres, hier, comprenait une motion pour l'exclusion d'un frère qui, selon les rapports, avait assisté à des réunions d'un corps « irrégulier » connu sous le nom de Co-Masons, qui admettait des femmes... ayant refusé de prendre connaissance d'un avertissement quant au résultat probable de son action, son expulsion a dû être recommandée, et la Grande Loge a accepté à l'unanimité, et sans discussion, la motion. Le Duc de Connaught, Grand Maître, a présidé la réunion et sa présence a été grandement appréciée par les 1800 frères présents.

Enfin, comme l'écrit Oswald Wirth :

'Devenir comme la Divinité, tel était le but des anciens Mystères... Aujourd'hui, le programme d'initiation n'a pas changé.

CHAPITRE IX

RUDOLF STEINER ET L'ANTHROPOSOPHIE

Dans un article de tête du 14 septembre 1922, le *Patriot* met en garde ses lecteurs contre « La guerre souterraine » et écrit :

> Pour ceux qui désirent s'instruire, nous publions aujourd'hui le premier d'une série d'articles de "G. G." (ou "Dargon"), un écrivain qui a étudié les sociétés secrètes. (ou "Dargon"), un écrivain qui a étudié les sociétés secrètes. Le but de "The Anatomy of Revolution" n'est pas d'approfondir le sujet, mais de donner une vue générale et historique de ce complexe d'organisations subversives qui travaillent à la destruction du Christianisme, de la Civilisation et de l'Empire Britannique. L'auteur, qui est un vrai Britannique et un bon patriote, n'a qu'un seul but : avertir le public britannique du danger insoupçonné qui, comme il le croit et comme nous le croyons aussi, le menace de façon imminente'.

Pour citer G.G. :

> 'Il faut noter ici qu'il y a toujours eu parmi les sociétés arcaniques un double mouvement — d'une part mystique, d'autre part politique. Des organismes ésotériques tels que la Fraternité de la Rose-Croix, les Martinistes, les Swedenborgiens et les Théosophes ont sans doute été composés en grande partie d'enthousiastes inoffensifs à qui le mysticisme ou la magie plaisaient. Mais elles ont également servi de couverture à des intrigues politiques et de filet pour attraper, tester et sélectionner des personnes susceptibles d'être utilisées à des fins subversives. Car c'est l'une des méthodes du directoire révolutionnaire que d'utiliser, dans la mesure du possible, des corps inoffensifs comme couverture, et des personnes innocentes comme agents inconscients...

> "Je me permets d'évoquer brièvement l'existence d'une branche de la Société Théosophique, connue sous le nom de Société Anthroposophique. Elle a été créée à la suite d'un schisme dans les

rangs des théosophes, par un homme de naissance juive qui était lié à l'une des branches modernes des Carbonari. Non seulement cela, mais en association avec un autre Théosophe, il est engagé dans l'organisation de certaines entreprises commerciales singulières qui ne sont pas sans rapport avec la propagande communiste ; presque exactement de la même manière que le "Comte St Germain a organisé ses teintureries et d'autres entreprises commerciales dans un but similaire. Et ce groupe commercial étrange a des liens avec le mouvement républicain irlandais... et aussi avec un autre groupe mystérieux qui a été fondé par des « intellectuels » juifs en France il y a environ quatre ans (vers 1918), et qui compte parmi ses membres de nombreux politiciens, scientifiques, professeurs d'université et hommes de lettres bien connus en France, en Allemagne, en Amérique et en Angleterre. Il s'agit d'une société secrète... bien qu'il s'agisse nominalement d'une société de 'droite', elle est en contact direct avec des membres du gouvernement soviétique de Russie... ».

Nous avons de temps en temps écrit sur les enseignements gnostiques et les activités politiques du Dr Rudolf Steiner. Nous présentons ici un bref résumé de l'introduction d'Édouard Schuré à sa traduction du livre de Steiner, *Mystère Chrétien et les Mystères Antiques, 1908*. Schuré considérait l'enseignement de Steiner comme très lumineux — c'est ce qu'on appelle l'Illuminisme Chrétien — mais l'a quitté beaucoup plus tard à cause de ses activités politiques, qu'il n'approuvait pas. Plus tard, il revint au bercail. L'intérêt de cette esquisse de la vie de Steiner est qu'elle montre comment, dès son plus jeune âge, il a été surveillé, préparé astralement et dirigé par un mystérieux Maître et initiateur dont le nom et la mission ne sont pas révélés.

Selon Schuré, qui était juif, Steiner est né en Haute-Autriche en 1861 et a passé sa jeunesse aux confins de la Styrie, des Carpates et de la Hongrie. À l'âge de quinze ans, il fait la connaissance d'un botaniste érudit qui 'a le don de voir le principe vital des plantes, leurs corps éthériques et ce que les occultistes appellent les élémentaux du monde végétal'. Sa conversation calme et froidement scientifique ne fit qu'exciter davantage la curiosité du jeune homme". Steiner sut plus tard que cet homme étrange était un envoyé du Maître, qu'il ne connaissait pas encore, mais qui allait devenir son véritable initiateur, et qui le surveillait déjà de loin." De ses entretiens avec le botaniste, il fut bientôt convaincu que la base du « Grand Universel » était le double courant qui constitue le mouvement du monde, le flux et le reflux de la force vitale universelle, ce courant occulte et astral qui est le grand propulseur de la vie, avec sa hiérarchie de puissances. Dès l'âge de dix-huit ans, Steiner ressent ce double courant : « Il eut dès cette époque la sensation irréfutable de puissances occultes qui agissaient derrière lui et à travers lui pour le diriger. Il écoutait cette force et suivait ses avertissements, parce qu'il se sentait profondément en accord avec elle ».

À dix-neuf ans, il rencontra son Maître, si longtemps pressenti, qui était l'un de ces hommes puissants qui vivent inconnus du monde pour accomplir une mission ; ostensiblement, ils n'agissent pas sur les événements humains. L'incognito est la condition de leur force, et leur action n'en est que plus efficace, « car ils éveillent, préparent et dirigent ceux qui agissent au vu et au su de tout le monde ». Et la mission de Steiner, selon lui, était : « Relier la science et la religion. Introduire Dieu dans la science et la nature dans la religion, et ainsi féconder à nouveau l'art et la vie ». Son Maître était éminemment un mâle spirituel, par opposition à la sensibilité plus féminine de Steiner ; c'était un redoutable dominateur, pour qui l'individu n'existait guère. Il ne s'épargnait ni lui ni les autres, sa volonté était comme une balle de fusil qui allait droit au but et balayait tout sur son passage.

Tel était l'esprit puissant qui dominait et utilisait Steiner comme un simple automate, tirant les ficelles selon les besoins de ses terribles ambitions. Pour Steiner, les années 1881 à 1891 furent une période d'étude et de préparation à Vienne ; de 1891 à 1901, une période de lutte et de combat à Weimar ; de 1901 à 1907, une période d'action et d'organisation à Berlin. Vers 1890, Steiner déclara 'Les puissances occultes qui me dirigeaient m'ont obligé à pénétrer insensiblement dans les idées des spiritualistes de l'époque. Il entre en contact avec Nietzsche et Haeckel, qui l'orientent intellectuellement. Comme le dit Schuré : « Il avait le pressentiment qu'il trouverait dans les découvertes incontestables du naturaliste la base la plus sûre d'un spiritualisme évolutif et d'une théosophie rationnelle. » Steiner entra donc dans le matérialisme contemporain et s'arma pour sa mission ; en 1902, il trouva son champ de bataille et son soutien dans la Société théosophique et devint secrétaire général de la section allemande. En 1913, il quitta Mme Besant à cause de l'affaire de l'Alcyone et fonda la Société anthroposophique.

Comme l'a écrit Schuré :

> « Par son premier Maître et par la Fraternité à laquelle il était associé, Steiner appartenait à une autre école d'occultisme, c'est-à-dire au christianisme ésotérique occidental et plus particulièrement à l'initiation rosicrucienne... La tradition du christianisme ésotérique, à proprement parler, se rattache directement et de façon ininterrompue au célèbre et mystérieux Manès, fondateur du manichéisme, qui vécut en Perse au IVe siècle. »

Élevé par des Mages, Manès devint chrétien (gnostique) ; sa doctrine était : (I) le Maître Jésus, prophète de Nazareth, n'était que l'organe et l'interprète du Christ, qui était 'l'arcane du Verbe planétaire "— manifestation solaire ; (2) il enseignait la réincarnation et les nombreuses existences ascendantes (planétaires) de l'âme humaine ; (3) ce qu'on appelait 'le mal "n'était qu'un ingrédient nécessaire dans l'économie générale du monde, un stimulant, un ferment de l'évolution universelle !

Les disciples de Manès se répandent en Palestine, en Grèce, en Italie, en Gaule, en Scythie, sur le Danube et en Afrique. Sa doctrine s'est propagée pendant des siècles par tradition orale, souvent sous des noms différents, écrit Schuré, tels que les Cathares, les Albigeois, les Templiers et les Frères de Saint-Jean de Jérusalem. Au quinzième siècle, le christianisme ésotérique, inspiré par la même tradition, est devenu plus laïque et scientifique sous l'influence de la Cabale et de l'Alchimie, et c'est à peu près à cette époque que Christian Rosenkreutz a fondé l'Ordre de la Rose-Croix. Rudolf Steiner, en tant que Rose-Croix, pratiquait et enseignait l'occultisme occidental, par opposition à l'occultisme oriental. Il ne croyait pas à l'anéantissement du corps par l'ascétisme — celui-ci doit être entraîné et devenir comme un aimant attirant et utilisant les forces nécessaires.

Tel est le récit de Steiner, de son Maître et de son œuvre, tel qu'il est donné par Édouard Schuré. Le résultat du Yoga, de la méditation et des processus d'éveil de la kundalini, qu'ils soient occidentaux ou orientaux, est le même dans tous les groupes travaillant sous la direction de Maîtres inconnus ; cela signifie que le Maître prend progressivement possession de l'esprit de l'adepte et y imprime sa propre volonté, de sorte qu'un initié avancé, tel que Steiner, travaille sous l'impulsion du Maître caché et à ses seules fins. Comme l'explique le soi-disant Maître tibétain de Mme Alice Bailey, théosophe et occultiste, New York, le contact avec le Maître est reconnu par des vibrations particulières : (I) au sommet de la colonne vertébrale ; (2) dans le front (glande pinéale, où la kundalini de l'adepte s'unit aux forces du Maître venant de l'extérieur, c'est le siège de la connaissance contrôlée) ; (3) au sommet de la tête (corps pituitaire). Il poursuit : 'Avec le temps, l'étudiant en vient à reconnaître la vibration et à l'associer à un « Grand » particulier, car chaque Maître a sa propre vibration qui s'imprime sur ses élèves d'une manière spécifique. Les forces sont « ces courants magnétiques de l'univers, ce fluide vital, ces rayons électriques, la chaleur latente dans tous les corps ». Froid et calculateur, « un Maître ne s'intéresse à un homme que du point de vue de son utilité dans l'âme-groupe et de sa capacité à aider ». L'individu n'est rien pour lui, il n'est qu'une pièce de sa machine révolutionnaire mondiale, à jeter quand il n'est plus un atout dans leur jeu !

Rudolf Steiner est mort à Dornach, en Suisse, le 30 mars 1925, lentement mais sûrement consumé par les forces terribles qui agissaient à travers lui. Lors de ses funérailles, Albert Steffen, poète et président du Comité exécutif de la Société anthroposophique, a prononcé un discours. Parlant de la « Science spirituelle » de Steiner ou de l'Illuminisme chrétien, il dit : « Rudolf Steiner nous a ouvert la perspective d'une vie religieuse au-delà de toutes les sectes ». Cinquante théologiens se sont adressés à lui pour trouver un moyen d'unir à nouveau leur travail à la « vie éternelle de l'Esprit », et Steffen a poursuivi : Steffen poursuit : « Steiner a pu leur transmettre la cérémonie sacrée que *les* prêtres de la *Christengemeinschaft* accomplissent maintenant pour lui-même ». Nous croyons savoir que la *Christengemeinschaft*, dirigée par Heidenreyd et comptant environ 400 membres dans ce pays, est en train de renaître à. Qu'est-ce que cette « science spirituelle » ? Selon Steiner, « l'anthroposophie est un chemin de connaissance qui guide le spirituel de l'être humain vers le spirituel de l'univers ». Tout à fait cosmique et astral !

Dans son livre traduit par Schuré, *Le Mystère Chrétien et les Mystères Antiques*, Steiner écrit :

'Dans les premiers temps du christianisme, le vieux monde païen a vu naître des systèmes d'univers qui semblaient être un prolongement de la philosophie de Platon, mais qui pouvaient aussi être compris comme une spiritualisation de la sagesse des Mystères. *Tous ces systèmes avaient pour point de départ Philon, le philosophe juif d'Alexandrie,* qui disait : "Il est nécessaire que l'âme sorte du « moi » ordinaire. Elle entre alors dans un état d'extase spirituelle, d'illumination, où elle cesse de connaître, de penser et de reconnaître au sens ordinaire des mots. Car elle s'est identifiée au divin, ils ne font plus qu'un…".

Il est déifié et a perdu sa propre personnalité ! Et comme le dit Steiner :

'Dieu (le Principe Créateur) est ensorcelé dans le monde, et c'est sa propre force qui est nécessaire pour le retrouver. Cette force (force sexuelle) doit être éveillée en toi. Tels étaient les enseignements que le Myste recevait avant l'initiation. C'est alors que commença le grand drame du monde, dont il fit une partie intégrante et vivante. Le but de ce drame n'était rien de moins que la libération du Dieu caché ; où est ce Dieu ? Il n'est pas là, mais dans la nature. C'est dans la nature qu'il faut le trouver. Car il est enveloppé en elle comme dans un tombeau enchanté'.

Ici, nous avons le Dieu panthéiste Pan, qui est simplement le principe créateur de toute la nature, y compris de l'homme — la force vitale. Comme l'a dit Clément d'Alexandrie en parlant des Grands Mystères : « Ici s'achèvent tous les enseignements, on voit la nature et les choses ».

Plus loin, Steiner explique : « La Croix du Golgotha est tout le culte des anciens Mystères réunis en un seul fait : La Croix du Golgotha est tout le culte des anciens Mystères rassemblé en un seul fait… Le christianisme en tant que fait mystique est un degré d'évolution dans la Sagesse des Mystères ». Ce site est à nouveau le manichéisme, qui considère la crucifixion, la résurrection et l'ascension du Christ comme des expériences mystiques. Une conférence donnée par Steiner à Oxford en 1922, intitulée « Le mystère du Golgotha », jette une lumière supplémentaire sur sa science spirituelle. Steiner était également rosicrucien et, pour expliquer ce « Mystère du Golgotha », il a fondé ses idées sur certains mots qui auraient été écrits dans le Livre T. qui, selon la légende mystique rosicrucienne, aurait été trouvé sur la poitrine de Christian Rosenkreutz lors de l'ouverture de son tombeau au quinzième siècle.

Ces mots étaient les suivants : *Ex Deo nascimur ; In Christo* (ou Jehesuah) *morimur ; Per Spiritum Sanctum reviviscimus* - C'est de Dieu que nous sommes nés ; c'est dans le Christ ou Jésus que nous mourons ; c'est par le Saint-Esprit que nous ressuscitons. C'est la Trinité gnostique — le Père, créateur ; le Fils ou Christ solaire, le Logos ou serpent, la force vivifiante ; le Saint-Esprit, la Grande Mère qui reproduit toutes choses. L'ensemble est la création, la destruction et la régénération éternelles, telles qu'elles sont appliquées à l'illuminisme.

Dans le R.R. et A.C., qui, sous la direction de feu le Dr Felkin, était étroitement lié à Steiner et pratiquait certains de ses procédés et de son eurythmie pour éveiller la kundalini, le rituel 5 = 6 illustre de façon dramatique la signification de ces mots : l'aspirant est conduit à la tombe où repose l'Adepte en chef en tenue d'apparat, représentant Christian Rosenkreutz ; la tombe est ouverte et l'aspirant demande : « De l'obscurité, que la lumière se lève ! » De l'intérieur du tombeau, une voix se fait entendre : « Enterré avec cette Lumière dans une mort mystique, ressuscité dans une résurrection mystique, nettoyé et purifié par Lui, notre Maître, ô frère de la Rose et de la Croix... Cherche la Pierre des Sages... ». La pierre est la Quintessence ou Pentagramme — Illuminisme.

Comme illustré sur le couvercle du tombeau, ces expériences mystiques représentent l'adepte comme un Christ crucifié sur la Croix de la Lumière ou de l'Illuminisme ; le Grand Dragon Léviathan — la kundalini — s'élève jusqu'à *Daath*, et d'en haut descend l'Éclair attiré par le serpent intérieur et s'unissant à lui, reliant l'adepte à, la force vitale universelle à l'extérieur. Il devient le Jehesuah-Yod, He Shin, Vau, He — le Pentagramme ou l'homme déifié, perdant sa nature propre. Il s'agit des noces chymiques rosicruciennes. L'écrivain juif Kadmi Cohen le décrit ainsi dans *Nomades* :

> « Abîme et sommet. La hauteur vertigineuse de l'un est contrebalancée par la profondeur insondable de l'autre. Qui connaîtra jamais les souffrances indicibles de l'ascension, les terreurs mortelles de la chute ? Mais aussi la joie ineffable, surhumaine, divine, d'être sur le sommet qui surplombe l'univers, au-delà du bien et du mal, au-delà de la pure raison pratique, d'être l'Homme, d'être Soi, qui s'égale à Dieu, qui lutte avec Lui, qui L'absorbe. C'est Israël, c'est Ismaël qui fournit ces hommes au monde ! ».

Son Dieu est le Dieu Pan, il est intoxiqué par la Lumière astrale !

Schuré explique que Christian Rosenkreutz a laissé « trois vérités spirituelles » à ses disciples, et que ces vérités n'ont été scientifiquement prouvées que quatre siècles plus tard, à savoir : (I) l'unité matérielle de l'univers — par l'analyse du spectre ; (2) l'évolution organique — par la transformation des espèces selon Darwin et Haeckel ; (3) des états de conscience humaine différents de l'état ordinaire — par l'hypnotisme et la suggestion. Comme le pouvoir utilisé par les Rose-Croix était censé être le « fluide magnétique » dans l'homme et dans l'univers, mis en mouvement par la concentration de la pensée et de la volonté, on peut facilement croire que de telles initiations, sous l'égide de Maîtres inconnus, pourraient signifier hypnotisme et suggestion. Le spectre est la résolution de la lumière à travers le prisme, et comme le dit le rituel rosicrucien : « Les couleurs sont des forces et la signature des forces, et tu es l'enfant des enfants des forces ». Les rosicruciens travaillent avec des couleurs et des figures géométriques, représentant les forces des planètes, les signes du zodiaque, les éléments, etc., et les couleurs des planètes sont le spectre de la « lumière blanche divine » rosicrucienne, ce fluide magnétique qui tue et rend vivant. Steiner parle beaucoup de hiérarchies planétaires, d'Archanges, d'Anges, etc., mais il y a des raisons de croire qu'ils peuvent tous être réduits aux forces universelles de la nature, car le rituel O=O de la *Stella Matutina* dit : « Car c'est par les noms et les images que tous les pouvoirs sont éveillés et ré-éveillés ».

Par conséquent, la « science spirituelle » de Steiner n'est-elle pas simplement la fixation hermétique de la lumière astrale dans un corps matériel — l'illuminisme — liant l'adepte, en tant qu'outil, à certains « occultistes blancs » censés travailler pour le bien, ou n'est-elle pas plutôt le malheur de l'humanité ?

Pour exprimer les rêves et les projets politiques communistes de Steiner, nous avons son « État triple ». Comme base symbolique de cet « État triple », Steiner prend l'organisme humain : (I) le système des nerfs et des sens — le système de la tête. (2) le système de la respiration et de la circulation du sang — le système rythmique. (3) les organes et les fonctions de transformation de la matière — le processus métabolique. Selon Steiner, ces systèmes, comparativement parlant, fonctionnent séparément : 'Il n'existe pas de centralisation absolue dans l'organisme humain. "Pour prospérer, l'organisme social, comme l'organisme naturel, a besoin d'être triple.

(1) La vie économique — relativement aussi indépendante que le système nerveux et sensoriel du corps humain. 'Elle s'intéresse à tout ce qui est de l'ordre de la production, de la circulation et de la consommation des marchandises.

(2) Droits publics, vie politique — l'État ; « appliqué à une communauté possédant des droits communs ».

(3) La vie mentale et spirituelle : « tout ce qui repose sur le patrimoine naturel de chaque être humain, spirituel et physique ». Tous ces éléments sont apparemment séparés mais interdépendants. « À côté de la sphère politique et de la sphère économique, dans une société saine, il doit y avoir la sphère spirituelle, fonctionnant de manière indépendante sur ses propres bases » — c'est-à-dire la religion, l'enseignement, l'art et la vie intellectuelle, et même les capacités techniques et d'organisation appliquées à l'État ou à l'économie industrielle.

'C'est la triple ligne d'évolution vers laquelle tend l'humanité moderne... À la fin du XVIIIe siècle, dans des circonstances différentes de celles que nous vivons aujourd'hui, un cri s'éleva des profondeurs cachées de la nature humaine en faveur d'une refonte des relations sociales (attisé par les Illuminati et les Loges du Grand Orient). Le projet du nouvel ordre s'articulait autour des trois mots suivants, comme une devise : « Fraternité, égalité, solidarité » : « Fraternité, Égalité, Liberté ».

Admettant que l'égalité et la liberté sont contradictoires, Steiner est en sympathie avec les trois et les applique à son État triple. La vie économique sous forme d'associations est regroupée sous le terme de fraternité, l'État sous le terme d'égalité et le domaine spirituel sous le terme de liberté :

'Aucun État social, construit sur un schéma centralisé abstrait, ne peut mettre en pratique la liberté, l'égalité et la fraternité. Mais chacune des trois branches du corps social peut tirer sa force de l'une de ces impulsions idéales (contradictoires) ; et alors les trois branches travailleront fructueusement en conjonction'.

Tel est l'État triple de Steiner, comme on l'a appelé, « sans tête », et il l'étendrait, de la même manière sans tête, à un État mondial triple.

'Une telle imbrication d'intérêts se développera que les frontières territoriales paraîtront négligeables dans la vie de l'humanité.

… Les forces auxquelles les nationalités doivent leur croissance requièrent pour leur développement une libre interaction mutuelle, sans être entravée par les liens qui se développent entre les corps d'État respectifs et les associations économiques. Le moyen d'y parvenir est que les diverses communautés nationales développent le triple ordre dans leurs propres structures sociales ; ensuite, leurs trois branches peuvent chacune développer leurs propres relations avec les branches correspondantes des autres communautés. C'est ainsi que les peuples, les États, les organismes économiques se regroupent en formations très diverses dans leur forme et leur caractère, et que chaque partie de l'humanité devient tellement liée aux autres parties que chacune est consciente de la vie de l'autre qui palpite à travers ses propres intérêts quotidiens. Une ligue des nations est le résultat d'impulsions profondes qui correspondent à des réalités concrètes. Il ne sera pas nécessaire d'en « instituer » une qui ne soit fondée que sur des théories juridiques du droit'.

Enfin, il dit :

'Il ne doit y avoir qu'une seule race humaine travaillant à une tâche commune, prête à lire les signes des temps et à agir en conséquence.

L'ensemble n'est qu'une autre forme du « Associez, associez ! » de Mazzini ou de l'État mondial de Mme Alice Bailey par le biais de l'unification sous le contrôle de quelques mystérieux « Supermen ».

Ce rêve d'un État mondial est loin d'être nouveau. On sait que les initiés de Weishaupt devaient prêter serment d'aider de leur mieux à la fondation d'une République universelle ; et à la fin du XVIIIe siècle, le projet de l'Illuminatus Anacharsis Clootz était le suivant : 'Tous les peuples ne formant qu'une seule nation, tous les métiers ne formant qu'un seul métier, tous les intérêts ne formant qu'un seul intérêt : "Tous les peuples ne formant qu'une seule nation, tous les métiers ne formant qu'un seul métier, tous les intérêts ne formant qu'un seul intérêt. Steiner était un Illuminé que l'on dit lié à ceux qui, vers la fin du XIXe siècle, ont fait revivre l'Illuminisme de Weishaupt. Il poursuivait donc apparemment la tradition dans son État mondial triple.

Par ailleurs, en ce qui concerne les interconnexions intellectuelles nécessaires à cet État mondial, on peut citer le rapport 1928-29 de la « Société pour les relations culturelles entre les peuples du Commonwealth britannique et l'Union des républiques socialistes soviétiques », dans lequel il est noté que la Société anthroposophique (celle de Steiner) est l'une des organisations en contact avec elle. Un livre bleu du gouvernement britannique décrit ainsi cette R.S.C. : « L'Internationale communiste la considère comme un terrain fertile pour la propagande communiste de type intellectuel ». Il ne fait guère de doute qu'aujourd'hui, chaque nation est consciente de la vie soviétique qui « palpite à travers ses propres intérêts quotidiens », qui lui est largement préjudiciable et qui se désintègre sur le plan économique, politique et spirituel.

Une autre phase de l'enseignement anthroposophique et de l'application pratique de ses convictions. En décembre 1932, Lilly Kolisko, membre éminent de la Société anthroposophique de Stuttgart, vint à Londres pour donner une conférence à un groupe agricole de la Société qui se proposait de faire revivre d'anciennes coutumes astronomiques ou peut-être astrologiques, courantes chez les peuples primitifs, en y ajoutant, semble-t-il, la science de l'anthroposophie ! Selon ses théories, les plantes et les légumes semés à la bonne phase de la lune poussent beaucoup plus vite et de manière plus luxuriante que lorsque les phases de la lune sont ignorées. La terre respire de manière rythmée, et les semailles, la fertilisation et la récolte des cultures peuvent être adaptées à ce rythme. En outre, les plantes nécessitant beaucoup d'humidité poussent beaucoup mieux lorsqu'elles sont plantées deux jours avant la pleine lune, et celles nécessitant peu d'humidité pendant une lune décroissante.

Pearce, dans son *Text-book of Astrology,* nous dit qu'il tombe généralement plus de pluie pendant le *croissant* que pendant le *décroissant de* la lune, comme l'ont prouvé de nombreuses expériences menées entre 1868 et 1881. Les anciens disaient également que les chênes abattus au printemps, lorsque la sève monte, pourrissent rapidement. Tous les arbres à bois devraient être abattus au moment du solstice d'hiver et des derniers jours de la lune ; le bois durerait alors à perpétuité. C'est ce qu'affirme R. Reynell Bellamy dans son livre *The Real South Seas (Les vraies mers du Sud).* Il dit des Kanakas de Nouvelle-Calédonie qu'ils soutiennent que le flux de la sève est ascendant lorsque la lune est croissante et descendant lorsqu'elle est décroissante. Ils plantent du maïs, des haricots, etc., avant la pleine lune, et des plantes racines après. Le bois de construction est abattu pendant la dernière phase de la lunaison, lorsque la sève est à son niveau le plus bas.

Quant à la respiration rythmique de la terre, elle fait sans doute référence au Grand Souffle ou *Swara* de l'Univers, la *force vitale* — *Pingala,* le souffle positif ou solaire ; *Ida,* le souffle négatif ou lunaire ; et le *Sushumna, le* feu central ou unificateur. Il y a également les cinq *Tatwas* de la matière raffinée — l'éther, l'air (gazeux), le feu (igné), l'eau (liquide), la terre (solide). L'ensemble du processus de création sur tous les plans de la vie est censé être réalisé par ces Tatwas dans leurs aspects positifs et négatifs. Toutes ces phases se succèdent et se fondent les unes dans les autres dans une procession régulière et continue. Elles sont à la base de toute magie, noire ou blanche. Ce sont les forces les plus fines de la nature, mais elles ne sont ni spirituelles ni divines, si ce n'est en tant qu'instruments, le principe créateur de toute la nature.

Pour reprendre ce que nous avons dit précédemment, Dollinger, parlant de l'astrologie chez les Chaldéens, écrit :

« Ces hommes ont trouvé un soutien dans la philosophie stoïcienne qui, partant du principe de l'identité substantielle de Dieu et de la nature, en est venue à considérer les étoiles comme éminemment divines et à placer le gouvernement divin du monde dans le cours immuable des globes célestes. »

À l'époque d'Alexandre, les astrologues des écoles chaldéenne et alexandrine étaient répandus en Asie, en Grèce et en Italie, et enseignaient qu'une influence secrète des planètes descendait sans interruption sur la terre et sur l'homme, et que par des cultes magiques et des prières astrologiques, on pouvait agir sur ces planètes et diriger leurs forces comme il le fallait. Dans les ordres illuminés, tels que le R.R. et l'A.C., ces influences planétaires sont invoquées, ou attirées, par le symbole juif du pouvoir, l'étoile à six rayons, et les grades supérieurs sont attribués aux différentes phases de la lune.

Dans *Od and Magnetism*, 1852, Reichenbach écrit

« L'élément de la force odique est donc rayonné vers nous si abondamment par la lumière du soleil et de la lune que nous pouvons nous en emparer à notre aise et l'utiliser dans des expériences simples. Nous verrons tout à l'heure à quel point son influence est illimitée sur l'ensemble de l'humanité et même sur l'ensemble des règnes animal et végétal. Od est donc une force cosmique qui rayonne d'étoile en étoile et qui a l'univers entier pour champ d'action, tout comme la lumière et la chaleur ».

Cet Od ou, comme le disent les Rose-Croix, ce fluide magnétique, est la force vitale universelle, générée par le soleil et reproduite par la lune, qui peut être utilisée pour le bien ou pervertie pour le mal.

À l'appui de ce que nous avons écrit ci-dessus, nous trouvons ce qui suit dans le programme de l'École d'été anthroposophique, qui s'est tenue à Tetbury en août 1934 :

« Le Dr C. A. Mirbt donnera des cours sur la conception anthroposophique de l'agriculture. Les sujets seront les suivants : le sol comme œuvre du Cosmos et de la Terre ; le sol comme manifestation de l'évolution de la Terre ; les forces formatrices éthériques dans la plante et le sol ; la vraie nature de la fumure ; le règne animal comme manifestation du monde astral... »

Nous avons ici les forces cosmiques des étoiles et les forces magnétiques de la terre (). C'est la base de tous les anciens cultes païens ; c'est l'ancienne théorie astrologique chaldéenne et celle des anciens cultivateurs d'herbes médicinales rosicruciens. À tout cela s'ajoute la science moderne de la fumure ! En outre, Steiner, comme le botaniste érudit de sa jeunesse, prétendait être capable de voir les forces vitales dans la plante, d'arrêter ces forces et de les utiliser comme il le fallait pour guérir. D'où sa « Nouvelle Thérapie » et la société britannique Weleda Co. pour la diffusion des résultats de la « Recherche médicale anthroposophique », créée en 1925.

Certains soutiennent que cette « agriculture anthroposophique » est basée non pas sur l'astrologie, mais sur l'astronomie. Or, l'astronomie de Steiner dans la « Science de l'esprit » semble être un retour à des croyances anciennes et orientales où les forces et les phénomènes de la nature étaient partout considérés comme des dieux actifs et dominants, tantôt bons, tantôt mauvais. Dans *Anthroposophy-Michaelmas*, 1928, E. Vreede parle de cette astronomie et explique que derrière le voile du passé et de la nature, les étoiles se révèlent comme des « colonies d'êtres spirituels », neuf niveaux de hiérarchie au-dessus de l'homme. Ensemble, ils ont formé et gouverné le monde et l'homme, sous l'égide d'un Esprit Mondial.

Pour que l'homme se développe, ces êtres ont été apparemment retirés, et l'homme a été abandonné à des lois mécaniques ;

> « Pourtant, dans ce mécanisme, comme dans tous les phénomènes naturels, des êtres spirituels sont à l'œuvre. Le fait qu'au printemps les plantes sortent de terre, que les fleurs et les fruits apparaissent, et que les plantes se dessèchent en automne ; le fait que lorsque nous avons l'automne ici, le printemps commence à éclater de l'autre côté de la Terre — tout cela est provoqué par les Esprits de la Nature, les gnomes, les ondines, les sylphes ainsi que les salamandres… »

Ainsi, dans la *Stella Matutina*, quatre de ses cérémonies se terminent par les prières de ces esprits de la nature de l'eau, de l'air, de la terre et du feu, très belles comme œuvres d'art, qui nous ramènent aux merveilleux contes de fées de l'enfance. Plus tard, pour le développement intellectuel de l'homme, des êtres

Ahrimaniques (matière) ont été envoyés pour consolider la terre et voiler la réalité spirituelle.

Il est encore dit que l'homme et la nature ont été, dès le début, façonnés selon les lois du rythme et de la périodicité, et que la loi de la gravité s'est imposée à la terre. Enfin, comme l'a dit Steiner : « Lorsque nous observons la vie du monde des étoiles, nous voyons les corps des Dieux et, en fin de compte, la Divinité elle-même ». Ceci semble une fois de plus révéler la nature panthéiste de tout l'enseignement de Steiner, « le Dieu ensorcelé » enveloppé dans toute la nature. Le Jéhovah du Juif cabalistique — le Principe créateur.

Selon Steiner, les dieux du Soleil, de la Lune et de Saturne — ce principe créateur — se sont manifestés dans le corps de Jésus de Nazareth sous la forme d'une impulsion christique — le pouvoir du serpent des yogis, le Logos ou le serpent des gnostiques. « Et le fait que l'impulsion christique ait pu entrer dans l'humanité a été rendu possible par le fait que l'ancien principe d'initiation est devenu un *fait historique.* » Dans *From Sphinx to Christ,* d'Édouard Schuré, le représentant français et juif de l'illuminisme néo-gnostique de Steiner, on nous donne un compte rendu de cet ancien credo panthéiste appliqué au Christ de l'Église chrétienne, déchristianisant et judaïsant les croyances chrétiennes, faisant du Christ un simple super « homme déifié ». Le Sphinx représente le corps préparé, offert en sacrifice, dans lequel l'impulsion christique devait descendre. L'ensemble signifie la montée et la perversion de la force sexuelle ou du serpent à l'intérieur de l'homme, attirant et s'unissant à l'éclair ou à l'impulsion christique solaire de l'extérieur, contrôlé par des directeurs inconnus — c'est ce qu'on appelle l'initiation.

Selon Schuré :

> « Il fallait encore que, depuis la naissance jusqu'à l'âge de trente ans, lorsque le Christ prendrait possession de sa demeure humaine, le corps de Jésus soit affiné et harmonisé par un initié du plus haut rang (qui avait traversé de nombreuses incarnations !), de sorte qu'un homme presque divin s'offre en sacrifice, en réceptacle consacré, pour recevoir l'homme fait par Dieu. »

On dit donc que Jésus était une réincarnation du grand initié Zoroastre ! Plus tard, le « Maître Jésus » fut placé sous les instructions des Esséniens, une fraternité d'initiés qui vivaient sur les rives de la mer Morte, où finalement la « voix intérieure » lui dit : « Tu as déposé ton corps sur l'autel d'Adonaï (le Seigneur de l'Univers) comme une lyre : "Tu as déposé ton corps sur l'autel d'Adonaï (le Seigneur de l'Univers) comme une lyre d'ivoire et d'or. Maintenant ton Dieu te réclame pour se manifester aux hommes. Il te cherche et tu ne peux pas lui échapper ! Offre-toi en sacrifice. Embrasse la Croix !" »

Vient ensuite l'initiation, le baptême dans le Jourdain par Jean le Baptiste, dont Schuré écrit :

> "Il est interdit d'aider celui qui est baptisé à sortir de l'eau ; la croyance est qu'un souffle de l'Esprit divin est entré en lui par la main du prophète et les eaux du fleuve. La plupart sortaient de l'épreuve revivifiés, certains mouraient, d'autres devenaient fous comme s'ils étaient possédés. On les appelait les démoniaques.

Quant au « Maître Jésus » :

> « Il est conscient d'une sensation de noyade suivie d'une terrible convulsion... et pendant quelques secondes, il voit une image chaotique de toute sa vie passée... puis l'obscurité de l'inconscience. Le Soi transcendant, l'âme immortelle du Maître Jésus a quitté son corps physique pour toujours, et il est reçu à nouveau dans l'aura du Soleil. Au même moment, par un mouvement inverse, le Génie Solaire, l'Être sublime, que nous appelons le Christ, entre dans le corps abandonné et en prend possession, animant d'un feu nouveau cette lyre humaine préparée depuis des centaines de générations. »

Des éclairs jaillissent du ciel et, alors qu'il sort de l'eau, tout le corps baigné de lumière, une colombe lumineuse apparaît au-dessus de sa tête, 'le mystère de l'Éternel Féminin, l'esprit de l'Amour divin, transformateur et vivificateur des âmes, que les chrétiens appelleront plus tard le « Saint-Esprit »'. Une voix se fait alors entendre d'en haut : 'Celui-ci est mon Fils bien-aimé : « Celui-ci est mon Fils bien-aimé, je l'ai engendré aujourd'hui ». (Cette version des mots se trouve, selon Schuré, dans le premier évangile hébreu ; elle correspond mieux à l'idée qu'il se fait de ce Christ cosmique :). 'L'objet de sa mission est la spiritualisation du monde et de l'homme, par l'amour et l'ouverture des Mystères à tous ceux qui peuvent y aspirer. C'est éclairant comme à travers les innombrables sectes de Mystères d'aujourd'hui !

Tout ce récit pourrait bien être l'histoire de la préparation et de l'initiation des nombreux outils illuminés actuellement utilisés dans le vaste Mouvement Universel d'aujourd'hui. Comme lors de ce baptême, lors de ces initiations, certains sont morts, d'autres ont été illuminés, perdant leur personnalité, devenant contrôlés par un Maître inconnu, comme par exemple Krishnamurti de la Société Théosophique, « Octavia » de la Société de la Panacée, et bien d'autres. La puissance illuminatrice était la trinité gnostique — le Père, la force génératrice ; le Saint-Esprit, la Grande Mère, la reproductrice ; le Fils, le Christ cosmique, la manifestation du principe créateur, la force illuminatrice, de toutes les sectes gnostiques et cabalistiques.

Schuré soutient en outre, en opposition avec Mme Besant, que ce Christ n'occupera plus un corps matériel, mais qu'il apparaîtra aux adeptes qui ont une vision astrale. De même qu'à la « Maison de la Sagesse du Caire », on enseignait aux adeptes que Mahomet, leur prophète, « pouvait être contacté spirituellement par la méditation des doctrines mystiques ». Dans la R.R. et A.C., qui était étroitement liée au groupe de Steiner, leur mystérieux Maître est apparu astralement à de nombreux membres, se faisant passer pour un Christ, exigeant des adeptes un sacrifice total au service du Grand Mouvement Mondial. Et Schure de préciser : « Selon la tradition rosicrucienne, l'esprit qui a parlé au monde au nom du Christ et par les lèvres du Maître Jésus est étroitement lié à l'étoile maîtresse de notre système, le Soleil ». Cette impulsion christique est donc une puissance irrésistible manipulée par ces directeurs invisibles, et l'initié pénétré par cette force ne devient que le reproducteur négatif des idées et des actions mises en mouvement par cette impulsion. Sous le masque de l'initiation, il devient possédé diaboliquement.

Comme le dit M. Henri de Guillebert :

'Le Juif se considère comme le Soleil de l'humanité, le mâle auquel s'opposent les autres peuples qui ne sont que des femelles, manifestant et assurant l'avènement de l'ère messianique. Pour réaliser cette manifestation sociologique, le Juif étend organiquement son influence au moyen de sociétés secrètes créées par lui afin de répandre partout sa force initiatrice… [dans l'espoir de réaliser] la "République Universelle", contrôlée par le Dieu de l'Humanité, le Juif de la Cabale'.

MAX HEINDEL

Max Heindel, qui s'est séparé de Steiner et a fondé « The Rosicrucian Fellowship » en Californie, a publié en 1911 sa version des enseignements de Steiner dans *Rosicrucian Cosmo-Conception*. Son enseignement sur le Christ, comme celui de Steiner, montre les influences manichéennes. Pour lui, le Christ est l'esprit solaire, le roi de l'amour, la force vitale magnétique manifestée, les forces d'attraction et de cohésion ; ce feu christique est descendu, dit-il, dans le corps de Jésus de Nazareth à l'âge de trente ans, lors de son baptême dans le Jourdain, et il est alors devenu l'initiateur du Christ Jésus. Sa mission était d'unir les races et les nations séparées en une Fraternité Universelle, dont il devait être le Frère Aîné. Quatre-vingt-dix-neuf n'avaient pas besoin d'être sauvés, mais devaient atteindre la perfection par le biais de la renaissance et des conséquences, c'est-à-dire la réincarnation et le karma. Le Christ ne devait que racheter les retardataires et ouvrir la voie de l'initiation à tous !

Pour illustrer leurs méthodes de façonnage et de taillage de leurs dupes, Max Heindel explique :

'Les physiologistes notent que certaines zones du cerveau sont consacrées à des activités de pensée particulières… Or, on sait que la pensée décompose et détruit les tissus nerveux… [qui] sont remplacés par le sang… Lorsque, par le développement du cœur en un muscle volontaire, la circulation du sang passera finalement sous le contrôle absolu de l'esprit de vie unificateur — l'Esprit d'Amour (appelé Force-Christ), il sera alors au pouvoir de cet Esprit de refuser le sang aux zones de l'esprit consacrées à des buts égoïstes. En conséquence, ces centres de pensée particuliers s'atrophieront progressivement. D'autre part, il sera possible à l'Esprit d'augmenter l'apport de sang, lorsque les activités mentales sont altruistes, et de construire ainsi les zones consacrées à l'altruisme'.

Il semble que nous soyons en présence d'une méthode hypnotique plus ou moins diabolique qui, en inhibant progressivement toutes les facultés saines d'esprit, crée des fanatiques borgnes, de faux idéalistes, de doux pacifistes, pourtant prêts à révolutionner les nations et à briser les empires. Comme le dit Max Heindel : 'Travailler à la Fraternité Universelle conformément aux desseins de nos Chefs invisibles, qui n'en sont pas moins puissants dans l'orientation des événements parce qu'ils ne siègent pas officiellement dans les conseils des nations. Encore une fois : « L'unité nationale, tribale et familiale doit d'abord être brisée avant que la Fraternité Universelle ne devienne un fait. » Partout, nous voyons que l'on agit sur ces unités dans ce but apparent ! Toutes les méthodes sont employées pour piéger la proie imprudente mais désirée.

SOCIÉTÉ PANACÉE

Dans son *Essai sur la secte des Illuminés,* le marquis de Luchet, franc-maçon, écrit en 1789 :

> « Il existe une foule de petits groupes anti-philosophiques, composés de femmes savantes, d'abbés théologiens, et de quelques prétendus Sages. Chaque groupe a ses croyances, ses prodiges, ses hiérophantes, ses missionnaires, ses adeptes, ses détracteurs... Chacun prétend expliquer la Bible en faveur de son système, fonder sa religion, remplir son temple, multiplier ses catéchumènes. Ici Jésus-Christ joue un grand rôle ; là c'est le Diable ; ailleurs c'est la Nature, et encore la Foi. Partout la raison est nulle, la science est inutile, l'expérience est une chimère ».

Parlant du rosicrucianisme, Paul Vulliaud dit : « À mesure qu'il progresse, ce mouvement augmente le nombre de ses maîtres en reliant à lui tous les théosophes isolés : Boehme, Jane Lead, etc., formant une sorte de chaîne patristique ». S'étendant sur les précurseurs de la franc-maçonnerie, Gustave Bord, 1908, nous apprend que Boehme, cordonnier plus ou moins inculte, est né près de Garlitz en 1575. Connu sous le nom de Philosophe Teutonique, il était mystique, théosophe et visionnaire ; influencé par les philosophies de Paracelse et de Cornelius Agrippa, il fut conduit au mysticisme et à la théologie.

> « était convaincu de détenir, par une grâce spéciale de Dieu, la science universelle et absolue, qu'il communiquait à ses lecteurs sans ordre, sans preuves, dans un langage emprunté à l'Apocalypse

et à l'alchimie... On trouve chez Boehme un vaste système métaphysique, dont le fondement est un panthéisme effréné. »

Après avoir lu les *Six points théosophiques* de Boehme et d'autres ouvrages, nous sommes contraints d'arriver à une conclusion similaire.

Aujourd'hui, la plupart des nombreuses sectes dont nous avons parlé peuvent être considérées comme appartenant à l'une ou l'autre forme de mysticisme théosophique ou d'illuminisme rosicrucien — gnostique et panthéiste, le culte de la Nature et le Naturalisme. L'une des plus insistantes et ambitieuses d'entre elles est la Panacea Society, sur laquelle nous avons beaucoup écrit par le passé. En bref, son histoire est la suivante : Une secte mystique, sous le nom de « Philadelphiens », a été fondée en 1652 par Jane Lead, une admiratrice enthousiaste de Boehme, dans le but d'expliquer ses écrits. Elle aurait elle-même reçu des révélations mystiques, qui ont été publiées sous la forme de « Soixante Propositions à la Société Philadelphienne, partout où elle est dispersée comme l'Israël de Dieu ». Comme les écrits de Boehme, ces révélations relevaient du gnosticisme et de l'illuminisme rosicrucien. De Jane Lead et de ses sept prophètes successifs, formant une chaîne patristique, est née l'actuelle Panacea Society, avec « Octavia » comme chef mystique et Rachel Fox comme présidente. Leur trinité est similaire à celle de l'Église gnostique universelle, qui invoque ainsi : « Gloire au Père et à la Mère, au Fils et à la Fille, et au Saint-Esprit à l'extérieur et à l'intérieur ». La Panacea Society reconnaît : Le Père de la Lumière, le feu générateur ; le Saint-Esprit, la Grande Mère ; le Fils, le Christ, ou manifestation active du Père, l'Époux ; la Fille, la manifestation négative de la Mère, Shiloh, l'Épouse, qui, disent-ils, est descendue dans « Octavie », cette dernière devenant ainsi l'instrument passif, recevant et transmettant le pouvoir d'en haut — celui de son Maître !

Eux aussi ont reçu des révélations, publiées sous le titre *Les écrits du Saint-Esprit — Une série de documents pour mes bien-aimés*. Leurs moyens d'illumination se limitaient à ces écrits, la Bible, les Apocryphes et les écrits de leurs prophètes. Ils avaient deux idées fixes : l'ouverture de la boîte mystérieuse de Joanna Southcott en présence de vingt-quatre évêques, de six juifs de renom et d'autres personnes, et qui, selon eux, contenait le moyen de sauver l'Angleterre dans la tempête à venir et d'apporter la délivrance à Juda ; l'autre était la guérison magnétique par des sections chargées de lin et d'eau, 'une délivrance et une protection sûres, de sorte que la mort devienne inexistante ". En outre, 144 000 « Israéliens ou Immortels » devaient être scellés et mis à part pour le service, et nous avons récemment appris que douze miles carrés de terre avaient été achetés, où ces 144 000 personnes, une fois choisies, devaient s'installer.

Les deux publicités suivantes, extraites de journaux juifs, sont intéressantes pour illustrer leur attitude à l'égard des Juifs :

(1) *'Pas d'antisémitisme, mais de l'antihamitisme* — La Panacea Society est soucieuse d'aider les Juifs (descendants de Sem) à se libérer des accusations abominables qui entraînent les persécutions antisémites. La première chose à apprendre est que ce sont les descendants de Cham, qui se disent juifs et ne le sont pas, qui sont et ont toujours été les ennemis de Dieu et de l'homme'.

(2) *« Bonnes nouvelles pour les Juifs* — les promesses du prophète et les idéaux pharisiens d'un royaume gouverné par Dieu sur terre sont sur le point de devenir des FAITS, car la semaine de 6 000 ans de 6 jours de 1000 ans chacun se termine rapidement, et le sabbat de repos pour Israël et pour Juda pendant le règne du Messie sur terre est sur le point de commencer. Renseignez-vous auprès de la Panacea Society, Bedford ».

C'est ce qu'ils disent,

'sera la fin de l'âge adamique, qui a suivi les âges atlante, lémurien et autres, dont l'histoire est enveloppée dans le mystère. Le sabbat du repos de Dieu est le septième millier depuis Adam... [lorsque] les hommes vivront sur terre délivrés du péché, de la maladie et de la mort, du fait que Satan sera chassé de la terre dans le lieu qui lui a été préparé...'.

De nouveau, dans une brochure intitulée « À nos frères de la tribu de Juda », ils disent que le monde attend l'union de Juda et d'Israël, et que ces îles sont leur lieu de rassemblement ; que le roi George V descend de Sédécias, roi de Juda ; par conséquent, les Hébreux ont un roi, un pays, et parce que l'Union Jack signifie, disent-ils, l'union de Jacob, ils ont aussi un drapeau national ! Mais le judaïsme et le christianisme ont péché, disent-ils, en ce sens que le premier rejette le Fils et que le second rejette la Fille ! Inutile de dire que la Panacea Society a accepté les deux et que, par conséquent, elle est la seule de toutes les religions et de tous les cultes à détenir toute la vérité ! Ils affirment à nouveau avoir abandonné 'tous les artifices de l'homme dans les philosophies, les philanthropies, les gouvernements, les églises, les cultes, tels que la pensée supérieure, la science chrétienne, la théosophie, l'occultisme, etc. Néanmoins, leur culte est constitué d'illuminisme mystique, de rosicrucianisme et de gnosticisme, et l'un de leurs prédécesseurs admirés était Jacob Boehme, le philosophe et théosophe teuton !

Enfin, nous avons une autre brochure, intitulée "La dernière religion pour les derniers temps — la religion du « quiconque », basée sur le texte « Quiconque invoquera le nom du Seigneur sera délivré ». Ils poursuivent :

> 'Nous ne négligeons pas un instant les religions qui ont servi notre pays et d'autres nations pendant les 6000 ans de paix relative, lorsqu'il était juste de suivre les enseignements religieux de l'enfance. Mais cette religion du « qui que ce soit » est pour un temps de guerre — la guerre finale entre Dieu et les démons — et lorsque des choses telles que des tremblements de terre… des guerres et des rumeurs de guerres, et la détresse des nations avec perplexité se produisent, comme c'est certainement le cas aujourd'hui, il est tout à fait raisonnable de supposer qu'une forme très simple de religion, telle qu'un ordre direct d'invoquer Dieu pour la délivrance (pour "moi-même et ma famille")… serait fournie'.

Curieusement, nous avons beaucoup entendu parler ces derniers mois d'une religion « Whosoever » quelque peu similaire mais anonyme, appelant publiquement le peuple de la nation à prier pour « la délivrance et la protection pour moi et ma famille, etc. ». Il serait satisfaisant pour ceux qui ont répondu de bonne foi à cet appel anonyme, qui persiste encore, en septembre 1935, et qui ont signé la pétition, que ce mystère de similitude soit résolu.

Nous apprenons que la Panacea Society s'agite à nouveau, faisant des tentatives désespérées pour faire ouvrir la fameuse boîte de Joanna Southcott. Afin d'accélérer les choses, ils ont fait une petite concession, en autorisant vingt-quatre membres du clergé nommés par les évêques à ouvrir la boîte, et si le contenu ne s'avère pas être la panacée pour les maux du monde comme l'espère la Société, la boîte et tout ce qu'elle contient pourront être brûlés. Est-ce que les vents froids du doute pénètrent dans l'âme de certains d'entre eux ?

Joanna Southcott, 1792-1814, fut le deuxième maillon de la chaîne patristique des sept visites basées sur les écrits de Jane Lead, sur laquelle la Panacea Society construit sa mission en Angleterre. Dans un bref exposé des 'Doctrines de la Dispensation du Saint-Esprit (durant laquelle la mort cessera)', publié par la Société en 1922, les points suivants se réfèrent à la boîte et à sa mission : (4) Vous avez probablement entendu dire que Joanna Southcott a laissé une boîte, cordée et clouée, contenant des MSS scellés. Cette boîte est l'Arche du Testament, à laquelle il est fait allusion dans Apoc. xi. 19, appelée ainsi parce qu'elle contient la Volonté et le Testament de Dieu pour ce pays (!). (5) Vous avez peut-être aussi entendu dire que cette boîte ne peut être remise et ouverte que par vingt-quatre évêques de l'Église d'Angleterre, qui sont les vingt-quatre anciens mentionnés dans Apoc. xi. 16, et qui sont les exécuteurs testamentaires. (6) À l'origine, le coffret a été confié au révérend Thomas Foley, vicaire d'Old Swinford, Worcester, puis, à sa mort, à son fils Richard, vicaire de North Cadbury. Le gardien actuel (1922), qui est aussi un homme d'Église, a prêté serment de ne pas remettre le coffret, sauf à vingt-quatre évêques qui respecteront certaines conditions fixées par le Seigneur (!). (7) La boîte sera demandée à une époque de grave danger national. L'arche ou la boîte prouvera publiquement la vérité de ce qui a été si longtemps développé en privé, et prouvera également l'intégrité de l'Église, en plaçant devant elle la preuve d'une Nouvelle Révélation Divine, devant laquelle elle doit s'incliner ou cesser d'exister.

S'agit-il en réalité d'une nouvelle révélation ? N'est-elle pas aussi ancienne que les cultes du passé le plus lointain qui ont servi à l'édification de la Cabale magique juive, des Sabéistes et des adeptes de la « magie fluidique » ? Voici quelques points de leurs révélations de l'époque, qui semblent montrer une parenté avec ces anciennes croyances :

'Que savent les évêques (1) de l'esprit, de l'âme et du corps, et de leur relation avec les gloires du soleil, de la lune et des étoiles [influences astrales] ? (2) de l'état immortel à venir de l'homme et de la femme sur Terre, et de la manière dont il sera réalisé [illuminisme !] ? (3) de la maternité éternelle et durable du Saint-Esprit [Jérusalem ci-dessus], qui est la troisième personne de la Sainte-Trinité ?'

Nous avons vu que leur trinité est cabalistique et gnostique, son but étant l'illumination ou l'illuminisme, le Fils étant la force vivifiante qui, comme le disent les gnostiques, crée des « Christs », ou déifie l'homme. Il s'agit d'une union avec la force vitale universelle qui serait éternelle, et par cette union, croient-ils, l'homme deviendrait immortel dans son corps — il ne mourrait jamais !

« Octavia » écrit dans *Guérison pour tous* :

'En résumé, Joanna joue sur les mêmes cordes que Jane Lead [sous l'influence de Jacob Boehme], la restitution à venir de toutes les choses à la fin des 6000 ans, et tout sera apporté par la Femme [instruments médiumniques passifs !]... la dernière heure des 6000 ans est en train de s'écouler...'

Elle écrit à nouveau aux doyens ruraux :

'Les évêques diocésains ont été invités à informer le clergé des révélations sacrées et secrètes faites dans ce pays sur le cataclysme à venir et sur les mesures de protection que le Seigneur a préparées, par lesquelles un reste sera sauvé du renversement, mais ils ont d'un commun accord rejeté toutes les ouvertures... Entre-temps, il est temps d'approcher les évêques et d'exiger que les archives soient fouillées, en particulier que l'Arche contenant la parole du Seigneur par l'intermédiaire de la prophétesse Joanna Southcott soit ouverte, car le « temps de grave danger national », qui doit marquer son ouverture, est arrivé' (mai 1923).

Des milliers de livres, disent-ils, ont été dépensées et, depuis une vingtaine d'années, des déclarations ont été envoyées aux évêques ; ils ont même, en mai 1924, envoyé une pétition signée par 11 208 personnes en Angleterre, demandant à l'archevêque de Canterbury et à d'autres évêques d'ouvrir la boîte. Dans ce cas, la déclaration a été envoyée à quarante-deux évêques, à l'aumônier général des forces armées et au doyen de Westminster. L'archevêque a répondu qu'il avait fait son devoir

« pour répondre aux souhaits de ceux, quels qu'ils soient, qui ont le contrôle de la boîte ou des boîtes, car mes correspondants m'ont dit qu'il y avait des boîtes rivales ». Comme on le sait, en 1927, une boîte fut ouverte par le National Laboratory of Psychical Research, mais le résultat fut plus une farce qu'un fiasco !

En outre, une organisation connue sous le nom de « Pêcheurs d'hommes », dont le papier à lettres, selon l'*Evening Standard*, était orné d'un dessin représentant un serpent poignardé, bien que croyant en la mission divine de Joanna Southcott, s'est désolidarisée de la décision de la Panacea Society d'autoriser l'ouverture de la boîte par vingt-quatre membres du clergé nommés au lieu de vingt-quatre évêques. Comme ils l'ont dit, une telle concession « ne peut aboutir qu'à un désastre et non aux bénédictions espérées ».

Ce symbole des « Pêcheurs d'hommes » semble placer la Société parmi les Illuminati cabalistiques modernes, car selon Éliphas Levi, dans son *Histoire de la Magie*, « Le secret du Grand Œuvre, qui est la fixation de la Lumière Astrale par un acte souverain de volonté, est représenté par les adeptes comme *un serpent percé d'une flèche*, formant ainsi la lettre hébraïque Aleph ». La Trinité dans l'unité des Cabalistes ! La mission patristique de la Panacea Society et de ses affiliations est apparemment d'illuminer l'Angleterre par le biais d'Illuminati contrôlés, et leurs maîtres sont sans aucun doute les toujours omniprésents Frères des Grandes Loges Blanches, qui sont des cabalistes !

ÉGLISE COMMUNAUTAIRE DE STEINER

Pour revenir un instant à Rudolf Steiner, notons que Rom Landau, dans son livre *Dieu est mon aventure*, 1935, parle de l'Église communautaire anthroposophique telle qu'elle lui a été racontée par un de ses jeunes ministres. Il s'agit sans doute du même mouvement dont Albert Steffen parlait en 1926 sous le nom de *Christengemeinschaft, dont* les prêtres étaient présents aux funérailles de Steiner.

Il semblerait que Steiner ait été le conseiller et « l'inspirateur spirituel » de cette Église communautaire, qui a été créée en juin

1921 par un groupe de jeunes ministres et laïcs à Stuttgart, où Steiner a donné un « cours de théologie ». Le groupe se réunit à nouveau à Dornach, où Steiner leur exposa son enseignement sur le Christ. Leurs croyances traditionnelles sont profondément ébranlées : ils décident de former une nouvelle Église basée sur les révélations de Steiner et élaborent une constitution qui est approuvée par Steiner. En septembre 1922, il ordonne Rittelmeyer par imposition des mains, et Rittelmeyer ordonne à son tour un certain nombre de jeunes ministres.

Selon Steiner, 'l'anthroposophie s'adresse au besoin de connaissance de l'homme et lui apporte la connaissance : "L'anthroposophie s'adresse au besoin de connaissance de l'homme et apporte la connaissance ; l'Église communautaire chrétienne s'adresse au besoin de résurrection de l'homme et apporte le Christ. Il s'agit de l'éveil du « Dieu intérieur » ou de la kundalini, qui entraîne l'illuminisme ! Nous savons maintenant que l'enseignement de Steiner sur le Christ est celui des manichéens et des juifs de l'école d'Alexandrie. Son Dieu est le Principe créateur universel, et son impulsion christique n'est que la force vivifiante et illuminante de ce même Principe ; et la Résurrection, la Crucifixion et l'Ascension ne sont rien de plus que des enseignements mystiques tels qu'ils sont enseignés par les Manichéens.

On peut donc se demander si cette Église communautaire chrétienne n'est pas une tentative de faire revivre l'ancienne hérésie des Albigeois ! Rom Landau nous apprend que ces Églises existent en Allemagne, dans plusieurs autres pays du continent et en Angleterre.

CHAPITRE X

FRATERNITÉ DE LA LUMIÈRE INTÉRIEURE ET DU YOGA

P assons maintenant à un autre de nos *Illuminés* modernes, peut-être moins connu, la « Fraternité de la Lumière intérieure », dont le chef est Dion Fortune. Son enseignement est largement basé sur la Cabale juive. Elle écrit que

'La Fraternité est l'une de ces Écoles de Mystères ; elle est en contact avec la Tradition ésotérique occidentale et travaille sur les aspects chrétiens, hermétiques et celtiques de cette Tradition (d'où son centre de pèlerinage à Glastonbury)... La Fraternité est une organisation indépendante et autonome, et n'est affiliée à aucune autre organisation sur le plan physique, mais tient ses contacts directement de la Grande Loge Blanche... de la Grande Fraternité Blanche, des Maîtres ou des Frères Aînés. Lodge... la Grande Fraternité Blanche, les Maîtres ou les Frères Aînés. C'est avec eux que l'initié aux Mystères entre en contact lorsque sa conscience supérieure est suffisamment développée'.

Dion Fortune explique sa véritable attitude à l'égard du christianisme dans son livre *The Esoteric Orders*, lorsqu'elle écrit, en parlant des traditions hermétiques :

'Son plus grand développement se trouve dans les systèmes égyptiens et cabalistiques, et il a été mélangé à la pensée chrétienne dans les écoles des néo-platoniciens et des gnostiques ; mais l'énergie persécutrice de l'Église, exotérisée depuis longtemps, l'a fait disparaître en tant que système organisé. Ses études n'ont été maintenues en vie que pendant l'âge des ténèbres, parmi les Juifs, qui étaient les principaux représentants de son aspect cabalistique. Son aspect égyptien fut réintroduit en Europe par les Templiers, après que les Croisades les eurent mis en contact avec les centres sacrés du Proche-Orient. [Comme nous l'avons montré, la doctrine secrète des Templiers était manichéenne et johannique, et ils étaient alliés aux Assassins]. La peur et la jalousie de l'Église l'ont à nouveau étouffée, mais elle est réapparue dans la longue lignée des alchimistes qui ont prospéré après que le pouvoir de Rome a été brisé par la Réforme ; et elle est encore vivante aujourd'hui. [Au cours du dernier demi-siècle, d'innombrables tentatives ont été faites pour inciter l'âme des Mystères à se réincarner, et ces tentatives ont connu des succès divers. À partir de nombreux efforts avortés, une tradition est progressivement réformée ; le feu couvant de la connaissance occulte a été attisé, et les *dieux se sont à nouveau rapprochés de l'homme* ».

Selon Dion Fortune, le Christ est le « Seigneur du Rayon Violet », classé avec Krishna et Osiris. C'est le Christ cosmique, une force mondiale régénératrice et réconciliatrice qui peut être contactée par la méditation et utilisée à des fins cosmiques ; il n'a jamais été une personnalité ni un membre de notre humanité, mais le Feu cosmique, dont le symbole est le Soleil. Et, dit-elle, « par l'inspiration, nous pouvons ouvrir notre conscience à lui et nous aligner sur ses lignes de pouvoir jusqu'à ce que la conscience en soit imprégnée et que l'illumination se produise ». Elle poursuit en montrant sa nature panthéiste : « L'union avec l'aspect divin du moi, le Dieu intérieur, doit précéder la prise de conscience du Dieu du Tout dont il n'est qu'une partie. Le niveau spirituel de la nature humaine n'est qu'une portion circonscrite de l'Esprit unique, du Tout, de l'aspect nouménal de la manifestation. »

Nous devons donc conclure que le premier objectif de la Fraternité, comme de tous les groupes illuminés, est d'unir le Principe Créatif intérieur au Principe Créatif extérieur, en attirant et en attirant le Christ Cosmique ou le Feu — la force illuminatrice — formant ainsi le lien magnétique avec les esprits dominants de leurs Maîtres, car, comme elle l'explique à nouveau, 'en pensant aux Maîtres, nous attirons leur attention et il est incroyablement facile d'établir un lien magnétique avec ceux qui sont toujours plus prêts à donner qu'à recevoir : "En pensant aux Maîtres, nous attirons leur attention, et il est incroyablement facile d'établir un lien magnétique avec ceux qui sont toujours plus prêts à donner qu'à recevoir. Comme les Maîtres l'ont dit à l'auteur de ces lignes : « Nous avons besoin de toi et de tous tes dons ». Leur plan est de régner sur un État mondial universel et, à cette fin, ils ont besoin d'instruments passifs mais doués. Comme l'écrit Dion Fortune elle-même :

'Les Maîtres reçoivent des âmes comme élèves, non pas pour le bénéfice de l'âme, mais pour le bénéfice du Grand Œuvre ; un homme n'est pas formé par curiosité ou par enthousiasme, mais seulement dans la mesure où il a de la valeur en tant que serviteur."

Devenus des serviteurs illuminés, les adeptes doivent former et initier d'autres dupes à un service similaire dans une direction ou une autre, selon les exigences de ces Maîtres. C'est pourquoi :

'Un officier qui comprend bien sa fonction s'attarde sur la force qui doit agir à travers son bureau jusqu'à ce que sa personnalité en devienne si saturée qu'il en rayonne l'influence sur le candidat qu'il aide à s'initier. L'action unie de tous les officiers construit un esprit de groupe capable de transmettre et de focaliser des forces d'un type beaucoup plus massif ou cosmique que celles qui pourraient être transmises par le canal d'une seule conscience.

Les couleurs et les sons jouent un rôle important dans la transmission de ces forces. Comme l'a dit Max Heindel et comme le répète Dion Fortune :

"Ces vibrations sonores invisibles ont un grand pouvoir sur la matière concrète. Elles peuvent construire et détruire. Si l'on place une petite quantité de poudre très fine sur une plaque de laiton ou de verre et que l'on tire un archet de violon sur le bord, les vibrations feront prendre à la poudre de belles figures géométriques. La voix humaine est également capable de produire ces figures ; toujours la même figure pour le même ton. Si l'on fait sonner une note ou un accord après l'autre… de préférence sur un violon… on atteindra finalement un ton qui fera ressentir à l'auditeur une vibration distincte à l'arrière de la partie inférieure de la tête. Chaque fois que cette note est jouée, la vibration est ressentie. Cette note est la « note-clef » de la personne qu'elle affecte. Si elle est frappée lentement et de manière apaisante, elle va construire et reposer le corps, tonifier les nerfs et rétablir la santé. En revanche, si elle est jouée de manière dominante, forte et assez longtemps, elle tuera aussi sûrement qu'une balle de pistolet".

Dion Fortune résume la situation :

« Toutes ces influences sont utilisées pour construire une grande forme-pensée dans l'esprit de groupe de la Loge, et dans cette forme-pensée sont déversées les puissances évoquées par les noms de pouvoir utilisés dans le travail initiatique, et ces influences sont concentrées sur le candidat alors qu'il est dans un état de conscience exaltée, c'est la raison d'être de l'initiation ».

Cela nous ramène à l'Ordre des Élus Coens de Martinez de Paschalis et à la Cabale magique juive avec sa « magie fluidique » et le pouvoir généré par la prononciation des soi-disant noms divins, si souvent utilisés dans tous les ordres magiques, tant orientaux qu'occidentaux. Comme le disaient les anciens oracles chaldéens : « Ne changez pas les noms barbares dans l'évocation, car ce sont des noms divins, ayant dans les rites sacrés un pouvoir ineffable. » Et les couleurs, nous le savons, sont les signatures des forces, donc leurs vibrations sont similaires à celles des forces correspondantes.

Comme excuse, l'excuse habituelle de toutes les Fraternités et Ordres de ce type, pour le serment de secret, Dion Fortune explique :

> « La connaissance est réservée afin que l'humanité soit protégée contre son abus entre les mains de personnes sans scrupules... L'esprit possède certains pouvoirs peu connus, qui sont si puissants et si subtils que, utilisés à des fins criminelles, ils pourraient renverser le système social d'une nation. Les tribunaux reconnaissent qu'une personne peut exercer une influence indue sur une autre, mais ils n'ont guère conscience du type d'influence qu'un esprit bien formé peut exercer sur un esprit non formé ».

Il est donc raisonnable de poser la question suivante : Dion Fortune a-t-elle une preuve réelle que ces soi-disant Maîtres et Frères de la soi-disant Grande Loge Blanche ne sont pas des occultistes et des magiciens sans scrupules et ambitieux, usant et abusant de ces pouvoirs subtils de l'esprit des hommes afin de réaliser leurs propres ambitions mondiales folles et fanatiques, bouleversant les systèmes sociaux, religieux et politiques, non pas d'une seule nation, mais de toutes ? Si ce n'est pas le cas, est-elle prête à prendre l'énorme responsabilité et le risque pour elle-même et plus particulièrement pour ses candidats confidents et ses dupes ? Elle enseigne que les Manus, par le biais de la suggestion ou du transfert de pensée, ont implanté des idées dans la conscience humaine ! Qui sont ces prétendus Manus — un nom emprunté à l'Orient pour quelle raison !

Encore une fois :

> 'C'est pour cette raison [l'Illuminisme] que les Maîtres ont fondé et soutiennent des organisations telles que la Société Théosophique, la Société Anthroposophique, le Rosicrucian Fellowship, et bien d'autres, moins connues mais non moins utiles...'

Curieusement, nous trouvons parmi leurs livres, à vendre aux membres, Crowley's *Magick*, contenant 'une réimpression du fameux « 777 ». Ce dernier livre a été largement construit à partir des correspondances données dans les « Knowledge Lectures » cabalistiques de la Golden Dawn, dont Crowley a été membre à Londres de 1898 à 1900, date à laquelle il a été expulsé ! —

Enfin, comme beaucoup d'autres *Illuminés*, la « Fraternité de la Lumière Intérieure » déclare s'abstenir de toute activité politique en tant qu'organisation, mais tout membre, ayant été orienté par l'enseignement de ces Maîtres sur les plans intérieurs, « a le devoir, en tant que citoyen, de se tenir informé des questions de politique et d'administration nationales et locales, et d'exercer son influence sur ces questions pour la cause de la justice et de la droiture ».

Son influence sera naturellement celle de son maître et de son contrôle !

Qui sont donc ces maîtres ? Et quel est leur Grand Œuvre ? Les choses ont-elles changé depuis que de Luchet écrivait en 1789 :

> « Il s'est formé au cœur des ténèbres les plus épaisses une société d'êtres nouveaux, qui se connaissent sans se voir, qui se comprennent sans s'expliquer, qui se servent sans s'aimer. Cette société a pour but de gouverner le monde, de s'approprier l'autorité des souverains, d'usurper leurs trônes en ne leur laissant que le stérile honneur de porter la couronne. Elle adopte le régime jésuitique, l'obéissance aveugle et les principes régicides du XVIIe siècle ; de la franc-maçonnerie les épreuves et les cérémonies extérieures ; des Templiers les évocations souterraines et les audaces inouïes. Elle utilise les découvertes de la physique pour imposer à la multitude ignorante ».

Les manipulateurs invisibles de l'Illuminisme sont peut-être peu nombreux, mais leurs méthodes ont la subtilité secrète du serpent, et leurs dupes sont nombreuses. C'est en reliant les demi-qualités des hommes et des femmes en groupes de trois, cinq, sept, douze, etc. que réside le pouvoir de la magie ; ce sont, pour ainsi dire, les sept couleurs du prisme, unies pour former la « Lumière Blanche Divine » des Rose-Croix, chaque individu représentant les caractéristiques d'une couleur, donc d'une force. Ceci s'applique à la magie matérielle, mentale et émotionnelle. Il existe également de nombreuses autres correspondances attachées à chaque force, comme l'a montré Crowley dans « 777 », qui, combinées ensemble, augmentent la puissance de cette force particulière. Comme l'exprime Dion Fortune :

> « Un système de Correspondances consiste en un ensemble de symboles que l'esprit concret peut appréhender et en une connaissance des chaînes d'association qui les relient les uns aux autres ; cette connaissance est absolument essentielle pour le développement occulte. »

Ou pour la magie, noir ou blanc !

KUNDALINI-YOGA

Le Kundalini-Yoga, sous une forme ou une autre, se retrouve dans toutes ces sectes ; c'est la base de leur attraction et de leur pouvoir. Sans lui, elles ne pourraient pas exister, il n'y aurait pas de mystérieux Surmaîtres déversant des enseignements suggestifs et intrigants, donnant des directives et des conseils apparemment sages ; il n'y aurait pas de visions et de voix, il n'y aurait pas de sorties dans le monde profane pour orienter les esprits au moyen de ces enseignements insidieux, attirant dans leurs filets les imprudents et parfois les vrais chercheurs de vérité, mais plus souvent les amateurs d'émotions fortes, à la recherche de quelque chose pour améliorer ou donner de l'intérêt à une vie par ailleurs sans couleur, attirés par la promesse d'éveiller des pouvoirs mystérieux et insoupçonnés jusqu'alors — mais toujours sous contrôle et ostensiblement pour l'amélioration de l'humanité collective. Lier les membres par un serment de secret et d'obéissance aveugle — le secret de leur contact avec ces Maîtres ou Frères aînés qui, par le biais de ces pseudo-mystères et de leurs dupes, gouverneraient le monde et usurperaient l'autorité.

Dans son livre *Serpent Power*, 1919, Arthur Avalon (Sir John Woodroffe) écrit :

'Les Tantras affirment que l'homme a le pouvoir d'accomplir tout ce qu'il souhaite s'il y centre sa volonté... car l'homme, disent-ils, est dans son essence un avec le Seigneur Suprême [Principe Créateur Universel], et plus il manifeste l'esprit [lumière astrale], plus il est doté de ses pouvoirs... L'objet des rituels tantriques est d'élever ces diverses formes de pouvoir à leur plus complète expression.'

Le centre et la racine de ces pouvoirs dans l'homme se trouvent dans la Kundalini. Nous pouvons donc comprendre pourquoi le Dieu de tous ces mystères modernes est le Principe Créateur Universel, et la Kundalini dans l'homme est appelée le « Dieu intérieur » ou dieu caché, et enfin pourquoi l'homme, lorsqu'il est rempli jusqu'à l'ivresse de cette lumière astrale, se considère comme un Dieu, un homme déifié et illuminé.

En bref, la Kundalini est la force sexuelle qui s'étend en trois bobines et demie à la base de la colonne vertébrale. C'est la partie du Grand Souffle ou *Swara* qui est « la plus puissante manifestation du pouvoir créatif dans le corps humain ». Il est formé de trois énergies : *Ida,* sur le côté gauche de la colonne vertébrale, le canal lunaire ou féminin (ou Nadi) ; *Pinggala,* sur le côté droit, le canal masculin ou solaire ; *Sushumna, le* canal du Feu unificateur et dissolvant, à l'intérieur de la colonne elle-même. C'est le « pouvoir du serpent », le créateur, le conservateur et le destructeur, l'O.A.I. de toutes les sectes hermétiques, cabalistiques et gnostiques.

"Elle, la plus subtile des subtiles, détient en elle le Mystère de la création, et par son rayonnement, dit-on, l'univers est illuminé, la connaissance éternelle éveillée [subconsciente] et la libération atteinte... Elle maintient tous les êtres du monde par le biais de l'inspiration et de l'expiration."

La Kundalini doit d'abord être éveillée par un esprit et une volonté puissants, ainsi que par des actions physiques appropriées ; certains modes d'entraînement et de culte sont prescrits, l'utilisation d'images, d'emblèmes, de symboles, d'images, de mantras et de procédés, etc. Ainsi rendu actif, il est attiré vers le centre cérébral, « comme dans le cas des charges électriques positives et négatives ordinaires qui ne sont elles-mêmes que d'autres manifestations de la polarité universelle qui affecte le monde manifesté ».

Pinggala, une fois éveillé, monte de droite à gauche, encerclant les lotus ou chakras, ces centres de force physique et psychique, pour atteindre la glande pinéale, à la racine du nez, entre les sourcils ; *Ida* va de gauche à droite, encerclant également les chakras, pour s'élever jusqu'au même centre, entre les sourcils. Ces deux-là, avec la *Sushumna*, forment un nœud tressé au niveau de cette même glande pinéale. Pour être conduite sur le « chemin du milieu », la force vitale doit être retirée du *Pinggala* et de l'*Ida,* dévitalisant *ainsi le* reste du corps pour le moment, et pénétrer dans la *Sushumna*, perçant les chakras sur son chemin ascendant, absorbant en elle-même les tattvas de chaque chakra, ainsi que les sous-tattvas dont chacun d'eux est chargé à son tour. Ainsi, nous avons le tattva *terre* du chakra situé à la base de la colonne vertébrale ; l'*eau, la* rate ; le *feu, le* nombril ou plexus solaire ; l'*air, le* cœur ; l'*éther, la gorge.* En passant du grossier au subtil, la terre est dissoute dans l'eau, l'eau est absorbée par le feu ; le feu est sublimé par l'air et l'air par l'éther, et en absorbant ces tattvas, la Kundalini est, pour ainsi dire, rendue subtile et libérée du grossier. Certains appellent cela la transmutation de la force sexuelle, qui mène aux choses spirituelles, mais en réalité elle n'est qu'astrale. Après s'être uni à l'universel dans le centre cérébral, il redescend, projetant en même temps les forces tattviques dans les différents chakras, reprenant sa position potentielle latente à la base de la colonne vertébrale, et le corps reprend sa vitalité. Plus longtemps il peut être retenu dans le centre cérébral, siège du « Seigneur Suprême », plus grands seront, dit-on, le pouvoir et la connaissance acquis par le Yogi.

Tel est le « Dieu intérieur » de toutes ces diverses sectes. Il est représenté par le Caducée d'Hermès, avec ses serpents jumeaux, négatif et positif, s'enroulant autour de la tige centrale, la colonne vertébrale, surmontée au niveau de la glande pinéale par les ailes de ce que l'on appelle la libération ; la boule au sommet de la tige étant le corps pituitaire, siège du pouvoir suprême. Ou comme l'exprime la Tablette d'émeraude d'Hermès :

"Ce qui est en bas est semblable à ce qui est en haut, et ce qui est en haut est semblable à ce qui est en bas pour accomplir les merveilles d'une seule chose [la manifestation]. Son père est le Soleil, sa mère est la Lune. Il est la cause de toute perfection sur toute la terre [équilibre]... Le pouvoir est parfait *s'il est transformé en terre* [fixation de la lumière astrale dans une base matérielle]. Séparez la terre du feu, le subtil du grossier, en agissant avec prudence et jugement. Montez avec la plus grande sagacité de la terre au ciel, puis redescendez sur terre et unissez les choses inférieures et supérieures ; vous posséderez ainsi la lumière du monde entier et toute obscurité s'éloignera de vous [la montée de la Kundalini ou puissance du serpent et la descente de l'éclair. C'est le serpent percé d'une flèche, la fixation de la lumière astrale dans un corps matériel, produisant l'illumination ou l'Illuminisme]. Cette chose a plus de force que la force elle-même, car elle vaincra toute chose subtile et pénétrera toute chose solide. C'est par elle que le monde a été formé.

C'est le principe créatif universel, les forces électro-magnétiques de la vie. C'est la force qui peut tuer ou rendre vivant ! De plus, Max Heindel, dans son livre *Rosicrucian Cosmo-Conception*, donne le diagramme des trois chemins empruntés par la Kundalini ou les forces sexuelles non utilisées. Il les appelle, à droite de la colonne vertébrale, mystique ; à gauche, occultiste ; et au centre, adepte. Ils mènent tous à l'illumination, c'est-à-dire à la clairvoyance, à la clairaudience et à l'enseignement impressionnant. Ceux-ci, sous la forme de processus mentaux suggestifs, ont été reçus par le Dr Felkin de la part du Dr Steiner, et donnés, avec certaines méditations et exercices respiratoires de Steiner, aux membres de la *Stella Matutina*, à qui l'on a simplement dit que ces processus allaient éveiller leurs sens intérieurs. À chacun de ces trois procédés était attaché l'un des trois noms suivants : Jakin, Boaz ou Macbenac, représentant les forces de la Kundalini, les trois piliers que l'on retrouve dans toute la Maçonnerie, les piliers cabalistiques de la Miséricorde, de la Sévérité et de la Douceur de l'Arbre de Vie. Selon le Dr Wynn Westcott, l'Arbre de Vie cabalistique est simplement la forme rabbinique de l'union du principe créatif à l'intérieur de l'homme avec le Principe Créatif Universel à l'extérieur. Et comme l'explique Max Heindel :

"Il donnera une connaissance de première main des royaumes supra-physiques.

Le grand danger de ce Yoga, tel qu'il est pratiqué par les *Illuminés* occidentaux et modernes, semble donc être non seulement une intoxication à la lumière astrale, produisant des illusions et des tromperies, voire des manies, mais aussi le risque sérieux qu'un esprit plus fort, travaillant sur le plan astral, prenne possession d'un esprit plus faible et moins informé, et l'utilise à ses propres fins, comme dans le cas de ces Maîtres et Frères aînés, qui semblent être pris en confiance par les dirigeants de ces cultes. Comme l'écrit Dion Fortune :

> 'En pensant aux Maîtres, nous attirons leur attention, et il est incroyablement facile d'établir un lien magnétique avec ceux qui sont toujours plus prêts à donner qu'à recevoir ; et si quelqu'un, après avoir pensé aux Maîtres et formulé le souhait d'être accepté comme élève, constate que les circonstances de sa vie commencent à s'emballer, il saura que sa demande a été acceptée et que les épreuves préliminaires ont commencé.'

Les Maîtres ne font jamais confiance aux élèves, ils les testent, les façonnent et les taillent jusqu'à ce qu'ils soient humblement et aveuglément obéissants, prêts à faire le travail qui leur est assigné dans le Grand Plan de ces 'Surhommes'. C'est ainsi que nous voyons le monde occidental imprégné de dirigeants de cultes de yoga, à peine moins ignorants que les hommes et les femmes qu'ils instruisent, préparant tous le chemin pour les 'Maîtres', quels qu'ils soient.

OUSPENSKY

Nous prendrons tout d'abord P. D. Ouspensky, un Russe, tel qu'il est décrit dans son livre *A New Model of the Universe (Un nouveau modèle de l'univers). En* ce qui concerne l'occultisme, il n'y a rien de vraiment nouveau dans ce livre, car il se base en grande partie sur les travaux d'autres auteurs, avec l'idée de montrer que la plupart des religions, des cultes et de l'occultisme ne sont que des 'pseudo'. Comme le dit l'auteur : 'Lorsque nous constatons que la religion a des siècles… de retard sur la science et la philosophie, la principale conclusion est qu'il s'agit… d'une pseudo-religion'. La seule chose réelle à ses yeux est l'" ésotérisme", qui signifie apparemment des sensations et des enseignements obtenus par le mysticisme, induits par une certaine forme de yoga. Tout cela est entremêlé de ses propres expériences, théories et sentiments vagues.

Il pense que le monde est contrôlé par un « cercle intérieur ». « La véritable civilisation, dit-il, n'existe que dans l'ésotérisme… C'est le cercle intérieur qui est, en fait, la partie véritablement civilisée de l'humanité. Voici sa théorie sur la croissance du cercle intérieur : Adam et Eve sont sortis du grand laboratoire de la nature et sont apparus sur terre ; pendant un certain temps, ils ont été aidés par les puissances qui les avaient créés. Au début, les hommes étaient incapables de commettre des erreurs et progressaient donc rapidement, mais au fil du temps, ils ont cru qu'ils savaient distinguer le bien du mal et qu'ils étaient capables de se guider eux-mêmes. Ils ont alors commis erreur sur erreur, jusqu'à retomber progressivement au niveau d'où ils s'étaient élevés "plus le péché acquis" ! Un certain nombre d'entre eux ne commirent aucune erreur et purent préserver toutes les connaissances réellement utiles à la culture ; ils devinrent alors le "cercle intérieur" (nous supposons qu'il s'agit des Frères Aînés de la Grande Loge Blanche !). Ce cercle intérieur a pris la place des puissances qui ont créé les hommes. Leur religion est l'ésotérisme ; toutes les autres sont donc "pseudo". Telles sont les théories peu inspirées et peu inspirantes d'Ouspensky, qui ne nous semblent même pas originales !

Ses chapitres sur les cartes de Tarot et les différentes formes de Yoga sont tirés d'ouvrages déjà bien connus. Il explique ainsi les pouvoirs acquis au moyen du premier *Raja-Yoga* :

> "En conséquence, l'homme atteint un état de liberté et de puissance extraordinaire. Non seulement il se contrôle lui-même, mais il est *capable de contrôler les autres. Il peut* lire les pensées des autres, qu'ils soient près de lui ou à distance ; *il peut leur suggérer ses propres pensées et désirs et les subordonner à lui-même. Il* peut acquérir la clairvoyance, connaître le passé et l'avenir".

Le Karma-Yoga, qui signifie *non-attachement,* "enseigne à l'homme… qu'en réalité ce n'est pas lui qui agit, mais seulement une puissance qui le traverse". Il agit rarement "de manière indépendante, mais dans la plupart des cas, seulement en tant que partie de l'un ou l'autre grand ensemble" — sans aucun doute gouverné par des forces et des lois souvent mises en mouvement par le "cercle intérieur" à leurs propres fins ! Le *Hatha-Yoga* est la maîtrise du corps et de la nature physique de l'homme. "En apprenant à gouverner leur propre corps, les yogis apprennent en même temps à *gouverner l'ensemble de l'univers matériel*", c'est-à-dire le développement de la volonté et du pouvoir de la pensée. Le *Jnana-Yoga* utilise les méthodes du *Raja-Yoga et est* censé éduquer l'esprit et révéler les lois fondamentales de l'univers. Le *Bhakti-Yoga* enseigne comment croire, prier et atteindre un salut certain ; dans ce domaine, les différences de religion n'existent pas.

Ouspensky insiste sur le fait que le yoga ne doit être pratiqué que sous la direction d'un professeur. Pourtant, il semble qu'il mène lui-même des expériences mystiques qui, si elles étaient contrôlées par un groupe inconnu, pourraient conduire à tout, de la suggestion extérieure à l'obsession. Il écrit :

> "Au cours des premières expériences... j'ai senti que je disparaissais, que je m'évanouissais, que je me transformais en rien... dans un cas, c'était le Tout qui m'engloutissait, dans l'autre, c'était le Rien... dans les expériences suivantes, la même sensation de disparition du Moi a commencé à produire en moi un sentiment de calme et de confiance extraordinaires... Quand j'ai senti que je n'existais pas, tout le reste est devenu très simple et très facile."

C'est alors qu'il a commencé à recevoir un enseignement ! Ceci est commun à toutes les écoles occultes, et signifie plus généralement le contrôle par une influence extérieure. De plus, comme nous le savons, la soi-disant transmutation ou plutôt perversion de la force sexuelle est à la base de toutes ces expériences de yoga. Comme il l'explique, la force sexuelle est utilisée pour "le développement de l'homme dans le sens de l'acquisition d'une conscience plus élevée et de l'ouverture de ses forces et facultés latentes". L'explication de cette dernière possibilité, en relation avec l'utilisation de l'énergie sexuelle à cette fin, constitue le contenu et la signification de tous les enseignements ésotériques ».

Il parle du Yogi Ramakrishna, qui était un Bhakti-Yogi et qui a vécu dans les années 80 du siècle dernier, dans le monastère de Dakshineswar, près de Calcutta. « Il reconnaissait comme égales toutes les religions avec leurs dogmes, leurs sacrements et leurs rituels. Pendant douze ans, il (le Yogi) a expérimenté, sur le mode de l'ascèse, toutes les religions et, selon lui, il a atteint les mêmes résultats d'extase dans chacune d'entre elles, et a donc conclu que toutes les grandes religions n'en faisaient qu'une. Mais sa Mère divine était la Grande Mère Nature ! et son extase signifiait l'union avec la Force Créatrice Universelle !

Il est intéressant et instructif de savoir que Swami Vivekananda, qui s'est rendu en Amérique en 1893 pour participer au « Parlement des religions », était l'un des disciples de Ramakrishna ! Dans son livre « *La mystique à la cour de Russie* », J. Bricaud dit : « Certains écrits de Dostoïevski, Tolstoï, Merejkovsky ont révélé aux Occidentaux la nature secrète de l'âme russe, tourmentée et avide de merveilleux ». Ouspensky n'est-il pas l'une de ces âmes russes, avides de merveilleux, comme le montrent ses expériences et les vagues sensations pseudo-mystiques qu'il s'auto-induit et qu'il décrit comme ayant été ressenties aux Pyramides, au Taj Mahal, etc. N'est-ce pas ce pseudo-mysticisme dans leurs outils qui est requis par ceux qui veulent secrètement contrôler et dominer l'humanité ?

Ouspensky a été pendant un certain temps un disciple de Gurdjieff, cet homme étrange qui, pendant un certain temps, a exercé une influence extraordinaire sur des adeptes nombreux et variés à Fontainebleau, et qui se trouve maintenant, semble-t-il, à New York. Il n'est pas étonnant de voir l'Amérique d'aujourd'hui pourrie par le chancre de ces cultes, de sorte que même ceux qui voudraient sauver leur pays sont dominés par des « Frères aînés » d'une sorte ou d'une autre, ou imprégnés d'un mysticisme et d'un spiritisme dangereux et erroné.

VIVEKANANDA

Dans *The Confusion of Tongues*, 1929, Charles W. Ferguson parle de la grande invasion de Swami et de Yogi en Amérique au cours des quarante dernières années. Il dit de Swami Vive kananda : « Il a été le premier et le plus grand zélateur de l'Orient à offrir les mystères hindous sous une forme acceptable pour la consommation américaine ». En 1893, ce Swami se rendit en Amérique, choisi par ses disciples pour les représenter au

Parlement des Religions qui, en septembre de la même année, se tint à Chicago. Arrivé en juillet, il s'installa dans l'un des hôtels les plus riches de la ville. Bientôt, il n'a plus d'argent et, n'ayant pas de lettres de créance, on lui dit qu'il ne sera pas reçu à l'ouverture du Parlement des Religions. Triste et affligé, il partit pour Boston et, dans le train, une dame bienveillante le prit en charge et fit de sa maison son quartier général. À Boston, il fut pris en charge par les professeurs de Harvard et, le moment venu, il fut envoyé à Chicago, armé des lettres de créance requises, et trouva finalement le chemin du Parlement des Religions. Là, parmi les diverses sectes et cultes, il connut un immense succès et donna une grande impulsion à tous les mouvements qui prêchaient la « divinité de l'homme » ; il fut acclamé et donna des conférences dans le monde entier. À New York, il a créé une société Vedanta, qui s'est répandue et a bénéficié d'un grand soutien. Son but avoué était d'unifier et de synthétiser l'Orient et l'Occident, mais ce qu'il a surtout fait, c'est préparer la voie à une horde de personnages de moindre importance qui, sans aucun doute, ont porté sa mission bien au-delà de son propre objectif final. Il a sensibilisé l'Amérique à l'Inde et popularisé la philosophie hindoue.

Dans sa philosophie et ses enseignements tels qu'ils sont présentés dans *The Life of Swami Vivekananda,* par ses disciples orientaux et occidentaux, 1912-15, ses conférences sur le Raja-Yoga, ou la conquête de la nature intérieure, enseignent que le but de la vie « est de manifester cette divinité intérieure en contrôlant la nature, interne et externe », et que toutes les philosophies indiennes ont un seul objectif, "à savoir la libération de l'âme [le "dieu intérieur" !] par la perfection". Plus loin :

> « Lorsque le yogi devient parfait, il n'y a rien dans la nature qui ne soit sous son contrôle. S'il ordonne aux dieux de venir, ils viendront à sa demande. Toutes les forces de la nature lui obéiront comme des esclaves, et lorsque les ignorants verront ces pouvoirs du yogi, ils les appelleront des miracles. La nature est prête à livrer ses secrets… par la concentration. Il n'y a pas de limite au pouvoir de l'esprit humain. Plus il est concentré, plus il concentre son pouvoir sur un point, et c'est là le secret ».

Comme le remarque M. Ferguson :

« Le Raja-Yoga, qui rejette et écarte le motif religieux, se propose néanmoins de faire de l'homme le roi du ciel et l'ingénieur du cosmos... Si l'on en juge par les témoignages, ce que les adeptes des Swamis et des Yogis attendent de la religion moderne, c'est un soulagement rapide de la neurasthénie et de la frustration... et un apaisement temporaire du monde fascinant mais parfois exaspérant dans lequel nous vivons. »

Il présente ensuite brièvement les huit étapes du Raja-Yoga qui conduisent à l'initiation complète et qui doivent être pratiquées sous la direction d'un maître inspiré : *Yama,* dans lequel l'élève se maîtrise, devient confiant et autonome, et s'abandonne à ce qu'il conçoit être Dieu ; *Asana,* une série d'exercices et de postures conçus pour mettre le corps complètement à la merci de l'esprit. *Pratyahara, une* méthode d'introspection permanente de l'esprit ; *Dharana,* un processus par lequel la concentration est atteinte ; *Shyana,* ou méditation sainte sur des idées élevées ; et *Samadhi,* dans lequel l'individu s'élève enfin à la super-conscience complète et vit dans un royaume où les affections et les limitations du corps n'exercent aucune influence sur lui. Encore une fois : "Si l'on s'en tient obstinément au rituel de la respiration, le fluide sacré de la kundalini [force sexuelle], qui réside au siège de la colonne vertébrale, sera éveillé... alors le livre de la connaissance sera ouvert". Ce résultat est obtenu en contrôlant le *Prana,* la force duale de l'univers, qui se manifeste sous forme de mouvement, de gravitation et de magnétisme dans le cosmos, et sous forme de courants nerveux et de force de la pensée dans le corps.

YOGANANDA

Parmi la horde de Swamis et de Yogis qui ont exploité ces pouvoirs en américanisant et en commercialisant le Yoga, Swami Yogananda est, ou était, apparemment l'un de ceux qui ont le mieux réussi. Il est arrivé en Amérique en 1920 pour assister au Congrès international des religions à Boston, et c'est là qu'a été organisé son premier centre, dont le siège a ensuite été installé au Mount Washington Centre of Yogoda and Sat-Sanga, en Californie. Yogoda désigne un système qui « enseigne à harmoniser toutes les facultés et les forces qui agissent pour la perfection de l'esprit, du corps et de l'âme ». Sat-Sanga signifie « communion avec la vérité ». En 1929, il revendiquait 20 000 étudiants de son système, avec des centres dans huit grandes villes, ainsi qu'un magazine bimensuel, *East-West Magazine. Il* souhaite établir des « écoles de vie » dans le monde entier.

En gros, la science du Yogoda consiste apparemment à magnétiser la colonne vertébrale et à utiliser cette électricité stockée dans le corps et logée dans le cerveau comme principale source d'énergie, et finalement la félicité est censée s'installer sur le physique et les plaisirs de la chair sont oubliés. Enfin, présenté comme un système de perfection corporelle pour les « aspirants occidentaux occupés », il « utilise la volonté pour recharger la batterie du corps à partir du courant de vie cosmique, et produit ainsi un état sans fatigue ». Plus loin :

> « Il comprend également la plus haute technique de méditation et de concentration par les méthodes psychophysiologiques enseignées par les grands saints et sages de l'Inde. Comment voir la force vitale et entendre les vibrations cosmiques... Le Yogoda accélère l'évolution de l'homme par une coopération intelligente avec la loi cosmique. Il restaure son héritage éternel et lui permet de se réaliser en tant qu'*énergie vitale immortelle* ».

En Angleterre, nous ne manquons pas de Swamis et de Yogis exploiteurs et prosélytes, et ce que nous voudrions souligner, c'est qu'une forme aussi grossière de Yoga oriental, lorsqu'elle est appliquée à la mentalité occidentale, que ce soit sous la forme de systèmes indiens ou tibétains ou de la Cabale magique des Juifs, n'aboutit qu'à une passivité hypnotique ou à un déséquilibre par une surcharge de lumière astrale, n'aboutit qu'à une passivité hypnotique ou à un déséquilibre, par une surcharge de lumière astrale, et est destructive pour la virilité et la puissance mentale de l'Occident, ce qui finira par submerger les traditions occidentales et chrétiennes, laissant les nations une proie facile à la domination de leurs ennemis toujours vigilants et secrets. Nous ne devons jamais oublier non plus que ces forces cosmiques et vitales peuvent à la fois tuer et faire vivre, physiquement et mentalement, et qu'entre les mains d'hommes ambitieux et sans scrupules, de « Supermen », de « Frères aînés » ou de toute la gamme de ceux qui contrôlent astralement ces sectes et ces cultes qui ont rongé la vie du monde occidental aujourd'hui, cet enseignement du yoga peut être une arme mortelle de pouvoir pour la domination ou la vengeance du mal, sous le masque du développement de l'âme ou de l'accomplissement religieux.

MEHER BABA

Un autre personnage moins puissant mais plus théâtral est Shri Meher Baba, connu sous le nom de « Nouveau Messie ». *John Bull, le 7* mai 1932, a publié, « après avoir mené une enquête approfondie sur ses activités de ces dernières années », quelques détails intéressants sur son identité et sur la manière dont il est sorti de l'ombre pour se faire connaître, en utilisant des méthodes théâtrales qui lui ont conféré une certaine notoriété. Son agent pour l'Europe et l'Amérique était un homme qui n'était pas inconnu des cercles Illuminati en Angleterre, et c'est dans sa ferme, dans le sud de l'Angleterre, qu'une colonie d'environ vingt dévots, hommes et femmes, jeunes et vieux, blancs et de couleur, s'est installée pour quelque temps afin d'atteindre « la plus grande réalisation », grâce à l'enseignement de Meher Baba. Paul Brunton, dans *A Search in Secret India,* nous dit que « son nom personnel est Meher, mais il se fait appeler Sadguru Meher Baba. Sadguru signifie "maître parfait", tandis que Baba est simplement un terme d'affection couramment utilisé par certains peuples indiens ». Son père est persan et zoroastrien. Meher Baba est né à Poona en 1894 et a mené une vie normale jusqu'à l'âge de vingt ans environ, lorsqu'il est entré en contact avec « une femme faquante Mahométane bien connue, Hazrat BabaJan », qui a, d'une certaine manière, déséquilibré son esprit. Certains pensent qu'il ne s'est jamais complètement rétabli.

John Bull nous informe que jusqu'à son récent « appel » au Messie, il vivait de la vente d'alcool indigène dans les rues de Nasik, où, en 1932, il n'avait apparemment que quelques milliers d'adeptes. Bien que sa renommée en Inde soit limitée, beaucoup de ses disciples sont riches et il a pu réunir des sommes importantes qu'il a utilisées pour financer divers projets à des fins publicitaires. L'un d'entre eux consistait en la construction d'un cinéma à Nasik, qui n'a jamais été achevé en raison d'appels de créanciers et d'un manque de fonds. Une autre était une école à Ahmadnagar pour des garçons de diverses castes, croyances et races, qui devaient être formés spirituellement pour agir en tant qu' » ambassadeurs » ou messies mineurs dans toutes les parties du monde. Il a même tenté, par l'intermédiaire d'un émissaire, d'attirer des garçons européens dans cette école ; les derniers arrangements ont été conclus par son agent, mais les autorités sont intervenues et les garçons sont restés chez eux.

Quant au culte de Meher Baba, il s'agit du yoga, une méthode accélérée de travail sur la Kundalini et d'éveil des sens latents ou, comme ils le disent, de « connaissance des forces qui, une fois libérées, permettront à l'étudiant de réaliser de plus grandes possibilités en accord avec les lois internes de la Nature et de la Vie ». Pour favoriser ce processus, il y avait des bains de soleil, des exercices physiques violents en plein air, l'étude de tous les problèmes psychologiques et un mode de vie simple selon les instructions de Meher Baba. On peut ridiculiser de tels champignons, gourous qui couvrent leur ignorance et leur incapacité à enseigner par des tours de force spectaculaires tels que le « silence » que Meher Baba s'est imposé pendant de nombreuses années pour se préparer à sa future grande vocation, son absence de parole étant comblée par un tableau alphabétique qu'il utilise comme une machine à écrire tandis qu'un disciple interprète son sens et ses enseignements. Il croit qu'il y aura une grande guerre, et quand elle arrivera, sa langue sera déliée et il enseignera et dirigera tous les peuples et apportera la paix ; jusqu'à ce moment-là, silence !

Paul Brunton ajoute une note à son récit du « Nouveau Messie » :

« Meher Baba est apparu en Occident et un culte occidental a commencé à se former autour de lui. Il promet toujours des choses horribles, qui se produiront lorsqu'il rompra son silence. Il s'est rendu plusieurs fois en Angleterre, a acquis des adeptes en France, en Espagne et en Turquie, et s'est rendu deux fois en Perse. Il a fait un voyage théâtral à travers le continent américain avec une suite mixte d'hommes et de femmes. Lorsqu'il est arrivé à Hollywood, il a reçu un accueil royal : Mary Pickford l'a reçu chez elle, Tallulah Bankhead s'est intéressée à lui, tandis qu'un millier de personnalités lui ont été présentées dans le plus grand hôtel d'Hollywood. Il acquiert un vaste terrain aux États-Unis pour y établir son quartier général dans l'Ouest. Pendant ce temps, il reste muet sur les lèvres, tout en se déplaçant impulsivement d'un pays à l'autre pour de brèves visites. Enfin, il se retrouve sous les feux de la rampe de la notoriété ».

Il résume Meher Baba et son expérience avec la vieille femme fakir :

« Je crois que le jeune Meher est devenu assez déséquilibré à la suite de cette expérience inattendue. C'était assez évident lorsqu'il est tombé dans un état de semi-idiocrisie et qu'il s'est comporté comme un robot humain, mais ce n'est plus aussi évident maintenant qu'il a retrouvé la raison. Je ne crois pas qu'il soit revenu à la normalité en tant qu'être humain. Pour certaines personnes, une surdose soudaine de religion, de transe yogique ou d'extase mystique est aussi déséquilibrante qu'une surdose soudaine de certaines drogues... »

Comme nous le savons, cette pseudo-libération, telle qu'elle est pratiquée dans tous ces groupes modernes, comporte des dangers certains — mentaux, moraux et physiques — mais les enthousiastes fanatiques et peut-être quelque peu hypnotisés sont toujours prêts à prendre des risques dans leur recherche de l'excitation de ce qu'ils appellent l'élévation spirituelle, qui se termine si souvent par une médiumnité exploitée par des puissances inconnues à des fins politiques et subversives. Il suffit de regarder parmi nos soi-disant intellectuels pour s'en rendre compte. L'Amérique, où Meher Baba se rend pour répandre cette Yogacraze, est peut-être plus sensible que l'Angleterre au virus de ce poison, qui agit comme une drogue, jouant sur le besoin agité de certains de ses citoyens pour des expériences psychiques, si souvent dans ce pays franchement appliquées à des fins purement matérielles et commerciales, ou peut-être même, à des projets politiques subversifs.

D'ailleurs, l'engouement moderne pour l'illuminisme n'est pas moins déstructurant et démoralisant. Félix Guyot, apparemment martiniste, dans un livre sur le *Yoga pour l'Occident,* révèle des méthodes dangereuses qui, prétend-il, conduisent à l'illumination et au contact avec les Maîtres, méthodes qu'il pratique depuis plus de trente ans et qui s'apparentent curieusement à celles enseignées dans les Stella Matutina et R.R. et A.C., la Société Anthroposophique, etc. qui sont martinistes et rosicruciennes. Il dit que « l'humanité recule, nous sommes sous le règne de la Bête ». Mais n'est-ce pas plutôt le règne du Juif cabalistique, utilisant le serpent ou la force sexuelle dans son système de l'Illuminisme ?

Pour agir sur la Kundalini ou force sexuelle et réaliser l'union avec ces Maîtres, M. Guyot explique le monoïdéisme ou la concentration, avec des exercices de gymnastique, de respiration et des exercices psychiques, dont certains sont extrêmement dangereux et reconnus comme tels, pouvant conduire à la mort ou à l'obsession. Il dit :

> « [Le désir sexuel] est une riche source d'énergie qui, si elle est bien employée, peut être d'une très grande aide dans le domaine de l'occultisme... Si vous contrôlez et maîtrisez la réserve de force dont les organes sexuels sont la source, vous pourrez la diriger vers le but que vous avez en vue, et l'*utiliser à vos propres fins...* et, le moment venu, sur un autre plan. »

Pour faire progresser cet illuminisme, les étudiants « doivent non seulement effacer leurs propres haines particulières, mais aussi *supprimer* réellement *la capacité de haine...* en faveur de l'amour ». C'est peut-être la cause sous-jacente de tant de pacifisme contre-nature et déséquilibré, surtout parmi les membres de ces sectes.

Plus loin :

> « Les étudiants devront adopter une religion pour les soutenir et les aider au cours de leur formation psychique [pour leur donner l'élévation !]... pour le moment il ne s'agit pas de croire mais d'agir comme si l'on croyait... Les entités mythiques de la religion choisie joueront un rôle pratique considérable dans les différents exercices psychiques... Nous pensons que les meilleures religions sont la religion juive, telle qu'elle est exposée dans la Cabale, la religion catholique romaine dans son aspect ésotérique, le bouddhisme, et surtout l'hindouisme. Enfin, la franc-maçonnerie peut très bien tenir lieu de religion, mais elle doit se fonder sur le martinisme, qui en est la source ».

Il s'agit de la Maçonnerie Illuminée comme en France en 1789 et depuis, et cette Maçonnerie dominée par les juifs a toujours été, et est encore, la source de toutes les révolutions modernes.

Des diagrammes abstraits et des mantrams ainsi que des exercices de respiration sont, selon lui, la clef de la cognition supranormale. Il explique ainsi cette dangereuse pratique magique :

« Si l'expérience réussit… vous éprouverez une sensation de froid aux extrémités, surtout dans les mains, et vous tremblerez légèrement. En même temps, vous éprouverez une sensation inexplicable pour ceux qui n'en ont pas fait l'expérience, *comme si une entité étrangère était entrée en vous.*

… Vous constaterez alors qu'une série d'images, puis d'intuitions, vous viennent à l'esprit très rapidement, mais caractérisées par le fait qu'il vous semble que ce n'est pas vous qui pensez, et que les choses vous sont révélées par un autre au moyen d'une sorte d'illumination interne ».

L'auteur note : « C'est l'inspiration des pythonisseuses de l'antiquité. C'est le premier degré de l'extase. Par divers procédés, les Rose-Croix et les Martinistes ont essayé de provoquer cette extase, et c'est pourquoi les Martinistes se sont appelés les *Illuminés.* »

L'auteur situe cela sur le plan mental et dit : « Au moyen de la transmission de pensée, vous pourrez communiquer avec les Maîtres, ce qui vous aidera grandement à compléter votre initiation (ou illumination) ». Il affirme que « l'expérimentateur n'est pas possédé ». Néanmoins, il est pour le moment possédé et contrôlé sur le plan astral, et il est façonné et taillé, recevant les forces et les instructions du Maître qui finissent par orienter toute sa conception de la vie ; ou si l'expérimentateur est un chef de groupe, le résultat est dévastateur pour la mentalité d'un grand nombre. Encore une fois, M. Guyot dit : « En devenant plus compétent dans certains exercices, nous pouvons réussir à amener d'autres personnes sous la même influence, c'est-à-dire que nous pouvons convertir notre propre hallucination particulière en une hallucination collective. Cela est vrai aussi bien pour les hallucinations positives que pour les hallucinations négatives. Nous avons ici un pouvoir terrible et dangereux, la suggestion de masse, qui crée souvent un corps puissant d'adeptes hypnotisés et fanatisés et d'autres personnes qui travaillent à l'élaboration du plan mondial d'un groupe inconnu et invisible de mystiques et d'occultistes ambitieux, eux-mêmes fanatiques.

Dans *Dieu et les Dieux*, des Mousseaux, il est question des pythonisseuses des anciens Mystères :

> "Il semble que l'immodestie du culte phallique se soit glissée jusque dans le sanctuaire delphique d'Apollon-Bacchus, jusque dans la méthode qui consiste à mettre la prêtresse [ou, comme on l'appelait, la pythonisse] en communication avec son Dieu [principe créateur], à les unir tous deux pour faire parler la Divinité par une bouche mortelle… Dans ce temple, la prophétesse est assise sur un trépied. Bientôt ses cheveux se hérissent, ses yeux roulent de sang et de flammes, ses muscles se convulsent, le souffle du Dieu l'anime, et les vapeurs de la grotte sacrée pénètrent en elle à travers le trépied… Elle est exaltée jusqu'à la fureur… et souvent le dernier de ses mouvements prophétiques est la mort… Prédire, c'est pour elle une terreur…"

Il existe un groupe américain qui est un exemple politique frappant de cet illuminisme, des communications reçues psychiquement par son leader d'un « Frère aîné » inconnu, dont le mot d'ordre est apparemment la « Paix ». Dans les publications de cette association, dont nous parlerons plus loin, on retrouve ici et là ce même occultisme — utilisation de la force sexuelle, spéculations sur la réincarnation et le karma, messages et instructions reçus de leur Maître, en vue d'une grande régénération politique à venir.

Voici un autre exemple, religieux, de ces mêmes méthodes de contrôle invisible. Le *Morning Post du* 2 février 1931 a publié un bref compte rendu d'un sermon de transe prononcé au Fortune Theatre, par l'intermédiaire de Mme Meurig Morris, par son contrôleur, qui se faisait appeler « Power ». Pour ceux qui ont une connaissance quelconque des sectes illuminées (), il n'y a absolument rien de nouveau dans ce qu'il a dit. Il s'explique ainsi : « Rappelez-vous que, comme d'autres qui ont changé, je suis toujours un être intelligent ». C'est-à-dire que, bien que « régénéré » ou illuminé, il reste un homme de chair et de sang, comme tous les maîtres de l'Illuminisme, invisibles ou non.

Par exemple, dans la Golden Dawn, les « chefs cachés » étaient de « grands adeptes de cette planète encore dans le corps de la chair ». Et les Maîtres du Soleil Mithraïques du même Ordre disaient : "Les Maîtres de la Sagesse sont des hommes mortels… dans ton moi supérieur [*Kether* de l'Arbre de Vie Cabalistique] tu entendras ma voix ; quand tu seras prêt à obéir à cette voix du silence... je te guiderai. » Cette « voix intérieure » n'est donc pas celle d'un esprit, ni même divine, mais simplement celle d'un « homme mortel » contrôlant, influençant le médium de l'extérieur, et cela peut être à distance — un illuminatus inconnu !

Le « pouvoir » explique plus en détail : Je l'utilise de cette manière :

> "Au sommet de sa tête, il y a une grande forme conique [le corps pituitaire !]. C'est par ce cône, comme un passage [ou un entonnoir], que l'énergie est déversée. Je peux jouer et travailler sur le cerveau, et utiliser tout le corps à ma guise, pendant que le contrôle s'effectue."

Il s'agit d'un contrôle ou d'une possession hypnotique, qui semble être quelque peu similaire à la méthode enseignée et tentée par les maîtres R.R. et A.C. lorsqu'ils cherchaient à obtenir un contrôle permanent sur le Chef et l'Ordre. Selon eux, la transmission des forces, mises en mouvement par la pensée et la volonté, du plan mental supérieur au plan matériel inférieur, se fait sous la forme d'un double cône ou d'un sablier ; le pouvoir d'en haut transmet la force à travers le cône supérieur et, au moyen du cône inférieur, la transmet au médium passif et préparé d'en bas, le long du fil éthérique de communication (voir *Light Bearers of Darkness*, pp. 124 et 134). Cette méthode a également été comparée par d'autres occultistes à l'action d'une trombe ou d'un tourbillon, créant un vortex dans lequel les forces se précipitent.

De nouveau, « Power » dit : « Pourquoi, peut-on demander, est-ce que j'arrive à la minute où l'hymne commence ? » On sait que dans les sectes illuminées et le yoga, les *mantras* et les *mouvements rythmiques*, tels que la vibration des noms et formules dits divins, l'eurythmie de Steiner, et dans d'autres groupes, des hymnes spécialement entonnés sont utilisés pour éveiller les vibrations nécessaires, mettant en mouvement les forces tourbillonnantes qui attirent et font descendre les forces du Maître d'en haut, créant le lien éthérique, concentrent les forces sur le point focal préparé — dans le cas présent, Mme Meurig Morris. Comme nous l'avons vu, cette méthode est appliquée à des groupes religieux, politiques et éducatifs, dans un but de subversion.

« Power » est donc l'un de ces maîtres cachés, des hommes qui ont étudié et expérimenté des lois de la nature inconnues de la plupart des gens, et qui sont devenus des adeptes de la manipulation de ces forces secrètes plus fines, des forces créatrices de l'univers, utilisant leurs connaissances pour acquérir du pouvoir sur leurs semblables, et aspirant à travers eux à la domination du monde. Il ne fait aucun doute qu'il s'agit d'un « Frère aîné » qui cherche, par l'intermédiaire de Mme Meurig Morris, à créer une chaîne magnétique d'idées religieuses nécessaires au Grand Plan.

René Guénon, dans son *Théosophisme, nous* livre une information curieuse et intrigante : *"Éliphas Lévi, mort en 1875, avait annoncé qu'en 1879, un nouveau « Royaume universel », politique et religieux, serait établi :* Éliphas Lévi, occultiste et martiniste, mort en 1875, avait annoncé qu'en 1879 serait établi un nouveau « Royaume universel », politique et religieux, et que ce royaume appartiendrait « à celui qui aurait les clefs de l'Orient », c'est-à-dire les clefs de Salomon, et que ces clefs seraient possédées « par la nation dont la vie et l'activité seraient les plus intelligentes ». Cette prédiction était contenue dans un manuscrit en possession d'un occultiste marseillais, élève d'Éliphas Levi, le Baron Spedalieri, qui le remit à Edward Maitland, lequel le transmit à son tour au Dr Wynn Westcott, Mage Suprême de la *Societas Rosicruciana in Anglia,* membre de la *Société Théosophique,* et l'un des fondateurs de l'*Aube Dorée. Cette* dernière l'a finalement publié en 1896, sous le titre de « The Magical Ritual of the *Sanctum Regnum* ». On dit que Spedalieri était membre de la « Grande Loge des Frères Solitaires de la Montagne », un Frère illuminé de l'Ancien Ordre Restauré des Manichéens, « un haut membre du Grand Orient », et aussi un « Haut Illuminé des Martinistes ». Le drearri du Grand Orient est, comme on le sait, la Maçonnerie universelle.

Or, Éliphas Levi, dans son livre *Transcendental, Magic,* décrit ce *Sanctum Regnum* comme la toute-puissance magique, le savoir et le pouvoir des mages pour lesquels il faut une intelligence éclairée par l'étude, un courage indomptable et une volonté à toute épreuve, et enfin la prudence, que rien ne peut corrompre ni intoxiquer. « Savoir, oser, vouloir, se taire ». C'est le « Saint Empire » invisible sur tous les peuples et sur toutes les nations. Le Pentagramme est son étoile directrice, le symbolisme de l'Illuminisme, l'étoile de la révolution. Son symbole de puissance est le Triangle entrelacé, le Sceau de Salomon, les sept puissances représentant le pouvoir magique complet par la connaissance, dans toutes ses combinaisons, des courants magnétiques d'attraction et de répulsion dans toute la nature. Celui qui possède ce pouvoir et peut le manier possède « les clefs de l'Orient ».

Le Grand Œuvre qui doit préparer l'établissement du « Royaume Universel » est la formation de la chaîne magnétique. La former, c'est, selon Éliphas Levi,

> « La chaîne bien formée est comme un tourbillon qui aspire et absorbe tout… Savoir appliquer ces courants et les diriger, c'est être le Maître du Monde. Une chaîne bien formée est comme un tourbillon qui aspire et absorbe tout… Savoir appliquer ces courants et les diriger, c'est être le Maître du Monde. Armé d'une telle force, vous pouvez vous faire adorer, la foule vous prendra pour Dieu ».

Pendant de nombreuses années, nous avons vu la croissance insidieuse et chancreuse de cette chaîne magnétique de ces idées, non seulement en Angleterre, mais dans le monde entier, largement mise en mouvement par la Puissance Invisible qui travaille à travers ces nombreux mouvements révolutionnaires secrets, même ceux qui sont apparemment innocents et inoffensifs, pervertissant, avilissant et désintégrant la religion, l'éthique, l'art, la littérature, la politique, la sociologie et l'économie, faisant place au 'Royaume Universel ", politique et religieux, qui doit être gouverné par le Sceau de Salomon, le Talisman hébraïque !

Comme le remarque M. Flavien Brenier dans son livre *Les Juifs et le Talmud*[3] :

---

[3] *Les Juifs et le Talmud : Morale et Principes sociaux des Juifs*, publié par Omnia Veritas Ltd, www.omnia-veritas.com.

"On ne peut manquer d'être frappé par la similitude qui existe entre les doctrines des Pharisiens vieilles de vingt-cinq siècles [empruntées aux Chaldéens de Babylone] et celles professées de nos jours par les disciples d'Allan Kardec ou de Mme Blavatsky. La différence la plus importante est que la bénédiction finale est réservée par le Talmud aux seuls juifs, alors que les spirites et les théosophes affirment que tous les êtres l'obtiendront".

Comme le dit le Talmud :

'Le Messie donnera le sceptre royal au Juif, tous les peuples le serviront et tous les royaumes lui seront soumis.

Le rabbin Benamozegh, dans *Israël et l'humanité*, a écrit sur la puissance à venir de la Cabale magique juive :

« Est-il surprenant que le judaïsme ait été accusé de former une branche de la franc-maçonnerie ? Ce qui est certain, c'est que la théologie maçonnique n'est, au fond, que de la théosophie et correspond à celle de la Cabale. D'autre part, l'étude approfondie des monuments rabbiniques des premiers siècles de l'ère chrétienne fournit de nombreuses preuves que l'*aggada* était la forme populaire d'une science réservée, offrant, par les méthodes d'initiation, les ressemblances les plus frappantes avec l'institution franc-maçonnique. Ceux qui prendront la peine d'examiner avec soin les rapports du judaïsme avec la franc-maçonnerie philosophique, la théosophie et les Mystères en général, perdront, nous en sommes convaincus, un peu de leur superbe pour la Cabale. Ils cesseront de sourire de pitié à l'idée que la théologie cabalistique puisse avoir un rôle à jouer dans les transformations religieuses de l'avenir... Nous n'hésitons pas à répéter que cette doctrine, *qui réunit au cœur du judaïsme les éléments sémites et aryens*, contient aussi la clef du problème religieux moderne ».

CHAPITRE XI

ALEISTER CROWLEY ET L'AUBE DORÉE

Encore une fois, pour citer l'*Anatomie de la Révolution*, nous trouvons G. G. qui écrit :

> 'De même que nous avons constaté que le groupe des sociétés allemandes, irlandaises, indiennes, turques et égyptiennes était lié par une appartenance réciproque, de même nous constatons que ces ordres de l'Arcane sont également liés de la même manière. Ce n'est pas le lieu d'entrer dans les ramifications des étranges sociétés révolutionnaires mystiques d'Europe, d'Amérique et d'Orient. Je ne ferai référence qu'à l'Ordre Rénové des Illuminati Germaniae et à la Rose-Croix Ésotérique, tous deux fondés par des hommes dont les noms sont soit allemands, soit juifs. [Cette dernière société semble être le cercle intérieur de l'Ordre des Templiers d'Orient, fondé il y a environ une génération par un autre homme portant un nom allemand. [Karl Kellner, 1895, et à partir de 1905, Theodor Reuss). Et à cet Ordo Templarum Orientis, nous trouvons associé le tristement célèbre Aleister Crowley, dont les relations avec les révolutionnaires allemands et irlandais pendant la guerre lui ont valu l'attention de la police des États-Unis d'Amérique.

À la fin de son livre, *Les Illuminés de Bavière*, 1915, R. le Forestier parle de la renaissance de l'Ordre des Illuminati par Leopold Engel. Il est assez indéfini quant à la date, mais il dit qu'il avait son centre à Berlin, et qu'il avait, comme il se doit, été signalé à la police. Il cite Engel en ces termes :

> « Ils en vinrent progressivement à penser qu'il serait possible de donner quelque chose de précis aux adeptes pour atteindre un but idéal au moyen des théories de Weishaupt.

Nous n'avons pas besoin de répéter ce que nous avons déjà écrit sur Aleister Crowley dans *Light Bearers of Darkness*,[4] sauf pour donner quelques faits nécessaires à la compréhension de ce qui suit. C'est un homme aux multiples pseudonymes, tels que : Comte Svareff, Comte Skellatt, Comte Skerrett, Edward Aleister, Lord Boleskine, Baron Rosenkreutz, Comte Macgregor, Comte Mac Gregor, Eerskine, Perdurabo Baphomet, La Bête, Therion, et Thor Kimalehto.

Il est né à Leamington, le 12 octobre 1875, et a été étudiant à Cambridge de 1895 à 1898. En novembre 1898, il devint membre de l'Ordre de la Golden Dawn », où il était connu sous le nom de Perdurabo ; cependant, en raison de sa réputation bien connue, on lui refusa l'admission à l'Ordre intérieur de Londres, le R.R. et A.C. En 1900, il fut l'émissaire de Macgregor Mathers, le chef de la Golden Dawn, qui se trouvait alors à Paris et qui avait envoyé Crowley à Londres pour réprimer la rébellion qui s'y était produite en raison de l'arrogance de Mather. Crowley, cependant, échoua dans sa mission et se retrouva finalement expulsé du Temple londonien de la Golden Dawn. Il resta néanmoins en possession de tous les rituels et de certains MSS, et de 1909 à 1913, sur ordre direct, disait-il, des Chefs Secrets, il publia ces documents dans son *Equinox*, « The Review of Scientific Illuminism », sous le titre de « The Temple of Solomon the King » (Le Temple de Salomon le Roi). Cette revue, avec ces rituels comme base d'enseignement, était aussi l'organe de son Ordre des AA, les « Adeptes Atlantes » ou la Grande Fraternité Blanche, et étroitement alliés à cela étaient son « Ordo Templi Orientis » et sa « Mysteria Mystica Maxima ». Sa doctrine était la suivante : « Fais ce que tu veux » est la totalité de la loi ; l'amour est la loi ; l'amour est sous la volonté.

En parcourant les dix numéros du volume 1 de son *Équinoxe*, on comprend pourquoi on l'a appelé « le maître de la corruption ». Ces écrits, ainsi que beaucoup d'autres, sont un étrange mélange de sexualisme, de mysticisme, d'indécence et de blasphèmes. Et

---

[4] Inquire Within, *Light Bearers of Darkness,* publié par Omnia Veritas Ltd, www.omnia-veritas.com.

derrière tout ce pseudo-mysticisme se cachent des activités politiques subversives. Dans le 19 *Patriot d*'octobre 1922, une autorité reconnue écrit :

> 'Nous avons devant nous, par exemple, un manifeste publié par la Grande Loge Nationale et le Temple Mystique Verita Mystica de l'Ordo Templi Orientis, ou Fraternité Hermétique de la Lumière, daté du 22 janvier 1917, à Ascona, en Suisse, et signé par J. Adderley, Secrétaire. Le manifeste annonce que le siège de la Fraternité a été transféré en Suisse « depuis le début de la guerre mondiale ». L'objectif ostensible du manifeste est de mettre fin à la guerre et d'établir un nouvel ordre de société, « basé sur le principe de la coopération de tous, sur la possession commune du sol et des moyens de production par tous ». À cette fin, il propose un Congrès national qui se tiendra à Ascona du 15 au 25 août suivant, et annonce que l'une des attractions sera une représentation du poème mystique d'Aleister Crowley « The Ship ». Le document indique également qu'un autre centre de l'O.T.O. est New York, et nous pouvons raisonnablement supposer qu'Aleister Crowley a organisé ce centre lors de sa visite aux États-Unis pendant la guerre.

Nous avons en notre possession un exemplaire du livre *Magick de* Crowley , par le Maître Therion, 1929. Nous ne pouvons en donner que quelques extraits et notes, montrant la nature de son contenu et de ses enseignements.

Le livre s'ouvre sur un hymne à Pan ! lo Pan ! lo Pan ! qui semble exprimer l'essence de son credo, car, tout au long, son livre est teinté d'imagerie gnostique et sexuelle. Il écrit : 'Il existe une seule définition principale de l'objet de tout rituel magique. C'est l'union du microcosme avec le macrocosme. Le rituel suprême et complet est donc l'invocation du Saint Ange Gardien ou, dans le langage de la mystique, l'union avec Dieu. C'est-à-dire l'éveil de la kundalini et son union avec l'agent magique universel ! Et de ce Dieu, il explique :

> « Le test des esprits est la branche la plus importante de l'arbre de la magie. Sans cela, on se perd dans la jungle de l'illusion. Chaque esprit, jusqu'à Dieu lui-même, est prêt à vous tromper si possible, à se faire passer pour plus important qu'il ne l'est.
>
> … N'oubliez pas qu'après tout, le plus haut de tous les Dieux n'est que le Mage… Car les Dieux sont les ennemis de l'Homme ; c'est

la Nature que l'Homme doit vaincre avant d'entrer dans son royaume.

Le vrai Dieu est l'homme. Dans l'homme sont cachées toutes les choses. Les dieux, la nature, le temps, toutes les puissances de l'univers en sont les esclaves rebelles. C'est eux que les hommes doivent combattre et conquérir au nom de la Bête qui leur est utile, le Titan, le Mage, l'Homme, dont le nombre est de six cent soixante-six ».

Le pouvoir de la Bête est la génération universelle, l'agent magnétique universel. Parlant de l'Eucharistie de l'Illuminisme scientifique, il dit :

'Prenez une substance symbolique de tout le cours de la nature, faites-en Dieu et consommez-la. [Le magicien se remplit de Dieu, se nourrit de Dieu, s'enivre de Dieu. Peu à peu, son corps sera purifié par la lustration interne de Dieu ; jour après jour, son cadre mortel, se débarrassant de ses éléments terrestres, deviendra en toute vérité le Temple du Saint-Esprit. Jour après jour, la matière est remplacée par l'Esprit, l'humain par le divin ; finalement, le changement sera complet ; Dieu manifesté dans la chair sera son nom ».

Mais son Dieu n'est que le principe créateur de la nature, encore une fois des pouvoirs générateurs universels. Pan, Io Pan !

Il a besoin d'une énergie concentrée pour ses opérations magiques, explique-t-il :

'*Le sang est la vie. Les* Hindous expliquent cette simple affirmation en disant que le sang est le principal véhicule du Prana vital… La théorie des anciens magiciens était que tout être vivant est un entrepôt d'énergie dont la quantité varie en fonction de la taille et de la santé de l'animal, et la qualité en fonction de son caractère mental et moral. À la mort de l'animal, cette énergie est libérée soudainement. [L'animal doit donc être tué à l'intérieur du Cercle ou du Triangle, selon le cas, afin que son énergie ne puisse pas s'échapper. Il faut choisir un animal dont la nature s'accorde avec celle de la cérémonie… Pour le travail spirituel le plus élevé, il faut donc choisir la victime qui contient la force la plus grande et la plus pure. Un enfant mâle d'une parfaite innocence et d'une grande intelligence est la victime la plus satisfaisante et la plus appropriée… Les magiciens qui s'opposent à l'utilisation du sang se sont efforcés de le remplacer par de l'encens… Mais le sacrifice sanglant, bien que plus dangereux, est plus efficace ; et pour presque tous les objectifs, le sacrifice humain est le meilleur. Le véritable grand magicien sera capable d'utiliser son propre sang, ou éventuellement celui d'un disciple, et cela sans sacrifier la vie physique de manière irrévocable ».

Il voudrait apparemment nous faire croire que la Grande Guerre était le sacrifice sanglant nécessaire à l'initiation d'un « nouvel éon » ! Il conclut : 'L'animal doit être poignardé jusqu'au cœur, ou sa gorge tranchée, dans les deux cas par le couteau. Il nous renvoie au « Golden Bough » de Frazer pour les détails pratiques ! Nous n'avons pas besoin d'entrer dans ces détails ici.

Dans le chapitre XI de son livre *Magick*, intitulé « Of our Lady Babalon and of the Beast whereon she rideth », Crowley écrit :

« Le contenu de cette section, dans la mesure où il concerne Notre-Dame, est trop important et trop sacré pour être imprimé. Il n'est communiqué par Maître Thérion qu'à des élèves choisis, dans le cadre d'instructions privées. »

Vers la fin du livre, page 345, Liber XV, il donne le rituel de l'O.T.O. (Ordo Templi Orientis), l'Église catholique ou gnostique universelle. Le Credo est le suivant :

'Je crois en un seul Seigneur secret et ineffable, en une seule Étoile dans la compagnie des Étoiles, du feu de laquelle nous sommes créés et à laquelle nous retournerons, en un seul Père de la Vie, Mystère du Mystère, en son nom Chaos, seul vice-roi du Soleil sur la Terre, et en un seul Air, nourricier de tout ce qui respire. Et je crois en une seule Terre, notre Mère à tous, et en un seul ventre où tous les hommes sont engendrés et où ils reposeront, Mystère de Mystère, en son nom Babalon. [Babylone, la grande mère des religions idolâtres et abominables de la terre]. Et je crois au Serpent et au Lion, Mystère du Mystère, en son nom Baphomet. [Selon Éliphas Levi, le Lion est le feu céleste (astral), tandis que les serpents sont les courants électriques et magnétiques de la terre, l'esprit de la semence]. Et je crois en une seule Église gnostique et catholique de Lumière, d'Amour et de Liberté, dont le Verbe de la Loi est Thelima. Et je crois en la communion des Saints. Et, dans la mesure où la viande et la boisson sont transmutées en nous chaque jour en substance spirituelle, [force vitale], je crois au miracle de la Messe. Et je confesse un seul Baptême de la Sagesse par lequel nous accomplissons le Miracle de l'Incarnation. [Genera tion. Et je confesse ma vie une, individuelle et éternelle qui était, qui est et qui vient. [La force de vie magnétique universelle] ».

La Prêtresse entre avec un enfant positif à droite et un enfant négatif à gauche et, après avoir placé la patène devant le « Graal » sur l'autel — qui est la base matérielle de l'opération et la lumière astrale ou la force vitale avec laquelle elle doit s'unir — elle, suivie par les enfants, « se déplace d'une manière serpentine en faisant trois cercles et demi du Temple... et ainsi jusqu'à la Tombe à l'Ouest ». Cela représente l'éveil du serpent kundalini avec ses trois bobines et demie à la base de la colonne vertébrale.

La prêtresse est placée sur l'autel à l'est par le prêtre, qui la consacre avec de l'eau et du feu. L'autel se compose de trois marches. Sur la première marche, le prêtre invoque :

« Ô cercle d'étoiles... nous ne pouvons pas t'atteindre si ton image n'est pas l'amour. C'est pourquoi, par la graine, la racine, la tige, le bourgeon, la feuille, la fleur et le fruit, nous T'invoquons... »

La prêtresse, complètement dévêtue, répond :

'Mais m'aimer est mieux que tout... Revêts les ailes et éveille la splendeur enroulée en toi (kundalini) ; viens à moi ! Chante-moi le chant d'amour endiablé !...'

Le prêtre invoque, à la troisième étape :

« Toi qui es Un, notre Seigneur dans l'Univers, le Soleil, notre Seigneur en nous-mêmes dont le nom est Mystère du Mystère... Ouvre le chemin de la création et de l'intelligence entre nous et nos esprits... Que ta lumière se cristallise dans notre sang, nous comblant de Résurrection. »

Toute la cérémonie est une adoration sensuelle de la Grande Mère Babalon en la personne de la prêtresse, qui incarne leur doctrine : « Fais ce que tu veux, c'est toute la loi. L'amour est la loi ; l'amour sous la volonté ». Le tout se termine par le Repas Mystique, la consécration et la consommation des éléments, le Mariage Mystique ! C'est, pour le moins, une représentation symbolique de la génération universelle.

En ce qui concerne la 'Communion des Saints, ", selon ce rituel, il s'agit de ceux qui, de génération en génération, ont adoré le Seigneur de la Vie et de la Joie et ont manifesté sa gloire aux hommes. Il s'agit, entre autres, de : Lao-tze, Dionysos, Hermès, Pan, Priapus, Osiris, Melchizédech, Amoun, Simon Mage, Manès, Pythagore, Merlin, Roger Bacon, Christian Rosenkreutz,

Paracelse, Andrea, Robertus de Fluctibus, Adam Weishaupt, Goethe, Carl Kellner, le Dr. Gérard Encausse (Papus), Theodor Reuss, et *Sir Aleister Crowley!* 'Oh, Fils du Lion et du Serpent... Que leur Essence soit ici présente, puissante et paternelle pour parfaire cette fête ! Voilà pour son Eucharistie !

L'Ordre des A.A. — Adeptes Atlantes — ou Grande Fraternité Blanche, se divise en trois ordres :

(1) La S.S., soit les grades $8 = 3$ à $10 = I$; (2) La R.C. (Rosicrucienne), soit les grades de $5 = 6$ à $7 = 4$; (3) La G. D. (Golden Dawn), soit les grades de $0 = 0$ à $4 = 7$ avec un lien de connexion (Portail ?). Comme nous l'avons déjà dit, son livre *777* est en grande partie compilé à partir de correspondances tirées des premières « conférences sur la connaissance » cabalistiques de la Golden Dawn, appliquées à l'Arbre de Vie. Il a aussi apparemment adapté les premiers rituels de la Golden Dawn et le rituel $5 = 6$ du R.R. et A.C. à ses propres idiosyncrasies. Il exprime ainsi ses règles :

'Tous les membres doivent nécessairement travailler en accord avec les faits de la Nature... Ils doivent accepter le Livre de la Loi comme la Parole et la Lettre de la Vérité, et l'unique Règle de Vie. Ils doivent reconnaître l'autorité de la Bête 666 et de la Femme Écarlate telle qu'elle est définie dans le livre, et accepter Leur Volonté comme concentrant la Volonté de notre Ordre tout entier. Ils doivent accepter l'Enfant couronné et vainqueur comme le Seigneur de l'Éon, et s'efforcer d'établir son règne sur la Terre. Ils doivent reconnaître que « le Verbe de la Loi est *Thelima* » et que "l'Amour est la Loi, l'Amour sous la Volonté". (Il s'agit de l'Église gnostique universelle telle qu'elle a déjà été décrite).

Son ordre "Mysteria Mystica Maxima" est, semble-t-il, destiné à l'étude et à la pratique de sa propre adaptation du Raja-Yoga, etc.

Il est curieux de trouver, dans *The Inner Light* book service, mai 1933, organe de la "Fraternité de la lumière intérieure" de Dion Fortune, la déclaration suivante :

"*Le* stock restant de Crowley's *Magick* diminue régulièrement. Les caractères ont été dispersés et une réimpression est donc impossible. Ce livre atteindra un prix très élevé dans quelques années. Nous pouvons mentionner qu'il contient une réimpression du fameux 777, qui consiste en des Tables de Correspondances". [Correspondances pour les conjurations magiques et autres opérations de ce genre].

Certains des adeptes de Dion Fortune sont à la recherche de quelque chose de vraiment spirituel ; est-ce que c'est de cela qu'elle les nourrit ?

Qu'est-ce que la magie ? Papus, le Dr Gérard Encausse, occultiste et martiniste, à partir de preuves documentaires et expérimentales montre "comment toutes les opérations magiques sont des expériences scientifiques réalisées avec des forces encore peu connues mais analogues dans leurs lois aux forces physiques les plus actives telles que le magnétisme et l'électricité". Il ajoute : "Les travaux de magie sont dangereux". Trois principes sont nécessaires à ces travaux : la volonté et l'intelligence humaine, principe directeur ; la base matérielle sur laquelle elle agit, principe passif ; l'intermédiaire, par lequel l'esprit et la volonté agissent sur la base matérielle, cette force vitale dynamique véhiculée par le sang dans tous les organes, agissant sur le système nerveux, c'est le principe moteur ou principe de vie. C'est l'OD des Juifs, la lumière astrale des Martinistes, le fluide magnétique des Rose-Croix. Comme l'explique Éliphas Levi dans son *Histoire de la Magie* : Il existe un agent composite naturel, un fluide, une force, réceptacle de vibrations et d'images, par la médiation duquel tous les appareils nerveux sont en communication secrète. L'existence de cette force vitale magnétique universelle et son utilisation possible est le grand secret de la magie pratique ; c'est la baguette de la théurgie et la clef de la magie noire.

C'est, dit-il, une force aveugle qui réchauffe, éclaire, magnétise, attire, repousse, vivifie, détruit, coagule, sépare, brise et unit tout sous l'impulsion de volontés puissantes, les unes pour le plus grand bien, les autres pour le plus grand mal. C'est le feu que Prométhée a volé au ciel, un danger dévorant pour ceux qui le mettent au service de leurs passions. Comme l'explique Éliphas Levi : "La magie noire peut être définie comme l'art d'induire une manie artificielle en nous-mêmes et chez les autres" ; et en agissant sur le système nerveux, par une série d'exercices presque impossibles, "il devient une sorte de pile galvanique vivante capable de condenser et de projeter puissamment cette lumière qui enivre ou détruit". C'est la force "qui tue et qui vivifie", utilisée dans toutes les sectes illuminées, dont le Dieu est le Principe créateur, cette force vitale magnétique dans toute la nature, la force vivifiante étant leur Christ ; ces forces sont donc dites divines et spirituelles, bien qu'elles ne soient que les forces de création, de conservation et de destruction, de génération universelle, de Mère Nature. Comme on l'a dit, tous les noms soi-disant divins ou barbares utilisés dans leurs évocations ne font que produire des vibrations, éveillant et ré-éveillant ces forces cachées dans l'homme et dans l'univers, comme l'exige la fin recherchée, d'où le *777* de Crowley. La plupart de ces sectes et de ces ordres ne sont en fait que des pépinières, formant des hommes et des femmes involontaires pour qu'ils deviennent l'instrument matériel passif entre les mains des soi-disant "Frères Blancs" ou, plus véritablement, des magiciens noirs.

Comme l'écrit Paracelse : "Les Chaldéens et les Égyptiens fabriquaient des images d'après les constellations d'étoiles, et ces images bougeaient et parlaient, mais ils ne connaissaient pas les puissances qui agissaient en elles. De telles choses se font par la foi... mais une foi diabolique soutenue par le désir du mal". Comme exemple moderne de cette nécromancie, nous lisons, dans la *Lettre sur la méditation occulte*, 1930, par Alice A. Bailey, de New York, théosophe et occultiste :

"Comme vous le savez, le Maître fabrique une petite image du stagiaire, qui est conservée dans certains centres souterrains de l'Himalaya. L'image est magnétiquement liée au stagiaire et montre toutes les fluctuations de sa nature. Composée de matière émotionnelle et mentale, elle palpite à chaque vibration de ces corps. Elle montre leurs teintes prédominantes et, en l'étudiant, le Maître peut rapidement mesurer les progrès accomplis et juger du moment où le stagiaire peut être admis à une relation plus étroite avec. Le Maître examine l'image à des intervalles déterminés, rarement au début, car les progrès réalisés au stade initial ne sont pas très rapides, mais de plus en plus fréquemment au fur et à mesure que l'étudiant en méditation comprend plus facilement et coopère plus consciemment. Le Maître, lorsqu'il examine les images, travaille avec elles et, par leur intermédiaire, obtient certains résultats... à certains moments, le Maître applique certains contacts aux images et, par leur intermédiaire, stimule les corps de l'élève. Il arrive un moment où le Maître voit, d'après son inspection de l'image, que le taux de vibration nécessaire peut être maintenu, que les éliminations nécessaires ont été faites, et qu'une certaine profondeur de couleur a été atteinte... L'élève devient alors un disciple accepté".

Tel est l'enseignement donné à Mme Bailey par son Maître de la Grande Loge Blanche ; cela ressemble fort à de la magie noire et diabolique ! Les adeptes formés dans ces écoles de magie perdent leur "moi" et deviennent de simples robots, à l'image de ces images, et sont jetés comme des enveloppes vides lorsqu'ils ne sont plus utiles à leurs maîtres d'œuvre maléfiques.

L'étude de l'histoire et du fonctionnement de toutes ces sectes secrètes le prouve, et toujours cela s'est terminé par une perversion à des fins de domination, individuelle ou universelle.

Dans *La Messe Noire*, 1924, J. Bricaud écrit :

Aujourd'hui, alors que notre société est envahie par l'érotisme de la sorcellerie moyenâgeuse, les mots "messe noire" ont perdu leur signification primitive... L'élément mystique s'affaiblissant, seuls le sadisme et le sensualisme ont subsisté, dégénérant ces dernières années en une vulgaire orgie, soi-disant renaissance de cérémonies païennes, accompagnée de scènes obscènes, excitée par le rythme d'une poésie libidineuse et l'ivresse de parfums orientaux.'

C'est du mysticisme inversé, c'est une négation du Christ et, comme ils le disent, un hommage à « celui à qui on a fait du tort, l'ancien hors-la-loi injustement chassé du Paradis ». Lucifer ! Comme s'exclame Éliphas Levi :

« Lucifer — le porteur de lumière — quel nom étrange attribué à l'esprit des ténèbres ! C'est lui qui porte la lumière et qui, pourtant, aveugle les âmes faibles. »

Gilles de Rais, Maréchal de France, Sire de Laval, Baron de Bretagne, fut l'un des plus terribles exemples de l'utilisation magique de la Messe Noire dans le désir de richesse, etc. Bricaud écrit à son sujet :

'Dans ces scènes terrifiantes, l'esprit de Gilles parut s'obscurcir ; de véritables crises de folie s'emparèrent de lui. Voulant à tout prix obtenir de Satan le secret de la Pierre philosophale (pour obtenir de l'or), sur les conseils de ses magiciens, il immola des enfants, les consacra au Diable, en extirpa le sang et la cervelle pour en faire de puissants philtres destinés à produire les prodiges attendus... L'acte d'accusation à l'ouverture de son procès lui reprochait d'avoir sacrifié 140 enfants dans ses conjurations diaboliques... Le tribunal séculier prononça la peine de mort et la confiscation de ses biens.'

À Londres et ailleurs, nous dit-on, la messe noire est toujours pratiquée, sans doute sous une forme moins terrifiante, mais néanmoins érotique et vicieuse, s'adressant à des esprits névrosés et dépravés qui, à leur tour, contaminent les autres, infectant insidieusement la santé mentale de la nation, semant les graines du chaos et de la putréfaction, morale, physique et mentale. Le *Morning Post du* 16 janvier 1931 a publié une interview de M. Harry Price, fondateur et directeur du National Laboratory for Psychical Research, intitulée « Devil Worship in London » (culte du diable à Londres). On y lit :

« M. Price a parlé de son expérience personnelle des pratiques qu'il a décrites et, parmi un certain nombre d'autres allégations frappantes, il a affirmé que la magie noire, la sorcellerie et la magie sont pratiquées dans le Londres d'aujourd'hui à une échelle et avec une liberté insoupçonnées au Moyen-Âge. Les professeurs et les dirigeants des cultes, pour la plupart étrangers, utilisent les mêmes formules et incantations que les nécromanciens médiévaux. Les cultes se développent et attirent l'attention à un tel rythme qu'ils prendront bientôt des dimensions telles qu'ils deviendront une véritable menace pour la morale et la santé de la nation... Les célébrants de la messe noire et du culte du diable pratiquent sans aucun risque de conséquence, parce qu'il n'y a pas de loi existante en vertu de laquelle des poursuites peuvent être engagées... « L'intérêt pour l'occulte », poursuit M. Price, "se répand à pas de géant, et je peux dire sans risque qu'il y a plus d'adeptes de l'art noir à Londres aujourd'hui qu'il n'y en a jamais eu au Moyen-Âge. Ils essaient, par des formes de magie noire, d'ordonner des événements et de faire en sorte que les choses se réalisent — ils essaient de ressusciter les morts ou de blesser des personnes éloignées ; ils utilisent même des mannequins de cire et les instruments du sorcier médiéval ". [Ou la photographie magnétisée utilisée « pour aider les gens » dans les R.R. et A.C.].

M. Price a parlé de tentatives de transmutation des métaux. Les allégations de M. Price ont été étayées par des preuves irréfutables fournies par les personnes présentes, et un compte rendu d'une messe noire à Bloomsbury et de sa conclusion inévitable et abominable a été publié dans le *Morning Post du* 19 janvier 1931. L'auteur a également déclaré qu'Oxford, Cambridge et certains quartiers de Londres sont infestés par ces crapules de l'Art noir, qui jouent avec les sens de leurs victimes par une forme d'hypnotisme de masse.

On a dit qu'après la saisie de documents et la révélation des Illuminati de Weishaupt en 1786, une loi a été votée par le Parlement anglais en 1799 interdisant toutes les sociétés secrètes à l'exception de la franc-maçonnerie, et que cette loi n'a jamais été annulée !

En conclusion de son livre sur la Messe Noire, 1924, J. Bricaud dit :

« Il est certain, comme nous l'avons montré, que les cérémonies sacrilèges, les scènes de profanation n'ont pas disparu. Mais elles ont perdu leur signification primitive et leur aspect psychologique n'est plus le même. Aujourd'hui, les adeptes de Satan mettent toute leur ardeur dans l'accomplissement de ce qu'ils croient être la plus haute expression du sacrilège ; ils s'abandonnent aux plaisirs sensuels devant un Christ dérisoire, pour mieux le défier. Sous Louis XIV, il était encore de règle de sacrifier un petit enfant sur l'autel. Aujourd'hui, il n'est plus arrosé de sang, il est souillé d'immondices. La messe noire moderne n'est plus le vrai satanisme. Ce n'est plus la révolte monstrueuse de la créature contre le Créateur, la révolte criminelle de l'homme égaré dans la haine contre la Puissance divine. Ses dégoûtantes saturnales et ses orgies contre la Nature ne sont que du sadisme ».

Wynn Westcott, Mage Suprême de la *Societas Rosicruciana in Anglia,* et publié par John M. Watkins, Cecil Court, Londres, 1916, nous donne ce qui est appelé « Données de l'Histoire des Rosicruciens ». Ce qui nous intéresse principalement, ce sont les notes sur la fondation de la S.R.I.A. et plus tard de la Golden Dawn comme suit :

'En 1865, la *Societas Rosicruciana en Angleterre* a été conçue par Robert Wentworth Little (qui a sauvé quelques rituels de la réserve de Freemasons' Hall), et Kenneth R. H. Mackenzie, qui avait reçu l'initiation rosicrucienne en Autriche, alors qu'il vivait avec le comte Apponyi en tant que tuteur anglais, et l'autorité de former une société maçonnique rosicrucienne anglaise. En 1866, le

Metropolitan College est fondé ; R. W. Little est choisi comme Mage Suprême...

'Le Frère R. W. Little mourut en 1878 et le Dr William Robert Woodman devint Mage Suprême... En 1880, la Soc. Rosie. in USA fut fondée et reconnue.

En 1887, avec la permission de S.D.A. (« Sapiens Dominabitur Astris »), un adepte rosicrucien continental, le Temple Isis-Urania des étudiants hermétiques de la G. D. (Golden Dawn) a été formé pour donner une instruction dans les sciences occultes médiévales. Fratres M. E. V. (Magna est Veritas et Praevalebit — Dr. Woodman), Mage Suprême de S.R.I.A., avec S.A. (Sapere Aude—Dr. Wynn Westcott) et S.R.M.D. (S. Rioghail Mo Dhream Macgregor Mathers), devinrent les Chefs, et ce dernier écrivit les rituels en anglais moderne à partir de vieux manuscrits rosicruciens (propriété de Frater S.A.), complétés par ses propres recherches littéraires. Le Frater D. D. C. F. (Deo Duce Comito Ferro - la devise intérieure de Mathers), en 1892, a fourni le rituel d'un Grade d'Adepte à partir de matériaux obtenus d'un Frater, L. E. T. (Dr. Thiesen de Liège, « Lux e Tenebres, » selon le Dr Wynn Westcott), un Adepte Continental. Plusieurs autres Temples sont nés de l'Isis-Urania, à savoir l'Osiris, à Weston-super-Mare ; les Cornes, à Bradford ; l'Amen Ra, à Edinburgh, et l'Ahathoor, à Paris, en 1884 (1894), qui a été consacré par F.E.R. (Fortiter). Le Frater S. A. (Dr. Wynn Westcott) démissionna de l'Association en 1897, et les Temples anglais tombèrent peu après en désuétude (1900, lorsque le Temple de Londres se révolta contre Mathers)...

'Les loges rosicruciennes renaissantes sur le continent européen se déroulent dans la plus grande discrétion et leurs membres n'avouent pas ouvertement qu'ils ont été admis et qu'ils sont membres. Plusieurs centres sont en activité dans des conditions dérivées des siècles précédents d'utilité. Tout en étudiant et en enseignant des théories sur la vie et ses devoirs, et en admettant des membres par le biais de cérémonies et de rituels, de nombreux groupes de Rose-Croix continentaux sont, comme autrefois, mixtes, et ne sont donc pas nécessairement francs-maçons. De même que, dans les temps les plus reculés, les Rose-Croix ne se contentaient pas d'étudier, mais s'employaient à faire le bien et à guérir les malades, de même les Frères d'aujourd'hui s'occupent de l'étude et de l'administration des médicaments [tels que...], et de leurs effets sur la santé, Ils enseignent et pratiquent également les effets curatifs (et magiques) de la lumière colorée, et cultivent des processus mentaux censés induire l'illumination spirituelle (les processus de Steiner pour éveiller la kundalini) et l'extension des pouvoirs des sens humains, en particulier dans les directions de la clairvoyance et de la clairaudience. Leur enseignement n'inclut pas nécessairement le symbolisme indien ou égyptien'.

« En 1891, le Dr Woodman est décédé pendant la semaine de Noël… et au début de 1892, le Dr Wynn Westcott… a été installé comme Mage Suprême… »

En 1900, le Temple londonien de la Golden Dawn a rompu avec Mathers, qui était alors reconnu comme chef. Pendant deux ans, il fut dirigé par un comité nommé, mais en 1902, il revint à la règle des trois chefs, les suivants étant élus : Felkin, Brodie Innis et Bullock. En 1903, ce groupe prend le nom de Stella Matutina, sous la direction des mêmes chefs. En 1913, le Dr et Mme Felkin ont obtenu certains grades supérieurs sur le continent et se sont associés au Dr Steiner.

Ni le Dr. Wynn Westcott ni Aleister Crowley n'ont jamais eu de lien avec la Stella Matutina, officiel ou non. Le présent auteur a été initié à la Stella Matutina en 1908, et a été nommé l'un des Ruling Chiefs de la S.M. et R.R. et A.C. en 1916, et n'a jamais rien eu à voir avec la Golden Dawn ou Aleister Crowley.

CHAPITRE XII

GROUPES AMÉRICAINS

Nous trouvons beaucoup d'informations sur ce mystérieux « Gouvernement Intérieur du Monde », qui a apparemment gouverné Mme Besant et, à travers elle, la Société Théosophique, dont elle était le chef, dans un livre, *Initiation Humaine et Solaire*, 1933, par Mme Alice A. Bailey, occultiste et théosophe, New York. Il est publié par la Lucis Publishing Co., New York, et est dédié 'Au Maître K. H. (Koot Humi)'. Il s'agit du même « Koot Hoomi » de Mme Blavatsky et de Mme Besant ! De ces Maîtres, Mme Besant a écrit dans une brochure, *Les Maîtres, 1912* :

'Un Maître est un terme appliqué par les Théosophes pour désigner certains êtres humains qui ont achevé leur évolution humaine, ont atteint la perfection humaine... ont atteint ce que les Chrétiens appellent le « Salut » et les Hindous et les Bouddhistes la « Libération »... Ceux qui sont nommés M. (Morya) et K. H. (Koot Hoomi) dans *The Occult World* de M. Sinnett étaient les deux Maîtres qui ont fondé la Société Théosophique, utilisant le Colonel Olcott et H. P. Blavatsky, tous deux disciples de M... pour poser ses fondations ; et qui ont donné à M. Sinnett les matériaux à partir desquels il a écrit ses célèbres livres, celui nommé ci-dessus et le Bouddhisme ésotérique qui a apporté la lumière de la Théosophie à des milliers de personnes en Occident, et qui ont donné à M. Sinnett les matériaux à partir desquels il a écrit ses célèbres livres, celui cité ci-dessus et le *Bouddhisme ésotérique* qui a apporté la lumière de la Théosophie à des milliers de personnes en Occident. H.P. Blavatsky a raconté qu'elle avait rencontré le Maître M. sur la rive de la Serpentine, lors de sa visite à Londres en 1851'.

Nous ajouterons, pour montrer comment en réalité tous ces groupes, qu'ils soient théosophiques ou rosicruciens, sont liés à un groupe sinistre d'hommes ésotériques, fanatiquement imprégnés de l'idée de Domination Mondiale : Le Dr Felkin, ancien chef du R.R. et A.C., possédait une belle photographie, dite de « Maitreya », suspendue au-dessus de son bureau, et sa fille avait une photo de « Koot Hoomi » dans sa chambre ; toutes deux étaient considérées, par leurs propriétaires, comme « saintes » !

Dans son livre, Mme Bailey écrit que ce gouvernement intérieur est une hiérarchie de Lumière, de frères aînés. Tout d'abord, il y a le roi *Sanat Kumara, dont* on dit qu'il vit à Shamballa, un centre quelque peu mythique ou peut-être mystique dans le désert de Gobi ; il est le Seigneur du Monde et l'initiateur (représentant le Principe Créatif) — et autour de lui se trouve la Triade de la manifestation. Au-dessous de lui, manifestant la lumière ou l'énergie au monde, se trouve cette triade de chefs de département : (1) *Manu :* gouvernement racial, fondant, dirigeant et dissolvant les types raciaux, produisant ceux qui sont nécessaires à leurs plans. Il visualise ce qui doit être fait et transmet par le son l'énergie créatrice et destructrice nécessaire à ses assistants. On dit qu'il vit à Shigatse dans l'Himalaya. (2) *Seigneur Maitreya :* Religion, Instructeur mondial ou Christ, initiateur des mystères et libérateur. Il vivrait dans l'Himalaya. (3) *Manachohan :* il manipule les forces de la nature et apporte la civilisation nécessaire.

Sous ces derniers, dit-elle, travaillent les Maîtres de la Loge (Grande Blanche), représentant les sept rayons ou aspects planétaires de la Lumière. En tant que régents, ils tiennent entre leurs mains les rênes du gouvernement des continents et des nations, guidant leurs destinées ; ils impressionnent et inspirent les hommes d'État et les dirigeants ; ils déversent de l'énergie mentale sur les groupes dirigeants, apportant les résultats souhaités partout où la coopération et l'intuition réceptive peuvent être trouvées. Ils sont : *Maître Jupiter :* vit dans les collines de Nilgherry. Il tient les rênes du gouvernement de l'Inde et d'une grande partie de la frontière nord, et il doit finalement guider l'Inde hors du chaos et de l'agitation actuels et former ses divers peuples en une synthèse. *Maître Morya :* vit à Shigatse, mais est un prince Rajput. Il travaille en liaison avec de nombreuses organisations ésotériques ou occultes, ainsi qu'avec les hommes politiques et les hommes d'État du monde entier, influençant plus particulièrement ceux qui ont des idéaux internationaux. *Koot Humi :* vit à Shigatse, mais est originaire du Cachemire. Il est en lice pour le poste d'Instructeur mondial de la sixième race racine. Il a fait ses études dans une université britannique et a beaucoup lu sur la littérature actuelle. Il se préoccupe de vitaliser certaines grandes philosophies et s'intéresse aux agences philanthropiques. Son travail est principalement axé sur l'Amour — éveiller l'idée de fraternité. *Maître Jésus :* il vit dans un corps syrien quelque part en Terre Sainte. Il travaille avec les masses plutôt qu'avec les individus ; il prépare le terrain en Europe et en Amérique pour la venue éventuelle de l'Instructeur mondial. 'Certains grands prélats des Églises anglicane et catholique sont ses agents avisés. *Maître Djwal Khul :* vit à Shigatse, est tibétain et est appelé « Le Messager des Maîtres ». Il a une connaissance approfondie des rayons et des influences planétaires et solaires, et travaille avec des guérisseurs, des mouvements mondiaux d'aide sociale et de philanthropie, tels que la Croix-Rouge.

Maître Rakoczi : est hongrois et vit dans les Carpates. Germain, Roger Bacon et plus tard Francis Bacon. Travaille sur l'aspect occulte des affaires en Europe, principalement par le biais de rituels et de cérémonies ésotériques, s'intéressant de près aux effets des cérémonies des francs-maçons, de diverses fraternités et des églises. Il agit pratiquement en Amérique et en Europe en tant que directeur général pour l'exécution des plans du conseil exécutif de la Loge, qui est un groupe interne de Maîtres autour des Trois Seigneurs. *Maître Hilarion :* est crétois, mais vit principalement en Égypte. Il travaille avec ceux qui développent l'intuition, et son énergie est à l'origine de la recherche psychique. Il est à l'origine du mouvement spiritualiste et observe tous les médiums supérieurs. Il y a deux Maîtres anglais ; l'un vit en Grande-Bretagne et guide la race anglo-saxonne ; il est à l'origine du mouvement travailliste dans le monde entier et guide la démocratie naissante. La clef de l'avenir est la coopération et non la compétition, la distribution et non la centralisation. *Maître Serapis :* appelé l'Égyptien, dynamise la musique, la peinture et le théâtre. *Maître P. :* Irlandais, travaille sous la direction de Rakoczi en Amérique du Nord ; travaille ésotériquement avec la Science Chrétienne et la Nouvelle Pensée ; forme des disciples pour la venue du Christ vers le milieu ou la fin de ce siècle. On s'attend à ce que certains des Maîtres sortent parmi les hommes vers la fin du siècle.

De plus, dit-elle, avant la Venue, des ajustements seront faits, de *sorte qu'à la tête de toutes les grandes organisations se trouvera soit un maître, soit un initié, de* même qu'à la tête de certains grands groupes occultes des francs-maçons du monde et des diverses grandes divisions de l'Église, résidant également parmi de nombreuses grandes nations. Partout, ils rassemblent ceux qui, d'une manière ou d'une autre, ont tendance à répondre à des vibrations élevées, cherchant à *forcer* leurs vibrations et à les rendre utiles au moment de l'avènement. 'Le travail peut se faire par l'intermédiaire d'un médium ou d'un autre (disciple ou mouvement), mais toujours la force vitale persiste, brisant la forme là où elle est inadéquate et l'utilisant quand elle suffit au besoin immédiat.' À volonté, ces maîtres monstrueux utiliseront leur pouvoir pour façonner et tailler, tuer et rendre vivant !

En ce qui concerne sa déclaration selon laquelle « à la tête de toutes les grandes organisations se trouve soit un maître, soit un initié », l'écrivain juif Angelo Rappaport n'a-t-il pas dit dans son livre « *Les pionniers de la révolution russe* » : '*Les pionniers de la révolution russe sont des hommes et des femmes, des hommes et des femmes :*

> « Il n'y avait pas d'organisation politique dans le vaste empire qui ne fût influencée par les Juifs ou dirigée par eux ; les sociaux-démocrates, les partis socialistes révolutionnaires, le parti socialiste polonais, tous comptaient des Juifs parmi leurs dirigeants ; Plehve avait peut-être raison de dire que le combat pour l'émancipation politique en Russie et la question juive étaient pratiquement identiques ».

En ce qui concerne la consommation attendue vers la fin de ce siècle, dans les *prédictions mondiales de Cheiro*, nous trouvons quelques déclarations significatives, qu'elles soient inspirées ou non, il n'est pas possible de le dire :

'À partir de 1980... nous assisterons, à mon avis, à la restauration des Douze Tribus d'Israël en tant que puissance dominante dans le monde.

... Un autre législateur, comme Moïse, se présentera... et c'est ainsi qu'en fin de compte, grâce à cette « race méprisée », la paix universelle sera établie'.

Dans toutes les sectes illuminées, le moyen de communication avec leurs directeurs inconnus est invariablement, dans un premier temps, pseudo-yoga sous une forme ou une autre et, plus tard, par des formules. Dans un autre de ses livres, *Lettres sur la méditation occulte,* elle jette une lumière intéressante sur les méthodes et la nature des plans mondiaux de ces maîtres. Ce livre est dédié « à l'enseignant tibétain qui a écrit ces lettres et autorisé leur publication », 1922. Beaucoup de choses sont des camouflages, destinés à tromper ; et pour se couvrir et couvrir la possibilité, toujours grande, de résultats néfastes de leurs expérimentations diaboliques avec les hommes, les femmes et les nations, ils parlent beaucoup des dangers à rencontrer de la part des « Frères Noirs », des entités maléfiques, et des élémentaux ! Il est plus probable qu'ils soient eux-mêmes des « frères obscurs » !

Par ce pseudo-yoga, la personnalité de l'élève est tour à tour retirée des corps physique, éthérique, astral et mental, jusqu'à ce que « l'homme se reconnaisse comme une partie de la conscience du Maître... Le Maître ne s'intéresse à l'homme que du point de vue de son utilité dans l'âme du groupe et de sa capacité d'aide ». Les forces utilisées et mises en mouvement sont « ces courants magnétiques de l'univers, ce fluide vital, ces rayons électriques... la chaleur latente emmagasinée dans toutes les formes ». On nous dit qu'il existe deux méthodes spéciales pour mettre ces forces en mouvement, afin de réaliser l'unité avec les Maîtres. Les *mantrams — des* sons *rythmiques,* des mots et des phrases, une force irrésistible.

'Un mantram, lorsqu'il est prononcé avec justesse, crée un vide dans la matière, semblable à un entonnoir. L'entonnoir se forme entre celui qui le sonne et celui qui est atteint par le son. Il se forme alors un canal de communication direct... [et lorsqu'une] similitude de vibration est atteinte... l'élève [devient] dépositaire d'un mantram par lequel il peut appeler son Maître... Il s'agit d'une méthode purement scientifique, basée sur la vibration et la connaissance de la dynamique.'

Elle est destructive, en éliminant les obstacles, et constructive, en construisant le royaume de pouvoir des Maîtres.

Mouvements rythmiques, qui, selon le rythme, met « ceux qui l'utilisent en phase avec certaines forces de la nature… permettant le flux rythmique de la force dans certaines directions spécifiées pour certaines fins spécifiées ». Il stimule les organes sexuels et apporte l'illumination. Son effet est énorme et son rayon d'action peut être mondial. En outre, on nous dit qu'il peut être appliqué lors d'occasions spéciales, comme suit :

Sur le plan politique. — Il *est* dit que le temps vient où ceux qui manipulent les nations, qui siègent dans les assemblées du peuple, qui administrent la loi et la justice, 'commenceront tout leur travail par de grandes cérémonies rythmiques [danse rituelle !]', se mettant en contact avec *Manu, afin de réaliser ses* plans et ses intentions. L'entonnoir fait, ils se mettront au travail, ayant placé deux hommes en leur sein comme point focal pour recevoir les instructions du Maître. Qu'en est-il de la Société des Nations ?

Religieux. — Le prêtre sera le point focal et, après une cérémonie et un rythme appropriés, la congrégation unie transmettra les forces et les informations de *Maitreya,* tout comme dans l'Église catholique libérale !

Enseignement. — Toutes les universités et les écoles commenceront les sessions par cette cérémonie rythmée, le professeur étant le point central, stimulant ainsi les étudiants mentalement et intuitivement, inspirés par l'entonnoir de *Mahachohan.*

Ici, nous avons apparemment une explication de l'eurythmie steinerienne et du « Goetheanum Speech Chorus » de Dornach ; par le mouvement rythmique et le son, la kundalini est stimulée, les centres sont vivifiés et le vide est créé à travers lequel les forces et les influences requises sont dirigées par leur Maître, affectant non seulement les artistes, mais aussi tout le public, les fusionnant et les orientant à des fins occultes. Magnétiser la salle et préparer les gens à l'illumination !

'Dans ces trois branches de service, vous remarquerez que la faculté de travailler avec des groupes est d'une importance capitale… Il peut s'agir d'un groupe de travailleurs d'Église parmi les orthodoxes ; il peut s'agir d'un travail social, comme les mouvements ouvriers, ou dans l'arène politique ; ou il peut s'agir des mouvements plus définitivement pionniers du monde, comme la Société Théosophique, etc. J'ajouterais à cela une branche d'activité qui pourrait vous surprendre. *Je veux parler du mouvement du Soviet en Russie et de tous les organismes radicaux agressifs qui servent sincèrement, sous la direction de leurs chefs, à l'amélioration des masses.*

Voici donc quelques-uns des outils et des méthodes rythmiques de magie noire, inspirés par ces mystérieux directeurs, aux enseignements et aux noms camouflés, qui cherchent à dominer le monde, non par l'amélioration, mais par l'asservissement et la mort spirituelle de l'humanité.

Comme l'a dit avec justesse M. de Luchet :

« Si plusieurs hommes mélangent ensemble des qualités moitiés, ils se tempèrent et se renforcent mutuellement… les faibles cèdent aux plus forts, les plus habiles tirent de chacun ce qu'il peut fournir. Les uns regardent, les autres agissent, et ce formidable ensemble arrive à son but, quel qu'il soit… C'est d'après ce principe que s'est formée la secte des Illuminati ».

Les Illuminati sont toujours parmi nous, dirigés de l'arrière par le même pouvoir mystérieux et invisible !

Maurice Joly, dans son pamphlet révolutionnaire *Dialogues aux Enfers*, 1864, fait dire à Machiavel : « Avant de songer à diriger réellement l'opinion publique de tous les peuples, il faut l'étourdir… l'éblouir par toutes sortes de mouvements ; l'égarer insensiblement dans ses voies.» À partir des livres de Mme A. Bailey, nous avons montré la base du Gouvernement Mondial secret, son travail et sa méthode de contrôle rythmique. Nous allons maintenant examiner, à partir de la même source, l'établissement d'une chaîne mondiale d'écoles occultes, par laquelle il se propose d'imposer sa volonté à tous les peuples.

De ces mouvements, son professeur tibétain dit :

'Des expériences sont en cours, inconnues des sujets eux-mêmes… Des personnes dans de nombreux pays civilisés sont sous surveillance et une méthode de stimulation et d'intensification est appliquée qui apportera à la connaissance des Grands Êtres eux-mêmes une masse d'informations qui pourront servir de guide à leurs futurs efforts pour la race. On s'occupe en particulier de personnes en Amérique, en Australie, en Inde, en Russie, en Écosse et en Grèce. Quelques-unes en Belgique, en Suède et en Autriche sont également sous observation… Des écoles ont déjà été créées… lorsqu'elles seront fermement établies, lorsqu'elles fonctionneront sans heurts et seront reconnues par le public, et lorsque le monde des hommes sera quelque peu coloré par elles et leur accent *subjectif* (astral), lorsqu'elles excluront les érudits, les travailleurs, les politiciens, les scientifiques et les responsables de l'éducation qui font leur impression sur leur environnement, alors viendra peut-être… la véritable école occulte.

… Cette réalité subjective étant universellement admise, il sera donc possible de fonder une chaîne d'écoles intérieures… qui seront publiquement reconnues (il y aura toujours une section secrète)… H.P.B. [Mme Blavatsky] a posé la première pierre de la première école… la clef de voûte… Si tout ce qui est possible est fait, lorsque le Grand Seigneur viendra avec ses Maîtres, l'œuvre recevra une impulsion encore plus grande… et deviendra une puissance dans le monde'.

Et toute l'idée de ce plan provisoire est de contrôler les corps de l'homme par l'intermédiaire du soi-disant « Dieu intérieur », en le reliant par l'intermédiaire des Maîtres à ce contrôle central à Shamballa. La Fraternité [de la Lumière] de l'Himalaya est le principal canal d'effort, de pouvoir et de lumière… et c'est la seule école, sans exception, qui devrait contrôler le travail et les résultats des véritables étudiants en occultisme en Occident. Elle ne tolère aucun rival. Les écoles occultes seront situées là où subsiste un ancien magnétisme du Mystère.

Les subdivisions nationales seront les suivantes : *Égypte :* en Grèce et en Syrie, les écoles préparatoires, et en Égypte, beaucoup plus tard, l'école avancée profondément occulte. *États-Unis :* l'école préparatoire dans le Sud-Moyen-Ouest et une grande école occulte avancée en Californie. *Pays latins :* Dans le sud de la France, l'école préparatoire et en Italie, une école supérieure. *Grande-Bretagne :* l'école préparatoire dans l'un des lieux magnétisés en Écosse ou au Pays de Galles, et plus tard, lorsque l'Irlande aura réglé ses problèmes internes, l'école avancée se trouvera dans l'un de ses lieux magnétisés et sera placée sous la direction de *Maitreya*. En *Suède :* une école préparatoire pour les races nordiques et allemandes. La *Russie sera* peut-être plus tard le siège d'une école plus avancée. En *Nouvelle-Zélande : une* école préparatoire et, plus tard, une école avancée en Australie. *Japon :* une école préparatoire et une branche ésotérique en Chine occidentale sous la direction de *Manu*. Il n'y en a pas actuellement en Afrique du Sud ni en Amérique du Sud. Des écoles préparatoires sont en train d'être fondées sur le site, les plus avancées précéderont la venue du Grand Seigneur (1980). On commencera par les membres des différentes écoles occultes, telles que la section ésotérique de la Société Théosophique, etc. Le travail en Grande-Bretagne, en Amérique et en Australie est déjà commencé. Cette partie du plan a été publiée pour vous encourager tous à étudier et à travailler avec plus d'ardeur. Pour quoi ? pour l'esclavage sous ces maîtres !

Les écoles préparatoires doivent être proches d'un grand centre ou d'une grande ville, de préférence près de la mer ou d'une étendue d'eau — l'eau est un conducteur de force. Le contact avec des personnes nombreuses et variées est nécessaire, de même qu'un entraînement mental extérieur. Les écoles supérieures doivent être situées loin des hommes, dans des fiefs isolés, dans des régions montagneuses, où elles doivent être en contact avec les Maîtres et le centre de Shamballa. Le personnel préparatoire se compose du Chef, un disciple accepté, le point focal à travers lequel les forces du Maître s'écoulent. Six instructeurs, dont l'un est au moins clairvoyant, seront complémentaires les uns des autres, une réplique miniature de la Hiérarchie de la Lumière. À ceux-ci s'ajouteront trois femmes, intuitives et bonnes enseignantes. Sous eux, d'autres personnes s'occuperont de l'équipement émotionnel, physique et mental des élèves. Le personnel de l'école avancée se composera d'un chef initié qui, sous l'autorité du Maître, sera le seul juge et autocrate. Sous lui, deux autres professeurs, disciples acceptés. Leur travail sera de supervision, car tous les occultistes sont des « autodidactes ésotériques », c'est-à-dire qu'ils sont dirigés par un maître. On insiste beaucoup sur ce qu'on appelle la purification, physique, émotionnelle et mentale, car si le corps n'est pas purifié et le cerveau calmé, les forces bouleversantes transmises par les Maîtres, dans leurs expérimentations, provoqueraient, ils le savent bien, de graves maladies physiques et mentales, même celles qui suivent toujours le chemin de ces écoles occultes. Cette purification est obtenue par un régime et l'utilisation par les Maîtres de lumières et de sons colorés, qui brisent, calment, stimulent et attirent, jusqu'à ce que l'initiation ou le contrôle hypnotique par le Pouvoir Central soit accompli, car « la grande Loi de l'attraction vous attire à Lui, et rien ne peut résister à la Loi » — la force irrésistible ! Le contrôle est si complet que l'outil « ne se soucie pas de perdre ses amis, ses relations, ses enfants, sa popularité, etc. ; il ne se soucie pas d'avoir l'impression de travailler dans l'obscurité et d'être conscient du peu de résultats de ses travaux ». Son « moi personnel » est sacrifié !

Lorsque ces soi-disant mystères seront restaurés, leurs gardiens seront « l'*Église et les francs-maçons* » ! C'est ce qui a été écrit pour la première fois en 1922.

En 1934, Mme Balley a écrit un livret, *Les trois prochaines années, qui* prétendait être le Plan mondial, pour l'élévation de l'humanité par la réalisation de la divinité de l'homme à travers la guidance de certains soi-disant « frères aînés ou surhommes ». D'après Mme Bailey, « dans le méli-mélo d'idées, de théories, de spéculations, de religions, d'églises, de cultes, de sectes et d'organisations, deux lignes de pensée principales se dégagent ». Il s'agit, dit-elle, des « dogmatiques réactionnaires », qui s'inclinent devant un prophète, une bible ou une église, et qui sont condamnés à disparaître. L'autre, le « groupe subjectif de mystiques intellectuels », qui se considère comme membre de l'Église universelle, est destiné à croître et à se renforcer jusqu'à ce qu'il forme la nouvelle religion subjective. Apparemment, ces derniers ne sont pas libres puisqu'ils se soumettent à l'autorité de cette Hiérarchie inconnue de Frères Aînés, qui cherchent à ordonner et à dominer le monde par « l'unification des efforts dans tous les domaines de l'entreprise humaine, religieuse, scientifique et économique ».

Ainsi, aujourd'hui, écrit-elle, nous avons

« Une rupture avec la tradition établie, une révolte contre l'autorité, une tendance à l'autodétermination et un renversement des anciennes normes, des anciennes barrières, de la pensée et des divisions existant jusqu'à présent entre les races et les croyances. C'est pourquoi nous traversons une phase intermédiaire de chaos et de remise en question, de rébellion et de licence qui en découle ».

Ou comme Lady Emily Lutyens, l'une des disciples de Mme Besant, l'a écrit dans le *Herald of the Star, en* mars 1927 :

"Nous assistons à la naissance d'une nouvelle conscience mondiale, d'une civilisation mondiale… Les vieilles traditions sont brisées, les vieilles coutumes sont détruites, les vieux repères sont balayés… Il faut qu'il y ait de l'anarchie avant qu'il puisse y avoir de la création.

Ils ouvrent ainsi la voie au Nouvel Âge, à la nouvelle civilisation, à la nouvelle science et à la nouvelle religion de l'Illuminisme et de l'intuition.

Mme Bailey explique :

« Le Plan, tel qu'il est actuellement perçu et pour lequel les Connaisseurs du Monde (sous l'égide des Frères Aînés) travaillent, pourrait être défini comme suit : Il s'agit de la production d'une synthèse subjective dans l'humanité et d'une interaction télépathique qui finira par annihiler le temps… il rendra les hommes omniprésents… et omniscients. »

C'est l'Illuminisme ! Le temps, dit-elle, dans lequel ces Frères Aînés doivent achever leur Plan est limité par la Loi des Cycles, « lorsque des forces, des influences et des énergies sont temporairement à l'œuvre, et que les Connaisseurs du Monde cherchent à s'en servir ». C'est ce qu'ils appellent l'ère du Verseau ! qui durera astronomiquement 2 500 ans et qui peut, si elle est dûment utilisée, provoquer l'unification, consciente et intelligente, de l'humanité et produire ainsi la manifestation de ce que l'on peut appeler la « fraternité scientifique ». Leur but est donc de briser la fierté familiale, nationale et raciale.

Depuis le XVe siècle, poursuit-elle, afin de construire une unité plus synthétique, sept groupes ont été formés : culturel, politique, religieux, scientifique et, plus tard, philosophique, psychologique et financier. Ces groupes devaient créer certaines conditions préparatoires dans le cadre du programme hiérarchique. Les philosophes, y compris les anciens philosophes asiatiques, façonnent puissamment la pensée, les psychologues parlent des pulsions et des caractéristiques de l'homme, ainsi que de la finalité de son existence. Les financiers contrôlent et ordonnent les moyens d'existence de l'homme, « constituant une dictature sur tous les modes d'interaction, de commerce et d'échange… Leur travail est très certainement planifié et guidé. Ils produisent sur la terre des effets d'une portée considérable ». Tous ces groupes, dit-elle, coopèrent avec la Hiérarchie et construisent pour la postérité. Ces travailleurs du monde

> « Ils ne considèrent pas leur pays et leur appartenance politique comme d'une importance primordiale. Ils sont équipés pour organiser, lentement et régulièrement, l'opinion publique qui finira par libérer l'homme du sectarisme religieux, de l'exclusivité nationale et des préjugés raciaux ».

Les années 1934 à 1936 seront des années tests. En politique, le développement d'une conscience internationale, la synthèse économique entre les nations.

> « Les tensions matérielles, l'effondrement des anciens partis politiques, le bouleversement des relations commerciales… ont démontré la nécessité d'établir un esprit de dépendance et d'interrelation internationales, afin que les nations soient politiquement forcées de réaliser que l'isolement, la séparation et la culture de l'égoïsme national doivent disparaître ».

C'est ainsi que naîtra la Fraternité des nations — un *État fédérateur mondial !* Elle classe ensuite les dictatures suivantes : La dictature soviétique *du prolétariat,* "… derrière toutes les erreurs et la cruauté, derrière le matérialisme ordinaire, il y a de grands idéaux [juifs !]" ; la dictature *de la supériorité raciale* en Allemagne ; la *dictature du commerce organisé* en Amérique ; la dictature *de l'empire* en Grande-Bretagne ; l'Italie, la Turquie, etc., et tous ces mouvements nationaux, selon Mme Bailey, sont en réalité sous l'impulsion des idées jetées dans l'esprit des hommes par la Hiérarchie secrète, mais à cause de l'ignorance, elles sont « déformées, appliquées égoïstement et utilisées séparément ».

De plus, à partir de 1945, la Foi mondiale prendra forme, et elle explique : "Les trois mots, électricité, lumière et vie, expriment la divinité et leur synthèse est Dieu : "*Les trois mots, électricité, lumière et vie, expriment la divinité et leur synthèse est Dieu.* Il s'agit simplement de la force vitale, du panthéisme et de l'illuminisme à l'état pur. Toujours selon elle, les scientifiques se sont fixé pour objectif d'élargir la conscience de l'homme, de développer ses sens latents et d'élargir son horizon de manière à ce qu'une synthèse du matériel et de l'immatériel s'opère dans les domaines de l'éducation, de la science et de la psychologie. Enfin, au cours des trois prochaines années, il nous est demandé d'abandonner les antagonismes, les antipathies, les haines et les différences raciales, et de penser en termes d'une seule famille, d'une seule vie, d'une seule humanité. Le but et l'objectif étant l'unification et le contrôle mental par la soi-disant « Hiérarchie des Surhommes ». Qui sont-ils ? Qu'en est-il des rêves et des activités de *L'Alliance-israélite-universelle* ? Un tel robot monstrueux montre même maintenant des signes de matérialisation, mais le rêve est trop fantastique et trop fanatique pour réussir parmi les peuples occidentaux.

Les théosophes ne sont pas les seuls à être dominés par ces mystérieux « Frères aînés » de la Grande Loge Blanche. Un message a été reçu dans la voûte du Temple de Nouvelle-Zélande, le 10 juillet 1919, par le défunt Haut-Chef, le Dr Felkin, censé provenir de « Christian Rosenkreutz », ce chef mythique des Rose-Croix, en réponse aux graves doutes exprimés au sujet de ces mystérieux Frères, par l'un des chefs dirigeants de la R.R. et A.C. de Londres :

'Les Frères sont en effet les Frères aînés et les messagers du Seigneur [de la Lumière], mais ils ne sont pas infaillibles et n'appartiennent pas à la compagnie des dieux. Ce ne sont que des hommes très avancés qui attendent que le flambeau [de l'Illuminisme] soit allumé en leur sein, mais ils ne font pas partie de ceux que vous appelez les Maîtres, et il n'est pas en leur pouvoir d'allumer le flambeau ni de dire à quel jour ou à quelle heure la flamme de la Pentecôte [de l'Illuminisme] descendra.

Nous avons déjà esquissé le plan mondial secret de ces « Frères aînés », tel qu'il a été présenté par Mme Bailey, l'une de leurs plus fidèles dupes et disciples. Il y a quelque temps, nous avons reçu un livre publié au Canada en 1930, censé être des « Lettres non signées d'un Frère aîné », écrites de janvier à décembre 1929 à un groupe travaillant sous ses ordres. Dans l'avant-propos, il dit

« La Terre entière est au bord de ce qui la menace. Cette année 1930 et les suivantes verront la dissolution de presque toutes les choses sur lesquelles les hommes et les nations s'appuient. D'abord le renversement, puis le silence, puis la *restauration*. Réfléchissez à tout cela ».

Ce livre jette une certaine lumière sur ces Frères, leurs plans et leurs méthodes pour attirer des hommes et des femmes imprudents, et confiants, dans leur filet sinistre et mortel de l'Illuminisme.

'Chaque Frère aîné est un membre de rang de l'une ou l'autre des douze hiérarchies [la Grande Loge Blanche et les douze signes du Zodiaque]... Il n'a pas de vie en dehors d'elles. Il ne peut « ni admettre ni refuser l'admission au statut de disciple ».

Il forme les étudiants à recevoir les nouvelles connaissances par contact direct, en formant des instruments pour orienter l'humanité.

Cette connaissance, disent les Frères aînés, est réservée aux *Illuminati* et aux initiés, qui sont peu nombreux. L'ordre existant doit être renversé et détruit, ils préparent la voie, *en changeant les courants de pensée du monde,* à la restauration des Mystères et de la connaissance qui les sous-tend. Les Templiers se rassemblent à nouveau, disent-ils, et grâce à leurs efforts, les rangs de la franc-maçonnerie et d'autres ordres similaires connaîtront une grande renaissance. Nul ne peut devenir disciple et en même temps maintenir son allégeance à un ordre ou à un maître occulte, mais l'appartenance à la franc-maçonnerie, aux mouvements co-maçonniques, aux Oddfellows ou à d'autres organisations fraternelles similaires n'est pas interdite. Notre interdiction ne s'applique qu'aux cas où l'enseignement religieux ou spirituel constitue manifestement la finalité ou l'œuvre principale.

La seule autorité moderne sur les « Maîtres » que « nous approuvons entièrement est H. P. Blavatsky ». Ceux qui ont été appelés

« Nous devons d'abord relier, rassembler les membres dispersés de notre Grand Ordre... Plus tard, nous lierons ; grâce à leurs efforts, nous unifierons de nombreux mouvements, en leur donnant de nouvelles connaissances, un nouveau but et une nouvelle direction... Nous attendons manifestement que la tempête éclate et que le terrain soit dégagé pour nos propres efforts... Du Centre jailliront finalement la Lumière, la Connaissance, le Leadership et enfin le Rôle... Ceux qui ont la connaissance et qui sont en possession du Plan prendront les rênes. Ce jour-là, nous établirons *l'étendard du Lion et du Soleil* ».

Comme l'a dit le Dr Ranking : « Au cours du Moyen-Âge, le principal soutien des organismes gnostiques et le principal dépositaire de cette connaissance était la Société des Templiers. » Et nous savons déjà ce qu'ils ont fait.

La nouvelle connaissance doit être obtenue par un contact direct avec la Fraternité, les moyens utilisés étant l'amour-attraction et la répulsion. La force sexuelle et la passion, ou l'amour, n'est pas seulement un moyen de créer la vie dans ce monde, elle crée des forces sur le plan psychique, c'est un « phénomène magnétique et cosmique », qui attire et lie l'instrument négatif, le disciple, et le Frère directeur positif qui l'utilise. Cela signifie une fusion de la double conscience, mentale et émotionnelle.

« Le plus souvent, les Frères travaillent sur les plans éthérique et mental de la conscience : ils ne portent pas de corps physique, ils travaillent indirectement à travers l'un ou l'autre de leurs disciples en accord, lui donnant des idées plus claires, des intuitions et un fonds général de connaissances bien en avance sur ce qu'il ou elle possède en propre. »

C'est ainsi que de nombreux livres sont écrits. Tous les canaux ne sont pas clairs, et des idées lucides et personnelles s'y glissent.

'S'il y a de l'obstination, de l'orgueil personnel ou de la contumace, ce disciple est écarté, la conscience informatrice est retirée et un autre canal est utilisé. En outre, si le Frère doit travailler dans un corps physique, il choisit la filiation et l'environnement, et en cas d'échec, deux corps nés à peu près en même temps sont préparés. "Il prend un tel corps afin que l'esprit et la volonté du groupe dans son ensemble puissent s'exprimer à travers cette personnalité. Si un corps est défaillant, il est jeté à la dérive comme un navire sans gouvernail ! C'est par cette prostitution diabolique des forces de la nature que ces fanatiques Supermen cherchent à dominer et à contrôler l'humanité !

Au début de 1935, Mme Bailey s'est rendue dans ce pays pour faire la publicité du plan mondial secret de ces Surhommes, tel qu'il est décrit dans *Les trois prochaines années*. *Elle a* distribué 25 000 exemplaires, l'objectif étant d'" éduquer l'opinion publique' et de tenter de former un groupe actif défini qui « peut sauver un monde en détresse et apporter la lumière et la compréhension à l'humanité ». Leur but est de « divorcer finalement l'homme du sectarisme religieux, de l'exclusivité nationale et des préjugés raciaux », en préparation d'un État Fédération Mondial et d'une Religion Illuminée Mondiale ! Pour promouvoir cette idée, la brochure a été traduite en français, allemand, italien, espagnol et roumain, mais les fonds manquaient pour imprimer cette tentative d'inoculer à l'Europe le virus américain de l'illuminisme pernicieux, comme si l'Europe passée et présente n'avait pas suffisamment souffert de ce terrible fléau qui aboutit si souvent à une obsession politique, sociale et pseudo-religieuse insensée !

CHEMISES ARGENTÉES

Dans « Les Chemises d'argent » d'Amérique, nous avons un exemple des plans politiques de ces « Frères aînés » qui sont inaugurés et construits. Selon leur magazine, *Libération*, dans lequel nous avons puisé nos informations, les Chemises d'argent d'Amérique prétendent être une organisation protestante et chrétienne avec un plan constructif pour « transformer les États-Unis en une véritable démocratie, sensible aux dictats d'un peuple souverain ». Un mouvement de masse d'unités, « une démocratie christique, dans laquelle la nation entière a été transformée en une grande société dont les citoyens votants sont les actionnaires communs ».

Pour matérialiser ce projet, une « Ligue de libération » a été créée par William Dudley Pelley à Ashville, en Caroline du Nord, sur la base de prophéties et d'inspirations qu'il a reçues de manière clairaudiente par l'intermédiaire de la « radio psychique » de ce qu'on appelle les « grandes âmes » des sphères supérieures de la vie, qui déclarent que le régime soviétique n'est qu'un « rouage de leur plan », tout comme l'hitlérisme, et qui parlent de « l'effondrement temporaire de la juiverie ». Le leader est un « Prince de la Paix » invisible ! Sous les auspices de cette Ligue, il fonde le Galahad College, à Ashville, où les matières suivantes sont enseignées à un maximum de 250 étudiants par an : *Histoire éthique* — de la Création à, des civilisations et cultures de la Lémurie, des Mayas, de l'Atlantide et de l'Égypte à la Dispersion juive et au Saint Empire romain germanique, comme toile de fond de l'époque moderne. *Public Stewardship*— « une bataille captivante des forces de la lumière contre les cohortes de l'ombre ». L'*eugénisme spirituel* — expliquer les scripts psychiques de William Pelley et former les étudiants à recevoir des communications similaires. *Métapsychique sociale* — former l'étudiant à reconnaître les facteurs lumineux et obscurs dans les « grandes obsessions » de l'histoire, reconnaître et traiter les facteurs similaires dans les mouvements subversifs d'aujourd'hui. *Philosophie chrétienne* — nouvelle économie, banques et émission d'argent comme fonction gouvernementale, services publics appartenant au public. *Thérapie éducative* — thérapie suggestive appliquée, suppression des indigents et des criminels. *Mathématiques cosmiques* — compréhension des lois des vibrations, individuelles et collectives. Il s'agit apparemment d'un collège super-américain pour la formation des médiums !

William Pelley préconise le développement des sens psychiques — super-voyance, clairvoyance ; super-audience, clairaudience. Il a pris conscience de ces pouvoirs pour la première fois en mai 1928 et déclare : « J'ai quitté mon corps mortel en plein jour, j'ai voyagé et j'ai été vu à 3 000 miles de distance… ». Il ajoute que nuit après nuit, il a écouté et entendu la « voix de maîtres invisibles mais vivants » dont il a répété les enseignements à un sténographe ; leur plan de vie offre un changement complet de la façon de penser au sujet de Dieu et de l'après-vie ; ils croient qu'il est possible de passer par 200 corps, disons, en 50 000 ans ! Les méthodes suivantes, nécessaires à l'éveil de ces sens latents, ont été données par les hautes sphères de la vie, en termes clairs et sans compromis :

'Dans le processus appelé intimité, il y a un moment où le troisième œil de l'esprit (glande pinéale) s'éveille ou s'ouvre et où une formidable poussée de force personnelle est littéralement projetée dans l'aura de l'autre. Ce moment est précieux dans les phénomènes occultes et peut être atteint constamment par les hommes et les femmes qui s'accordent aux séductions de l'amour sans les effets dévitalisants de la passion'.

Il s'agit d'exciter et de pervertir les forces sexuelles inutilisées afin de créer les conditions psychiques requises.

Et comme l'enseignant continue :

« Pour les personnes de bonne réputation, sincèrement désireuses de se perfectionner dans les vérités supérieures cachées, il arrive un moment où la pratique de certains rites éveille les sens endormis et permet de voir au-delà du connu et dans l'inconnu.

… L'une des capacités… *devrait être d'entrer et de sortir du mécanisme physique à volonté, afin d'*être l'instrument parfait ».

Bien que nominalement protégée, cette pratique pourrait bien aboutir à la possession du corps libéré par un soi-disant professeur ou mentor obsessionnel ! Pour les inciter à agir, on leur dit qu'avec des sens éveillés, « ils peuvent commander aux hommes et aux femmes, par le pouvoir de la pensée, de faire tout ce qu'ils veulent. Ils pouvaient guérir jusqu'à ressusciter les morts… » Des pouvoirs extrêmement dangereux entre les mains d'hommes malveillants, maîtres ou disciples !

Quant à leur christianisme protestant, il pourrait être classé parmi les premiers gnostiques ou même les juifs cabalistiques tels qu'ils s'expriment aujourd'hui dans de nombreuses sectes illuminati. Comme le dit le Mentor de William Pelley :

"Nous [les chrétiens] inventons pour ainsi dire l'idée de Christos, nous reconnaissons dans le Christ le Principe créateur mis à part dans un ordre particulier d'Esprit avatar… s'acquittant d'une certaine mission envers lui-même et envers la race humaine, qui est également une "partie" de lui-même… Le Christ Jésus, l'*homme,* et le Christos-Lord, l'Esprit avatar angélique saint venu sur terre pour incarner le bien [la lumière] sont aussi distincts et séparés".

en tant qu'adulte et en tant qu'écolier. Ils poursuivent en expliquant que l'ancien « vous », en chaque homme, est l'esprit de Dieu, la substance de Dieu, l'homme magique Christos, le Logos individualisé, le mot individuel fait chair. Il s'agit simplement du principe créateur en chacun, du positif et du négatif, du Bien et du Mal gnostiques, de la lumière et de la matière.

Une fois de plus, on retrouve l'écho du Christ « fantôme » des Manichéens : « Les Juifs en tant que peuple n'ont pas crucifié le Christ. Il a été crucifié par certaines « psychés dissuasives et malignes » qui se sont incarnées dans des corps juifs "pour riposter au Logos de Lumière qu'ils reconnaissaient comme ayant éclaté en Jésus, l'homme... C'est Jésus la *psyché* Avatar [force illuminatrice] qu'ils ont diaboliquement manigancé pour se mettre hors d'état de nuire".

William Pelley adopte l'enseignement de la Grande Pyramide du Dr Davidson, déclarant qu'il contient une révélation divine et qu'il est la clef de tous les événements quotidiens, et demande :

> « Comment se fait-il qu'à l'époque de la révolution américaine, alors que l'on ne connaissait pratiquement rien de l'interprétation mathématique du grand monument, son symbolisme ait été utilisé avec une exactitude concrète sur le Grand Sceau des États-Unis, indiquant qu'il appartenait à l'Amérique de rétablir le règne du Christ sur la terre ? »

Or, Charles Sotheran, New York, franc-maçon de plusieurs degrés, initié à la Rose-Croix et à d'autres sociétés secrètes, écrivait à Mme Blavatsky, le 11 janvier 1877 : "Au siècle dernier, les États-Unis ont été libérés de la tyrannie de la mère patrie grâce à l'action des sociétés secrètes, plus qu'on ne l'imagine généralement. Le sceau des États-Unis n'a-t-il pas été l'inspiration de ces sociétés secrètes ?

Il est curieux de constater que le même sceau et la Statue de la Liberté sont utilisés comme symboles du « Nouvel Ordre des Âges », rosicrucien et illuministe, dont le chef est le Dr Swinburne Clymer, apparemment sous la direction du mystérieux Conseil secret international des Neuf, que l'on dit rosicrucien, et dont le centre se trouve en France. Le Dr Randolph, fondateur du Groupe en 1864, fait remonter les Rose-Croix, vaste confrérie secrète, aux Sabéens, qu'il qualifie de fondateurs de la « civilisation sémitique ». William Pelley se heurte de plein fouet, surtout, au Juif de la Finance Internationale, mais l'enseignement psychique du Christos-Logos de Lumière de son mentor ne renvoie-t-il pas au culte primitif sabéen des étoiles et du serpent, d'où est issue la « civilisation sémitique » ? Il ne sait rien de ses mentors psychiques, si ce n'est ce qu'ils ont choisi de lui transmettre ; leur but ne serait-il pas la déchristianisation des États-Unis et l'établissement de cette « civilisation sémitique », une soi-disant 'démocratie du Christ "gnostique, dirigée par des « voix invisibles, mais des enseignants vivants » ? Comme le souligne l'*Encyclopédie juive*, le gnosticisme « avait un caractère juif bien avant de devenir chrétien ».

Une brochure a été publiée, donnant une idée générale de la doctrine de ce projet de « démocratie christique », dont nous donnons quelques extraits :

> 'Savez-vous qu'il y a dans cette nation des hommes et des femmes capables de regarder dans l'avenir immédiat avec une vision transcendante et de discerner avec précision une métamorphose complète de nos institutions actuelles selon des lignes plus saines ? Cela signifie en langage clair qu'ils peuvent voir quelles améliorations de notre ordre politique et économique vont découler de la période actuelle de détresse et d'agitation.

> "Ils voient ces améliorations se cristalliser entre le 31 janvier 1933 et le 4 mars 1945, deux dates inscrites en grand dans la prophétie de la Grande Pyramide. Ils voient l'établissement d'une véritable démocratie aux États-Unis, dans les conditions desquelles les innovations suivantes doivent être réalisées sans altérer le moins du monde notre structure gouvernementale :

> "Une *démocratie christique* dans laquelle la nation entière a été transformée en une grande entreprise dont les citoyens votants sont les actionnaires ordinaires.

> "Une *démocratie christique* dans laquelle les actionnaires ordinaires, en tant que principe de citoyenneté, reçoivent automatiquement et irrévocablement un dividende mensuel de 83,33 dollars de la part de la société pour leur assurer des moyens de subsistance et les protéger à jamais de la famine liée au chômage.

> "Une *démocratie christique* dans laquelle de grandes quantités d'actions privilégiées de la Grande Société, qui versent des dividendes, sont émises aux citoyens en quantités variables, du plus

bas au plus élevé, afin de les inciter à l'initiative, à l'industrie, à l'ambition et à l'économie — ces actions versent des dividendes qui s'ajoutent au dividende de famine de l'action citoyenne commune, qui ne peut être achetée, vendue, échangée ou manipulée de quelque autre manière par des groupes ou des individus prédateurs.

"Une *démocratie christique* dans laquelle la production annuelle est strictement régulée par les capacités de consommation de l'ensemble des citoyens et non par leur pouvoir d'achat monétaire.

"Une *démocratie christique* dans laquelle l'argent sous forme de monnaie est considéré comme archaïque et où tous les citoyens font des affaires par le biais d'un chèque émis par une banque fédérale, chèque qui n'est utilisé qu'une seule fois, exactement comme les mandats express d'aujourd'hui.

« Une *démocratie christique* dans laquelle tous les droits à la propriété privée et personnelle sont conservés et protégés de manière militante par le gouvernement.

'Une *démocratie christique dans laquelle il* n'y a plus d'impôts sur les citoyens de quelque nature que ce soit, les impôts étant aussi archaïques que la monnaie. Une *démocratie christique* dans laquelle il n'y a plus de loyers pour l'occupation des propriétés familiales, les loyers étant aussi archaïques et prédateurs que la monnaie, les taxes et les intérêts, mais remplacés par un système dans lequel chaque occupant payant pour vivre dans une structure est engagé dans l'achat de cette propriété, en tout ou en partie.

'Une *démocratie christique* dans laquelle les saisies immobilières, quelle qu'en soit la nature, sont illégales.

'Une *démocratie christique* dans laquelle tous les citoyens entrent dans une fonction publique fédérale reconstruite sur la base de l'efficacité et dont la rémunération est échelonnée en fonction de l'industrie ou des talents du travailleur.

'Une *démocratie christique* dans laquelle toute législation, quelle qu'en soit la nature, ne peut devenir une loi avant d'avoir été adoptée par un vote privé de 51 % des citoyens auxquels elle s'applique.

'Une *démocratie christique* dans laquelle les fonctionnaires malhonnêtes ou incompétents peuvent être instantanément rappelés par un vote de 51 % des citoyens dans n'importe quel district où ils exercent leurs fonctions.

'Une *démocratie christique* dans laquelle tous les votes, qu'ils soient pour ou contre les titulaires d'une fonction, sont effectués par l'intermédiaire du service postal au lieu de l'encombrant et archaïque bureau de vote.

'Une *démocratie christique* dans laquelle tous les votes exprimés, pour ou contre un homme ou une mesure, sont conservés comme propriété publique et entièrement publiés, ce qui permet d'éviter les décomptes malhonnêtes.

'Il ne s'agit ni de socialisme ni de communisme, mais d'un principe de gouvernement humain entièrement différent qui a perduré pendant 300 000 ans en Atlantide, pendant d'innombrables générations au Pérou avant l'arrivée des Espagnols, et pendant 2 500 ans en Chine avant le renversement des Mandchous — les détails concernant ce principe sont rigoureusement supprimés et censurés par les institutions éducatives modernes soutenues par les dotations de l'actuel élément prédateur de l'État barbare moderne ».

Tel est le plan de gouvernement proposé par le « frère aîné » de William Pelley, sous l'égide d'un mystérieux « prince de la paix ».

Ce qui suit est un autre exemple des méthodes de ces tireurs de fils invisibles qui gouverneraient le monde par l'intermédiaire d'hommes et de femmes formés et développés psychiquement. La Psychical Research of America semble être impliquée dans cette démarche.

Un ami américain nous a envoyé un petit livre, *Let us in,* qui prétend être des communications reçues en 1931 du professeur William James, décédé en 1910. Il est dit, cependant, par quelqu'un qui a vécu pendant des années près de lui, que ce livre ne représente pas James, ni vivant ni mort ! À en juger par le contenu, on peut conclure que derrière ce nom se cache en réalité l'un de ces mystérieux maîtres à penser. Dans ce cas, un groupe de deux hommes et une femme (le récepteur) ont été utilisés comme médiums, l'un d'eux étant Bligh Bond, alors éditeur de *Psychic Research* pour l'American Society of Psychical Research, également bien connu des spirites et des illuminés de ce pays grâce à ses livres de Glastonbury, *The Gate of Remembrance (La Porte du Souvenir)* et *The Hill of Vision (La Colline de la Vision).* Dans une note à ce livre, il écrit : 'Leur contrôle invisible (William James et son groupe) des politiques de *recherche psychique* m'a maintes fois impressionné au cours de mon travail quotidien ici'. Quelques extraits de *Let us in* donneront une idée de ce communicateur secret et des objectifs qu'il poursuit en utilisant ce groupe, en donnant des enseignements qui, une fois publiés, orienteront le public psychique, attirant d'autres personnes dans ses filets.

Leur Dieu est le Dieu de la Maçonnerie, le Yahveh des Juifs : « Le secret intérieur de l'évolution est que Dieu, le *principe de vie,* fait évoluer de l'intérieur de sa création chaque partie de celle-ci... » Des forces duales manichéennes, la lumière et les ténèbres, le bien et le mal, il est dit :

> 'Il est de la plus haute importance que les hommes sur terre réalisent pleinement l'existence de ces deux camps et se prévalent de l'aide des Porteurs de Lumière [lucifériens] dont les armes sont l'amour et la vie... Les forces de l'ignorance se sont également réincarnées, et c'est cette guerre entre l'obscurité et la lumière qui est maintenant sur nous... La substance que nous appelons amour est plus durable que l'acier... il y a des lois liées à son utilisation.'

C'est le fluide magnétique des Rose-Croix ! 'C'est la matière première de l'univers. C'est Dieu lui-même, le Ultimate (force vitale). Il est manipulé par la pensée et la volonté.'

Pour la guérison mentale :

> 'Par votre foi en l'existence de cette grande substance primaire, vous êtes capable et libre de l'utiliser. Votre parole ou votre pensée clairement formulée est pour ainsi dire le fil par lequel vous conduisez le pouvoir à la personne qui en a besoin... Alors, faites appel à nous ! La guérison magnétique consiste donc à relier le patient à ces maîtres-esprits ! Il s'agit d'éliminer ce que l'on appelle les « entités envahissantes », mais ces communicateurs doivent eux-mêmes être inclus dans ce terme, car ils disent : « En réalité, il ne s'agit pas d'un cas d'invasion, mais d'un cas d'invasion » : 'En réalité, il ne s'agit pas de nous laisser entrer ; nous sommes déjà là et nous voulons que vous le sachiez ; nous sommes déjà là pour le meilleur et pour le pire !

Toujours à des fins politiques :

> "Asseyez-vous là où vous êtes et dirigez le pouvoir de votre pensée directement sur ce leader lointain et peut-être puissant, en faisant

appel à l'aide de vos propres forces psychiques spéciales (guide) pour vous aider à amener le pouvoir de Dieu sur cette personne ou ce groupe de personnes !..."

de coopérer ou de s'opposer à leurs projets, selon ce qui convient à ces maîtres ! Ce qui ouvre à nouveau un point d'attaque central pour ces manipulateurs cachés ! De la même manière, les membres du R.R. et de l'A.C. ont appris à se concentrer sur la Russie en 1917-18 !

On dit de la Russie :

> "Le problème russe est de la plus haute importance. L'univers entier est construit sur le principe des points focaux... La Russie est l'endroit où, d'un commun accord avec des forces hors de votre connaissance ordinaire, une expérience est lancée qui est destinée à impliquer l'ensemble de la race humaine. Cela a été prévu depuis des siècles. *Les événements qui y ont conduit, la graine dont elle a germé, ont été semés il y a des siècles !*" - Illuminer le judaïsme !

Ce que disait le franc-maçon de Luchet de l'illuminisme en 1789 est tout aussi vrai aujourd'hui :

> "Il y a un certain nombre de personnes qui sont arrivées au plus haut degré de l'imposture. Ils ont conçu le projet de régner sur... les opinions et de conquérir l'esprit humain."

Le 13 mai 1935, le correspondant du *Morning Post à* New York a rapporté :

> 'Une défense éditoriale d'un rapport du Dr Harold Cummins, publié à Londres, sur les empreintes digitales ectoplasmiques, a conduit la Société américaine de recherche psychique à renvoyer M. Frederick A. Bond, rédacteur en chef de son journal...
>
> "À la suite de son licenciement, M. Bond a déclaré que la politique des administrateurs était fixée par un groupe 'plus ou moins engagé à soutenir un intérêt particulier, à savoir la médiumnité de Mme Crandon ['Margery'] et la défense de son caractère supranormal'. C'est la deuxième fois que les cercles psychiques américains se divisent à propos de 'Margery'.

C'est dire la valeur des enquêtes menées par la Psychical Research Society, qui dérivent si souvent vers des séances de spiritisme et des jeux sur les phénomènes médiumniques.

CHAPITRE XIII

LES SOCIÉTÉS SECRÈTES EN AMÉRIQUE, LE TIBET ET LA CHINE

L *'A.M.O.R.C. — L'Ancien Ordre Mystique de la Rose-Croix* ou *Antiquae Arcanae Ordinis Rosae Rubeae et Aureae Crucis* —dont la Grande Loge Suprême se trouve actuellement à San José, en Californie, a été fondé par le Dr H. Spencer Lewis, ancien président pendant de nombreuses années de l'Institut de Recherche Psychique de New York. Il se rendit en France, dit-on, en 1909, et là, le Conseil Suprême Européen de la Rose-Croix approuva ses projets et autorisa la Juridiction française à les parrainer. Il retourna en Amérique, et après de nombreuses activités officielles, leur Conseil Suprême fut organisé à New York City, le 1er avril 1915, et en 1916 une convention nationale se tint à Pittsburgh, en Pennsylvanie ; une constitution fut adoptée, et l'ordre fondé, qui est maintenant censé travailler sous une Charte reçue du Conseil International en Europe.

Ils affirment qu'aux États-Unis, etc., il y a des branches de collèges, d'universités et de loges ainsi que des groupes d'étude dans toutes les villes importantes' et que leur juridiction étrangère comprend des Grandes Loges "en Angleterre, au Danemark, en Hollande, en France, en Allemagne, en Autriche, en Russie, en Chine, au Japon, dans les Indes orientales, en Australie, en Suisse et en Inde". Le Collège de l'Ordre en Orient est situé en Inde'. Ils ont également un centre à Londres et apparemment un siège à Bristol. Leur magazine s'appelle *The Rosicrucian Digest*.

Ils disent qu'ils ne sont « affiliés ou connectés d'aucune manière à aucune autre société, ni à aucun culte ou mouvement », mais il est curieux de noter la similitude de leur nom avec celui de l'Ordre Intérieur de la Stella Matutina — Ordinis Rosae Rubeae et Aureae Crucis — qui a également un centre à Bristol ! De plus, en plus d'avoir, selon René Guénon, plusieurs théosophes comme adhérents, Mme Ella Wheeler Wilcox, disent-ils, était l'une de leurs plus grands collaborateurs, et nous savons que ses poèmes, par exemple « New Thought Pastels », sont également diversement cités pour soutenir les idées à la fois du Mouvement de la Nouvelle Pensée et de la Cosmo-Conception rosicrucienne de Max Heindel. Des informations reçues d'Amérique en 1930 nous apprennent que l'A.M.O.R.C. avait son temple dans Boylston Street, Boston, Massachusetts ; l'Imperator était Harve Spencer Lewis, Ph. D., F.R.C., qui serait également membre du Conseil Suprême R.C. du Monde, Légat de l'Ordre en France, Prêtre Ordonné de l'Ashrama en Inde, Consulaire Honoraire de la « Corda Fratres » d'Italie, Sri Sabhita, Grande Loge Blanche, Tibet, Rex Universitatis Illuminati, et Fellow du Collège Rose-Croix de l'Ordre Rosicrucien. Ils affirment enfin être la seule organisation rosicrucienne d'Amérique invitée à prendre part à toutes les récentes conventions internationales ou sessions du Conseil tenues à l'étranger.

Ils considèrent l'Égypte comme l'une des premières écoles arcaniques de la Lumière, d'où leur brochure, *The Light of Egypt*, par Sri Ramatherio, 1931, dans laquelle ils nous disent que leur symbole est la croix avec une seule rose rouge au centre : l'utilisation, disent-ils, de plus de roses n'est pas l'emblème ancien. Les Steinerites et Max Heindel en utilisent sept ! Les R.R. et A.C. en ont une au centre de la croix, qui est divisée en douze, sept et trois pétales — le zodiaque, les planètes et les éléments, un symbole de l'univers — et en son cœur se trouve à nouveau la rose de rubis et la croix de lumière, le tout signifiant l'homme ou le microcosme crucifié sur la croix de l'Illuminisme, sacrifié aux ambitions du Pouvoir qui se cache derrière l'Ordre. Dans l'emblème de l'A.M.O.R.C., au-dessus de la Croix Rouge du sacrifice, se trouve le Talisman hébraïque du pouvoir, le Sceau de Salomon, les Triangles entrelacés — comme en haut, comme en bas.

Aux États-Unis, ils font la publicité de leur Ordre en organisant des conventions nationales et en publiant des centaines d'articles dans les journaux et les magazines pour faire connaître les avantages qu'ils offrent.

Dans ce pays, ils promettent, par le biais de pleines pages de publicité dans les magazines, le pouvoir personnel, le succès, la santé et la prospérité par le biais de « l'expiation avec les forces créatrices cosmiques et les conseils inspirés ». Ils prétendent ne pas être sectaires, ne pas être limités par la race ou le sexe, et croient en la fraternité universelle, comme la plupart des autres cultes de ce type. Ils prétendent en outre être l'unique mouvement rosicrucien dans le monde entier, fonctionnant comme une unité.

L'une de leurs méthodes pour atteindre cette unité est une forme d'enseignement privé par correspondance, pour l'étude et les expériences de développement des centres psychiques et de l'aura, ainsi que des méthodes d'utilisation de la loi du Triangle, impliquant des exercices respiratoires, des vibrations, des formes de pensée, des rythmes, des méthodes et des expériences pour recevoir l'Illumination Cosmique, le tout devant être utilisé et testé dans les affaires quotidiennes ! Il est suggéré qu'une partie de chaque jeudi soir soit réservée à ces expériences et concentrations, « car c'est la nuit rosicrucienne dans le monde entier, et cela signifie une plus grande puissance à travers les multitudes qui sont ainsi harmonisées ». Et dans cette union universelle et internationale, l'A.M.O.R.C. offre à ses membres une association avec les maîtres-esprits des lois de la nature — les Frères de la Rose-Croix.

On parle de l'impulsion de l'Esprit cosmique, de la petite voix tranquille qu'on appelle intuition, mais n'est-ce pas plutôt la voix des grands esprits internationaux qui, sous couvert de « sauver la civilisation », cherchent à la pervertir et à dominer le monde par l'intermédiaire des dupes unies et orientées de toutes ces sociétés illuminées qui n'en finissent pas de s'illuminer ?

CONFÉDÉRATION DES INITIÉS

Un autre groupe rosicrucien est l'École secrète, la Confédération des initiés, qui utilise la Philosophical Publishing Company, Beverly Hall, Penn., USA, et on nous dit que cette dernière a remplacé la Société humanitaire, fondée en 1864, sous le nom de Rose-Cross Aid, par Dr. Paschal Beverly Randolph — ami de Lincoln — qui a également, dit-on, créé le véritable Ordre américain de la Rose-Croix en 1852. Le Rose-Cross College des Illuminati a été fondé aux États-Unis en 1774.

Le directeur actuel de la Philosophical Publishing Company est R. Swinburne Clymer, M.D., descendant de George Clymer, qui a signé la Déclaration d'indépendance ; il exerce à Philadelphie, donne des cours dans diverses facultés de médecine, a aujourd'hui environ cinquante-neuf ans et est maçon au 32e degré. En 1932, il a été Grand Maître Suprême de l'Ordre des Fils d'Isis et d'Osiris — 38 degrés, soutient le Collège du Saint Graal et la Nouvelle Église de l'Illumination. En 1932, il est Grand Maître Suprême de l'Ordre des Fils d'Isis et d'Osiris — 38 degrés, soutient le Collège du Saint Graal et la Nouvelle Église de l'Illumination. Ces trois mouvements sont inclus dans l'Homme-Isis, le Nouvel Ordre des Âges. Man-Isis enseigne le développement de l'ancien feu, l'étincelle du Christ cosmique, les forces créatrices doubles dans l'homme, amenant la déification ; ils accueillent la venue du Grand Maître Jean comme précurseur d'Apollonius de Tyane, et pour eux les Esséniens représentaient la Grande Loge Blanche (juive !). Ils prétendent embrasser le côté ésotérique de toutes les religions.

Le Dr Clymer a écrit de nombreux livres sur les Rose-Croix et leurs enseignements, et certains, au moins, ont été pleinement approuvés par le mystérieux Conseil secret international des Neuf, qui dirige apparemment la Confédération des Initiés. Nous disposons du message suivant, prétendument émis par ce Conseil en ce qui concerne l'admission des aspirants, daté du 5 février 1932 :

« C'est la Nouvelle Dispensation, et le travail des Fraternités Spirituelles et Mystiques doit être rétabli dans le monde entier, afin que tous les peuples puissent apprendre la Loi et ainsi être capables de l'appliquer à l'amélioration universelle comme seul moyen de sauver l'humanité… Nous, le Conseil des Neuf, avons choisi votre organisation, qui est l'une des plus anciennes d'Amérique, pour aider à accomplir ce travail. Cela doit se faire de manière à ce qu'il ne soit pas question d'intérêt personnel. Pouvons-nous suggérer que vous choisissiez comme méthode celle de l'Ordre Essénien préchrétien dans lequel Jésus a été formé... en acceptant de bonne foi tous les étudiants qui en font la demande, sur une base absolument libre, en les instruisant à la manière ancienne et en permettant à ces étudiants de vous rémunérer sur la base d'un échange ? ...»

(signé) COMTE M. DE ST. VINCENT, Premier Plénipotentiaire du Conseil des Neuf Confréries du monde.

On dit que les écrits du Dr Randolph « fixent positivement l'École Secrète en France ». De plus, il explique ainsi « avec autorité » les Rose-Croix :

« Beaucoup d'alchimistes et de philosophes hermétiques, mais pas tous, étaient des acolytes de la vaste Fraternité secrète qui a prospéré depuis les premiers âges... les membres de cette union mystique étaient les Mages d'autrefois, qui ont prospéré en Chaldée des âges avant que l'un d'entre eux ne quitte ses plaines natales et ne fonde sur un sol étranger la confédération hébraïque. Ce sont les premiers habitants de Saba, les Sabéens, qui ont précédé de longue date les Sages de Chaldée. Ce sont eux qui ont fondé la civilisation sémitique... De cette grande confrérie sont issus Brahma, Bouddha, Lotze, Zoroastre, les Gnostiques, les Esséniens, et c'est là que Jésus, qui était lui-même un Essénien, a prêché la doctrine sacrée de la Fontaine de Lumière... Ce sont eux qui, les premiers, ont découvert la signification du feu... Tout ce qui, dans la lumière transcendante, illumine aujourd'hui le monde, provient des flambeaux qu'ils ont allumés à la Fontaine, d'où toute lumière jaillissait sur cette montagne mystique [d'initiation]... Il n'y a rien d'original dans la Thaumaturgie, la Théologie, la Philosophie, la Psychologie et l'Ontologie, mais ils l'ont donné au monde... ».

Les Rose-Croix sont donc des Illuminés de la Cabale magique des Juifs, née des eaux de Babylone !

Comme le cite le Dr Clymer dans sa *Philosophie du feu* :

« Il existe dans la nature une force des plus puissantes, au moyen de laquelle une seule personne, qui la posséderait et saurait la diriger, pourrait révolutionner et changer toute la face du monde. Cette force était connue des anciens et les écoles secrètes d'aujourd'hui en possèdent le secret. C'est un agent universel, dont la loi suprême est l'équilibre, et par lequel, si la science peut apprendre à la contrôler, il sera possible d'envoyer en un instant une pensée autour du monde, de guérir ou de tuer à distance, de donner à nos paroles un succès universel, et de les faire retentir partout ».

C'est toujours la même explication ;

« Il y a un Principe de Vie, un agent universel, dans lequel il y a deux natures et un double courant d'amour et de colère. Ce fluide ambiant pénètre partout... le Serpent dévorant sa propre queue.

... Cet éther électro-magnétique, ce calorique vital et lumineux, développable en chacun, était familier aux anciens et aux alchimistes... Tranquille, il n'est appréciable par aucun sens humain ; troublé, ou en mouvement, nul ne peut expliquer son mode d'action, si ce n'est l'initié, et le qualifier de "fluide" et parler de ses "courants", ce n'est que voiler un profond mystère sous un nuage de mots. »

Comme les Juifs d'Alexandrie, le Dr Clymer enseigne que les livres sacrés de toutes les religions, y compris ceux des Juifs et des Chrétiens, ne sont que des paraboles et des allégories des Doctrines secrètes du Mystère intérieur, la « création ou l'évolution des mondes et de l'homme ». Dans la Doctrine Secrète, il n'y avait pas un Christ pour le monde entier, mais un Christ Potentiel dans chaque homme. C'est un homme illuminé, le Pentagramme !

Parlant des falsifications littéraires gréco-judaïques de l'école juive d'Alexandrie, Silvestre de Sacy note dans le livre de Saint-Croix sur les *Mystères du Paganisme*, 1817 :

« Si certains écrivains d'aujourd'hui, malgré leur profonde érudition, semblent être les dupes de ces impostures, il ne faut pas oublier que souvent l'indulgence pour le paganisme augmente proportionnellement à la diminution du respect pour la religion révélée, et que ceux qui trouvent dans la mythologie et les croyances des Grecs, les dogmes fondamentaux d'une religion éclairée et spirituelle, ou un système de philosophie subtile et transcendante, sont souvent, en fait, ceux qui ne voient dans l'Ancien et le Nouveau Testament qu'une mythologie faite pour l'enfance de la société et adaptable seulement à des hommes simples et grossiers. » »

JULIA SETON

Un autre de ces groupes de déchristianisation des Illuminati est « l'Église moderne » et son École des Illuminés, dont on prétend qu'elle a été fondée en 1905 par le Dr Julia Seton dans le but de préparer la voie à la « Nouvelle Civilisation ». Elle se présente comme une conférencière internationale pour les États-Unis, l'Europe et l'Australie. Elle nous dit que la

> « La "Nouvelle Église"... est rachetée de toutes les nations, de toutes les races, de tous les peuples, de toutes les croyances, dans la Vie unique qui est en tous [force vitale universelle]... qui se manifeste par la non-résistance, l'amour, le service et l'adoration... L'école des Illuminati est l'école moderne de psychologie supérieure et de mysticisme, où la sagesse ancienne et occulte est révélée. Elle enseigne de nouvelles méthodes de liberté sociale, éthique, industrielle, religieuse, internationale et nationale. L'enseignement uniformise le monde et transforme toutes les pensées en une seule grande impulsion universelle. »

Elle écrit à nouveau : « L'esprit du Nouvel Âge demande : "Qu'est-ce que Dieu ?" et la réponse est : "Qu'est-ce que Dieu ?

> "Dieu est l'Esprit cosmique, qui se manifeste en tout et à travers tout comme une intelligence infaillible et incessante ; toute la nature est le corps de Dieu et se manifeste comme un plan parfait de création... Toutes les choses naissent de l'Esprit cosmique, toutes les choses renaissent en lui. L'*Esprit cosmique attend qu'on agisse sur lui et l'homme en est l'acteur*... Il ne peut choisir que de produire selon le type d'intelligence qui le commande... L'homme est la plus haute expression de l'Esprit cosmique dans la forme sur terre. Il n'est pas une partie de Dieu, ni une création de Dieu ; il est l'Intelligence universelle ou l'Esprit cosmique lui-même..."

Tout étudiant des anciennes croyances panthéistes reconnaîtra qu'il ne s'agit pas d'une nouvelle religion. Comme le dit M. Flavien Brenier, dans *Les Juifs et le Talmud* :

> "Or, la doctrine philosophique dominante chez les Chaldéens érudits... était le panthéisme absolu... identifié comme une sorte de souffle de la Nature, incréé et éternel ; Dieu émanait du monde, et non le monde de Dieu... des idées qu'ils [la franc-maçonnerie hermétique] ont héritées des alchimistes du Moyen-Âge, qui les tenaient des Juifs cabalistes."

Nous avons ici l'esprit sans esprit, le Dieu aveugle de l' » Église moderne » du Dr Julia Seton, qui attend que l'homme agisse !

C'est ainsi que nous voyons la « Nouvelle Civilisation » éclairée négativement se standardiser en une grande impulsion universelle mise en mouvement par les Maîtres Esprits de la « Grande Loge Blanche », sous le nom de Psychologie Supérieure et de Mysticisme. C'est une perversion luciférienne, une obsession.

ROERICH

Un autre destructeur de la civilisation occidentale est Nicholas Roerich et son credo de l' » ère nouvelle ».

En 1925, Serge Whitman écrivait, dans l'*avant-propos* :

> « Nous qui cherchons les voies de la compréhension internationale et la structure de la paix universelle, nous devons considérer Roerich comme l'apôtre et le précurseur du nouveau monde de toutes les nations ».

Nicholas Roerich, un Russe qui a vécu pendant un certain temps en Amérique, est un peintre, un philosophe et un scientifique de renommée mondiale. Il fut secrétaire de la Société pour l'encouragement des arts en Russie et directeur de son école, organisant et coordonnant l'élan natif et nouveau de la peinture, de la musique, du théâtre et de la danse, et son travail fut apprécié par des hommes tels qu'Andriev, Gorky, Mestrovic, Zuloaga, Tagore et d'autres qui représentaient la *nouveauté*. Plus tard, il fut invité à exposer ses peintures en Amérique, où il poursuivit son travail, unissant les arts pour unir les hommes. C'est dans ce but qu'il créa la Corona Mundi, qui prit finalement la forme, en 1922, du Centre d'art international du musée Roerich, à New York.

En 1929, il a offert à la nation américaine le musée Roerich, qui contenait 734 de ses propres peintures. Les autres affiliations au musée Roerich sont : le Master Institute, 1921, pour l'enseignement de ses nouveaux idéaux dans tous les arts ; la Roerich Museum Press, 1925, pour diffuser les idéaux de la Nouvelle Ère par la publication de livres ; également Urusvati, Himalayan Research Institute, 1928, pour la recherche scientifique en médecine, botanique, biologie, géologie, astrophysique, archéologie, etc. Des branches et des groupes de la Société Roerich ont été organisés en Europe, en Asie, en Afrique, en Amérique centrale et du Sud et aux États-Unis.

De 1924 à 1928, il a dirigé une expédition qui a traversé l'Inde, le Tibet, le Turkestan et la Sibérie. Le journal de ses pérégrinations () figure dans son livre *Altai Himalaya*, illustré par de nombreuses reproductions de ses peintures mystiques. Dans son autre livre, *Heart of Asia*, Part II, Shambhala, il rend compte de ce qu'il pense être la signification de cette nouvelle ère. C'est la clef de son travail et de sa philosophie, et de l'influence mondiale qui en résulte. Quelques extraits le montrent clairement :

« Dans le désert sans limites du Gobi mongol, le mot Shambhala, ou le mystérieux Kalapa des Hindous, sonne comme le symbole le plus réaliste du grand Futur... Dans le temple du monastère de Ghum, non loin de la frontière népalaise, au lieu de la figure centrale habituelle du Bouddha, on voit une immense image du Bouddha Maitreya, le futur Sauveur et Régisseur de l'Humanité [date probable 1936]... L'enseignement de Shambhala est un véritable enseignement de la Vie. Comme dans les yogas hindous, cet enseignement indique l'utilisation des énergies les plus fines, qui remplissent le macrocosme [l'univers], et qui se manifestent aussi puissamment dans notre microcosme [l'homme]... [il exprime] non pas un simple credo messianique, mais une nouvelle ère d'énergies et de possibilités puissantes qui s'approchent... L'époque de Shambhala sera accompagnée d'un grand élan évolutif... L'enseignement de la Vie par les Mahatmas de l'Himalaya en parle clairement... Ce qui était encore récemment connu comme l'enseignement de la volonté et de la concentration a maintenant été transformé par l'Agni Yoga en un système de maîtrise des énergies qui nous entourent. Par une expansion de la conscience et un entraînement de l'esprit et du corps, sans nous isoler des conditions actuelles, ce yoga synthétique construit un avenir heureux pour l'humanité...

« L'Agni Yoga enseigne : Comprendre la grande signification de l'énergie psychique — la pensée et la conscience humaines — en tant que grands facteurs créatifs... Les gens ont oublié que toute énergie, une fois mise en mouvement, crée un élan. Il est presque impossible d'arrêter cet élan ; c'est pourquoi toute manifestation d'énergie psychique continue d'exercer son influence par l'élan, parfois pendant une longue période. On peut avoir déjà changé de pensée, mais l'effet de la transmission précédente imprègne quand même l'espace. C'est en cela que réside la puissance de l'énergie psychique... [pour être réceptif à cette énergie psychique, l'homme doit développer ses centres nerveux]. Le centre du troisième œil [glande pinéale] agit en coordination avec le calice [cœur ou connaissance des sentiments] et avec la kundalini [force sexuelle]. Cette triade caractérise au mieux la base de l'activité de l'époque qui s'approche. (C'est-à-dire pervertir la force sexuelle pour provoquer l'illumination et induire une réceptivité négative !]

« Au cours du développement des centres, l'humanité ressentira des symptômes incompréhensibles que la science, dans son ignorance, attribuera aux maux les plus divers. Le moment est donc venu d'écrire le livre des observations sur les feux de la Vie... Médecins, ne négligez pas ! ».

On peut se demander combien de maux mentaux, moraux et corporels actuels sont dus aux pratiques psychiques de ces innombrables cultes ésotériques et illuminés qui obsèdent en fait une grande partie de l'humanité moderne ! C'est la fabrication d'un robot monstrueux mis en mouvement par des fanatiques et des fous diaboliques mais inconnus !

Bien que Roerich ait écrit : "L'évolution de la nouvelle ère repose sur la pierre angulaire de la connaissance et de la beauté : « L'évolution de la nouvelle ère repose sur la pierre angulaire de la connaissance et de la beauté », mais il précise qu'il s'agit de la connaissance et de la splendeur de Shambhala ! Et l'esprit de toute l'œuvre de Roerich a été décrit par Claude Bragdon dans son introduction à *Altai Himalaya* comme la recherche de « la vérité cachée, la beauté non révélée, la *Parole perdue, en fait* ». C'est l'*I.N.R.I. - Igne Natura Renovatur integra* - Toute la nature est rénovée par le feu. Le feu de la génération universelle ! Le pouvoir du serpent !

Ainsi, le nouveau monde doit être unifié au moyen de ces énergies cosmiques et psychiques, ce qui aboutirait sans aucun doute à la domination et au contrôle du monde par un groupe très puissant et positif, supérieur à tous les autres en termes de développement de la volonté et de concentration intense, ayant une connaissance approfondie des lois de ces énergies, ainsi que de la nature humaine et de ses faiblesses, utilisant ces énergies pour préparer et gouverner les hommes et les femmes au

LA TRACE DU SERPENT

développement négatif — un avenir heureux pour l'humanité asservie !

INITIATION TIBÉTAINE

Dans son livre *Isis Unveiled*, Mme Blavatsky a déclaré

> La lumière astrale et sidérale telle qu'expliquée par les alchimistes et Éliphas Levi dans son *Dogme et Rituel de la Haute Magie*, et sous le nom d'« Akasa » ou principe de vie, cette force omniprésente était connue des gymnosophistes, des magiciens hindous et des adeptes de de tous les pays il y a des milliers d'années ; *Elle* est encore connue et utilisée par les lamas tibétains, les fakirs, les thaumaturges de toutes les nationalités, et même par de nombreux « jongleurs » hindous. »'

De plus, tous les théosophes qui tirent leurs doctrines, en partie ou en totalité, des écrits de Mme Blavatsky croient que leurs maîtres habitent au Tibet ou sont liés à une puissante hiérarchie de ce pays.

Dans *Tibet's Great Yogi Milarepa*, édité avec une introduction par W. Y. Evans Wentz, il est dit que « dans tout le Tibet et au Népal, au Bhoutan, au Sikkim, au Cachemire et dans certaines parties de la Mongolie, il y a trois écoles principales de philosophie bouddhiste ». Au Tibet, les adeptes de ces écoles sont les suivants : (1) Les bonnets jaunes ou Gelug-pas, l'Église établie du bouddhisme nordique, exerçant par l'intermédiaire de son chef spirituel, le Dalaï-Lama, un pouvoir à la fois spirituel et temporel. (2) Les Kargyutpas ou « adeptes de la succession apostolique ». Il s'agit de la transmission de la « Grâce divine » des Bouddhas, par l'intermédiaire de leur gourou suprême Dorje-Chang, à la lignée des gourous célestes et, de là, au gourou apostolique sur terre, puis de celui-ci à chaque gourou subordonné et, par eux, à chaque néophyte, par l'intermédiaire de l'initiation mystique. Il s'agit d'une véritable chaîne magnétique. (3) Les Bonnets Rouges ou l'école de l'Adi-Yoga, l'Église non réformée. Les Bonnets Jaunes reconnaissent la supériorité des Bonnets Rouges dans toutes les questions plus ou moins liées à la magie et aux sciences occultes.

Il y a aussi les Bons, connus sous le nom de Casquettes noires, des ordres monastiques survivants de la religion primitive pré-bouddhiste. Evans Wentz compare également les Kargyutpas aux gnostiques chrétiens et affirme que, selon certaines écoles gnostiques, 'Dieu le Père était mystiquement l'Homme Primordial, l'*Anthropos* ou I.A.O. (le principe de vie) comparable à l'Adi-Buddha des Kargyutpas et d'autres sectes du bouddhisme nordique'. Dans les deux religions, la délivrance dépend des efforts de chacun ; la cérémonie d'initiation est similaire et les deux religions utilisent des mantras ; les deux religions personnifient le principe féminin de la nature sous le nom de « sagesse » et croient en la renaissance. Pour les grands yogis, il n'y a qu'une seule famille, une seule nation — l'humanité !

Quant à l'initiation mystique, Mme A. David-Néel, dans ses *Initiations et initiés au Tibet,* nous donne de nombreux et éclairants détails montrant l'étroite similitude des méthodes et des croyances des sectes lamaïstes avec celles des nombreuses sectes gnostiques et cabalistiques d'aujourd'hui. Au Tibet, l'idée d'un Dieu personnel suprême, d'un être éternel omnipotent, créateur du monde, n'a jamais eu cours ; ils ne considèrent que la loi de cause à effet, avec ses multiples combinaisons. Sous le nom de méthodes ésotériques ou mystiques, les lamaïstes incluent en réalité un entraînement psychique positif et le salut [la libération] est un accomplissement ardu et scientifique. L'initiation tibétaine ou « angkur » est avant tout la transmission d'un pouvoir, d'une force, par une sorte de processus psychique, afin de communiquer à l'initié la capacité d'accomplir un acte particulier ou de pratiquer certains exercices qui tendent à développer diverses facultés physiques ou intellectuelles. Il existe trois types d'enseignements, de méthodes et d'initiations : exotérique, ésotérique et mystique.

D'un point de vue exotérique, il existe des êtres puissants ou « Yidams » qui, selon eux, protègent ceux qui les vénèrent. Sur le plan ésotérique, ces « Yidama » sont décrits comme des forces occultes, et les mystiques les considèrent comme des manifestations de l'énergie inhérente au corps et à l'esprit. Les initiations mystiques ont donc un caractère psychique. La théorie veut que l'énergie émanant du Maître ou de sources plus occultes puisse être transmise au disciple qui est capable de la « puiser » dans les vagues psychiques dans lesquelles il est plongé pendant la célébration des rites de l'angkur. Le disciple se voit offrir l'opportunité « de se doter d'un pouvoir ».

Par la méditation, les maîtres développent chez leurs élèves certaines facultés psychiques au moyen de la télépathie ou de gestes symboliques, forme forte de la suggestion, éveillant les idées. Devant un angkur mystique, le Lama initiateur, pendant quelques jours ou plusieurs mois, selon le degré à conférer, reste dans un état de profonde concentration, ou comme l'exprime Mme David-Néel : « Le Lama emmagasine de l'énergie psychique comme un accumulateur emmagasine de l'électricité ».

Après l'initiation, l'aspirant entre en retraite et se prépare mentalement et physiquement à recevoir la force qui lui sera transmise. Il règle ses pratiques religieuses, sa nourriture et son sommeil selon les directives de son Maître. 'Il s'efforce également de vider son esprit de toute activité de raisonnement afin qu'aucune activité mentale ou physique ne puisse avoir lieu et former ainsi un obstacle au flux d'énergie qui doit être déversé en lui. Un certain degré d'habileté dans l'exercice du yoga, principalement la maîtrise de l'art de la respiration, est nécessaire pour réussir. Le candidat au « chemin court », lorsqu'il demande à être admis comme disciple, se voit rappeler les risques qu'il court de contracter des maladies dangereuses, la folie, et certains événements occultes qui peuvent causer la mort. Compte tenu des forces utilisées, cela peut se comprendre. Le disciple doit avoir foi en son Maître initiateur et en l'efficacité de l'angkur qu'il lui confère.

On peut donc se rendre compte des dangers auxquels l'adepte est exposé dans ces hautes initiations mystiques et psychiques, communes à toutes les sectes gnostiques et cabalistiques, plus particulièrement lorsqu'on se souvient que dans toutes ces sectes modernes, l'adepte initiateur et enseignant n'est lui-même qu'un intermédiaire, orienté et contrôlé, exécutant les ordres d'une Hiérarchie inconnue et ambitieuse de Surhommes qui, comme l'a raconté Mme. A. A. Bailey de New York, domineraient les nations par l'intermédiaire de ces outils, façonnés pour occuper les postes qui leur sont assignés, porteurs de lumière des ténèbres conduisant les peuples à commettre un suicide mental, religieux, national et racial afin de faire place à une nouvelle ère monstrueuse, à une nouvelle civilisation, à une nouvelle religion subjective.

LES SOCIÉTÉS SECRÈTES EN CHINE

Dans *Les Sociétés Secrètes en Chine*, 1933, le lieutenant-colonel B. Favre montre l'ancienneté de ces sociétés secrètes chinoises, la similitude de leurs méthodes et de leurs organisations avec celles d'Europe et d'ailleurs, et surtout l'influence qu'elles ont exercée lors des révoltes des dix-huitième et dix-neuvième siècles. Il affirme que les découvertes faites depuis un peu plus de vingt ans au Turkestan, en Chine, en Mongolie, en Perse et en Afghanistan révèlent un lien plus étroit entre les peuples anciens qu'on ne l'a cru jusqu'à présent. Le secret de ces sociétés, dit-il, voile leur travail, et un rituel compliqué, des pratiques magiques et religieuses, et des cérémonies d'initiation créent parmi les membres, liés par un serment, l'atmosphère nécessaire pour éveiller un grand enthousiasme. "Diriger le peuple, c'est mettre les passions au service d'une idée". En Chine, ces sociétés secrètes politiques s'appuient principalement sur le taoïsme et le confucianisme, et l'idée de famille et de clan est utilisée pour lier les membres entre eux.

Il nous dit que la dynastie Han fut l'une des plus brillantes de l'histoire chinoise ; d'immenses conquêtes mirent l'Empire en contact avec des peuples lointains, des échanges culturels de la plus haute importance furent établis, et pendant cette période, où les passions de toutes sortes se manifestaient à l'extrême, les sociétés secrètes fleurissaient. Après la chute des Han, le bouddhisme connut un développement considérable et, parmi les dix grandes écoles ou sectes bouddhistes qui virent le jour en Chine, l'une des plus anciennes fut celle du *Lotus*, connue sous le nom d'Amidisme, fondée en Chine au IVe siècle. Ce n'était pas le bouddhisme primitif, et il a peut-être reçu ses dieux de Perse ou de Syrie ; plus tard, il a été appelé *Lotus Blanc*, et c'était une religion d'amour, de pitié et de dévotion naïve, qui a conquis la Chine et le Japon, et qui est encore forte aujourd'hui.

Plus tard encore, sous le nom d'« Association du Lotus Blanc », elle cessa d'être une confrérie religieuse. Au XIVe siècle, toujours bouddhiste, la secte brûle des parfums, pratique la divination, utilise des pentacles et est surtout messianique ; elle annonce l'incarnation de Maitreya, le futur Bouddha, si souvent pressenti à diverses dates. L'auteur note ici le lien probable entre le nom Maitreya, le Mithra persan, et le Mi che ho, le Messie manichéen. Le *Lotus Blanc* ayant coopéré à la chute des dynasties Yuan et Ming, dut aider au renversement des Tsing. Le « Nuage Blanc », parfois confondu avec le Lotus Blanc, était, selon le Père Wieger, entaché de manichéisme ; son chef pratiquait la philanthropie, le végétarisme, invoquait les esprits, et ses adeptes, comme les manichéens, ne se mariaient pas et refusaient de procréer. Au cours du XIXe siècle, les affiliations du Lotus Blanc ont exercé une influence considérable sur les événements historiques en Chine, et elles existent encore aujourd'hui.

La *Triade* ou Hong est une association connue sous divers noms en Chine et dans les colonies chinoises de Sonde, des Straits Settlements et de l'Indo-Chine ; son origine est inconnue, mais elle est apparue avec certitude pour la première fois en 1787. Il est probable, dit l'auteur, que la Hong (Triade) s'est formée vers le début du XVIIIe siècle, car elle a été mentionnée de 1749 à 1832 dans plusieurs édits officiels, en relation avec des mouvements séditieux auxquels elle participait. Les Chinois croient à l'occultisme et à la magie ; c'est pour eux une discipline scientifique, un système philosophique et pratique qui leur permet de pénétrer au-delà du sensible et de dominer les forces qui les entourent ; elle a ses lois et sa logique. Leur chef ou « Vénérable » était connu sous le nom de « Frère aîné ». Il existe également de nombreux liens apparents entre la Triade et la Franc-maçonnerie : toutes deux pratiquent la fraternité et visent à la perfection morale de l'humanité. Elles ont la même conception de l'Univers qui est illustrée dans la dualité chinoise - Yin et Yang, et dans la Maçonnerie par les Piliers de Jakin et Boaz. Tous deux voient la « Lumière » et un certain nombre de symboles et de rites leur sont communs ; le signe du Feu chez Hong est également maçonnique. On peut se demander s'ils ne sont pas tous deux d'origine sabéiste. Selon Confucius, Chang-ti, le principe universel de l'existence, est représenté sous l'emblème général du firmament visible ainsi que sous les symboles particuliers du Soleil, de la Lune et de la Terre.

Les activités politiques de la Triade se sont intensifiées au cours des années précédant la révolution de 1911. Ces sociétés secrètes ont agi pendant trois siècles alternativement dans le domaine révolutionnaire et dans diverses formes de brigandage. Sun Yatsen explique ainsi pourquoi les nationalistes se sont servis dès le début de cette collection d'hommes, vagabonds sans famille ; les nationalistes ne pouvaient plus confier leurs idées à l'élite, ils devaient les déposer dans un réceptacle à l'aspect repoussant, les Hong-men, que personne n'aurait l'idée de fouiller. Ces idées sont transmises oralement, selon la tradition des sociétés secrètes, et sont gardées secrètes. Sun Yatsen a compris qu'il ne pouvait plus les utiliser sans danger après le renversement des Tsing. La survie de la Triade doit donc être recherchée parmi les bandes, rouges ou non, qui, après les guerres civiles, ont essaimé dans la plupart des provinces en se livrant à de sombres exploits.

Concernant ces bandits et leurs sociétés, l'auteur cite une lettre ouverte d'un journal de Tientsin, *Ta pong pao*, du 4 novembre 1930, intitulée « Brigands dans la région de K'ouang p'ing ». On y apprend qu'après la chute de la dynastie Ming, lorsque la révolte visait à renverser les Tsing pour restaurer les Ming, des sociétés secrètes ont rassemblé ces vagabonds ou bandits au sein de la Société des Ko-lao houei, les « Vieux Frères ». La plupart des maîtres de jonques et de sampans sont affiliés à des bandits, et les affiliés doivent être étroitement unis, observer la justice, être soumis à une discipline rigoureuse ; les défaillants doivent être sévèrement jugés ; tous sont égaux et ne doivent pas se livrer à la débauche et à la rapine. Ils rendent hommage aux ancêtres des dynasties ; en entrant dans leur propre maison, ils doivent révérer le Ciel, la Terre, le Soleil, la Lune et les Étoiles, les saints, les maîtres des trois doctrines et des cinq éléments. Ils utilisent un langage secret et se reconnaissent entre eux par les questions qu'ils posent et auxquelles ils répondent selon les besoins.

C'est pourquoi le colonel Favre ajoute

> « Ces hommes au sein de ces associations ont un statut, un rituel ;
> mais les habitudes mystiques ont disparu ; le rituel est démocratisé,
> il reste religieux et moral. Mais il y a là quelque chose de paradoxal
> puisque ces bandes vivent de cruauté et de pillage ».

Le même paradoxe apparent se retrouve dans les sociétés secrètes modernes d'Europe et d'Amérique ; elles apparaissent superficiellement comme des organismes religieux et moraux, mais en filigrane se cache l'éternel cri de révolte :

> « Tout, oui, tout doit être détruit, puisque tout doit être renouvelé.

CHAPITRE XIV

LA SYNARCHIE D'AGARTHA

MARCEL LALLEMAND écrit dans ses *Notes sur l'Occultisme* : "Sous l'influence de la Théosophie, l'occultisme est associé à des visions de bibliothèques enfouies dans les grottes de l'Himalaya. Depuis de nombreuses années, on a beaucoup écrit, au sein de certaines de ces sociétés secrètes, sur la mystérieuse hiérarchie et les bibliothèques souterraines de l'Agartha. Après avoir lu *Mission de l'Inde en Europe, Mission de l'Europe en Asie*, écrit en 1886 par Saint-Yves d'Alveydre, nous sommes amenés à conclure que c'est plus ou moins symbolique, que l'Agartha n'est pas d'un seul pays, d'une seule nation, mais universelle ; que la hiérarchie est, apparemment, un groupe de mages et d'initiés cabalistiques et gnostiques, ayant des liens avec l'école juive d'Alexandrie, cherchant par le biais de l'unification, à travers de nombreuses sectes judéo-chrétiennes, à dominer et à gouverner secrètement le monde occidental et finalement à unir l'Orient à l'Occident ; que, selon toute probabilité, les mystérieuses bibliothèques souterraines sont simplement constituées de ce que l'on appelle les 'archives akashiques', akasa signifiant éther, qui, selon ces initiés, contiennent tous les événements passés, présents et futurs du monde. Ils prétendent donc pouvoir puiser dans l'éther et retrouver la nature et les débuts des hommes préhistoriques et des civilisations anciennes, comme par exemple leurs récits mystiques des époques lémurienne et atlante.

En écrivant sur ces époques anciennes de la Lémurie et de l'Atlantide, Édouard Schure, dans *From Sphinx to Christ*, explique : 'Rudolf Steiner, doté d'une connaissance ésotérique et d'une clairvoyance très développée, nous a fourni de nombreux aperçus nouveaux et frappants de la constitution physique et psychique des Atlantes en relation avec l'évolution humaine antérieure et postérieure'.

Il y a cependant des raisons de soupçonner que la clairvoyance de Steiner était plus ou moins la forme-pensée de ses puissants Maîtres qui l'utilisaient comme instrument pour restaurer les mystères et illuminer le monde occidental. De plus, ses enseignements sur l'évolution du monde et de l'homme sont entièrement basés sur ces visions des époques primaire, lémurienne et atlante, et le résultat ressemble à un horrible cauchemar, entièrement anti-chrétien, puant l'ancien sabéisme mêlé au christianisme perverti des juifs hellénisés d'Alexandrie.

Schuré, Max Heindel et Steiner lui-même, dans son *Esquisse des sciences occultes*, exposent tous ce mystère mythologique. Les premiers Lémuriens sont décrits comme des hermaphrodites sans yeux, sans esprit et vaporeux, gouvernés par des dieux planétaires, guidés par des anges et aidés par des esprits lucifériens. Plus tard, les sexes ont été séparés, ce qui a entraîné de terribles troubles sexuels, et la Lémurie a finalement été submergée. Selon Schuré, les prêtres de l'ancienne Égypte ont conservé la tradition d'un vaste continent qui occupait autrefois une grande partie de l'océan Atlantique, de l'Afrique et de l'Europe à l'Amérique, et d'une puissante civilisation qui a été engloutie dans une catastrophe préhistorique. Les prêtres prétendaient avoir reçu cette tradition des Atlantes eux-mêmes, par le biais d'un lien lointain ; à leur tour, ils en firent part à Solon, et Platon, l'empruntant à ce dernier, l'écrivit dans son dialogue, le *Timée*. Toute cette tradition est une vaste légende, bien qu'il existe des preuves scientifiques de l'existence probable d'un tel continent. Certains Lémuriens, dit-on, survécurent et s'installèrent en Atlantide, qui, comme l'explique Schuré, était un Eden tropical avec une humanité primitive ; puis vint une longue période de guerres, suivie d'une Fédération de Rois Initiés, et enfin la décadence et le règne de la magie noire, et le Continent fut progressivement déchiré et détruit par des incendies souterrains.

Selon Schuré, ces peuples primitifs étaient de puissants médiums : 'Son œil étincelant, semblable à celui d'un serpent, semblait voir à travers le sol et l'écorce des arbres et pénétrer l'âme des animaux. Son oreille entendait l'herbe pousser et les fourmis marcher' ; ils passaient leurs nuits à faire des rêves et des visions astrales, croyant entrer en contact et converser avec les dieux. Steiner affirme à nouveau que les rois atlantes avaient des guides spirituels sous forme humaine, des 'messagers des dieux' (frères aînés), qui gouvernaient en fait les hommes par l'intermédiaire des rois. Comme il l'explique, ces guides subissaient l'influence luciférienne, mais l'ont progressivement utilisée pour se libérer de l'erreur en devenant des initiés de l'Être Solaire-Christ — ils sont devenus des *Illuminés* ! Ils ont transmis les mystères à des disciples et sont devenus des Christ-oracles. La matière, sous la forme d'Ahriman, est apparue, l'intellect est né et les dieux se sont retirés du milieu des hommes. Au cours de l'évolution atlante ultérieure, les mystères, dit-il, devaient être gardés secrets afin que la connaissance de la manière de contrôler et de diriger les forces de la nature ne soit pas utilisée à des fins maléfiques et sensuelles, mais avec le temps, ces pouvoirs sont devenus connus, la magie noire s'est répandue et l'Atlantide a été détruite.

Ensuite, selon Steiner, l'Europe, l'Asie, l'Afrique, etc. ont été colonisées par les descendants de l'Atlantide et avec eux sont venus les initiés aux mystères des oracles. Yarker, dans son ouvrage *Arcane Schools*, affirme que 'Lorsque l'île de l'Atlantide a sombré, un col a été creusé qui a drainé le désert de Gobi… Le Tibet a conservé de nombreux détails sur les guerres de cette Atlantide perdue, attribuant la cause de sa destruction à la culture… de la magie noire'. Il cite ensuite le *Popul-Vuk,* ou *Livre du voile d'azur,* des Mexicains, qui nous dit que ces Atlantes étaient une race qui 'savait tout par intuition', et répète l'accusation de magie noire. Yarker ajoute 'Ce livre allégorise et personnifie les forces de la nature'. Nous pouvons donc conclure qu'une grande partie de la légende de l'Atlantide est également une allégorie, personnifiant les forces secrètes et perceptibles de la nature, comme on en trouve dans toutes les mythologies. Et c'est sur cette toile tissée à partir de la lumière astrale que Steiner a construit une grande partie de sa science occulte et de son illuminisme chrétien.

Pour étayer notre opinion sur la nature d'Agartha, nous citons le livre de Saint-Yves d'Alveydre cité plus haut. Il explique que 'le nom Agartha signifie impossible à prendre par la violence et inaccessible à l'anarchie'. En soi, il dit qu'il s'agit d'une unité trinitaire et d'une synarchie de judéo-chrétiens, par opposition au 'gouvernement général par la force brute, c'est-à-dire la conquête militaire, la tyrannie politique, l'intolérance sectaire et la rapacité coloniale'. Partout aujourd'hui, il semble que l'on tente de gouverner le monde par une telle hiérarchie synarchique des hommes, politiquement, religieusement et économiquement.

Il poursuit :

> 'Il suffit de savoir que dans certaines régions de l'Himalaya, parmi vingt-deux temples représentant les vingt-deux Arcanes d'Hermès (les clefs cabalistiques des Cartes de Tarot) et les vingt-deux lettres de certains alphabets sacrés (entre autres le grec et l'hébreu), Agartha forme le *Zéro* mystique, *l'*indécouvrable. Le Zéro, c'est-à-dire le Tout ou le Rien, tout par l'unité harmonieuse, rien sans elle, tout par la Synarchie, rien par l'Anarchie'.

Le Zéro est le *Fou de* ces Arcanes Hermétiques, dont le symbole est l'air, et qui se trouve sur l'un des chemins unissant les Sephiroth de la Triade Créatrice Suprême au sommet de l'Arbre de Vie Cabalistique. Il représente l'idéalisme qui a perdu pied dans le monde matériel ; métaphoriquement, il est dans l'air !

'Le territoire sacré d'Agartha est indépendant, synarchiquement organisé et composé d'une population s'élevant à près de 20 millions d'âmes. C'est-à-dire des yogis, des adeptes et des initiés qui, dans le monde entier, pratiquent le yoga, oriental ou occidental, et sont unis dans l'astral par le principe de vie magnétique qui pénètre tous les peuples et toute la nature'. Agartha est une image fidèle du Verbe éternel dans toute la Création". Son symbole est le Triangle de Feu, la manifestation du Principe Créateur. » Le cercle le plus élevé et le plus proche du Centre mystique est composé de douze membres. Ces derniers représentent l'initiation suprême et correspondent, entre autres, à la zone zodiacale. Lors de la célébration de leurs Mystères magiques, ils portent les symboles des signes du Zodiaque, ainsi que certaines lettres hiérarchiques ». Ils représentent également les douze tribus d'Israël.

« Ces bibliothèques, qui contiennent la véritable substance de tous les arts et sciences anciens remontant à 556 siècles, sont inaccessibles à tous les regards profanes et à toutes les attaques... Seul à son initiation suprême, le souverain pontife, avec ses principaux assesseurs, détient la connaissance complète du catalogue sacré de cette bibliothèque planétaire. »

Lui seul possède la clef pour l'ouvrir et la connaissance du contenu de ce « Livre Cosmique ». Il y a donc lieu de considérer ces bibliothèques comme des « archives akashiques », dont on dit qu'elles peuvent être ouvertes et lues au moyen de symboles et de formules magiques hermétiques et cabalistiques. En outre, dit-il, les prêtres et les savants, en pénétrant dans cette Alliance ancienne et universelle, où que se trouve la tombe d'une civilisation disparue, « non seulement la terre livrerait ses secrets », mais ces hommes auraient la clef d'or de l'entrée, et en obtiendraient une connaissance complète. « Sur place, ils reconstruiraient pieusement l'antiquité de l'Égypte, de l'Éthiopie, de la Chaldée, de la Syrie, de l'Arménie, de la Perse, de la Thrace, du Caucase et même du plateau de la Haute-Tartarie. Grâce à l'illuminisme, tout serait connu, du plus haut des cieux jusqu'au feu central de la terre. Il n'y aurait aucun mal, intellectuel, moral ou physique, pour lequel l'union de l'homme avec la Divinité ne pourrait pas apporter un remède certain. Il s'agit d'une œuvre entièrement magique, comme l'est Agartha elle-même.

« Enfin, pour passer du droit public d'aujourd'hui à l'Alliance synarchique de demain, il nous suffira que les circonstances permettent à un Souverain Pontife de se dresser à la tête de tout le corps social judéo-chrétien, d'en établir l'Autorité et l'esprit synthétique et, soutenu par la conscience de tous les peuples attentifs à la voix de la vérité, d'appeler les Gouvernements à la loi d'intelligence et d'amour qui doit les réunir et les réorganiser. »

Il semble alors que l'on en vienne à une Société des Nations :

« Pour la première fois, les États européens pourront sans danger, sous la garantie de cette grande Autorité intellectuelle et arbitrale, soutenue par la conscience publique de l'Europe, procéder à l'intronisation d'un Gouvernement général de Justice et non de ruse diplomatique et d'antagonisme militaire. Pour la première fois sous la double garantie de ces deux Conseils Suprêmes, l'Autorité Enseignante et ce Pouvoir de Justice, Empereurs, Rois, ou Présidents de Républiques faisant partie intégrante de ce dernier, pourront appeler les nations judéo-chrétiennes à former une grande assemblée économique. Ainsi la Synarchie pourra s'accomplir *excathedra* sous la bannière du Souverain Pontife européen, et devenir accessible à tous les judéo-chrétiens sans exclusion de cultes, d'universités ou de peuples. Cette réorganisation supranationale est la pierre angulaire possible de tout l'État social européen.

... Cette autorité sainte, pacifique, synarchique, vieille de cinquante-cinq mille ans, unissant la Science et la Religion, bénissant tous les cultes, toutes les universités, toutes les nations, embrassant l'Humanité entière et le Ciel dans une seule et même intelligence, dans un seul et même amour... En effet, ce n'est pas une œuvre ordinaire, et aucun siècle ne peut l'entreprendre sans le concours d'initiés du plus haut degré, cette œuvre synthétique qui s'est accomplie à Alexandrie sous le souffle invisible du Christ ; bien que sous les yeux et la main du Césarisme, les Epoptes qui, visibles ou invisibles, présidaient à cette œuvre synthétique aient dû masquer l'ésotérisme sous l'exotérisme, l'israélito-christianisme sous l'helléno-christianisme... C'est ainsi que l'helléno-christianisme comprenait nominalement ou réellement tous les degrés correspondant aux initiations des anciennes universités, de la Cabale juive, de la Chaldée, de l'Égypte, de la Thrace, etc.

... Dans toute l'Antiquité, la Loi signifiait la science des choses naturelles, humaines et divines ».

Il parle également de

« Les Mystères Cosmiques tels qu'ils sont vénérés non seulement par les cabalistes judéo-chrétiens, tels qu'ils sont pratiqués en secret, non seulement par les disciples actuels de Jean-Baptiste et certaines écoles ésotériques du Caire, du Sinaï, d'Arabie, mais aussi tels qu'ils sont scientifiquement professés par les Mages d'Agartha ».

Il explique à nouveau : « Cet esprit est toujours celui de l'Alliance Universelle de tous les membres de l'Humanité, celui de l'Union indissoluble de la Science et de la Religion dans toute leur universalité. » Nous savons maintenant que, selon lui-même, la mission de Steiner était : « Relier la Science et la Religion. Introduire Dieu dans la science et la nature dans la religion, et ainsi féconder à nouveau l'art et la vie ». C'est aussi Agartha

« qui, au début des temps modernes, a partout renouvelé, à travers les judéo-chrétiens, les milliers d'associations développées aujourd'hui sous le nom de franc-maçonnerie ». Comme l'écrit Schuré : « La tradition du christianisme ésotérique, à proprement parler, se rattache directement et sans interruption au célèbre et mystérieux Manès, fondateur du manichéisme, qui vécut en Perse au IVe siècle. » Cette secte est née de l'influence de l'école juive d'Alexandrie.

Comme Mazzini qui a crié : Associez ! Associez ! Associez ! le cri de Saint-Yves d'Alveydre était :

> « Synarchie ! Synarchie ! Synarchie ! sauvez ainsi vos tiares, vos universités, vos couronnes, vos républiques, tout ce qui est à vous, tout, y compris ce qui était légitime dans la Révolution de 1789 dans ses promesses sociales, que la Synarchie judéo-chrétienne seule peut maintenir et accomplir. Unissez-vous dans cette Loi, corps enseignants, ecclésiastiques ou laïques ; corps juridiques ; corps économiques. »

Une fois de plus, l'enseignement de Steiner correspond, car son « État triple » est la vie économique, les droits publics, la vie intellectuelle et spirituelle — la religion, l'enseignement, l'art, etc.

En conclusion :

> « Cette sainte Agartha que je vous ai révélée dans ce livre est anti-sectaire *par excellence,* et loin d'user de son influence sur l'Asie pour faire obstacle à une Synarchie européenne, elle n'attend qu'un geste de votre part, dans ce sens, pour vous donner progressivement la communion fraternelle de toutes les sciences, de tous les arts qu'elle recèle sous le secret des Mystères dont la nomenclature est contenue dans les textes de notre admirable Religion judéo-chrétienne.... Ainsi, enfin unis à nouveau par la Loi synarchique, les Judéo-chrétiens de la Promesse et avec eux les autres communions humaines verront là-haut dans les nuages, entourés d'anges, d'esprits et d'âmes de saints le corps glorieux du Christ, et derrière l'auréole solaire de sa tête, le Triangle de Feu portant le nom sacré de Yod, He, Vau, He [le Tétragramme des Juifs et le Christ Solaire gnostique !]. »

Et aujourd'hui, ne sommes-nous pas en train de passer rapidement sous la triple loi d'une telle synarchie secrète ?

Religions — le cri d'unification des sectes et des cultes sous la propagande de la théosophe de New York, Mme Alice A. Bailey, sous son Maître du Tibet et sa Hiérarchie de Surhommes — une seule famille, une seule humanité, une seule vie ? Également dans le précédent « Parlement des Religions », à Chicago. *Économie* — l'insidieuse P.E.P. — Planification Économique Politique – d'Israel Moses Sieff, qui a une telle emprise sur ce pays et qui est en partenariat apparent avec les Principes de Planification Économique de G. D. H. Cole qui sont apparus sous la bannière du sionisme et de la franc-maçonnerie ! *Politique internationale* — *la* Ligue des Nations judéo-maçonnique !

En 1869, le Chevalier Gougenot des Mousseaux écrit dans son livre *Le Juif, Le Judaïsme et La Judaïsation des Peuples Chrétiens :*

> « Les efforts antireligieux, mais surtout antichrétiens, qui caractérisent l'époque actuelle, ont un caractère de concentration et d'*universalité* qui marque l'empreinte du Juif, patron suprême de l'unification des peuples, parce qu'il est le peuple cosmopolite *par excellence ;* parce que le Juif prépare par la licence de *libre-pensée,* l'ère dite par lui messianique — le jour de son triomphe universel... Le caractère d'*universalité se retrouvera* dans *L'Alliance-israélite-universelle,* dans l'*Association universelle de la franc-maçonnerie...* »

D'ailleurs, à l'appui de ce qui précède, nous citons, dans le *Monde Juif* des 9 et 16 février 1883 :

> « La dispersion des Juifs a fait d'eux un peuple cosmopolite. Il est le seul peuple cosmopolite et, à ce titre, il doit agir, et agit, comme un solvant des différences nationales et raciales. Le grand idéal du judaïsme n'est pas que les juifs soient autorisés à se rassembler un jour dans une sorte de troupeau, pour des raisons sinon tribales, du moins séparatistes, mais que le monde entier soit imprégné des enseignements juifs et que, dans une Fraternité universelle des nations — un plus grand judaïsme, en fait — toutes les races et les religions séparées disparaissent.
>
> ... La nouvelle Constitution du Conseil [juif] des députés marque une étape dans l'histoire de cette importante institution... La véritable importance de la nouvelle Constitution est... qu'elle fournit un mécanisme permettant aux Juifs d'Angleterre de travailler ensemble lorsque l'occasion l'exige — en bref, elle

organise les Juifs de tout l'Empire et rend leur force globale disponible en cas d'urgence ».

Et parmi ces sectes cabalistiques, à l'est comme à l'ouest, des Mousseaux, en 1869, a lancé un cri d'alarme qui n'a pas été entendu :

> « Il éclatera un beau soir une de ces crises formidables qui ébranleront la terre et que les sociétés occultes ont préparées depuis longtemps pour la société chrétienne, et alors peut-être apparaîtront soudain au grand jour, dans le monde entier, toutes les milices, toutes les sectes fraternelles et inconnues de la Cabale. L'ignorance, l'insouciance où nous vivons, de leur sinistre existence, de leurs affinités, de leurs immenses ramifications ne les empêchera nullement de se reconnaître entre elles, et sous la bannière d'une alliance universelle quelconque, se donnant le baiser de la Paix, elles s'empresseront de se réunir sous un même Chef... »

Le livre susmentionné de Gougenot des Mousseaux a été publié en 1869 et a été immédiatement acheté et, à l'exception de quelques exemplaires isolés, il a complètement disparu ! Ce n'est que dix ans après sa mort mystérieuse qu'une deuxième édition a pu être publiée en 1886 et enfin diffusée.

En conclusion, voici donc les résultats de nos investigations sur les nombreuses sociétés secrètes et occultes d'hier et d'aujourd'hui, tels que publiés dans le *Patriot* de 1930 à 1935. Tout semble indiquer que le Juif cabalistique et révolutionnaire est le Maître-esprit qui travaille derrière elles, les utilisant comme des pions dans son grand pari et sa conspiration mondiale, qui désintégrerait et détruirait, non seulement la foi chrétienne, mais aussi les traditions entières de la civilisation occidentale. Son arme de contrôle et d'attaque étant le Triangle de Feu, ces forces magnétiques de la Vie qui peuvent à la fois tuer et faire vivre, et par lesquelles il prétend libérer et éclairer les peuples, ce n'est que plus sûrement pour les lier, les unifier et les asservir sous l'égide d'un souverain inconnu et étranger. De plus, pour faire avancer ce sinistre pari, il les piège et les aveugle avec les anciens mots d'ordre : « Connais-toi toi-même » et « Vous serez comme des dieux ». C'est ce qu'on appelle l'Illuminisme ou la libération de l'homme — libre de ne pas utiliser sa liberté pour lui-même, mais pour accomplir les plans de la Grande Conspiration et de son Pontife Suprême !

Autres titres

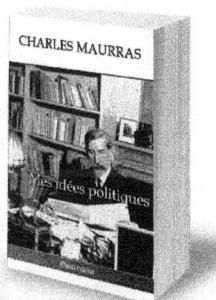

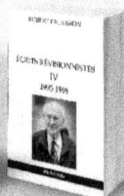

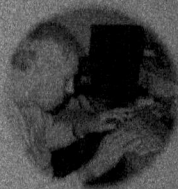

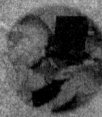

www.ingramcontent.com/pod-product-compliance
Lightning Source LLC
Chambersburg PA
CBHW071638270326
41928CB00010B/1960